Heimat Revisited

Heimat Revisited

Kulturwissenschaftliche Perspektiven auf einen umstrittenen Begriff

Herausgegeben von
Dana Bönisch, Jil Runia und Hanna Zehschnetzler

DE GRUYTER

ISBN 978-3-11-112624-1
e-ISBN (PDF) 978-3-11-065062-4
e-ISBN (EPUB) 978-3-11-065102-7

Library of Congress Control Number: 2020939677

Bibliografische Information der Deutschen Nationalbibliothek
Die Deutsche Nationalbibliothek verzeichnet diese Publikation in der Deutschen Nationalbibliografie; detaillierte bibliografische Angaben sind im Internet über http://dnb.dnb.de abrufbar.

© 2022 Walter de Gruyter GmbH, Berlin/Boston
Dieser Band ist text- und seitenidentisch mit der 2020 erschienenen gebundenen Ausgabe.
Coverabbildung: liuzishan/iStock/Getty Images Plus
Satz: Integra Software Services Pvt. Ltd.
Druck und Bindung: CPI books GmbH, Leck

www.degruyter.com

Danksagung

Der vorliegende Sammelband ging aus der Ringvorlesung „Heimat. Kulturwissenschaftliche Perspektiven auf einen problematischen Begriff" hervor, die im Wintersemester 2018/2019 durch das Zentrum für Kulturwissenschaft an der Universität Bonn veranstaltet wurde. Wir möchten uns herzlich bei Prof. Dr. Christoph Antweiler (Südostasienwissenschaft), Prof. Dr. Christian Moser (Vergleichende Literaturwissenschaft), Prof. Dr. Karoline Noack (Altamerikanistik) und Prof. Dr. Ove Sutter (Kulturanthropologie), die diese Vorlesungsreihe initiierten und organisierten, bedanken. Vielen Dank auch an Daniele Leo, der mit uns die Durchführung des Projektes betreute. Zudem gilt unser Dank allen Vortragenden.

Des Weiteren wäre dieser Band nicht ohne die finanzielle Unterstützung der Philosophischen Fakultät der Universität Bonn sowie der beteiligten Lehrstühle möglich gewesen.

Schließlich gilt Bruno Latour und der *Zeit* ein besonderer Dank dafür, dass wir den Gastbeitrag „Heimat: Der Planet rebelliert. Der Boden unter unseren Füßen schwindet" (übersetzt von Michael Adrian), der am 14. März 2019 in der *Zeit* erschien, an dieser Stelle abdrucken dürfen.

Dana Bönisch, Jil Runia und Hanna Zehschnetzler

Inhaltsverzeichnis

Danksagung —— V

Dana Bönisch, Jil Runia, Hanna Zehschnetzler
Einleitung: Revisiting ‚Heimat' —— 1

Politiken und Praktiken der Heimat

Simone Egger
Mi Heimat es su Heimat: Beobachtungen zu einem Schlüsselthema der flüchtigen Moderne —— 23

Cornelia Kühn
Zwischen sozialistischer Propaganda und lokaler Idylle: Die politische Konzeption von Heimat in Ost- und West-Berlin in den 1950er Jahren —— 41

Dagmar Hänel
Heimat – Anmerkungen aus der kulturwissenschaftlichen Praxis —— 69

Beate Binder
Politiken der Heimat, Praktiken der Beheimatung, oder: warum das Nachdenken über Heimat zwar ermattet, aber dennoch notwendig ist —— 85

Literarische (De-)Konstruktionen

Friederike Eigler
Unheimliche Heimat: Literarische und autobiographische Konstellationen bei Hannah Arendt, Ruth Klüger, Jean Améry und Martin Walser —— 109

Rolf Parr
Koloniale Konstellationen von Heimat und Fremde —— 127

Werner Nell
Differenz und Exklusion: Heimat als Kampfbegriff – mit einer Erinnerung an Heinrich Böll —— 145

Jil Runia
Mobile Verwurzelung: Hybride Heimatkonzeptionen in Randa Jarrars
A Map of Home —— 167

Globale Heimaten?

Christoph Antweiler
Heimat als Ortsbezogenheit: Zwischen lokaler Verortung und planetarer Beheimatung —— 191

Ines Stolpe
***Nutag* und Mobilität: Zur Dynamisierung mongolischer Heimatkonzepte** —— 209

Mark Münzel
Heimat? Was mögen Bewohner der Regenwälder Südamerikas dazu sagen? —— 235

Sabine Sielke
From "Homeland Security" to "Heimat shoppen": How an Old Longing Has Gained New Cultural Capital, Globally (as Homelessness is on the Rise) —— 253

Ausblick

Bruno Latour
Heimat: Der Planet rebelliert. Der Boden unter unseren Füßen schwindet —— 273

Zu den Autorinnen und Autoren —— 279

Personenregister —— 283

Sachregister —— 285

Dana Bönisch, Jil Runia, Hanna Zehschnetzler
Einleitung: Revisiting ‚Heimat'

‚Heimat' ist überall. Auf Einkaufsbeuteln, Magazinen, Dekoschriftzügen aus Holz, natürlich Wahlplakaten; immer noch auf Heftromanen an Supermarktkassen, aber nun auch in den Kampagnen junger Werbeagenturen. Jeder deutsche Starkoch, der etwas auf sich hält, scheint in den letzten Jahren ein Kochbuch herausgebracht zu haben, das ‚Heimat' im Titel trägt. Die einfachste Erklärung hierfür ist vielleicht ein gewisser Trend zum Rückzug ins Private und – um einen (ebenso?) angestaubten, aber allzu treffenden Begriff zu bemühen – in die Häuslichkeit. *Digital natives* bis Enddreißiger*innen einer bestimmten sozialen Schicht stricken, heimwerken und (bio)backen fleißig. Eine neue Version von Häuslichkeit ist dies deshalb, weil sie zwar einerseits eine konservative Grundierung hat, dezidiert aber nicht politisch konservativ daherkommt (oder sich zumindest so inszeniert) – und weil sie oft gerade nicht privat ist, sondern über Social Media quasi-öffentlich zelebriert wird. Zu den wenigen Printmagazinen, die nicht nur überleben, sondern erfolgreich neu auf den Markt kommen, zählen Titel, in denen es gleichermaßen um ‚Achtsamkeit', DIY, Inneneinrichtung und Kochen geht, allerdings gerne mit einem (pseudo)feministischen Twist. Das Comeback der ‚Heimat' lässt sich vielleicht gleichzeitig als Symptom und Paradigma solcher Bewegungen verstehen – und ist in ähnlicher Weise auf der problematischen Schwelle zwischen neokonservativer Verfestigung und progressiver Aufweichung von Konzepten angesiedelt, die ihrerseits auch schon längst Teil des Marktes ist. Was inzwischen selbst zu einem recht beanspruchten Topos geworden ist, aber sicherlich richtig bleibt, ist die Beobachtung, dass der Bezug auf Heimat meist dort auftaucht, wo lokale ‚Verwurzelung' gerade nicht mehr oder nicht auf unproblematische Weise gegeben ist (vgl. z. B. Schlink 2000); die aktuelle Renaissance ist in Zeiten von Globalisierung und globalen Krisenerfahrungen verschiedenster Art also nicht unbedingt verwunderlich.

‚Heimat' kann über solche einfachen Diagnosen hinaus aber auch als ein Schnitt- und Fluchtpunkt genau jener Diskurse und Entwicklungen in den Blick genommen werden, die gegenwärtig die politische Situation prägen: Auf der einen Seite implizieren globale Migration und Flucht den Verlust eines Zuhauses und generieren gegebenenfalls fluktuierende Muster von Heimat(en) und Beheimatung; auf der anderen Seite berufen sich rechtspopulistische Kräfte, aber auch zuweilen die konservative Mitte auf ‚Heimat' als ausschließendes Prinzip, was einen statischen Heimatbegriff voraussetzt. Gleichzeitig droht in Zeiten des Klimawandels der existentielle Verlust einer planetarischen ‚Heimat'. Diese Entwicklungen sind verflochten, und dies nicht nur in dem Sinne, dass der Klimawandel eine zentrale Fluchtursache darstellt: Eine *post-truth politics* à la Trump hetzt gegen Migrant*innen, ist blind gegenüber der existentiellen ökologischen Krise – und legitimiert sich wiederum über Heimatnarrative. Im Kontext des Klimathemas wird oft auch besonders deutlich, wie die Heimatvokabel von verschiedenen Seiten vereinnahmt wird: Die Website „my-heimat.de" ist ein Sammelbecken für Klimawandelleugner*innen und ‚besorgte Bürger'; der Blog „verheizte-heimat.de" informiert dagegen über Initiativen gegen den Kohle-Tagebau.

Vor dem Hintergrund solcher aktuellen Entwicklungen, Verschiebungen und Verflechtungen möchten wir die Frage nach der ‚Heimat' noch einmal neu stellen. Der Band *Heimat Revisited* geht aus einer Ringvorlesung hervor, die im Wintersemester 2018/2019 durch das Zentrum für Kulturwissenschaft an der Universität Bonn organisiert wurde. Der in Bezug auf den Themenkomplex ‚Heimat' geradezu unerlässliche inter- und transdisziplinäre Zugang ist hier auf zwei Ebenen angesiedelt: Zum einen stammen die meisten Beiträge aus Fachgebieten mit genuin transdisziplinärem Charakter, nämlich der Kulturanthropologie, Ethnologie und (Vergleichenden) Literaturwissenschaft. Zum anderen denken sie ein breites Spektrum an Aspekten mit; von historischen, psychologischen und linguistischen Konstellationen über Visualität und Imagologie bis hin zu raumtheoretischen und postkolonialen Positionen. Der Fluchtpunkt soll dabei eine globale Perspektive sein, die gezielt auch nach den transnationalen Dynamiken eines so oft als spezifisch deutsch verstandenen und mit dem Tropus des Unübersetzbaren versehenen Phänomens fragt. Gleichzeitig ist es genau jenes häufig so leichtfertig bemühte Paradigma des Globalen, das in Zeiten des Klimawandels einer kritischen Neubetrachtung unterzogen wird.

Historische Semantiken

Im weitesten Sinne kann Heimat als affektives Verhältnis zwischen Mensch und Raum verstanden werden – wobei dieser geographischer, kultureller oder auch sozialer Natur sein kann. Die inflationären Definitionsversuche und Bedeutungsschichten unterliegen zum einen einem historischen Wandel, zum anderen stehen sie in Abhängigkeit von jeweils aktuellen kulturellen, gesellschaftlichen und politischen Bedingungen.[1]

Ursprünglich als Neutrum gebraucht, wird ‚das Heimat' bis ins 19. Jahrhundert verbreitet in einem juristischen Kontext synonym für ‚Haus und Hof' verwendet. Somit meinte es den Familienbesitz innerhalb einer Gemeinde, an den

---
[1] Zu Aspekten der historischen Semantik der ‚Heimat' vgl. Zehschnetzler 2020 [in Vorbereitung].

wiederum sogenannte Heimatrechte gekoppelt waren. Die genauen Voraussetzungen für den Erwerb des Heimatrechts sowie die Vorteile, die aus diesem resultierten, unterschieden sich in den verschiedenen deutschen Staaten und reichten von finanziellen Versorgungsansprüchen oder Aufenthaltsgenehmigungen bis hin zu Rechten des Grundstückserwerbs oder der Heirat.² Dieser zunächst nüchtern erscheinenden, juristischen bzw. administrativen Verwendung des Begriffs ist jedoch bereits ein grundlegendes Ausschlussprinzip (vgl. Bausinger 1990, 78) eingeschrieben, denn die rechtliche Zugehörigkeit war nicht nur stationär gedacht, sondern brachte neben der Inklusion der Gemeinde auch die Exklusion ‚heimatloser' Nichtsesshafter, Ausgewanderter oder Obdachloser mit sich, die auf die mit ‚Heimat' verbundenen Rechte verzichten mussten.

Im Zuge der Industrialisierung verliert das stationäre Prinzip des historischen Heimatrechts an Bedeutung, zugleich bildet sich ‚die Heimat' im 19. Jahrhundert als zentraler Gegenbegriff zum Fortschrittsglauben der modernen, aufgeklärten und urbanisierten Gesellschaft heraus. Vor dem Hintergrund des Wandels von Agrar- zum Industriestaat und des Siegeszugs der Wissenschaften werden dem befürchteten Werteverlust der Gesellschaft die imaginäre Idylle der Landschaft und ursprünglicher Lebensformen entgegengesetzt. In dem Wort ‚Heimat' bündelt sich die Sehnsucht nach einer vertrauten Welt; sie wird zum Rückzugsort, zum ‚Kompensationsraum' (Bausinger 1990, 80), der den vermeintlichen Defiziten der modernen Gesellschaft entgegengesetzt wird. Idealisierte Vorstellungen von einem unberührten Landleben und die Sehnsucht nach einer vertrauten, verloren geglaubten Umgebung manifestieren sich nicht zuletzt auch literarisch in romantischer Heimweh- und Natur-Metaphorik oder der ‚heilen Welt' des um die Jahrhundertwende populären Heimatromans – Motive, die bis heute untrennbar mit rezeptionsästhetischen Vorstellungen von und Erwartungen an ‚Heimat' verbunden sind.

Exemplarisch für die emotionale Bedeutungserweiterung der ‚Heimat' ist auch das bereits im 16. Jahrhundert in der Schweiz belegte, aber besonders ab dem 18. Jahrhundert sich ausbreitende Kompositum ‚Heimweh', das ursprünglich eine psychosomatische Krankheit bezeichnete, als deren Ursache die örtliche Trennung vom Geburtsort und die daraus resultierende fehlende Geborgenheit diagnostiziert wurde. Der Mediziner Johannes Hofer beschreibt 1688 in seiner Dissertation am Beispiel der Schweizer Soldaten zum ersten Mal umfangreich die vermeintliche (Schweizer) Krankheit, deren Symptome psychische und organische Leiden bis hin zum Tod umfassten; die Rückführung in die ‚Heimat' –

---

2 Vgl. z. B. „Heimatrecht", Handwörterbuch Staatswissenschaften 1910. Siehe zur Entwicklung des historischen Heimatrechts Bastian 2012 [1995].

also die ‚Heimkehr' – würde wiederum Genesung versprechen (vgl. Hofer 1949 [1688], 63). Der von Hofer für das ‚Heimweh' eingeführte medizinische Terminus ‚Nostalgie' und damit die Vorstellung einer affektiven Verbundenheit mit einer zurückgelassenen Umgebung, einer vom Unbehagen an der Gegenwart ausgelösten Wehmut, ist bis heute eng mit Konzeptionen der ‚Heimat' verflochten.[3]

Die zunehmende Suche nach nationalstaatlicher Einheit und ein wachsendes Nationalbewusstsein im 19. Jahrhundert führen darüber hinaus zu einer sukzessiven semantischen Annäherung von ‚Heimat', ‚Volk' und ‚Vaterland'. In der politischen Umgebung des ‚langen 19. Jahrhunderts' bildet sich der Heimatbegriff als Werkzeug zur nationalen Identitätsbildung sowie als Schlagwort für einen sich ausbreitenden Nationalismus heraus, der sich nicht zuletzt auch in der dem ‚Heimatschutz' verschriebenen bürgerlichen Heimatbewegung und der vermehrten Gründung oft universalwissenschaftlich ausgerichteter Heimatmuseen und -vereine abzeichnet (vgl. Ditt 1990). Vorbereitet durch die Umbrüche des Ersten Weltkrieges sowie die zunehmende Ausbreitung faschistoider und faschistischer Bewegungen in der Weimarer Republik erhält der Begriff durch die Nationalsozialisten eine radikale ideologische Dimension, die einen tiefen Einschnitt in der historischen Semantik darstellt. Zum einen rückt die ‚Heimat' im Nationalsozialismus immer stärker in einen Zusammenhang mit der Rede von ‚Blut und Boden' und – damit verbunden – der mythischen Vorstellung einer organischen ‚Verwurzelung' mit der ‚heimatlichen Scholle' (vgl. Spengler 1976 [1922], 679), die auch pseudowissenschaftlich verpflichtet wurde und den Nationalsozialisten die Rechtfertigung für territoriale Besitzansprüche sowie für einen beispiellosen Genozid lieferte. Zum anderen wird der Begriff unter Hitler für die radikale, demagogische Rhetorik der nationalsozialistischen Propaganda-Maschinerie engagiert, welche mit Schlagworten wie ‚Heimatschutz', ‚Heimatfront', ‚Heim ins Reich' oder ‚Heimatliebe' die ‚völkische' Identität formt und die kollektive Beteiligung an der Umsetzung der staatlichen Interessen einfordert.

Trotz zunehmender Komprimierung des Begriffs auf nationalistische Bedeutungsinhalte seit der Jahrhundertwende sowie seiner radikalen politischen Instrumentalisierung im Nationalsozialismus wird die ‚Heimat' nach dem Zweiten Weltkrieg in der Bundesrepublik zunächst oft unverändert weitergetragen. Flucht und Vertreibung sowie persönliche und materielle Verlusterfahrungen scheinen bei vielen ‚nostalgische' Erinnerungen sowie (verklärte) Sehnsüchte nach der Vergangenheit fern der verbreiteten Trümmerbilder zu wecken. Nach anfänglicher Heimatfilmeuphorie (vgl. z. B. Boa und Palfreyman 2000) und kontrovers

---

[3] Siehe zur Verbindung von Nostalgie und ‚Heimat' Sielke 2017 sowie ihren Beitrag im vorliegenden Band.

geführter Debatte um die ‚Heimatvertriebenen' (vgl. z. B. Gauger und Küsters 2011) gerät der Begriff im Kontext der gesellschaftspolitischen Umbrüche der 1960er Jahre jedoch immer stärker in die Kritik: Einerseits rücken die Verbrechen der deutschen Vergangenheit vermehrt ins öffentliche Licht, andererseits erweitern das Wirtschaftswunder, Brandts Ost-Politik und die ‚Gastarbeit' den Blick von Geburtsort und Region auf transnationale Entwicklungen. In einer Zeit des globalen Wandels und unkonventioneller Lebensentwürfe erscheint der Heimatbegriff vielen als diskreditiert, als regressiv und ‚zurückgeblieben' (Walser 1968), wie es zum Beispiel die Debatte um die Abschaffung der Heimatkunde demonstriert.

In der Sowjetischen Besatzungszone und der DDR bildet sich nach anfänglich verbreiteter Ablehnung des als nationalsozialistisch verrufenen und westdeutsch bzw. revanchistisch konnotierten Wortes ein sozialistischer Heimatbegriff heraus, der für die Heraufbeschwörung eines kollektiven Bewusstseins und die Ableitung machtpolitischer Ansprüche in Dienst genommen wird. Schon in der frühen Staatsauffassung erfährt der Begriff eine Ausweitung auf den ‚Arbeiter-und-Bauern-Staat' und die sowjetische Staatengemeinschaft, rückt damit in die enge Verbindung mit dem Selbstverständnis der DDR als Teil eines (vermeintlich) demokratischen, friedliebenden Staatenverbunds und zeichnet sich zugleich durch die strikte oppositionelle Abgrenzung der ‚sozialistischen Heimat' von nicht-sozialistischen, faschistischen oder auch im westdeutschen Alltag verwendeten Begriffen aus (vgl. z. B. bei Pieck 1950). Auch in diesem Gebrauch manifestiert sich nicht zuletzt eine ideologische, exkludierende Vereinnahmung der ‚Heimat' im Zuge der Aufwertung des ‚Eigenen' bzw. ‚Heimatlichen' unter gleichzeitiger Abwertung des ‚Anderen' bzw. ‚Fremden', die bis heute vielen antidemokratischen Heimatkonzeptionen gemein ist.

Spätestens seit den 70er Jahren gibt es vermehrt Versuche, das in Verruf geratene Wort zu rehabilitieren: Besonders einflussreich ist im wissenschaftlichen Diskurs ein von der Kulturanthropologin Ina-Maria Greverus entworfener emanzipatorischer Heimatbegriff (1972, 1979), der auf die Lösung von generalisierenden, politischen Gehalten zielt und stattdessen ‚Heimat' als eine selbstgestaltete, aktive Aneignung der unmittelbaren sozialen Umwelt und als individuellen ‚Satisfaktionsraum' denkt. Aber auch die Umweltbewegung und, damit einhergehend, die vermehrte Implementierung von ‚heimatpflegerischen' Bürgerinitiativen oder nicht zuletzt Edgar Reitz vielrezipiertes Film-Epos *Heimat – Eine deutsche Chronik* aus dem Jahr 1984[4] führen zu einer starken Präsenz des Begriffs

---

4 Edgar Reitz' Filmreihe beginnt 1981 mit dem Prolog *Geschichten aus den Hunsrückdörfern*, gefolgt von der Trilogie *Heimat – Eine deutsche Chronik* (1984), *Die zweite Heimat – Chronik einer Jugend* (1992) und *Heimat 3 – Chronik einer Zeitenwende* (2004) sowie dem Epilog *Heimat-Fragmente: Die Frauen* (2006). Anknüpfend an die Reihe erschien zuletzt 2013 der Film *Die*

in der öffentlichen Debatte, die analog zu heutigen Entwicklungen oft als Renaissance der ‚Heimat' betitelt wurde und wird.

Grob ließe sich (Überlappungen außen vor lassend) zwischen drei Kategorien der politischen, sozialen und kulturellen Aushandlung unterscheiden, die ‚Heimat' räumlich semantisieren: Ein reaktionäres und geschlossenes Verständnis setzt ‚Heimat' und ‚Nation' in eins; ein weiterer Heimatbegriff ist mit lokaler oder regionaler Zugehörigkeit besetzt; und fluidere, prozessuale Konzeptionen von Heimat sind entweder deterritorialisiert, dezidiert transnational verortet oder betonen Heimat(en) als Praxis. ‚Heimat' lässt sich aber natürlich auch zeitlich situieren; als nostalgisch-idealisierende Rückschau oder, analog zu dem oben genannten letzteren Punkt, als offenere Zukunfts-Utopie. In ein zukunftsgewandtes Verständnis klinkte sich auch Frank-Walter Steinmeier 2017 mit jener Rede zum Tag der Deutschen Einheit ein, die in Deutschland die Heimatdebatte wieder (mit) entfachte: „Ich glaube, Heimat weist in die Zukunft, nicht in die Vergangenheit. Heimat ist der Ort, den wir als Gesellschaft erst schaffen" – und dies war dezidiert inklusiv auf Migration bezogen, ein Statement wider das „Wir gegen Die". Steinmeiers Rede war offensichtlich motiviert dadurch, den Heimatbegriff nicht ‚dem rechten Rand zu überlassen' – einer jener Tropen, die sich auch in der kulturwissenschaftlichen und journalistischen Beschäftigung mit dem Thema eingeschliffen haben. Doch oft ist natürlich schwer entscheidbar, ob das Konzept gegen seine rechtspopulistische Vereinnahmung verteidigt wird oder andersherum die Themen der Rechten ‚besetzt' werden sollen, um entlaufene Wähler*innen wieder einzufangen; auch dies ist der changierenden Semantik der ‚Heimat' geschuldet.

So manchem ist angesichts der Einrichtung sogenannter Heimatministerien ausgerechnet in Zeiten des Aufschwungs rechter Positionen durchaus unwohl geworden. Ein Blick auf die Selbstdarstellung dieser Ministerien in ihren Internetauftritten zeigt dabei interessante Unterschiede: In NRW sichert man sich sozusagen im Kleingedruckten mit Begriffen wie „Vielfältigkeit" ab und betont die „Verbundenheit in Zeiten, wo uns Vieles zu trennen scheint"; das bayerische Heimatministerium dagegen hat mit Vielfältigkeit ganz offiziell nichts am Hut, sondern sich den mysteriösen Slogan „Gleichwertige Lebensverhältnisse im ganzen Freistaat" erwählt – für wen eigentlich, wird nicht gesagt; da aber lediglich das Thema Digitalisierung ein großes Anliegen zu sein scheint, klingt es fast, als hätte es sich damit in erster Linie Breitbandinternet für bayerische Bürger*innen

---

andere Heimat – Chronik einer Sehnsucht. Der lange Veröffentlichungszeitraum der filmischen Saga scheint einerseits die nachhaltige Attraktivität ‚neuer' Heimatfilme zu untermauern, zugleich demonstriert er die ungebrochene Aktualität des Begriffs.

auf die Fahnen geschrieben. Auf der Seite des Bundesministeriums des Innern, für Bau und – seit 2018 – Heimat gibt es ein Lexikon, das zwar Hooligans und das Haager Übereinkommen auflistet, nicht aber eine Definition der neuen Kernkompetenz. Es bleibt unklar, wie das Begriffspaar „Heimat und Integration", das auf den Seiten des BMI eine Themeneinheit bildet, eigentlich aufeinander bezogen ist; wird Integration als ein Prozess auf dem Weg zur ‚Heimat' verstanden? Oder beide als eine Art Gegenspieler, die es eben irgendwie zu versöhnen gilt?

Mit Blick auf die aktuellen Debatten und die historische Semantik kann ‚Heimat' durchaus als ‚typisch deutsches' Phänomen verstanden werden, als „concept that is central to a critical understanding of German history and culture" (Eigler und Kugele 2012, 2) oder als Seismograph für gesellschaftspolitische Umbrüche. Zugleich stellt sich die Frage, ob das Konzept nicht politische, soziale und kulturelle Semantiken umfasst, die universalen Entwicklungen gemein sind. Auch in der historischen Entwicklung des Begriffs zeigt sich, dass dessen vielfältige Dimensionen und Konnotationen eben nicht nur in lokale und nationale, sondern auch immer wieder in globale Prozesse eingebettet sind und in stetiger Wechselwirkung mit diesen fluktuieren. Denkt man ‚Heimat' also weniger als deutschen Begriff, sondern vielmehr als globales Phänomen (vgl. Jäger 2017), als anthropologische Konstitution und ‚Universalie' (vgl. Antweiler 2009, 47–61) bzw. als Praxis des transnationalen, transkulturellen Sich-Verortens, scheint der oftmals attestierten Unübersetzbarkeit der ‚Heimat' (siehe etwa Barbara Cassins *Dictionary of Untranslatables*) das Fundament geraubt.

Wenn Max Frisch in seiner Rede zum Erhalt des Großen Schillerpreises 1974 erklärt, dass weder das Englische noch das Französische ‚Heimat' auf Begriffe zu bringen vermögen, scheint sich dies eher auf einen kontextuellen Verlust der dem Heimatbegriff untrennbar eingeschriebenen Vieldeutigkeit zu beziehen:

> Was der Duden darunter versteht, ist nicht ohne weiteres zu übersetzen. MY COUNTRY erweitert und limitiert Heimat von vornherein auf ein Staatsgebiet, HOMELAND setzt Kolonien voraus, MOTHERLAND tönt zärtlicher als Vaterland, das mit Vorliebe etwas fordert und weniger beschützt als mit Leib und Leben geschützt werden will, LA PATRIE, das hißt sofort eine Flagge – und ich kann nicht sagen, daß mir beim Anblick eines Schweizerkreuzes sofort und unter allen Umständen heimatlich zumute wird [...]. (Frisch 1976, 510)

Zwar geht die Übersetzung bzw. Übertragung der ‚Heimat' in andere Sprachen mit einem Verlust oder vielmehr einer Verschiebung der historisch gewachsenen kulturellen Implikationen einher, die dem deutschen Begriff beinahe mythisiert anhaften; die mit ihm verflochtenen Praktiken und Politiken sind aber keineswegs ein genuin deutsches Phänomen. Der sich haltende Reflex, die Unübersetzbarkeit der ‚Heimat' zu postulieren, legt nicht zuletzt die Annahme zugrunde, dass Sprache sich überhaupt eins zu eins übersetzen lasse und rekurriert damit auf ein Verständnis von Sprache als Abbild von Wirklichkeit. Aber gibt es nicht auch in anderen Sprachen „[q]uasi dasselbe mit anderen Worten" (Eco 2006)? Muss bei einer Übersetzung nicht immer zwischen Kulturen bzw. Formen verhandelt werden? Und benötigt die Übertragung eines vieldeutigen Begriffs wie Heimat nicht notwendigerweise eine kontextorientierte Verhandlung des Einzelfalls? Die Multidimensionalität und die vermeintliche Inkommensurabilität der ‚Heimat' sind zugleich Herausforderung und Chance, denn gerade die „definitorische Widerständigkeit" bzw. die „Provokation der Begrifflichkeit" (Gebhard et al. 2007, 9) kann schließlich auch produktiv gemacht werden.

Heimat(en): Fixiert, fluide, prozessual?

Eine Tendenz zur Mobilisierung und Pluralisierung des Begriffs in seinen definitorischen Ansätzen bildet sich (spätestens) seit der Deutschen Einheit und dem Ende des Kalten Krieges heraus. Dem liegt nicht zuletzt seit dem *Spatial Turn* auch häufig ein zunehmendes Interesse an und ein neues Verständnis von ‚Raum' als offenem Konstrukt, als multidimensionaler Prozess sowie kultureller und sozialer Praxis zugrunde (vgl. Eigler 2012). Im Kontext der Globalisierung und der Positionierung des Individuums in einer vernetzten Welt stellt sich unablässig die Frage nach verschiedenen Konzeptionen, Konnotationen und Konstellationen des Begriffs. Dabei scheint es, als würde ‚Heimat' zunehmend von Grenzen und Beschränkungen befreit. Durch die Auffassung von „Heimat als Suchbewegung" (Baacke 1990), als „mobile entity" (Eichmanns 2013, 5), als „plural, offen, performativ" (Costadura et al. 2019, 36) wird die Dimension des Raumes multidirektional geöffnet und unter Hervorhebung von Mobilität, Individualität und Relationalität das in der ‚Heimat' angelegte Ausschlussprinzip eingedämmt. Zugleich bleiben ältere semantische Gehalte des Begriffs aber stets abrufbar.

Die historischen Entwicklungen der ‚Heimat' demonstrieren, dass als bedrohlich empfundene politische, soziale, kulturelle oder persönliche Umbrüche und Diskontinuitäten immer wieder mit einer zunehmenden Hinwendung zur ‚Heimat' als vermeintlichem Raum der Orientierung und der Stabilität einhergegangen sind. Anhand gegenwärtiger gesellschaftspolitischer Entwicklungen diagnostiziert Svetlana Boym in *The Future of Nostalgia* eine „global epidemic of nostalgia" (2001, XIV), die sich durch ein verbreitetes emotionales Bedürfnis nach Gemeinschaft, kollektiver Erinnerung und Kontinuität in einer zunehmend fragmentierten Welt äußere. Nostalgie als gesellschaftliches Phänomen, als „symptom of our age" (Boym 2001, XVI) und „feature of global culture" (ebd., XVII) sei dabei ein Abwehr- bzw. Verteidigungsmechanismus hinsichtlich historischer Umbrüche und beschleunigter Lebensrhythmen, wobei die Mischung aus Politik und Nostalgie explosiv werden könne. Anknüpfend an Boym spricht auch Zygmunt Bauman in *Retrotopia* (2017) von einem gegenwärtigen „Age of Nostalgia", wofür er (unter anderem) die zunehmende Lösung der Aussicht auf Glück und Erfüllung von fixierten Orten ausmacht. Statt hoffnungsvollen, utopischen Blicken in die Zukunft stünde in Anbetracht globaler Entwicklungen vermehrt die Suche nach Orientierung in einer verklärten Vergangenheit im Zentrum (vgl. Bauman 2017, 5).

Solche retrotopischen Denkmuster und Praktiken lassen sich auch in aktuellen Heimatdiskursen erkennen. Im Kontext der Globalisierung meint ‚Heimat' zunehmend (auch) verklärte Vorstellungen überschaubarer, prä-globalisierter Momente in der verloren geglaubten, für die Gegenwart und bzw. oder Zukunft herbeigesehnten Vergangenheit. Dies reicht von der (vermeintlich?) harmlosen Kommerzialisierung stereotyper Heimatchiffren zur Befriedigung nostalgischer und ostalgischer Sehnsüchte bis hin zur gefährlichen ideologischen Indienstnahme des Konzepts zur Abwertung globaler, moderner, transkultureller Entwicklungen. Seit der Abwendung von ‚Heimat' als Rechtsbegriff erfüllt diese immer wieder ein sinn- und identitätsstiftendes Potential. Die stetige Mythifizierung der ‚Heimat' kann dabei nicht zuletzt im Sinne Roland Barthes' als ‚alltägliches', gesellschaftlich kommuniziertes Phänomen verstanden werden, das Orientierung und kulturelle Identität stiftet, dafür jedoch zugleich Komplexität reduziert, Widerspruchsfreiheit intendiert und dabei eben auch zur Ausblendung politischer und historischer Umstände tendiert. Gerade die unhinterfragte Gültigkeit gesellschaftlicher Mythen macht diese wiederum anfällig für deren ideologische Vereinnahmung (vgl. Barthes 1957, 252, 264–265).

Die politischen Philosophen Lorenzo Marsili und Niccolò Milanese diagnostizieren in *Citizens of Nowhere* (2019) den Rechtsruck in Europa, der die Grenzen des Sagbaren verschoben hat, als Reaktion auf Abstiegsängste, die wiederum politisch instrumentalisiert werden. Betitelt nach einem verächtlichen Ausspruch Theresa Mays, die sich damit in einer Rede gegen den Kosmopolitismus der ‚globalen Eliten' – und auf der nationalistischen Linie der Brexiteers – positionierte, will das Manifest aber gerade ebenjenes dominante Narrativ demontieren, das in einem ersten Schritt den rechtspopulistischen Aufschwung mit dem Topos der von einer globalisierten Gesellschaft „Abgehängten" entschuldigt, um in einem zweiten Schritt den Nationalstaat wieder stark zu machen – wohlwissend, dass die „globale neoliberale Wirtschaft tatsächlich auf die Illusion der nationalen Souveränität" (Marsili und Milanese 2019, 26) baue. Zudem sei heute gerade kein kleiner elitärer Kreis, sondern seien „Wir" potentiell alle „heimatlose Weltbürger", so der Titel der deutschen Übersetzung. Mays Diktum wird dabei umgedeutet und für ein progressives Projekt gekapert: Nur eine transnationale demokratische Partei könne das utopische Potential Europas noch einlösen. Marsili und Milanese suchen also nach einer politischen ‚Heimat', während sie den Diskurs des Heimat-Nationalstaates, in den man sich vor den brutalen Folgen der Globalisierung retten kann, als scheinheilig enttarnen.

Vor diesem Hintergrund wäre weiter zu fragen: Wie lässt sich jenseits der vereinfachenden Axiomatik von ‚lokal' und ‚global' das Verhältnis von ‚Heimat' und Globalisierung fassen; wie kann man es produktiv rekomplizieren bzw. in seiner Komplexität ‚abbilden', ohne in vereinfachende diskursive Muster zu verfallen? Wie lässt sich ‚Heimat' also im heterogenen, rhizomatischen Spannungsfeld ‚glokaler' Entwicklungen denken? Welche Bedeutungsschichten umfasst der Begriff hinsichtlich der Ursachen, Formen und Folgen von Migration, von Flucht und Vertreibung, von Exklusion und Inklusion – insbesondere auch vor dem Hintergrund rechtspopulistischer Nationalisierungsbestrebungen und rechtsradikaler Abgrenzungsforderungen? Wie wirken sich globale Wirtschaftsentwicklungen und ökologische Krisen im Zeitalter des Anthropozäns auf Vorstellungen von ‚Heimat' aus? Und nicht zuletzt: Wie verhalten sich verschiedene Figurationen von Welt gegenüber dem Begriff ‚Heimat', aber auch – und dies ließe sich über Heimatdiskurse gegebenenfalls entschlüsseln – zueinander?

‚Das Globale' ist als Totalitätsmetapher und totalisierendes Schema diskutiert worden, das die Figur der perfekten Kugel – eine imaginäre Figur, denn eigentlich ist die Erde gerade nicht vollkommen sphärisch – aus der Kosmologie auf die Bereiche des Ökonomischen, Politischen, Sozialen usw. überträgt (vgl. Moser 2014, 31). Zuweilen ist ihm ‚das Planetarische' entgegengesetzt worden, so z. B. bei Gayatri Chakravorty Spivak:

> Globalization is the imposition of the same system of exchange everywhere. In the gridwork of electronic capital, we achieve that abstract ball covered in latitudes and longitudes, cut by virtual lines [...]. The globe is on our computers. No one lives there. It allows us to think that we can aim to control it. The planet is in the species of alterity, belonging to another system; and yet we inhabit it, on loan. (Spivak 2003, 72)

Während der Globus also in diesem Verständnis durch menschliche Konstruktionsleistungen kartographiert, eingeteilt, ökonomisiert ist und gleichzeitig als Figuration diese Verfasstheit weiter vorantreibt, arbeitet das Planetarische gegen Grenzziehungen und Metrisierung und betont eine Alterität, die nicht den Menschen ins Zentrum setzt.[5] Der im Tropus des ‚planet on loan' deutlich anklingende

---

[5] Spivaks Konzeption ist auf mehreren Ebenen etwas problematisch, u. a. weil man gegen die Opposition von Planet und Globus, die sie herstellt, argumentieren könnte, dass auch das Planetarische natürlich kein Gegenstand von unvermittelter Evidenz sein kann, sondern medial hergestellt wird. Michael Auer verweist zudem darauf, dass Spivak offensichtlich aus einer

ökologische Aspekt steht in Bruno Latours *Terrestrischem Manifest* (2018), das sich ebenfalls ‚der Erde' zuwendet, schließlich im Zentrum. Latour demontiert allerdings den Binarismus zwischen menschlich-medientechnologisch-politisch produzierter Globalisierung und dem ‚anderen Raum' der Planetarität, den Spivak tendenziell aufmacht – bzw. stülpt er ihn gewissermaßen von innen nach außen, um seine Nahtstellen zu zeigen. Ihm geht es gerade um die Untrennbarkeit von planetarischen Fragen des Klimas und der Politik der Globalisierung: „Die Explosion der Ungleichheiten und das Verleugnen der Klimasituation sind ein und dasselbe Phänomen." (2018, 9) Im Anthropozän wird schließlich deutlich, dass schlicht ‚nicht genügend Erde' für jenen Globus da sei, den die fortschreitenden Modernisierungs- und Globalisierungspläne der großen Industriestaaten vorsehen. Diese Situation ist mitverantwortlich für die große Anzahl von Geflüchteten, die wiederum für einen panischen Rückzug auf den Nationalstaat und entsprechende Ausgrenzungsmechanismen ideologisch instrumentalisiert wird – und das, obwohl „die Frage der Migrationen […] jetzt alle Welt [betrifft], da sich eine neue und höchst perverse Universalität darbietet: sich als enterdet zu erleben." (Ebd.) Als perspektivischen Ausblick lassen wir diesen Band mit einem Essay von Latour schließen, in dem er jene Verschränkungen vor der Folie des deutschen Heimatbegriffs beleuchtet.

Ähnlich wie bei Marsili und Milanese, aber mit einer stärkeren Fokussierung auf die Klimakrise, geht es auch hier um das Scheitern des Nationalstaats bzw. wird ‚Heimat' gleichsam gegen das Paradigma des Nationalen *und* des Globalen – in jenem Sinne eines totalisierenden Systems – gesetzt. In einer für deutsche Leser*innen recht irritierenden Diktion wird in der Übersetzung zuweilen von Boden und gar von ‚Volk' gesprochen, doch Latour macht unmissverständlich klar: In seinem Verständnis ist der Ausdruck ‚Heimat' nicht nur „viel zu lokal […], als dass die ‚Globalisten' ihn mögen könnten", sondern auch „viel zu weltzugehörig, konkret, materiell, vielfältig, universell, als dass die Neonationalisten ihn verstehen könnten" (S. 275 in diesem Band). Latour bringt ‚Heimat' auch mit dem Begriff „monde vécu" zusammen, übersetzbar mit ‚gelebte Welt'. Nicht von ungefähr erinnert dies an Henri Lefebvres *espace vécu;* jenen komplexen, praktizierten Raum, den Lefebvre in *La production de l'espace* (1974) dem metrisierten *espace conçu* der Stadtplanung und dem *espace perçu* der Wahrnehmung und der Wegstrecken gegenüberstellt. Diese aktive Komponente hängt mit einer weiteren Problematik zusammen, die Latour ausmacht: ‚Heimat' bestehe auch darin,

---

deutschsprachigen Traditionslinie der Rede vom „Planetarischen" schöpft, die Carl Schmitt mit Ernst Jünger und Martin Heidegger verbindet, was von ihr selbst nicht gebührend reflektiert wird (vgl. Auer 2013, 11).

das, wovon man lebt, und das, was einem gegenwärtig ist, überein zu bringen (vgl. S. 275–276) – eine Kondition, die in den unüberblickbaren Produktionsketten eines globalen Kapitalismus, der auf dem Rücken der Anderen ausgetragen wird, schwer zu erreichen ist. Also auch hier: ‚Heimat' als Ethik, als Nachhaltigkeitskonzept – oder ganz schlicht als Rückkehr in die Lokalität?

Es scheint Latour eher um das Verhältnis von Komplexität und Abbildung zu gehen. Die Herausforderung bestehe eigentlich darin, einen ‚Beschreibungsmodus' zu finden. Fredric Jameson hat in seinen Ausführungen zu postmoderner Kultur und globalem Kapitalismus das Potential eines sogenannten *cognitive mappings* wie folgt beschrieben: „[T]o enable a situational representation on the part of the subject to that vaster and properly unrepresentable totality, which is the ensemble of society's structure as a whole." (Jameson 1991, 51) Jameson bezieht sich mit seinem Konzept eines *cognitive mapping* einerseits auf Kevin Lynch, der damit die Einschreibung von Subjektivität in den urbanen Raum beschrieben hat; gleichzeitig fokussiert er die Komplexität und die unsichtbaren Strukturen des globalen Kapitalismus, die sich der Abbildung entziehen, und verbindet so stadttheoretisch grundierte Raumtheorie mit Überlegungen zu globalen und postkolonialen Abhängigkeiten. Als ein *mapping* solcher Art, nämlich nicht im Sinne einer Orientierungsgebung oder eines Vereinfachens, sondern als Annäherung an Komplexität, können natürlich auch fiktionale Texte verstanden werden. Literatur kann die Ambivalenzen und Spannungsverhältnisse, die sich um den Heimatbegriff ansiedeln – gerade auch mit Blick auf ‚das Globale' –, noch einmal ganz anders reflektieren und aktualisieren. In einer kulturwissenschaftlichen Perspektive im weiteren Sinne bietet es sich daher an, den eher empirischen Zugängen zum Thema, die Kulturanthropologie und Ethnologie bieten, literaturwissenschaftliche Analysen an die Seite zu stellen.

Saša Stanišić, der sich nicht erst seit der Auszeichnung mit dem Deutschen Buchpreis 2019 für sein Buch *Herkunft* intensiv mit Formen von Zugehörigkeit auseinandersetzt, nutzt zum Beispiel das Bild des Nomadischen, um jene „rätselhafte Verschränkung von Orten" (Stanišić 2017, zitiert nach Janker) zu fassen, als die er ‚Heimat' versteht:

> Ich kann Anekdoten erzählen und Daten nennen, ich kann Stempel in meinem Pass präsentieren und behaupten: ich bin undeutlich gegangen, den Zigeunern gefolgt, bin von zu Hause gegangen und habe damit doch den Heimweg angetreten – ein Doppelpunktnomade, treibe meine Herde, die Worte, zwischen geliebten Orten, zwischen Dorten, Patriot der Orientierungslosigkeit, immer dort, wo meine Heimat gerade nicht ist. (Stanišić 2005)

‚Heimat' ist ein Diskursgeflecht, kulturell, medial und politisch produziert, inszeniert und instrumentalisiert. Dies bedeutet nicht, dass sie (immer) raumlos und entkörperlicht wäre; neue Konzeptionen von *belonging* schließen an Ansätze aus der feministischen Epistemologie an, die ihrerseits poststrukturalistische Positionen mit einem ‚neuen Materialismus' verschränken, *embodiment* und Situiertheit betonen und die Opposition zwischen Körper und Diskurs verwischen. Rosi Braidotti verknüpft Deleuzes Begriff des Nomadischen mit einem Zugehörigkeitskonzept, das nicht entlang von Ausschließung verläuft: „Nomadic thought affirms that ‚I am rooted but I flow' (an elegant formulation by Virginia Woolf) and encourages us to recognize the intersections between mobility, multiple identities, and ethical belonging and accountability." (2017, 174) Obgleich Latour sicherlich nicht in dieser Tradition steht, deutet sich in seinem Bezug auf die Materialität der ‚Heimat' vielleicht doch ein ähnlicher Ansatz an. ‚Heimat' auf diese Weise nicht als stabil, ausschließend, erst recht nicht als abbildbar auf Nation und Nationalstaat oder ‚Kultur' zu verstehen, sondern als prozessual und fluide, macht es vielleicht tatsächlich möglich, sie ‚den Rechten zu entreißen' – wobei auch dieser Topos natürlich eines kritischen Hinterfragens bedarf.

Zu diesem Band

Im Rahmen der Ringvorlesung, auf der dieser Band beruht, kamen einige Themenkomplexe wiederholt zur Sprache und zeigten damit die Entwicklungsrichtungen der aktuellen Heimatdebatte an. Diese Fluchtlinien können mit den Überschriften „Politiken und Praktiken der Heimat", „Literarische (De-)Konstruktionen" und „Globale Heimaten?" zusammengefasst werden. Sie bilden die thematischen Abschnitte, nach denen der Band geordnet ist. Indes kommt es innerhalb der Unterteilungen immer wieder zu gewinnbringenden Überlappungen, was die Produktivität eines interdisziplinären Ansatzes bei der Untersuchung von ‚Heimat' bezeugt.

Im ersten Beitrag des Bandes nähert sich Simone Egger dem bayrischen Heimatkonzept empirisch an. Anhand exemplarischer Beispiele zeigt sie auf, wie vielschichtig ‚Heimat' heute in Bayern verstanden wird. Dies diskutiert sie unter anderem an Mietgesuchen im Kontext der aktuellen Wohnraumnot, regionalen Werbekampagnen und künstlerischen Performances. Der Beitrag zeigt die Bandbreite des Heimatdiskurses auf und versteht ‚Heimat' als ‚Pulsmesser' für aktuelle gesellschaftliche Fragen.

Auch Cornelia Kühns Aufsatz „Zwischen sozialistischer Propaganda und lokaler Idylle" nimmt mit Berlin einen konkreten lokalen Raum in den Blick. Er analysiert den „Stralauer Fischzug" in Ost- und das „Steglitzer Heimatfest" in West-Berlin und zeigt, wie Festkultur in den 1950er Jahren zur Wahrnehmung von ‚Heimat' beigetragen hat. In ihren politischen, gesellschaftlichen und wirtschaftlichen Intentionen entwickelt die Festplanung dabei eine spezifische Identitätspolitik, die bestimmte Ideologien festigen soll. Kühn arbeitet in ihrem Beitrag die Erfolge, aber auch Misserfolge dieser Praktik sowie den Wandel der Heimatidee in den beiden Stadtteilfesten heraus.

Dagmar Hänel, die Leiterin des LVR-Instituts für Landeskunde und Regionalgeschichte, erweitert die kulturwissenschaftliche Forschung zum Thema ‚Heimat' um eine praxisbezogene Perspektive. In ihrem Aufsatz beleuchtet Hänel das meist vor allem raumbezogene Heimatverständnis von Heimatvereinen und seine Entwicklung. Da es sich bei den Engagierten in solchen Vereinen um wichtige Akteur*innen im derzeitigen Entwicklungsprozess des Heimatbegriffs handelt, ist der Austausch mit ihnen zentral. Der konstruktive Dialog vermittelt zwischen eher ‚traditionellen' Heimatverständnissen und der offeneren Auffassung von ‚Heimat', die das LVR vertritt.

Im letzten Beitrag des Abschnittes „Politiken und Praktiken der Heimat" widmet sich Beate Binder der Struktur des politischen Heimatdiskurses. Binder untersucht, mit welchen Implikationen der Begriff im politischen Feld genutzt wird. Neben einer grundsätzlichen semantischen Differenz von Öffnung und Schließung birgt der Gebrauch von ‚Heimat' in der aktuellen Debatte stets auch Ideen von Zukunftsorientiertheit. Der politischen, häufig Ängste schürenden Rede stellt Binder in einem zweiten Schritt konkrete Praktiken des „Beheimatens" entgegen. Sie appelliert an die Europäische Ethnologie, diese stärker zu untersuchen und somit die vorherrschenden Diskurse zu durchbrechen.

Dass Binder ihren Aufsatz mit einem Zitat aus Jean Amérys „Wieviel Heimat braucht der Mensch?" beginnt und schließt, zeigt bereits exemplarisch die Bedeutung, die Heimatentwürfe der Literatur für den gesamten Themenkomplex haben. Diese werden in der nachfolgenden Sektion, „Literarische (De-)Konstruktionen", untersucht. Friederike Eigler analysiert in „Unheimliche Heimat" den Heimatbegriff in Texten, die sich dem Thema vor dem Hintergrund des Nationalsozialismus annähern. Dabei stehen die einzelnen Texte in einem intertextuellen Bezugsrahmen. Die Neuverhandlung des Heimatbegriffs reicht dabei von einem als traumatisch erfahrenen Ausschluss aus der alten ‚Heimat' bei Jean Améry, über einen willentlich naiven, die Taten des Nazi-Regimes nicht reflektierenden Heimatbezug Martin Walsers, bis zu einer vorsichtigen Neuannäherung an die ehemalige, unheimlich gewordene ‚Heimat' im Falle von Ruth Klüger.

Im nachfolgenden Beitrag betrachtet Rolf Parr das Verhältnis von ‚Heimat' und Fremde zur Zeit der deutschen Kolonien. Ein ausschlaggebender Faktor war hier die Heimatkunstbewegung, die ihre Ideen im Kontext der Industrialisierung auf die Möglichkeiten einer ‚neuen Heimat' in den Kolonien projizierte. In diesem Sinne wurde der heimatkünstlerische Diskurs dazu genutzt, bei den deutschen Siedler*innen eine emotionale Bindung an die Kolonien hervorzurufen. In einem weiteren Schritt wurde die Vorstellung einer ‚neuen Heimat' durch Kolonialliteratur und -zeitschriften wieder zurück nach Deutschland geführt. Des Weiteren zeigt Parr auf, wie die Modellierung von ‚Heimat' in Wechselbezug zum ‚Fremden' nach dem Ende der deutschen Kolonialzeit durch Expeditionsreisen abgelöst wurde.

Werner Nell beleuchtet, wie in Vorstellungen von ‚Heimat' unaufhörlich sozial Imaginäres verhandelt wird. Die Existenz von rechtlichen Ansprüchen auf ‚Heimat' bei gleichzeitiger Verlagerung des Gemeinten in einen Vorstellungsraum machen ihn Nell zufolge besonders attraktiv für Politisierung. In Narrationen, die Heimatverständnisse modellieren, werden hierbei Momente von Integration und Exklusion diskutiert, da ein ‚Außen' auch als ein konstitutiver Teil von ‚Heimat' verstanden werden kann. Exemplarisch behandelt Nell die Heimatkonzeption Heinrich Bölls, der sich dem Thema vorläufig, kritisch und reflexiv annähert und so zu einem offenen und pluralen Verständnis von ‚Heimat' beiträgt. Schließlich stellt Nell den von Zygmunt Bauman informierten Begriff des „Schlamms" vor, der sich als Gegenstück zu einer ideologischen Vorstellung von „Heimaterde" eignet.

Mit einem ähnlichen Gegenentwurf zum Topos der Heimaterde beschäftigt sich auch Jil Runias Aufsatz „Mobile Verwurzelung". Runia geht davon aus, dass sich in der Migrationsliteratur vermehrt hybride und mobile Heimatkonzeptionen entwickeln, die zu offeneren Heimatkonstruktionen im gesamten Diskurs beitragen. Als Beispiel hierfür untersucht sie die Heimatentwürfe in Randa Jarrars *A Map of Home*. Anhand einer detaillierten Analyse zeigt Runia, wie die Protagonistin im Laufe des Romans die Vorstellung von ‚Heimat' als einem Ort der Verwurzelung und klar umgrenzten Raum hinterfragt. Stattdessen entwickelt der Text eine Heimatkonzeption, für die hybride Motiviken zentral werden, und die mit Homi K. Bhabhas Theorie des *Third Space* theoretisch erfasst werden kann.

Solch plurale Heimatverständnisse innerhalb der Literatur deuten die Richtung für den letzten Teil des Bandes, „Globale Heimaten?", an. Die Beiträger*innen dieser Sektion hinterfragen die Exklusivität des deutschen Begriffs ‚Heimat' und untersuchen sie stattdessen als ein transnational auftretendes Konzept, das in den einzelnen Ausprägungen sowohl Gemeinsamkeiten als auch Unterschiede mit deutschen bzw. deutschsprachigen Diskursen aufweist. Die theoretische Grundlage für eine solche Herangehensweise beschreibt Christoph Antweiler in seinem Aufsatz „Heimat als Ortsbezogenheit". Mit Bezugnahme auf ethnologische, geographische, psychologische und evolutionstheoretische Forschungen argumentiert er, dass es sich bei ‚Heimat' nicht lediglich um eine soziale Konstruktion, sondern durchaus um ein empirisch nachweisbares, universales Phänomen des menschlichen Bezugs zu Orten handelt. Aufgrund dieser Erkenntnis plädiert Antweiler dafür, den Begriff in einer differenzierten Weise auch im wissenschaftlichen Kontext zu nutzen.

Der Frage, wie sich ein spezifisches Heimatverständnis in unterschiedlichen Kulturen äußert, widmen sich die beiden folgenden Beiträge. Ines Stolpe untersucht den für die mongolische Kultur zentralen Begriff *nutag*, der ins Deutsche meist mit ‚Heimat' übersetzt wird. Die Autorin unterzieht das Konzept der *nutag* einer komparatistischen Analyse, in der sie es wiederholt dem deutschen Heimatdiskurs gegenüberstellt. Besondere Aufmerksamkeit gilt dem Wandel von *nutag* und seinem aktuellen, alltagspraktischen Verständnis. Dieses wird anhand von Musik und Literatur, aber auch in Bezug auf eigene Feldforschung der Verfasserin aufgezeigt. Insbesondere lässt sich ein großes Potential der Politisierung von *nutag* erkennen, worin es seinem deutschsprachigen Pendant gleicht.

Mark Münzel fragt nach einem der ‚Heimat' äquivalenten Begriff bei der indigenen Volksgruppe der Guaraní in Südamerika. Um die Schwierigkeiten einer Übertragung des Wortes aufzuzeigen, untersucht er zunächst die Bedeutung von ‚minha terra' – was etwa mit ‚meine Heimat' übersetzt werden kann – in portugiesischen Volksliedern. Auch seine anschließende Untersuchung setzt bei der Analyse eines modernen Guaraní-Raps an. In der Folge zeigt Münzel auf, dass das ‚opy', der zentrale Versammlungsort in einem Guaraní-Dorf, dem deutschen Heimatkonzept in manchen Aspekten ähnelt. Allerdings lassen sich einige Unterschiede ausmachen, allen voran die kulturelle, menschengemachte Komponente von ‚Heimat' (‚opy') bei den Guaraní, der gegenüber die deutsche Heimatkonzeption naturverbundener erscheint.

In dem letzten Beitrag dieses Bandes, „From ‚Homeland Security' to ‚Heimat shoppen'", beleuchtet Sabine Sielke die Gemeinsamkeiten der kulturell spezifischen Begriffe ‚Heimat', ‚home' und ‚homeland'. Betrachtet man sie unter dem übergeordneten Phänomen der Nostalgie, so lässt sich laut Sielke auch ihre momentane Konjunktur verstehen. Die drei Begriffe sind durch ihre Sehnsucht nach einer Zeit und einem Ort, die es so nie gab, verbunden. Sie werden damit zu Tropen nostalgischen Begehrens. Die Verfasserin untersucht dies anhand der Bedeutung von ‚home' in der US-amerikanischen Kultur und arbeitet heraus, wie dieses Konzept in der aktuellen Politik aufgegriffen wird und sich mit neoliberaler Ökonomie verbindet.

In einem Ausblick wird auf die Möglichkeit verwiesen, ‚Heimat' nicht nur im Kontext des Globalen, sondern auch durch das Prisma des Planetarischen bzw. Terrestrischen zu lesen: Bruno Latours Beitrag richtet den Blick schließlich auf die umfassende ökologische und politische Krisensituation der Gegenwart.

Literatur

Antweiler, Christoph. *Heimat Mensch. Was uns alle verbindet*. Hamburg: Murmann, 2009.
Auer, Michael. *Wege zu einer planetarischen Linientreue? Meridiane zwischen Jünger, Schmitt, Heidegger und Celan*. München: Fink, 2013.
Baacke, Dieter. „Heimat als Suchbewegung. Problemlösungen städtischer Jugendkulturen". *Heimat. Analysen, Themen, Perspektiven*. Hg. Will Cremer und Ansgar Klein. Bonn: Bundeszentrale für Politische Bildung, 1990. 479–496.
Barthes, Roland. *Mythologies*. Paris: Seuil, 1957.
Bastian, Andrea. *Der Heimat-Begriff. Eine begriffsgeschichtliche Untersuchung in verschiedenen Funktionsbereichen der deutschen Sprache*. Tübingen: Max Niemeyer, 2012 [1995].
Bauman, Zygmunt. *Retrotopia*. Cambridge: Polity, 2017.
Bausinger, Hermann. „Heimat in einer offenen Gesellschaft. Begriffsgeschichte als Problemgeschichte". *Heimat. Analysen, Themen, Perspektiven*. Hg. Will Cremer und Ansgar Klein. Bonn: Bundeszentrale für Politische Bildung, 1990. 76–90.
Boa, Elizabeth, und Rachel Palfreyman. *Heimat – A German Dream. Regional Loyalties and National Identity in German Culture 1890–1990*. Oxford und New York: Oxford University Press, 2000.
Boym, Svetlana. *The Future of Nostalgia*. New York: Basic Books, 2001.
Braidotti, Rosi, und Lisa Regan. „Our Times Are Always Out of Joint: Feminist Relational Ethics in and of the World Today: An Interview with Rosi Braidotti". *Women: A Cultural Review* 28.3 (2017): 171–192.
Cassin, Barbara (Hg.). *Dictionary of Untranslatables. A Philosophical Lexicon*. Übersetzt von Steven Rendall, Christian Hubert, Jeffrey Mehlman, Nathanael Stein und Michael Syrotinski. Übersetzung hrsg. von Emily Apter, Jacques Lezra und Michael Wood. Princeton: Princeton University Press, 2014.
Costadura, Edoardo, Klaus Ries, und Christiane Wiesenfeldt. „Heimat global: Einleitung". *Heimat global. Modelle, Praxen und Medien der Heimatkonstruktion*. Hg. Edoardo Costadura, Klaus Ries und Christiane Wiesenfeldt. Bielefeld: transcript, 2019. 11–42.
Ditt, Karl. „Die deutsche Heimatbewegung 1871–1945". *Heimat. Analysen, Themen, Perspektiven*. Hg. Will Cremer und Ansgar Klein. Bonn: Bundeszentrale für Politische Bildung, 1990. 135–154.
Eco, Umberto. *Quasi dasselbe mit anderen Worten. Über das Übersetzen*. Übersetzt von Burkhart Kroeber. München: Hanser, 2006.
Eichmanns, Gabriele. „Introduction: *Heimat* in the Age of Globalization". *Heimat Goes Mobile. Hybrid Forms of Home in Literature and Film*. Hg. Gabriele Eichmanns und Yvonne Frank. Newcastle upon Tyne: Cambridge Scholars, 2013. 1–12.
Eigler, Friederike. „Critical Approaches to Heimat and the ‚Spatial Turn'". *New German Critique* 115 (2012): 27–48.
Eigler, Friederike, und Jens Kugele. „Introduction. Heimat at the Intersection of Memory and Space". *Heimat at the Intersection of Memory and Space*. Hg. Friederike Eigler und Jens Kugele. Berlin u. a.: De Gruyter, 2012. 1–14.
Frisch, Max. „Die Schweiz als Heimat? Rede zur Verleihung des Großen Schillerpreises 1974". *Gesammelte Werke in zeitlicher Folge. Bd. 6 1968–1975: Tagebuch 1966–1971. Wilhelm Tell für die Schule. Kleine Prosaschriften. Dienstbüchlein*. Hg. Hans Mayer. Frankfurt a. M.: Suhrkamp, 1976. 509–518.

Gauger, Jörg-Dieter, und Hanns Jürgen Küsters (Hg.). *„Zeichen der Menschlichkeit und des Willens zur Versöhnung". 60 Jahre Charta der Heimatvertriebenen.* Sankt Augustin und Berlin: Konrad-Adenauer-Stiftung, 2011.

Gebhard, Gunther, Oliver Geisler, und Steffen Schröter. „Heimatdenken. Konjunkturen und Konturen. Statt einer Einleitung". *Heimat. Konturen und Konjunkturen eines umstrittenen Konzepts.* Hg. Gunther Gebhard, Oliver Geisler und Steffen Schröter. Bielefeld: transcript, 2007. 9–56.

„Gleichwertige Lebensverhältnisse und Regionalkultur". *Bayerisches Staatsministerium für Finanzen und für Heimat.* 2000. https://www.stmfh.bayern.de/ueber_uns/heimat ministerium/ (20. März 2020).

Greverus, Ina-Maria. *Auf der Suche nach Heimat.* München: Beck, 1979.

Greverus, Ina-Maria. *Der territoriale Mensch. Ein literaturanthropologischer Versuch zum Heimatphänomen.* Frankfurt a. M.: Athenäum, 1972.

„Heimatrecht". *Handwörterbuch Staatswissenschaften.* Bd. 5. 3. Aufl. Hg. Johannes Conrad. Jena: G. Fischer, 1910. 246–248.

„Heimat & Integration". *Bundesministerium des Innern für Bau und Heimat.* 2000. https://www.bmi.bund.de/DE/themen/heimat-integration/heimat-integration-node.html (20. März 2020).

Hofer, Johannes. „Dissertatio Medica De Nostalgia, Oder Heimwehe" [1688]. Deutsche Zusammenfassung von 1779 durch D. Lorenz Crell. *Vom Heimweh.* Hg. Fritz Ernst. Zürich: Fretz & Wasmuth, 1949. 63–72.

Jäger, Jens. „Heimat". *Docupedia-Zeitgeschichte. Begriffe, Methoden und Debatten der zeithistorischen Forschung.* 09. November 2017. http://docupedia.de/zg/Jaeger_heimat_v1_de_2017 (20. März 2020).

Jameson, Fredric. *Postmodernism, or: The Cultural Logic of Late Capitalism.* Durham: Duke University Press, 1991.

Janker, Karin. „Zürcher Poetikvorlesung. ‚Wie Saša Stanišić seine Heimat erfindet'". *Süddeutsche Zeitung* 13. November 2017. https://www.sueddeutsche.de/kultur/zuercher-poetikvorlesung-wie-sasa-stanisic-seine-heimat-erfindet-1.3746199 (20. März 2020).

Latour, Bruno. *Das terrestrische Manifest.* Übersetzt von Bernd Schwibs. Berlin: Suhrkamp, 2018.

Lefebvre, Henri. *La production de l'espace.* Paris: Flammarion, 1974.

Marsili, Lorenzo, und Niccolò Milanese. *Citizens of Nowhere. How Europe Can Be Saved from Itself.* London: Zed Books, 2018.

Marsili, Lorenzo, und Niccolò Milanese. *Wir heimatlosen Weltbürger.* Übersetzt von Yasemin Dincer. Berlin: Suhrkamp, 2019.

Moser, Christian. „Figuren des Globalen. Von der Weltkugel zum Welthorizont". *Figuren des Globalen. Weltbezug und Welterzeugung in Literatur, Kunst und Medien.* Hg. Christian Moser und Linda Simonis. Göttingen: Vandenhoeck & Ruprecht, 2014. 25–45.

Pieck, Wilhelm. „Zur Oder-Neiße-Grenze. Aus einer Rede in seiner Geburtsstadt Guben am 5. Oktober 1950". *Reden und Aufsätze.* Bd. 2: *Auswahl aus den Jahren 1908–1950.* Berlin: Dietz, 1952. 552–555.

Schlink, Bernhard. *Heimat als Utopie.* Frankfurt a. M.: Suhrkamp, 2000.

Sielke, Sabine (Hg.). *Nostalgie/Nostalgia. Imaginierte Zeit-Räume in globalen Medienkulturen/ Imagined Time-Spaces in Global Media Cultures.* Frankfurt a. M.: Peter Lang, 2017.

Spengler, Oswald. *Der Untergang des Abendlandes. Umrisse einer Morphologie der Weltgeschichte*. Bd. 2: *Welthistorische Perspektiven*. 3. Aufl. München: Beck, 1976 [1922].
Spivak, Gayatri Chakravorty. *Death of a Discipline*. New York: Columbia University Press, 2003.
Stanišić, Saša. „Doppelpunktnomade". *Das Magazin* 6 (2005). https://www.kulturstiftung-des-bundes.de/de/magazin/magazin_6.html (20. März 2020).
Steinmeier, Frank-Walter. „Rede. Festakt zum Tag der deutschen Einheit". 03.10.2017. *Der Bundespräsident*. http://www.bundespraesident.de/SharedDocs/Reden/DE/Frank-Walter-Steinmeier/Reden/2017/10/171003-TdDE-Rede-Mainz.html (20. März 2020).
„Vielfältigkeit und Verbundenheit". *Ministerium für Heimat, Kommunales, Bau und Gleichstellung des Landes Nordrhein-Westfalen*. https://www.mhkbg.nrw/themen/heimat/heimat-foerderprogramm (20. März 2020).
Walser, Martin. „Heimatkunde". *Heimatkunde. Aufsätze und Reden*. Frankfurt a. M.: Suhrkamp, 1968. 40–50.
Zehschnetzler, Hanna. *Dimensionen der Heimat bei Herta Müller*. Berlin: De Gruyter 2020 [in Vorbereitung].

Politiken und Praktiken der Heimat

Simone Egger
Mi Heimat es su Heimat: Beobachtungen zu einem Schlüsselthema der flüchtigen Moderne

Panorama

„Home is where the Heart is": Mit diesem Slogan wirbt das Valentin Stüberl, eine Münchner Szenekneipe, auf einer Postkarte. Darauf abgebildet ist ein Mann, der vor einem schweren Motorrad posiert, die Szene scheint im Hof seines Hauses aufgenommen. Stolz präsentiert sich der Fahrer; der Frisur nach zu urteilen, ist das Bild in den 1980er oder frühen 1990er Jahren entstanden. Auf der Treppe des Hauses im Hintergrund sitzt eine Frau, die sich die Hand vor den Mund hält, während sie bewundernd oder auch belustigt auf den Mann blickt, der mit geschwellter Brust und nur mit einer schwarzen Lederhose bekleidet vor seiner Maschine steht.[1] Von Interesse ist nun aus einer ethnografischen Perspektive vor allem der Umstand, dass eine Bar wie das Valentin Stüberl ganz bewusst mit dem Topos ‚Heimat' spielt. Wenngleich die Postkarte mit der verwendeten Fotografie durchaus auf Irritation hinauswill, wird die Aussage „Home is where the Heart is" zweifellos auf das Lokal bezogen – und das ganz ohne Augenzwinkern. Aus dem Blickwinkel einer Disziplin wie der Europäischen Ethnologie oder empirischen Kulturwissenschaft, die sich ganz wesentlich mit dem Alltag breiter Bevölkerungsschichten, mit Problemstellungen und Konjunkturen, mit Fragen ihrer Zeit befasst, kommt man nicht umhin zu bemerken, dass ‚Heimat' gerade in der vergangenen Dekade zu einem großen Thema geworden ist. Heimat ist cool, ist populär geworden. Nicht nur in Deutschland lassen sich gegenwärtig verschiedene Entwicklungen und Debatten nachvollziehen, die alle mit diesem Diskurs zu tun haben; manche sind unmittelbar ersichtlich, andere erschließen sich erst auf den zweiten oder dritten Blick als heimatlich. Als generelle Beobachtung lässt sich festhalten: So viel Heimat wie heute war nie. Und das gilt auch für den Freistaat Bayern und die Landeshauptstadt München, obschon der Süden der Republik bereits seit dem 19. Jahrhundert besonders reich an Heimatbildern scheint.

Mit der ersten Kategorie sind zunächst einmal die Felder und Handlungsräume gemeint, in denen der Begriff ganz konkret ausbuchstabiert wird. Auffallend häufig ist im Hinblick auf Lebensmittel und Esskultur davon die Rede.

---

[1] Vgl. Flyer der Bar „Valentin Stüberl", München um 2018.

https://doi.org/10.1515/9783110650624-002

„So schmeckt die Heimat", „Aus der Heimatküche" oder auch „Genuss aus der Heimat" lauten in Varianten wiederkehrende Rubriken, die oft in Verbindung mit Regionalität, Ökolandbau und/oder Nachhaltigkeit aufgerufen werden. Es gibt entsprechend kaum eine Handelskette, die nicht mit dieser Kategorie wirbt, im Drogeriemarkt oder im Discounter finden sich ausgewiesene Waren aus dem Nahraum ‚Heimat' inzwischen genauso wie im Bioladen. Das Duschgel mit der Duftnote Ringelblume ist gleichermaßen heimatverbunden wie die Familien in Tracht, die auf fast jedem Eierkarton abgebildet sind und so für die Güteklasse ihrer Erzeugnisse bürgen. „Die Heimat", fasst der Zukunftsforscher Daniel Dettling zusammen, „die Sehnsucht nach regionaler Verbundenheit, hat wieder Konjunktur. Regionale Küche, Urlaub im Umland oder neues Arbeiten in alten Gemäuern auf dem Land liegen im Trend."[2] Die analoge Entvölkerung ganzer Landstriche abseits der großen Ballungszentren scheint für die Imagination solcher Ideallandschaften dabei noch immer nicht ins Gewicht zu fallen.

Dettling spricht von einem Megatrend ‚Heimat' und verweist in dem Zusammenhang auf eine Umfrage des Allensbach-Instituts für Demoskopie, demzufolge ein Großteil der deutschen Bevölkerung mit Heimat weniger nationale denn regionale Bezüge assoziiert. Eine Stadt, ein Dorf, eine Gegend, Orte also, an denen man selbst Erfahrungen gesammelt hat, wirken offenkundig zugänglicher als ein abstraktes Staatsgebilde. Von den Nahrungsmitteln mit dem Label „Heimat", die sich in der Regel auf ein bestimmtes Verständnis von deutscher Küche – bestehend aus Kartoffeln, Wurstwaren und Apfelsaft – beziehen, geht es nahtlos weiter zu den passenden Einrichtungsgegenständen im Heimatdesign, angerufen wird damit einerseits ein Bewusstsein für unverfälschte Materialien, zum anderen ziert Möbel, Servietten und Kerzen häufig so etwas wie ein Hirschgeweih. Auf den Sofakissen steht „Home Sweet Home" – angelehnt an biedermeierlich-bürgerlichen Hausfleiß in Rot auf weißem Grund. Wer welche Variante heimatlich gestalteten Dekors konsumiert, ist wiederum eine Klassenfrage. Die ästhetischen Qualitäten dieser Produktpalette ergeben sich ihrerseits aus Narrativen, die oft schon lange damit verbunden sind. Von Landschaft, Frische und Reinheit wird auffallend oft gesprochen, die Dinge sind naturbelassen und unbehandelt – ob Holz oder andere Werkstoffe, genannt werden meist Zuschreibungen, die bereits in der Romantik geprägt worden sind. Verpackungen spielen mit Folklore, geworben wird mit bunten Blumenmustern, oft nimmt ein Gegenstand auch Bezug auf historische Praktiken, allerorten wird gehäkelt und eingekocht.

---

2 Daniel Dettling. „‚Glokalisierung'. Stadt, Land, Flucht". *Die Zeit online* 28. Mai 2018. https://www.zeit.de/2018/22/glokalisierung-land-stadt-daniel-dettling-zukunftsforscher (15. Juli 2018).

Unterdessen gibt es gegenwärtig kaum eine politische Partei oder Gruppierung, die sich nicht in irgendeiner Weise zum Thema Heimat äußert – und sei es in ablehnender Haltung. Vom „Bock auf Brauchtum" wird beispielsweise in der *Herzkammer*, dem Magazin der CSU-Fraktion im Bayerischen Landtag, berichtet: „Schuhplattln, Samtbandl besticken, Schießen um den Königstitel – Brauchtum liegt auch bei jungen Menschen voll im Trend."[3] Während die einen auf aktive Teilhabe an gesellschaftspolitischen Prozessen setzen – „Heimat ist, was wir draus machen",[4] sagen die Grünen – werben andere mit einem sichtlich exklusiveren Verständnis von Zugehörigkeit oder plädieren sogar offen für rassistisch motivierte Ausgrenzung. Heimat wird hier gleichgesetzt mit Nation. Ersichtlich wird die Bandbreite an unterschiedlichen Auffassungen besonders zur Wahlkampfzeit. „Lange war Heimat etwas Selbstverständliches", diagnostizieren die Journalisten Marc Brost und Heinrich Wefing angesichts der Popularität von ‚Heimat' im Magazin der *Zeit*, „sie war einfach da."[5] Und weiterhin stellen sie fest: „Auf einmal aber springt einen das Wort von überallher an, politisch betrachtet von links und von rechts, es ist aufgeladen wie nie, ideologisch erhitzt, gesellschaftlicher Streit kreist darum: Was ist Heimat? Wer gehört dazu?"[6] Analytisch betrachtet, steht damit die Fragestellung im Raum, in welchen kulturellen Konstellationen ‚Heimat' nicht nur in Deutschland zu einem derart schillernden Topos der Gegenwart geworden ist.

Spätmoderne Sehnsuchtsorte

„Ist Heimat das, woher wir kommen, oder das, wohin wir wollen?",[7] diese Frage stellen Marc Brost und Heinrich Wefing ebenfalls im Magazin der *Zeit*. Dass Heimat etwas ist, das vor allem reaktiv, also angesichts eines empfundenen oder reellen Verlusts an Bedeutung gewinnt, ist eine These, die in dem Zusammenhang wiederholt zur Sprache kommt. Heimat ist demnach solange kein Thema, bis man selbst Gefahr läuft, sie zu verlieren. Angesichts von wachsenden Verlustängsten quer durch Milieus und Schichten macht der Sozialwissenschaftler

---

3 „Bock auf Brauchtum". *Herzkammer. Magazin der CSU-Fraktion im Bayerischen Landtag* Ausgabe 6, 2017: 22–27.
4 „Heimat ist, was wir draus machen". Postkarte zum 2. Grünen Heimatkongress am 3. Dezember 2016.
5 Brost, Marc, und Heinrich Wefing. „Was ist Heimat?" *Zeit Magazin* 41 (19. Oktober 2016): 16–28, hier 18.
6 Brost und Wefing 2016, 18.
7 Ebd.

Zygmunt Bauman in der spätmodernen Gegenwart eine ganze Reihe von vermeintlich rückwärtsgewandten Suchbewegungen aus, die er unter dem Begriff *Retrotopia* subsumiert – unter anderem fällt darunter die Sehnsucht nach einem imaginierten Stammesfeuer.

> Dass es dazu kam, ist eine Nebenfolge zweier parallel ablaufender Prozesse: der Globalisierung der Mächte (wenigstens der potentesten, die unser Schicksal zu bestimmen vermögen) und der Globalisierung der Informationsvermittlung (zumindest der Formen, die den größten Einfluss auf die Gestalt dessen haben, was man uns vorsetzt und was wir als die Wahrheit, die ganze Wahrheit und nichts als die Wahrheit zu akzeptieren und zu verinnerlichen gedrängt werden); eine Nebenfolge dessen, was man die ‚Erweiterung' oder sogar ‚Auslöschung der Horizonte' (im Sinne der Begrenzung unseres Blicks) vor allem der wechselseitigen Abhängigkeit und Vergleichbarkeit nennen könnte [...].
> (Bauman 2017, 125–126)

Während Prozesse und Phänomene aus globaler Perspektive immer komplexer miteinander verwoben sind, lässt sich in der Rezeption der Wirklichkeit eine Reduktion feststellen. Verknüpfungen zwischen Menschen aus allen Teilen der Welt waren bereits in früheren Epochen auszumachen, gleichwohl fehlt oftmals ein historisches Bewusstsein als Dimension aktueller Debatten. Beide Entwicklungen haben letztlich mit Kompetenzen zu tun. Viele Menschen sind nicht in der Lage, quellenkritisch mit den ungeheuren Wissensbeständen umzugehen, die ihnen in der Gegenwart über ihre Smartphones zur Verfügung stehen. Analog bedingen diese Schwierigkeiten vermeintlich einfach zu erfassende Angebote, die die Nachfrage steigern und dabei wieder mit Verkürzungen arbeiten, dieser Kreislauf ist vor allem auf dem medialen Sektor zu beobachten. Der Philosoph Étienne Balibar spricht im Hinblick auf die französische Gesellschaft von der absichtlichen Verkennung von Zusammenhängen und Konstellationen, die gleichzeitig mit einem „Willen zum Wissen", „einem heftigen Begehren nach Erkenntnis" und dem Wunsch nach „einer unmittelbaren Einsicht in die gesellschaftlichen Verhältnisse" einhergeht (Balibar 1990, 25–26). Aussagen sind für breitere Bevölkerungsschichten glaubwürdig, obwohl oder gerade weil sie in ihrer Argumentation „pseudowissenschaftlich" aufgebaut und in Verschwörungstheorien eingebettet sind. Balibar hat seine Überlegungen mit Blick auf die Konjunkturen von Rassismus in der französischen Gesellschaft angestellt, gleichwohl lassen sich diese Gedanken auch auf andere, damit verbundene Felder übertragen. Wenn es im bundesdeutschen Kontext um Fragen von Teilhabe und Zugehörigkeit geht, wird unter der Beteiligung vieler oft auf eine vergleichbare Art und Weise diskutiert. Was analog weggebrochen zu sein scheint, sind verlässliche menschliche und gegenständliche Bezugspunkte, an denen man sich orientieren kann, und die – gesellschaftlich akzeptiert – dazu in der Lage sind, nach bestem Wissen und Gewissen präzise Auskunft zu geben über den Zustand der Welt.

Wenngleich Zygmunt Bauman nur an einer einzigen Stelle seines Buches den Begriff ‚Heimat' verwendet und dabei noch nicht einmal als Konzept diskutiert, lassen sich seine Ausführungen doch auf die Diskussion um Zugehörigkeiten übertragen: Durch die gesamte Heimatlandschaft der Moderne zieht sich ein wesentlicher Diskursstrang, der rückwärtsgewandt eine idealisierte, ja *reine* Idylle beschwört, einen Sehnsuchtsort, den es so niemals gegeben hat. Gleichwohl wird auch die imaginierte Vergangenheit zum wirkmächtigen Faktor, der – im medialen Diskurs und gerade auch in der politischen Debatte – demonstriert, wie Vorstellungswelten insgesamt an Bedeutung gewinnen, um an Balibars Gedanken anzuschließen. Die historische Volkskunde hat im Laufe ihrer Fachgeschichte ganz wesentlich zum Kanon romantisch verklärter Heimatbilder beigetragen, die gegenwärtig noch wirksam sind, nach ihrer Konsolidierung in den 1960er Jahren aber auch analytische Ansätze geliefert, um sich nostalgischen Vorstellungen ebenso wie anderen soziokulturellen Dimensionen des Topos zu nähern. Vor diesem spezifischen Hintergrund bildet das Schlüsselthema ‚Heimat' einen geeigneten Gegenstand, um sich mit der ‚flüchtigen Moderne' (Bauman 2003) auseinanderzusetzen.

Lebenslinien

Wenn man sich im Kreisverwaltungsreferat der Landeshauptstadt München anmeldet, also seinen Wohnsitz in die Stadt verlegt, bekommt man nach einigen Wochen eine Infobroschüre der Münchner Verkehrsgesellschaft zugestellt. Auf dem gelben Kuvert im städtischen Corporate Design steht in schwarzen Lettern: „München – meine neue Stadt". Im beigelegten Schreiben heißt es: „Sehr geehrte Frau X, sehr geehrter Herr Y, herzlich willkommen in unserer Stadt, in der Sie sich hoffentlich bald ganz zu Hause fühlen werden. Damit Sie sich in München leichter und schneller zurechtfinden, haben wir für Sie ein kostenloses Angebot rund um die Themen Mobilität, Verkehr, Freizeit und Kultur [...]."[8] Durch die Globalisierung hat sich die Welt verschoben, die man erfahren kann und eben auch vermessen muss. Die späte Moderne steht wie keine Epoche zuvor für die Ausdifferenzierung und analoge Verknüpftheit der Gegenwart, für die mediale und infrastrukturelle Vernetzung und die anwachsende Beweglichkeit von Menschen, Dingen und Wissensbeständen jedweder Art. Heimat gewinnt nun schlagartig an Bedeutung, wenn sie mit einem Mal fehlt, man die gewohnte Umgebung schmerzlich vermisst, das Vertraute unerreichbar erscheint. Heimat meint, und

---

[8] Münchner Verkehrsgesellschaft. „München – meine neue Stadt". Infoschreiben 2019.

das ist wichtig festzuhalten, in erster Linie ein ganz eigenes Gefühl – ein ganz individuelles Erinnern und Empfinden. Heimat ist damit zuallererst etwas sehr Persönliches, das jeder Mensch mit sich ausmachen muss und das an seine Biografie gebunden ist. Der Ort, an dem man lebt, bleibt zugleich bedeutsam. Feste Bezugssysteme sind auch und insbesondere angesichts von Mobilität elementar. Zu einer Heimat, wenn denn in einem veränderten Umfeld so etwas wie Selbstverständnis entwickelt werden kann, kommen für viele Menschen weitere Heimaten, denen man sich in Abhängigkeit von den eigenen Befindlichkeiten mal mehr und mal weniger verbunden fühlt. Der Schriftsteller Max Frisch hat 1971 einen Fragebogen zum Thema Heimat erstellt. Frage 18 in seinem Katalog lautet: „Haben Sie eine zweite Heimat …?" und Frage 19 setzt nach: „… und wenn ja: Können Sie sich eine dritte und vierte Heimat vorstellen oder bleibt es dann bei der ersten?" (Frisch 1971, 76–77).

Die Kulturanthropologin Ina Maria Greverus spricht in ihrer grundlegenden Studie zum Thema Heimat vom „territorialen Menschen". Für die Wissenschaftlerin ist Heimat ein Satisfaktionsraum (Greverus 1972). In den 1960er Jahren hat sie untersucht, was Heimat für das Selbst- und das Umweltverständnis von Menschen bedeutet. Dabei ist sie nicht von Dorf und Brauch und Tracht ausgegangen wie Generationen von überwiegend männlichen Volkskundlern vor ihr, sondern hat sich vor allem mit literarischen Quellen befasst. Literatur versteht Ina-Maria Greverus als eine Ausdrucksform von Kultur, die immer auch die soziale Dimension des Heimatbegriffs widerspiegelt. In ihrer Forschung kommt sie zu dem Schluss, dass es den Menschen in unterschiedlichen Zusammenhängen stets um ein Bedürfnis nach Sicherheit und Satisfaktion geht. Heimat geht auf ein Gefühl des Versichert-Seins zurück, ist etwas Selbstverständliches und ermöglicht im besten Fall ein gutes Leben. Jede*r möchte sich zugehörig fühlen. In dem Raum, der Heimat ist, kann man gleichzeitig ein Maximum an Verständnis erwarten, kann sein Leben, seinen Alltag gestalten, anstatt eine passive Haltung einzunehmen oder einnehmen zu müssen. „Eine das Identifikationsbedürfnis befriedigende Territorialität bedeutet zunächst nicht mehr, als eine Rolle als anerkanntes und sich erkennendes Mitglied eines sozio-kulturell-gegliederten Raumes innezuhaben" (Greverus 1972, 397). Heimat beinhaltet dabei immer auch ein abgrenzendes Moment. Wenn ich weiß, wer ich nicht bin, weiß ich eher, wer ich bin. Heimat ist für das Verständnis von Identität gewissermaßen konstitutionell. Was als Heimat wahrgenommen wird, ist eine sehr persönliche Frage. Dabei muss Heimat aber nicht auf das geschlossene System einer Schneekugel begrenzt werden. Heimat spüren und erfahren, sagt Ina-Maria Greverus, hat stets damit zu tun, dass ich teilhaben kann und in Strukturen eingebunden bin.

Ceren Oran, Tänzerin, Sängerin und Choreografin, ist in Istanbul geboren und aufgewachsen und von der Türkei zunächst nach Österreich gezogen, um in

Salzburg zeitgenössischen Tanz zu studieren, bevor sie ihren Lebensmittelpunkt vor einigen Jahren nach München verlegte. An allen drei Orten und darüber hinaus – das exakte Mapping ihrer Bezugslandschaft ist über ihre Biografie zu erschließen – hat die Künstlerin mit der Zeit soziale Strukturen aufgebaut, ist über Beziehungen mit Menschen verbunden, hat Erfahrungen und kulturelles Kapital gesammelt, Wissen erworben und Wissen geteilt. Bewegung ist ihre Profession. Ihre beruflichen Aufgaben – in diesem Fall ihre künstlerischen Arbeiten – ermöglichen und bedingen Mobilität gleichermaßen, damit steht ihre Lebenswelt exemplarisch für andere postmoderne Lebenswelten, wie sie in der Gegenwart, der ‚flüchtigen Moderne', überall auf der Welt zu verorten sind. „Heimat ... los!" lautet der Titel eines ihrer Tanztheaterstücke, das 2014 in München Premiere hatte. Mit der Produktion hat die Choreografin begonnen, in einer neuen Szene, einem anderen lokalen Raum, beruflich Fuß zu fassen und sich zu verorten beziehungsweise das zu beginnen, was man einen neuen Lebensabschnitt nennt. Drei Frauen waren an der Produktion beteiligt: Ceren Oran als Tänzerin und Choreografin, die Musikerin Nihan Devecioğlu am Gesang und die bildende Künstlerin Funda Gül Özcan als visual artist. „‚Heimat ... los!' holt ‚Heimat her'", schreibt das Tanzbüro München, das die Produktion begleitet hat, über die Performance,

> und macht verständlich, dass man, auch wenn man zwei Homebases hat, oft in keiner wirklich zu Hause ist und zwischen den Welten lebt. Nicht nur der Körper immigriert in ein Land, auch Verstand, Herz und Seele. Nur können diese Aspekte menschlichen Seins unterschiedliche Reisedauer haben. Dieses Dilemma wird tänzerisch, bewegungstechnisch und choreografisch erforscht und umgesetzt. Im künstlerischen Prozess wurden alle Forschungsergebnisse in Choreografien, Musik und Visuals transformiert.[9]

Für die Performance haben Ceren Oran, Nihan Devecioğlu und Funda Özkan ausgehend von ihren Erfahrungen auch künstlerisch bearbeitet, was in jenen Jahren politisch in der Türkei passiert ist (Stichwort: Gezi-Park), Effekte dokumentiert und ausgelotet, was in ihren Lebenswelten, den Lebenswelten junger, akademisch gebildeter Frauen, alltäglich geschieht.

Wie in der Gegenwart mit dem Topos *Heimat* umgegangen werden kann, diskutiert auch die Kulturwissenschaftlerin Beate Binder und setzt ihrerseits bei dem Thema Diversität an, das für viele Menschen in Deutschland längst einem gelebten Alltag entspricht (vgl. auch den Beitrag in diesem Band). Im Hinblick auf Migration spricht die Kulturwissenschaftlerin über „den bedauernden Unterton" (Binder 2008, 9), der oft mitschwingt, wenn von mehreren ‚Heimaten' die Rede ist. Die Bereicherung, die ein Leben mit verschiedenen Bezugspunkten,

---

[9] https://www.tanzbueromuenchen.de/m%C3%BCnchner-szene/ceren-oran/heimat-los/ (15. Juni 2020).

mit unterschiedlichen Sprachen und einer vielfachen Auswahl an kulturellen Techniken mit sich bringen kann, wird damit noch nicht einmal in Betracht gezogen. Beate Binder fordert deshalb auf, sich mit diesen Aspekten zu befassen. Wie gehen Menschen mit solchen Fragen um? Was sind Einsichten, die sie in dem einen oder anderen Zusammenhang, im eigenen Herkunftsland oder dem ihrer Eltern, in Schule und Arbeit, im Austausch mit anderen gewonnen haben? Lassen sich dazu überhaupt pauschale Aussagen treffen? Empfindet nicht jede und jeder anders, wo ihre oder seine Heimat ist? Was hat eine Grenze mit Heimat zu tun? Die Kulturwissenschaftlerinnen Kathrin Lehnert und Barbara Lemberger sprechen sich analog dafür aus, Mobilität und damit Migration nicht weiterhin als Gegenpol zu Sesshaftigkeit zu betrachten, sondern tatsächlich in den Fokus zu rücken, auf welche Weise sich Menschen bewegen und mitunter vielfach verorten (Lehnert und Lemberger 2013). Die Tänzerin Ceren Oran bewegt sich jeweils in einem Hier und in Abhängigkeit davon mit einem Dort. Diese praktizierte Relationalität bedeutet, dass es um Gemeinsamkeiten, um Unterschiede, um Differenzen und Selbstverständlichkeiten, um Bedingungen des Alltags geht – und in ihrem Fall um Mobilität. Und Relationen sind eben das, wofür sich eine empirische Kulturwissenschaft – begriffen als Beziehungswissenschaft wie Jens Wietschorke ausgeführt hat – im Wesentlichen interessiert (Wietschorke 2012). Ihre Berufsbiografie führt Ceren Oran an viele Orte der Welt, topografisch gesehen von Graz nach Mardin, von München nach Shanghai, von San Francisco nach Kapstadt. Das Sich-Bewegen hängt dabei stets von der Position ab, aus der sich die Welt erschließt.

Mietmarkt

Auf einem Farbfoto im Immobilienteil der *Süddeutschen Zeitung* sind eine Frau und ein Mann zu sehen, die Arm in Arm vor einem Baum stehen. Im Hintergrund deutet sich eine Landschaft an, ein Feld, satte grüne Büsche unter strahlend blauem Himmel. Die Frau mittleren Alters trägt ein Dirndl in dezenten Farben, der Mann ein hellblaues Hemd und Jackett. Unter dem Foto ist in der Rubrik „Wohn- und Gewerbeobjekte Gesuche" ein entsprechender Text zu lesen: „Junges Paar, Mitte 30 (sie, Designerin & er, Fachreferent), sucht ab Herbst eine 2–3 Zimmer Whg. Wir sind aufgeschlossen, hilfsbereit und tragen gerne zu einer guten Nachbarschaft bei. Wir freuen uns über Ihr Angebot."[10] In der Anzeige dar-

---

10 „Immobilienmarkt. Rubrik Mietmarkt". *Süddeutsche Zeitung* Samstag/Sonntag, 17./18. August 2019: 48. Die nachfolgenden Zitate ebd.

unter heißt es: „Sympathisches Paar sucht schönes Zuhause." Die Wohnungssuchenden stellen sich vor als: „Wir (je 34, Akademiker in unbefristeter Festanstellung in Bank- und Immobilienbranche) suchen eine helle 3-Zi.-Whg. ab 70 qm² mit Terrasse/Balkon in ruhiger und dennoch zentraler Lage [...] Einzugstermin flex. Zuverlässig, unkompliziert, NR, keine Haustiere." Eine weitere Bewerberin schreibt unter der Überschrift „Nach Hause kommen", „[n]ach zwei Jahren im schönen Schwarzwald kehre ich in meine Wahlheimat München zurück, wo ich bis 2017 bereits zehn Jahre gelebt habe." Über die Interessentin ist weiterhin zu erfahren, dass sie ledig ist, im Süden von München arbeitet und nach einer Wohnung mit Einbauküche, Tiefgaragenstellplatz, Badewanne und Balkon sucht, maximal 1200 Euro kann sie monatlich für ihr Eigenheim zahlen. In der nächsten Anzeige wird kundgetan „Junges Ehepaar sucht Bleibe!" Das Paar, das sich selbst als ruhig und freundlich charakterisiert, ist ebenfalls Anfang 30 und meint mit Bleibe keineswegs eine temporäre Unterkunft, sondern möchte sich langfristig verorten. Zu erfahren ist nicht nur, dass beide eine Festanstellung (CEO/Erzieherin) haben, die Wohnung soll dem Nestbau dienen, schließlich sei – und das ist ebenfalls der Printausgabe der *SZ* vom 17./18. August 2019 zu entnehmen – ein Kinderwunsch vorhanden. Weitere Akademiker*innen bewerben sich auf diese Weise um Wohnraum für sich oder ihre Kinder, von diesen Selbstbeschreibungen abweichend sind ein Polizist, ein Pfleger und eine medizinisch-technische Assistentin ebenfalls mit Inseraten vertreten. Aus dem Rahmen fällt im „Mietmarkt" der Tageszeitung, die in erster Linie eine bürgerliche Mittelschicht anspricht, schließlich ein „Junggebliebener, älterer Herr, mit irischem Wolfshund Joy", der allerdings über die Stadtgrenzen hinaus im gesamten Bezirk Oberbayern nach einem „Lebensplatz", wie er es formuliert, sucht.

Der Soziologe Andreas Reckwitz geht in seinem Band *Die Gesellschaft der Singularitäten* der Frage nach, wie das Besondere im Zuge des Strukturwandels der Moderne über das Allgemeine erhoben und ganz alltäglich in Gestalt von Singularitäten hergestellt wird. In seiner Analyse nimmt er unterschiedliche Praxisfelder in den Blick, in denen sich die soziale Logik des Besonderen nachvollziehen lässt. Unter anderem befasst er sich mit dem Wohnen, das er als Ort versteht, um den gerade in der späten Moderne nach Kräften gerungen wird – weil Wohnraum in angesagten Städten oder Gegenden immer unerschwinglicher wird, aber auch deshalb, weil der Topos *Wohnen* kultureller Ausdruck verschiedener sozialer Praktiken und kultureller Erscheinungen ist, die ein- und ausgrenzen lassen und dabei in vielerlei Weise mit dem Themenkomplex ‚Heimat' zu tun haben.

> Die Sorge der neuen Mittelklasse um das Wohnen umfasst [...] zwei Aspekte: den *Ort des Wohnens* und die *Gestaltung der Wohnung*. In beiden Hinsichten wird das Wohnen kulturalisiert und singularisiert. Der Wohnort ist zu einer Frage des besonderen kulturellen Wertes

und damit auch des sozialen Prestiges geworden, das Alltagsdesign der Wohnung zum Gegenstand einer alltäglichen, kreativen Kuratierung. Immobilien, Architektur, Innenarchitektur und Design avancieren entsprechend zu tragenden Säulen der creative economy.

(Reckwitz 2018, 315)

In München und an anderen beliebten Standorten kann nun beobachtet werden, dass die neue Mittelklasse, von der Reckwitz spricht, große Anstrengungen unternimmt, um an einen solchen Ort des Wohnens zu kommen, um schließlich die Wohnung entsprechend gestalten und sich damit eine gesellschaftliche Position sichern zu können. Dafür werden kostspielige Inserate geschaltet, bei denen die Bewerber*innen viel von ihrem Lebensstil preisgeben, um ans Ziel oder den Sehnsuchtsort zu gelangen. Die alte Mittelschicht beginnt gleichzeitig zu resignieren, im Wettbewerb um die Innenstädte können viele mit ihrem ökonomischen Kapital nicht mithalten und empfinden es durchaus als Heimatverlust, die vertraute Umgebung mit einem Mal verlassen zu müssen. Niemand wird schließlich etwas unversucht gelassen haben, um doch noch ein Appartement zu ergattern (vgl. Moser und Egger 2019). Das Problem mit dem leistbaren Wohnraum ist derart virulent, dass sogar die *Süddeutsche Zeitung für Kinder*, eine wöchentliche Beilage, von der Thematik berichtet. In einem Artikel vom März 2019 geht es um Maria, ihre alleinerziehende Mutter und den Bruder Toni, die zu dritt auf 17 Quadratmetern in einer Notunterkunft leben. Die Familie findet keine Wohnung, weil die Mieten zu teuer sind.[11] Heimatlosigkeit verschärft soziale Ungleichheit, in der Situation des Dazwischen ist es schwer, sich verstanden und sicher zu fühlen oder aktiv zu werden. „Mein Zuhause, mein PlanetHome", lautet parallel der Slogan eines Immobilienunternehmens mit zahlreichen Standorten in Deutschland und in Österreich. „Kein Ort auf der Welt ist besonders wie das Zuhause. Hier sind die Lieben und das Leben, hier ist Heimkommen und Aufwachsen. Ein ganz persönliches Universum – viel mehr als das, was man ‚Immobilie' nennt."[12] Die Firma hat sich auf den Handel mit derart „wertvollen Orten" spezialisiert: „Zuhause heißt Wohlfühlen. Auch beim Verkauf."[13]

Eine weitere Broschüre der Landeshauptstadt München, herausgegeben von der Stelle für interkulturelle Arbeit, heißt Menschen in 43 Sprachen herzlich willkommen und trägt den Untertitel „Daheim in München". Die Münchner Stadtgesellschaft setzt sich 2019 aus Bewohner*innen zusammen, die mit rund 180 Nationen verbunden sind, das so genannte *Hinterland* von München umspannt damit die ganze Welt.[14] Wenngleich Politik und Verwaltung großen Wert darauf

---

11 Suppé, Vincent. „17 Quadratmeter". *Süddeutsche Zeitung für Kinder* 30./31. März 2019.
12 Broschüre des Immobilienunternehmens PlanetHome 2019, 3.
13 PlanetHome 2019, 3.
14 „Daheim in München". Broschüre der Landeshauptstadt München 2019.

legen, dass die städtische Gesellschaft möglichst heterogen bleibt und einzelne Quartiere nicht zu homogen werden, wird die Wohnungssuche immer aussichtsloser – für die alte, aber auch für die neue Mittelschicht. Alle, deren Einkommen darunter liegt oder die anderen Idealkriterien nicht entsprechen – keinen ‚deutschen' Namen oder einen Fluchthintergrund haben, nicht weiß sind, Haustiere und/oder Kinder mitbringen, musikalisch sind und andere menschliche Eigenschaften haben – können angesichts des Drucks nicht in München bleiben und dort auch nicht heimisch sein. Unter der Überschrift „Kümmern Sie sich bitte um meine Heimat!" beginnt die *Abschiedskolumne* des Journalisten Yves Bellinghausen im Magazin der *Süddeutschen Zeitung* vom August 2018 mit den Worten: „Die CSU sieht ‚die Heimat' bedroht. Unser Autor auch. Aber nicht durch Migranten, sondern durch unbezahlbare Mieten. Ein Appell eines Vertriebenen."[15]

Abb. 1: Plakat eines Bauvorhabens in München 2018.
Foto: Simone Egger.

---

15 Bellinghausen, Yves. „Kümmern Sie sich bitte um meine Heimat!" *Süddeutsche Zeitung Magazin* 2. August 2018. https://sz-magazin.sueddeutsche.de/abschiedskolumne/kuemmern-sie-sich-bitte-um-meine-heimat-85889 (7. August 2018).

„Mi Heimat es su Heimat."

In der Debatte um das Thema lassen sich ganz generell zwei wesentliche Pole ausmachen: Auf der einen Seite ist es möglich, sich im Grunde unendlich zu vernetzen und mit einem großen Teil der Menschen auf der Welt in Verbindung zu setzen, egal wer und wo diese Person gerade ist; auf der anderen Seite wird heute besonders oft vom Begrenzen gesprochen, es ist von Ressourcen die Rede, von Territorien. In der Regel geht es um Positionierungen und Demonstrationen von Macht auf unterschiedlichen Ebenen, die via Teilhabe verhandelt werden. Bauman benennt in *Retrotopia*, seiner bereits zitierten Gesellschaftsanalyse eines „Zeitalters der Nostalgie", eine ‚relative Deprivation' als neuen existentiellen Status, den die Entwicklungen der ‚flüchtigen Moderne' bedingen (Bauman 2017, 127). Mit Deprivation sind Formen der Selektion gemeint, in Kombination mit sozialer Ungleichheit beispielsweise, aber auch andere Formationen der Exklusion. Der Soziologe spricht in diesem Kontext auch von Menschen, die in der postmodernen Gegenwart „überflüssig" geworden sind, die sich abgehängt vorkommen in dieser Zeit. Damit verknüpft ist eine grundlegende Verunsicherung, die sich auf alle Milieus auswirkt. Der Politikwissenschaftler Wilhelm Heitmeyer, der sich im Rahmen einer Langzeit-Studie mit gruppenbezogener Menschenfeindlichkeit in Deutschland befasst hat, macht seinerseits deutlich, dass eine Gesellschaft nicht durch Ausgrenzung und das Schaffen von einfachen Gegensätzen funktionieren kann. Eine Gesellschaft ist ein komplexes Gebilde, das sich ausdifferenziert, das verschiedene Positionen miteinander verbindet und unterschiedliche kulturelle Elemente beinhalten kann. Gesellschaft meint in diesem Sinne ein offenes Geflecht und keinen abgeriegelten Container. Die Behauptung von Einheitlichkeit war schon in der Vergangenheit falsch und ist auch in Zukunft nicht haltbar. Eine Gesellschaft, die vielfältig ist und diese Vielfalt zulassen kann, läuft nicht Gefahr, in ein System abzudriften, in dem es nur noch um oben und unten, stark und schwach, drinnen und draußen geht. Dieses Gegenüberstellen führt schließlich zu einer unaufhaltsamen Abwärtsspirale, warnt Heitmeyer, die Verlierer*innen in dieser Aufteilung müssen sich schließlich immer wieder „neue Verlierer schaffen, um sich selbst aufzuwerten" (Heitmeyer 2008, 43).

Im Herbst 2018 liefen zwei Heimatfilme in den deutschen Kinos. In *Gundermann* geht es um den singenden Baggerfahrer aus der Lausitz, der mit dem Ende der DDR und seinem frühen Tod in Vergessenheit geraten war. Der andere Heimatfilm, *Wackersdorf*, erzählt eine Episode der bayerischen Geschichte, in der sich neue soziale Bewegungen mit einer – wenn nicht historisch verbrieften, dann umso häufiger und intensiver beschworenen – Widerständigkeit der Menschen im Freistaat verbinden. Entlang eines meterhohen Zauns wurde in den 1980er und 1990er Jahren mitten im Wald verhandelt, ob eine atomare

Wiederaufbereitungsanlage den Landkreis Schwandorf ökonomisch bereichern wird – oder nicht nur der Oberpfalz langfristig schwere Schäden zufügen würde. Im Widerstand gegen die Entscheidungsträger der Regierungspartei CSU verbündeten sich Bewohner*innen der Region, Bäuerinnen und Bauern, der Landrat, alternativ Denkende aus der Landeshauptstadt München und dem gesamten Bundesgebiet. Ihre Kritik galt nicht nur einer allzu fortschrittsgläubigen Atompolitik, sondern vor allem der Art und Weise, wie Macht und Gewalt mit Knüppeln und Wasserwerfern ausgeübt wurden.[16]

Der Streit um den Bau der Anlage in Wackersdorf führte viele Bewohner*innen des Freistaats in den Protest für die Demokratie in Bayern. Der Kampf um die WAA markiert deshalb aus heutiger Sicht einen zentralen Erinnerungsort des *anderen* Bayern, einer Heimat ohne die alles beherrschende CSU-Programmatik. Die Deutungshoheit, auf die sie jahrzehntelang setzen konnte, hat allerdings auch diese Partei inzwischen verloren – wie der Verlust der absoluten Mehrheit im Bayerischen Landtag zeigt. Zwischen der Stadt München und dem Bundesland Bayern ist ohnehin eine politische Diskrepanz festzustellen, so wird die Hauptstadt München seit Jahrzehnten von der SPD regiert, während die CSU mit dem Ministerpräsidenten den Landesvater stellt. Die Möglichkeit, den eigenen Mut/Unmut zur Politik im Freistaat Bayern öffentlich kundzutun, nutzte unter dem Hashtag #ausgehetzt im Sommer 2018 ein breites Bündnis aus etablierten Netzwerken, Initiativen, Parteien, Kirchen und anderen einflussreichen Institutionen; es protestierte gegen rassistische Ausgrenzung und rechte Stimmungsmache in Bayern. Trotz strömenden Dauerregens folgten mehrere zehntausend Menschen dem Aufruf. Der Protest richtete sich insbesondere gegen den Populismus der regierenden CSU und ihre anhaltend rückwärtsgewandte Interpretation der postmodernen Gegenwart. Die von der CSU immer vehementer hervorgebrachten Vorschläge und Maßnahmen zur Abschottung haben für viele Menschen nichts mehr mit der Zukunft zu tun, die im Wahlwerbespot der Partei gepriesen wird. Die Teilnehmer*innen der Demo nehmen Heimat als Ort wahr, an dem vieles gleichzeitig stattfindet und stattfinden kann.

Bayern ist eine Region, die durch kulturelle Besonderheiten und einen Kanon von Bildern sowie – ältere und vor allem neuere – Traditionen weltbekannt ist und Menschen aus aller Welt anzieht. Offenheit ist damit ein wesentliches Kennzeichen dieser Heimat, gerade weil man dort Dirndl und Lederhosen trägt, weil diese Kleidungsstücke gefallen und nicht, weil sie eine spezifische Herkunft

---

[16] Vgl. Simone Egger. „Mi Heimat es su Heimat. Rubrik Außenansicht". *Süddeutsche Zeitung* 11. Oktober 2018. https://www.sueddeutsche.de/politik/aussenansicht-mi-heimat-es-su-heimat-1.4165674 (1. November 2018).

repräsentieren. Wer welchen biografischen Hintergrund hat, spielt beispielsweise für das Trachtentragen auf dem Münchner Oktoberfest keine Rolle. Was das Bayerische ist, wird auf diese Weise immer wieder überformt und ausgehandelt. Vielen Teilnehmer*innen der Kundgebung gegen Sektiererei und Hetze war es in diesem Sinne wichtig, selbst dafür einzutreten, was ein offenes, diverses Verständnis von Bayern aus ihrer Sicht ausmacht. Auch Zugehörigkeit ist aus einer kulturwissenschaftlichen Perspektive immer ein individuelles Gefühl, das im kollektiven Bewusstsein aufgehen kann, aber eben nicht muss. In der Berichterstattung über die Demonstration tauchte gleich mehrfach ein Schild mit dem Slogan „Mi Heimat es su Heimat" auf. Zu lesen war der Spruch zwischen zwei Plakaten mit der Aufschrift „A Mass statt Hass" oder „Grant'n – Ja! Hetz'n – Nein!". Die deutlich in Dialekt gehaltenen Botschaften stammten von einer Gruppe, die in historischen Trachten zur Kundgebung gekommen war. Rund ein Dutzend Menschen waren aus Riedering, einer Bilderbuch-Gemeinde im oberbayerischen Landkreis Rosenheim, angereist, um in München ihre Meinung kundzutun.

„Mi Heimat es su Heimat" ist dabei als mehrfacher Verweis zu verstehen. Aufgerufen wird zunächst einmal die spanische Redewendung „Mi casa es su casa": Mein Haus ist Dein Haus. Damit bietet man jemand anderem an, sich im eigenen Heim wie zu Hause zu fühlen. Die Redewendung findet sich auch anderswo: „my house is your house" im Englischen – laut Urban Dictionary „a common saying to invite someone into your house and allow them to make themselves at home".[17] „Mi Heimat es su Heimat" meint zugleich eine Setzung. Setzung deshalb, weil mit der Demonstration ein Diskurs sichtbar wurde – ein Diskurs um Werte und divergierende Vorstellungen von Gesellschaft im Freistaat Bayern. Auch wenn das Tableau, auf dem diese Ansichten thematisiert wurden, stilistisch mit Folklore spielt, meint diese Codierung nicht Exklusivität, sondern unterstreicht die Idee von Inklusion. Nicht Ausschluss, sondern die Möglichkeit der Begegnung kennzeichnet diese Auffassung von Heimat und Zugehörigkeit.

Depression in der Provinz

„Es gibt Wörter, bei denen die jahrhundertelange Benützung nicht dazu geführt hat, daß die alten Bedeutungen abgeschliffen wurden und die jetzige Substanz glatt und klar zutage tritt, die vielmehr die Nuancen früheren Gebrauchs mit sich tragen und deshalb von jeder Seite wieder etwas anders aussehen", schreibt der

---

[17] „Mi casa es su casa". 4. Januar 2014. https://www.urbandictionary.com/define.php?term=-mi%20casa%20es%20su%20casa (4. August 2018).

Kulturwissenschaftler Hermann Bausinger über den Heimatbegriff (Bausinger 1986, 89). Nur wenige Worte fassen so viele unterschiedliche Themen zusammen. Bis ins 19. Jahrhundert hinein sollte die Koppelung einer rechtlichen Ordnung und der Bindung an einen konkreten Ort das Verständnis von Heimat im deutschsprachigen Raum bestimmen. Vor allem in Bayern, in Österreich und in der Schweiz ist der Bezug zwischen räumlichen Strukturen und dem Begriff noch über diese Zeit hinaus bekannt und macht ein wesentliches Merkmal von Heimat aus: die Bezogenheit auf eine Gegend oder Region (vgl. Egger 2014). Unter der Überschrift „Heimat ade" – in Bayern sind Prozesse des Rückzugs etwa in der Oberpfalz zu beobachten – schreibt der Journalist Heribert Prantl über „Landflucht, Landfrust, Depression in der Provinz":

> Der Zug in die Ballungsgebiete, die Entvölkerung des Landes, die Vernachlässigung der Provinz – es ist nicht einfach nur ein Zug der Zeit. Es ist auch eine politisch gefährliche Angelegenheit. Bei vielen, die noch da sind, verursacht das ein Gefühl des Abgehängtseins – die Leute fühlen sich entheimatet. [...] Wer sich entheimatet fühlt, ist anfällig für politische Radikalisierung. (Prantl 2019, 5)

Vor dem Hintergrund dieser Entwicklungen, des Strukturwandels, den auch Andreas Reckwitz skizziert, lassen sich ebenso Zygmunt Baumans und Étienne Balibars Ausführungen auf den Diskurs um Heimat beziehen. Während jede*r für sich das Optimum anstrebt, machen zugleich populistische Versprechungen die Runde, lassen sich In-, aber vor allem auch Exklusion beobachten. Heribert Prantl plädiert für eine ‚Renovierung' der Heimat, um diesen Tendenzen politisch entgegenzusteuern. Wenn die kleineren Städte und Gemeinden so entwickelt werden, dass es nicht nur darum geht, immer neues Bauland auszuweisen, sondern auch die Zentren mit Leben zu füllen, dem Ort eine Identität zu geben, dann wird sich das in einer Offenheit auszahlen, die unter anderem auch Migrant*innen positiv bewerten und damit einschließen kann.

Die Unterbringung von geflüchteten Menschen war und ist gerade in ländlichen Regionen Europas in den vergangenen Jahren ein wiederkehrender Streitpunkt. Dabei ist die häufig ins Feld geführte Statik der lokalen Bevölkerung zumeist eine Setzung, eng verbunden mit der Herstellung von Norm. Zahllose Debatten zum Thema ‚Asyl' lassen weltweit beobachten, was passiert, wenn die Bedeutungswelten der einen die Lebenswelten von anderen dominieren. Exemplarisch lässt sich etwa an der nordschwäbischen Kleinstadt Donauwörth nachverfolgen, wie seit Jahren um das Recht auf Aufenthalt – auch an alltäglichen Orten wie dem Einkaufszentrum – oder um Autonomie – zum Beispiel rund um eine Demonstration angesichts der aussichtslosen Lage im dortigen Ankerzentrum – gestritten wird. Dabei geht es immer auch um das Selbstverständnis, mit dem sich jemand in der Stadt bewegt oder aus Sicht anderer bewegen darf. „Die [...] Erstaufnahme ist so etwas wie ein bayernweites Zentrum für Flüchtlinge aus Gambia – und der Türkei. Festgelegt wird diese Verteilung zwischen dem Bundesamt für Migration und Flüchtlinge und dem bayerischen Sozialministerium."[18] In der Kleinstadt wird ausgehandelt, wie sich das Zusammenleben gestalten soll, die Positionen sind offensichtlich geprägt von Asymmetrie. In der lokalen Presse und insbesondere in Internetforen wird der Rassismus evident, mit dem Menschen, die in Donauwörth meist nur temporär eine Zuflucht gefunden haben, begegnet wird. Wenngleich sich abseits der urbanen Zentren oft im Umfeld der Kirchen eigene Kreise formiert haben, die versuchen, Menschen bei ihrer Ankunft zu unterstützen, sind die Stimmen derer besonders laut, die auf ihrem – vermeintlich älteren – Anspruch auf den Raum, auf ihrer lokalen Identität, auf ihrem Recht auf Heimat beharren. Von unverhohlenen Gewaltandrohungen bis hin zum Mordaufruf reicht das Spektrum an Äußerungen, die lauthals und nicht einmal unter Pseudonym getätigt werden. Neben allen Problemen, die eine Dominanz von Äußerungen in einer solchen Tonlage mit sich bringt, wird damit zuallererst ein Klima erzeugt, in dem Grundrechte nicht mehr gelten. Das hat grundsätzlich auch damit zu tun, dass andere, starke Positionen, die eine andere Haltung einnehmen oder auf diese Schwierigkeiten aufmerksam machen, in ländlichen Regionen weit weniger vertreten sind.[19] Eine solch ungleiche Verteilung von Stimmen zwischen Stadt und Land ist eine Gefahr für die Demokratie. Heribert Prantl spricht davon, dass ein Weckruf von Nöten sei; die Provinz müsse rechtzeitig erwachen. Damit ruft er den Bundesinnenminister an, der zugleich für Heimat zuständig ist.

‚Heimat', so scheint, es, ist geradezu eine Chiffre der heutigen Zeit. Anhand exemplarischer Positionen sollte der Beitrag die Bandbreite eines zeitgenössischen Diskurses um Fragen von Heimat und Zugehörigkeit, Inklusion und Exklusion aufspannen, zu dem sich gerade aus kulturwissenschaftlicher Sicht einiges, sogar besonders vieles anmerken lässt; so ist doch die Perspektive der Disziplin – das Beobachten im Alltag der Gegenwart und zumal aus historischer Sicht – aufs Engste mit dem Produzieren und Analysieren, mit dem Encoding und Decoding von ‚Heimat' verknüpft. Die Beschäftigung mit dem Topos kann durchaus als Pulsmesser für gesellschaftliche Fragen verstanden werden, um nachzuvollziehen, wie es um das Verständnis von Heimat, Identitäten in der Krise und die Räume, die ein Zusammenleben von Menschen möglich machen, steht. Der

---

[18] Krell, Sonja, und Barbara Würmseher. „Die Flüchtlingskrise von Donauwörth". *Donauwörther Zeitung* 23. März 2018. https://www.augsburger-allgemeine.de/donauwoerth/Die-Fluechtlingskrise-von-Donauwoerth-id50713461.html (10. März 2019).
[19] Vgl. Teilnehmende Beobachtung der Debatte um das Erstaufnahmezentrum in Donauwörth, 2015–2018.

„Bund Heimat und Umwelt in Deutschland" hat 2019 ein Positionspapier zum Thema herausgegeben. In der Präambel heißt es:

> Unser Heimatverständnis ist getragen von den Prinzipien, Bewährtes zu erhalten, Neues zu entwickeln, Partizipation zu ermöglichen und Integration anzubieten. Eine starke Identität und Offenheit für Neues fördern die Integration. Dies gibt allen die Chance, sich in die Gesellschaft einzubringen und Heimat zu finden. Alle, die zur freiheitlichen und demokratischen Gemeinschaft beitragen, sind willkommen. Deswegen sprechen wir uns gegen alle Formen von Nationalismus und Ausgrenzung aus.[20]

Literatur

Balibar, Étienne. *Rasse – Klasse – Nation: ambivalente Identitäten*. Hamburg und Berlin: Argument, 1990.
Bauman, Zygmunt. *Retrotopia*. Berlin: Suhrkamp, 2017.
Bauman, Zygmunt. *Flüchtige Moderne*. Frankfurt a. M.: Suhrkamp, 2003.
Bausinger, Hermann. „Heimat in einer offenen Gesellschaft. Begriffsgeschichte als Problemgeschichte". *Die Ohnmacht der Gefühle. Heimat zwischen Wunsch und Wirklichkeit*. Hg. Jochen Kelter. Weingarten: Drumlin, 1986. 89–115.
Binder, Beate. „Heimat als Begriff der Gegenwartsanalyse? Gefühle der Zugehörigkeit und soziale Imaginationen in der Auseinandersetzung um Einwanderung". *Zeitschrift für Volkskunde* (2008/I.): 1–17.
Egger, Simone. *Heimat. Wie wir unseren Sehnsuchtsort immer wieder neu erfinden*. München: Riemann, 2014.
Frisch, Max. *Heimat. Fragebogen*. Frankfurt a. M.: Suhrkamp, 1998.
Greverus, Ina Maria. *Der territoriale Mensch. Ein literaturanthropologischer Versuch über das Heimatphänomen*. Frankfurt a. M.: Athenäum, 1972.
Heitmeyer, Wilhelm. „Die Ideologie der Ungleichwertigkeit". *Deutsche Zustände*. Folge 6. Hg. Wilhelm Heitmeyer. Frankfurt a. M.: Suhrkamp, 2008. 36–44.
Lehnert, Kathrin, und Barbara Lemberger. „Die Un-Ordnung neu denken – Probleme der Kategorisierung von ‚Migration' und Fragen an eine zukünftige Migrationsforschung". *Spektrum Migration: Perspektiven auf einen alltagskulturellen Forschungsgegenstand* (Band zur gleichnamigen Tagung in Tübingen, 15.–17. November 2012). Hg. Matthias Klückmann und Felicia Sparacio. Tübingen: TVV, 2013. 91–110.
Moser, Johannes, und Simone Egger (Hg.). *The Vulnerable Middle Class? Strategies of Housing in Prospering Cities*. München: Utz, 2019.
Reckwitz, Andreas. *Die Gesellschaft der Singularitäten. Zum Strukturwandel der Moderne*. Berlin: Suhrkamp, 2018.
Wietschorke, Jens. „Beziehungswissenschaft. Ein Versuch zur volkskundlich-kulturwissenschaftlichen Epistemologie". *Österreichische Zeitschrift für Volkskunde* 115 (2012): 325–359.

---

[20] Bund Heimat und Umwelt in Deutschland. *Heimat. Eine Positionsbestimmung*. Bonn 2019.

Cornelia Kühn
Zwischen sozialistischer Propaganda und lokaler Idylle: Die politische Konzeption von Heimat in Ost- und West-Berlin in den 1950er Jahren

„Wir legen besonderen Wert auf die Pflege der Volkskunsttraditionen", so Walter Ulbricht – Generalsekretär des Zentralkomitees der SED und stellvertretender Vorsitzender im Ministerrat der DDR – in seinem Referat auf der II. Parteikonferenz der SED im Juli 1952. Und weiter hieß es dort: „Die Schaffung der Zentrale für Volkskunst und die Durchführung von Volkskunstwochen haben große nationale Bedeutung, denn dadurch wird das Heimatgefühl und die Widerstandskraft gegen das Eindringen amerikanischer Kulturbarbarei im Volke gestärkt."[1] Das Motto der regionalen Vorausscheide für die Deutschen Festspiele der Volkskunst im Sommer 1952 in Ost-Berlin hieß entsprechend: „Die Heimat lieben, von der Heimat singen, die Heimat verteidigen."[2] Im Anschluss an die Festspiele wurden in zahlreichen Ost-Berliner Stadtbezirken Volksfeste wiederbelebt oder neu gegründet, die sich in ihrer Festgestaltung auf „Heimat" und „Tradition" bezogen, wie das Windmühlenfest im Stadtbezirk Prenzlauer Berg, die Weißenseer Heimatwoche, das Lichtenberger Rosenfest, das Köpenicker Volksfest, das Heimatfest Pankow, das Fischerfest von Alt-Cölln im Stadtbezirk Berlin-Mitte sowie der Stralauer Fischzug in Friedrichshain.[3]

Aber nicht nur in Ost-Berlin wurde bei lokalen Volksfesten in den 1950er Jahren an das Heimatgefühl appelliert. Auch in West-Berliner Stadtbezirken wurden Heimatfeste initiiert, die zum Teil auf eine bereits bestehende Festtradition aufbauten, wie 1951 im südlichen Berlin-Britz die Britzer Baumblüte als

---

[1] Walter Ulbricht. „Kampf um ein realistisches Kunstschaffen. Referat auf der II. Parteikonferenz der SED, 09.–12. Juli 1952". *Theater der Zeit* 15 (1952). Schubbe 1972, Dok. 70, 239–240. Zitiert ebenfalls in: „Für die Volkskunst, die dem Aufbau des Sozialismus dient. Erklärung der Staatlichen Kommission für Kunstangelegenheiten und des Zentralhauses für Laienkunst zur Entwicklung des künstlerischen Volksschaffens", Archiv der Akademie der Künste (AdK), Berlin, Bestand: Zentralhaus für Kulturarbeit (ZfK), Sign. 1 (ohne Paginierung).
[2] „Deutsche Festspiele der Volkskunst 1952, Wettbewerbe", Archiv AdK, ZfK, Sign. 245.
[3] Ausführlicher dazu siehe „Veranstaltungspläne einzelner Bezirke Ost-Berlins 1954, Auflistung aller geplanten kulturellen Veranstaltungen der einzelnen Kulturabteilungen", Landesarchiv Berlin (LA), C Rep 121, Nr.: 1083 sowie „Volksfeste in den Stadtbezirken 1954", LA C Rep. 121 Nr. 132 (keine Blattangabe).

https://doi.org/10.1515/9783110650624-003

Fortsetzung des 1911 gegründeten Britzer Rosenfestes[4] oder 1953 die Steglitzer Festwoche als Wiederbelebung des Steglitzer Heimatfestes der Jahre 1934 und 1935. Zur Eröffnung der Festwoche in Steglitz schrieb der damalige erste Bundespräsident Theodor Heuss in einem Grußwort:

> Es ist offenbar tief in der menschlichen Seele begründet, daß auch in der Millionenstadt, wo so oft Wohnung und Arbeitsstätte getrennt sind, ein Bedürfnis nach umhegtem Heimatgefühl die Nähe, die Nachbarschaft bindet. Aus den alten dörflichen Überlieferungen ist dies oder das Stück erhalten geblieben [...] – das stark flutende Leben hat sie nicht weggeschwemmt.[5]

Die verschiedenen Volks- und Heimatfeste in Ost- und West-Berlin griffen dabei in unterschiedlicher Weise auf heimatkundliche Wissensbestände zurück, um entweder eine eigene Heimat zu konstruieren oder das politische Heimatkonzept zu legitimieren. Die dort zur Aufführung gebrachten Traditionen wurden dementsprechend nach politischen, gesellschaftlichen oder wirtschaftlichen Intentionen ausgewählt, selektiv reproduziert und transformiert. Als eine Form der Identitätspolitik wurde damit versucht, Herkunft und ein kulturelles Erbe vorzuführen, ein kollektives Gedächtnis zu konstruieren und eine lokale Gemeinschaft zu inszenieren.[6]

Ich werde mich in diesem Beitrag vor allem der politischen Heimatkonzeption in der DDR und in West-Berlin in den 1950er Jahren zuwenden – mit einem kleinen Ausblick zur Veränderung der politischen Heimatkonzeption in den 1970er und 1980er Jahren in Ost- und West-Berlin. Als Beispiele werden dafür ausgewählte lokale Heimatfeste genutzt, die in den politischen Diskurs der Zeit sowie exemplarisch in die ökonomische, soziale und demografische Struktur der Stadt, der Stadtentwicklung und der Stadtveränderung eingebettet werden. Aber auch die Rezeption dieser Heimatkonzeption und die Veränderung der Heimatfeste durch die Interaktion der Teilnehmenden werden in dem Beitrag mit in den Blick genommen. Dadurch sollen die Verflechtungen des politischen Diskurses

---

4 „Aus der Geschichte der Britzer Baumblüte". *Britzer Heimatbote*. Hg. Bürgerverein Berlin-Britz e.V., April/Mai/Juni 2004, 5–14. Neben Britz und Steglitz wurden auch in Schmargendorf, Spandau und Kreuzberg Heimattage durchgeführt. Vgl. dazu: „Schlag neun begann das Fest", *Berliner Morgenpost*, 28. Aug. 1955; „Spandau feiert die Heimattage", *Berliner Morgenpost*, 02. Sept. 1954; „Zwei Berliner Bezirke feiern", *Berliner Morgenpost*, 18. Aug. 1953.
5 „Grußwort Theodor Heuss", *Festbroschüre, Steglitzer Festwoche 15.–23. Aug. 1953*. Hg. Bezirksamt Steglitz von Berlin, Abt. Wirtschaft, Bezirksstadtrat Wilhelm Grobecker, 11.
6 Auf den Zusammenhang von Identitätskonzepten und Heimatvorstellungen soll hier nicht weiter eingegangen werden. Siehe dazu Köstlin 1996, 312–338 sowie Köstlin und Bausinger 1980. Zur Identitätspolitik aktueller Volksfeste und Paraden siehe den zusammenfassenden Aufsatz Welz 2007, 221–233.

mit der sozialen und materiellen Umwelt sowie mit der alltäglichen Praxis dargestellt und das Zusammenspiel von Politik und Ökonomie mit moralischen Ordnungen und menschlichen Selbstverständnissen aufgezeigt werden. Die Perspektive liegt dabei zum einen auf den Wechselwirkungen und dem gegenseitigen Durchdringen von politischen Diskursen, ökonomischen Prozessen, kulturellen und normativen Orientierungen sowie Subjektivitäten und Selbstbildern und zum anderen auf dem prozesshaften Charakter und den Veränderungen dieser historisch spezifischen Wissensordnung in Bezug auf Heimat.[7]

Die sozialistische Heimat DDR

Wie in dem einführenden Zitat von Walter Ulbricht angedeutet, wurde in der frühen DDR auf struktureller wie auf kulturpolitischer Ebene versucht, eine Neuinterpretation von „Heimat" und „Nation" durchzusetzen. Die Heimatvorstellung sollte losgelöst werden von einer regionalen Zugehörigkeit und einer lokalen Identifizierung mit einem Naturraum oder mit volkskulturellen Vorstellungen der verschiedenen Länder innerhalb der neu gegründeten DDR. Demgegenüber stand eine gewünschte Identifizierung mit dem gesellschaftlichen Entwicklungsprozess hin zum Sozialismus und der DDR als „fortschrittlicher Nation". In der „Heimat DDR" wurden – entsprechend der materialistischen Geschichtsauffassung – der Mensch und die von ihm vollbrachten Leistungen sowie ‚der Arbeiter' in seinem historischen Kampf für ein fortschrittliches Gesellschaftssystem in den Mittelpunkt gestellt. Der Fokus lag daher inhaltlich auf dem Sozialismus als Gesellschaftssystem, regional auf der Nation DDR und in der kulturpolitischen Darstellung auf dem Menschen als Geschichtssubjekt.[8]

Dieses neue Heimatkonzept wurde auf unterschiedlichem Wege versucht zu etablieren. Auf der strukturellen Ebene wurden die Länder 1952 als Verwaltungseinheiten abgeschafft und in Bezirke und Kreise umgewandelt. Um auch die Kultur- und Naturaneignung der Region in dieses Konzept einzuordnen, wurden die frü-

---

[7] Die menschliche Praxis wird entsprechend nicht als normenreguliertes Handeln, sondern als ein interaktives Tätigsein und ein Aushandeln gegenüber den gesellschaftlichen Normen, Ordnungen und politischen Diskursen sowie als ein subjektivitätsformender Selbstbildungs- und kulturformender Gesellschaftsprozess angesehen. Vgl. einführend dazu: Beck 1997, Beck et al. 2012, Knecht 2005, Reckwitz 2008a, 2008b.
[8] Als Begründung dafür wurde der durch den historischen und dialektischen Materialismus von Marx, Engels, Lenin und Stalin „wissenschaftlich bewiesene" und „gesetzmäßige" Wandel zum Sozialismus angeführt. Zur Nutzung der Geschichte für die Legitimation des politischen Systems vgl. Meuschel 1992, 60–70.

heren Natur- und Heimatschutzvereine zentralisiert und als Arbeitsgemeinschaft der „Natur- und Heimatfreunde" im Kulturbund zusammengefasst.[9] Für die Entwicklung eines neuen Heimatgedankens wurden die Arbeitsgruppen aufgerufen, heimatkundliche Bildserien, Vorträge und Aufsätze zusammenzustellen und eine „richtige" Erklärung des Museumsgutes und der Heimatgeschichte im Zusammenhang mit der gesellschaftlichen Entwicklung zu liefern. Die Laienforscher*innen und historisch Interessierten sollten dabei die „verschüttete Geschichte des Kampfes der Arbeiterklasse im Kreis", wie Streiks, revolutionäre Aktionen und „heroische Taten der Arbeiter" erforschen und der Öffentlichkeit zugänglich machen. In den „Richtlinien für die Aufstellung von Plänen des Nationalen Aufbauwerkes in den Kreisen" vom Oktober 1952 hieß es zur Erläuterung:

> Jeder Kreis in der DDR hat seine Geschichte. In jedem Ort, in jedem Betrieb finden sich Spuren der großen Vergangenheit unseres Volkes, seiner patriotischen Taten im Kampf gegen Unterdrückung und Unkultur. Wenn wir diesen Spuren nachgehen und die Zusammenhänge herstellen, erhalten wir ein Bild von der Größe unseres Volkes, eine Erklärung für die Fehler, die wir machten, und eine Anleitung für unser heutiges Handeln.[10]

Auch klassische Kunstwerke und die regionale Folklore wurden in die Umdeutung des Heimatkonzepts eingebunden. So galten die Pflege des klassischen deutschen Kulturerbes und die Förderung der Laienkunst in der frühen DDR als die „wahre Volkskultur", die der amerikanischen Populärkultur, wie sie in der BRD verbreitet war, gegenübergestellt wurde.[11] Doch auch die staatlich geförderten Volkskunstgruppen – Volkstanz und Volksmusik, Laienspielgruppen und Chöre – sollten nun nicht mehr nur regionale Heimatlieder, lokale Volkstheaterstücke und traditionelle Volkstänze aufführen, sondern sich in ihrem Repertoire der neuen Heimatidee entsprechend sozialistischen Themen zuwenden.[12]

Um die politische Heimatkonzeption noch stärker mit dem Alltag der Menschen zu verknüpfen, wurden ab 1954 regionale Volksfeste wieder aufgenommen und die traditionellen Inhalte neu interpretiert. Auch in Ost-Berlin wurde der Stralauer Fischzug wieder zum Leben erweckt. Besonders durch den Standort

---

9 Ausführlicher zu der Kommission der Natur- und Heimatfreunde im Kulturbund und zur Konzeption der Heimatgeschichte in der DDR vgl. Riesenberger 1991, 320–343; Köpp 2003, 97–107. Zum sozialistischen Heimatbegriff vgl. Palmowski 2009. Allerdings gab es sowohl bei den Natur- und Heimatfreunden als auch in den Heimatmuseen durchaus Kontinuitäten in der Heimatkonzeption. Ausführlicher dazu vgl. Oberkrome 2004, 289–388.
10 Alle Zitate siehe „Richtlinien für die Aufstellung von Plänen des Nationalen Aufbauwerkes in den Kreisen nach den Prinzipien des Zwickauer Plans, aus dem Beschluss des Politbüros vom 21. Okt. 1952". Archiv AdK, ZfK, Sign. 209. Ausführlicher dazu siehe Kühn 2015, 56–60.
11 Ausführlicher dazu siehe Kühn 2015, 43–55.
12 Ausführlicher dazu siehe Kühn 2015, 205–222.

Berlin und die Bekanntheit des historischen Fischzuges als größtes und auch beliebtestes Berliner Volksfest im 19. Jahrhundert bekam die Festgestaltung innen- wie außenpolitische Bedeutung. Am Beispiel der Neuinszenierung des Fischzuges in den 1950er Jahren soll an dieser Stelle die ideologische Umdeutung der historischen Wissensbestände und die Verwendung und Umnutzung regionaler Traditionen für propagandistische Zwecke nachgezeichnet werden.

Abb. 1: Der Stralauer Fischzug von 1959 (Foto: Archiv Friedrichshain-Kreuzberg Museum).

Bei seiner Wiederbelebung 1954 wurde das zwei Wochen dauernde Fest als die Wiedererweckung des „traditionsreichen Berliner Volksfestes"[13] angekündigt und zur Eröffnung fand ein historischer Festzug vom Strausberger Platz in Richtung Schwanenberg auf der Halbinsel Stralau statt. Der Aufbau und die Ausgestaltung des Festzuges wurden vorher detailliert vorbereitet und eindeutig festgelegt: In 22 Bildern mit Pferden, einer Postkutsche und geschmückten Wagen sollten Geschichte und Gegenwart inszeniert werden. In einem Artikel vom *Neuen*

---

13 „Vor dem größten Volksfest Berlins. Berlin feiert vom 21. August bis zum 5. September den traditionellen Stralauer Fischzug". *Neues Deutschland* 13. Aug. 1954.

Deutschland wurde der Festzug nach Stralau im Vorfeld bereits folgendermaßen beschrieben:

> Heute um 10 Uhr setzt sich am Strausberger Platz der Festzug mit seinen zahlreichen Wagen in Bewegung. Er wird 1.500 bis 2.000 m lang sein und durch die Stalinallee, Warschauer Straße, Stralauer Allee zur Halbinsel Schwanenberg führen. Die Spitze des Zuges bilden Herolde, die mit ihren Fanfaren das Nahen des Festzuges ankündigen. Dann folgen die Stralauer Seejungfrau und die Fischer mit ihren Booten und Netzen. ‚Jurkenheinrich' wird natürlich auch nicht fehlen. Auf anderen Wagen wird den Berlinern ein Rückblick in die Zeit Adolf Glaßbrenners geboten. Die Bierbrauer und auch die ‚Buddelmaker' der alten Stralauer Glashütte zeigen ihre Kunst. Selbst die alte Postkutsche von ‚anno dunnemals' ist dabei. Nach dem historischen Teil rollt die Neuzeit an den Berlinern vorbei. Unsere volkseigenen Betriebe, allen voran die Stralauer Glashütte, zeigen Ausschnitte aus ihrer jetzigen Produktion. Zwischen den einzelnen Wagen laufen die Bäcker, Fleischer, Bootsbauer, Tischler und andere Handwerker in ihrer Berufsbekleidung. Fünf Kapellen, die sich in den Zug einreihen, sorgen für die richtige Stimmung.[14]

In dem Bericht der Ost-Berliner *BZ am Abend* wurde der Festzug dann mit ideologischer Interpretationshilfe erläutert:

> Jede Figur im Festzug sagte etwas aus über die Mühen und Kämpfe, die zwischen dem Damals und dem Jetzt lagen. Gleich an der Spitze die Herolde mit ihren Fanfaren: Sinnbild der Fürstenherrschaft, unter der aus den Fischern jahrhundertelang die Abgabe der Zehnten gepreßt wurde. Landsknechte erinnerten an Krieg, Brandschatzung und Entbehrung.[15]

Mithilfe der Wagen, der Kostüme und der Bewegung des Zuges sollten die Besucher*innen des Festzuges mit in die Geschichte einbezogen werden – was als eine wirksame Form der Agitation auch für andere Heimatfeste gedacht war. In einem Zeitungsartikel über den Festzug von 1955 wurde diese Praxis der Einbeziehung folgendermaßen beschrieben:

> [M]it lautem Tschingderassabum [näherte sich] der kilometerlange Festzug. Vorneweg die Herolde in ihren altertümlichen Trachten, hinterher in bunter Reihenfolge fünf Jahrhunderte Berliner Geschichte. Ein Anachronismus, als mich vom Wagen herunter neugierig ein ‚Biedermeier' fragte, wie wohl das Fußball-Länderspiel in Moskau stehe. Friedrichshainer Betriebe vermittelten durch geschmückte Autos ein eindrucksvolles Bild ihrer Produktion, ihrer Aufbauarbeit. [...] Natürlich fehlten auch die Berliner Angler nicht im Festzug. Im Gegensatz zu den alten Stralauer Fischern haben sie keinem Pfarrer und keiner ‚Obrigkeit' von ihrem Fang Tribute zu leisten. Bloß schade, daß sich die Kostümierten am Schwanenberg so schnell zurückzogen. Gar mancher oder manche hätte gerne mit einer ‚echten Fischerliesel' oder einem wackeren Herold eine Runde gedreht.[16]

---

14 „Auf zum ‚Stralauer Fischzug'". *Neues Deutschland* 22. Aug. 1954.
15 „Mit Fanfaren und Gurkenfässern". *BZ am Abend* 23. Aug. 1954.
16 „In Stralau hat's gebumst". *BZ am Abend* 22. Aug. 1955.

Am Beispiel der konkreten Festpraxis beim Stralauer Fischzug lassen sich allerdings auch deutliche Konflikte zwischen den Inszenierungsintentionen und den Vergnügungswünschen der an der Festgestaltung Mitwirkenden und dem Publikum nachzeichnen. Das 14-tägige Volksfest sollte insgesamt dazu dienen, die DDR im Gegensatz zur BRD als Staat mit „kulturvoller Unterhaltung" unter Beteiligung der „Werktätigen" zu präsentieren. Entsprechend wurden die Bewohner*innen aufgefordert, am historischen Festzug als Mitwirkende teilzunehmen. Die Wagengestaltung und die Bildfolge des Festzuges wurden von einer Gruppe bildender Künstler entworfen. Das Märkische Museum von Berlin stellte die Postkutsche und andere Ausstellungsstücke zur Verfügung und der Kostümverleih der Komischen Oper stattete die Teilnehmer*innen aus. Auch die Betriebe und Massenorganisationen wurden aufgerufen, sich mit geschmückten Wagen am Festzug zu beteiligen. Die Auswertungsberichte des Stadtbezirks zum historischen Festzug von 1955 zeigen allerdings Zwischenfälle und Vorkommnisse, die der eigentlichen Inszenierungsabsicht zuwiderliefen:

> Der Festzug mit seinen ca. 600 Mitwirkenden bei 400 kostümierten Personen hinterließ bei der Bevölkerung einen guten Eindruck. Die Abteilung Kultur selbst ist mit der Durchführung des Festzuges nicht zufrieden gewesen. Trotzdem jede Gruppe und das zu verwendende Kostüm nummernmäßig festgelegt waren, ist es nicht gelungen, jeden Teilnehmer zu überzeugen, welche Rolle er im Festzug einzunehmen und was er zu verkörpern hat. Es kam bei der Einkleidung der Festzugteilnehmer zu Auseinandersetzungen, weil gerade die weiblichen Teilnehmer nur in historischen Kostümen gehen wollten, sich aber dagegen wehrten, Arbeiterinnen darzustellen. Einige der Teilnehmerinnen verließen unter Protest die Ankleidestelle und [es] konnten ca. 35 Kostüme nicht untergebracht werden. Die Organisation bei der Aufstellung des Festzuges hat nicht in allen ihren Teilen funktioniert. Eine Reihe der Teilnehmer kannte ihre Position im Festzug nicht. Dadurch verwischte sich das Bild des Zuges selbst. Die außergewöhnlich warme Witterung veranlaßte außerdem eine Reihe von Gruppen, welche im Zuge zu Fuß marschieren sollten, beim ersten Halt die Wagen zu besteigen und so das Bild des Zuges noch mehr zu zerreißen.[17]

Die Diskrepanz zwischen den politischen Bemühungen um die Umwandlung der Heimatkonzeption und der fehlenden Rezeption zeigt sich auch bei den Festbesucher*innen. Im Laufe der 1950er Jahre waren die Hauptorganisator*innen des Stralauer Fischzuges bestrebt, den Festcharakter in ein „sozialistisches Kulturfest" umzuwandeln, bei dem Volkskunstgruppen der Betriebe und Kulturgruppen der Massenorganisationen zusammen mit professionellen Künstler*innen auftreten sollten. Populärkulturelle Vergnügen wie Rummel und Tanz sollten

---

17 „Bericht über den Stralauer Fischzug 1955". 1. Sept. 1955, Oskar Heinemann, Abteilungsleiter Kultur, Stadtrat Friedrichshain, LA C Rep. 135–01 Nr. 357 – Stralauer Fischzug – 1955, Bd. 1, 1–24, hier 18–19.

damit „niveauvollerer Unterhaltung" weichen. Die jährlichen Auswertungsberichte des Stadtbezirksrates, die Rechenschaft über das Gelingen des Volksfestes ablegen mussten, zeigen allerdings die Ambivalenz zwischen den kulturpolitischen Anweisungen und dem tradierten Selbstverständnis der Besucher*innen in Bezug auf Volksfeste. So wurde wiederholt angegeben, dass zu viele Schaustellerbuden den positiven Eindruck der Kulturveranstaltungen zerstört und das Fest einen zu starken „Rummel-Charakter"[18] aufgewiesen hätte, wobei zukünftig „Konzessionen an den sogenannten Publikumsgeschmack [...] nicht mehr geduldet"[19] werden sollten. Bei einer Konzertveranstaltung mussten, laut weiterer Berichte, die Bewohner*innen des gegenüberliegenden Altenheims herbeigeholt werden, damit die Aufführung überhaupt besucht war.[20] Außerdem behinderten Festteilnehmer*innen die politischen Agitationen. So hieß es in einem der Abschlussberichte:

> Im Gegensatz zu den Nachmittagsveranstaltungen traten bei den Spätvorstellungen, besonders beim Tanz, größere Gruppen von Jugendlichen auf, mit der Absicht Krawalle zu inszenieren. Besonders stark war dies an den Sonnabenden und Sonntagen. Mehrmals wurde auch der Versuch unternommen, Veranstaltungen mit besonders ausgeprägtem politischen Inhalt zu stören.[21]

Aber auch der Wunsch nach einer Tanzveranstaltung bei dem Volksfest statt der aufgeführten Konzerte lässt sich aus den Berichten ablesen:

> Besonders kraß kam dieser Zustand am Dienstag, dem 23. August zum Ausdruck, als die Jugendlichen durch Pfeiffen und Jodeln die Kulturveranstaltung störten und verlangten, daß die Tanzkapelle in Aktion treten sollte. Dem Verlangen wurde nicht stattgegeben und die Veranstaltung durchgeführt. Auch der Schluß um 22.00 Uhr wurde trotz Protest eingehalten.[22]

---

18 „Bericht über die 1. Auswertung des Stralauer Fischzuges 1957". 10. Sept. 1957, LA C Rep. 135–15, Nr.: 57 – Stralauer-Fischzug 1957, 8–10. Für die Folgejahre wurden immer wieder ein „höheres Niveau" und ein „stärkerer sozialistischer Charakter" gefordert.
19 „Konzeption zum Stralauer Fischzug 1959. Rat des Stadtbezirks Friedrichshain, Abt. Kultur, 13". März 1959, LA C Rep. 135–15, Nr. 52 – Stralauer Fischzug 1959–1962, 15.
20 „Alle Veranstaltungen litten an der mangelnden Propagierung. Zum Hafenkonzert am 21.8. mußten wir, um einigermaßen die Freilichtbühne zu besetzen, die Bewohner des Altersheimes Alt-Stralau mobilisieren." Georg Kubitza (Stellvertreter des Vorsitzenden des Rates). „Abschlußbericht über den Stralauer Fischzug". Berlin, 17. Okt. 1955, LA C Rep. 135–015, Nr. 357, 5–11, hier 9.
21 Schneider (stellvertretender Abteilungsleiter). „Vorläufige Einschätzung des Stralauer Fischzuges 1957". Berlin, 3. Sept. 1957, LA C Rep. 135–15, Nr. 57, 1–3, hier 2.
22 „Zwischenbericht Stralauer Fischzug". LA C Rep. 135–01, Nr. 357 – Stralauer Fischzug – 1955, Bd. 1, 3–4.

Trotz der kritischen Abschlussberichte und der Planungen für die nächsten Jahre, eine „breite massenpolitische Vorbereitung" zu erreichen, gelang es im Laufe der fünfziger Jahre immer weniger, eine große Zahl an Mitwirkenden für den Stralauer Fischzug zu gewinnen.[23] Auch die Zahl der Besucher*innen nahm von Jahr zu Jahr stetig ab. Im Juli 1961, kurz vor dem Bau der Berliner Mauer, wurde der Fischzug dann auch nicht mehr als großes Berlinfest propagiert, sondern fand nur noch als kleines Stadtbezirksfest mit den an Stralau anliegenden Betrieben, Schulen und Anwohner*innen statt. 1962 wurde der Stralauer Fischzug letztmalig gefeiert und ab 1963 als Stadtteilfest für Friedrichshain in den Volkspark Friedrichshain verlegt. In einem Dokument über die zukünftige Planung und Entwicklung der kulturellen Massenarbeit des Stadtbezirkes Friedrichshain vom Dezember 1961 hieß es dazu:

> Der Stralauer Fischzug ist nicht mehr durchzuführen. Der traditionelle Kerngedanke, die künstlerische Selbstbetätigung, verbunden mit unmittelbarer politischer Aussage, kann auch von anderen Volksfesten verwirklicht werden. Diese Volksfeste sollen an den inzwischen zur Tradition gewordenen Feiertagen, am 1. Mai, 8. Mai, 7. Oktober und außerdem zum ND [Neues Deutschland] Pressefest im Juni jeden Jahres sowie zum Pressefest des Friedrichshainers Anfang September, im Volkspark Friedrichshain stattfinden.[24]

Der politische Diskurs der Verknüpfung von historischer Entwicklung und sozialistischer Gegenwart hatte in den 1950er Jahren offenbar nicht zu einem veränderten Heimatgedanken geführt und wurde somit für die Ausrichtung der zukünftigen Feste verworfen. Diese Hinwendung von traditionellen zu gegenwartsbezogenen Themen seit den 1960er Jahren lässt sich auch bei anderen Festen in Ost-Berlin beobachten. Und auch in Bezug auf die Veränderung des Repertoires der regionalen Folkloregruppen zu sozialistischen Themen scheiterte die Kulturpolitik. So hieß es bei einer Tagung der Kulturfunktionäre 1956:

> Wir sind mit dem Problem der kleinbürgerlichen Einflüsse besonders in den alten Gesangsvereinen und der Heimattümelei nicht fertig geworden. Unsere Überzeugungsarbeit war in den letzten Jahren nicht immer so gestaltet, daß ein Erfolg erreicht werden konnte. Der Weg des Administrierens ist hier fehl am Platze. Wir müssen uns immer wieder vor Augen halten, daß die künstlerische Betätigung eine freiwillige ist und wir z. B. niemanden zwingen können, ein Kampflied zu singen, aber wir müssen davon überzeugen, daß unser Weg der richtige ist.[25]

---

23 „Auswertung des Stralauer Fischzuges 1959". LA C Rep. 135–01, Nr. 360, 10 und 11.
24 „Vorlage für das Büro der Kreisleitung der SED. Rat des Stadtbezirks Friedrichshain, Abteilung Kultur". 20. Dez. 1961, LA C Rep. 135–1, Nr. 362 – Stralauer Fischzug 1961, Bd. 6, 1960–1962, 1–5, hier 1–2.
25 „Protokoll der Tagung der Leiter der Bezirkshäuser für Volkskunst vom 25./26. Apr. 1956". Archiv AdK, ZfK, Sign. 291.

Doch statt weiterhin überzeugend tätig zu werden, wurde ab 1959 kurzerhand die Förderung der traditionellen Volkskunst eingestellt und die Volkskunstfestspiele wurden in Arbeiterfestspiele umbenannt. Ab den 1960er Jahren standen bei Festen und Kulturveranstaltungen nur noch die Themen Sozialismus und Arbeiterkampf im Vordergrund – ohne regional-historische Bezüge.[26] Eine Wiederaufnahme der früheren Heimatkonzeption in der DDR erfolgte erst ab 1971. Dadurch, dass Erich Honecker als Erster Sekretär des ZK der SED eingesetzt wurde, fand eine „Kurskorrektur" mit einer Neubewertung der Tradition statt.[27] Das so genannte „volkskulturelle Erbe" wurde nun wieder in die sozialistische Nationalkultur[28] aufgenommen und „volkskulturelle Traditionen" sollten wieder – ähnlich wie in den 1950er Jahren – neu belebt werden, um zu einer stärkeren Heimatbindung und zur Ausbildung eines Nationalbewusstseins zu führen. Ab 1978 wurden „Zentren der Folklorepflege" für die „Erschließung und Verbreitung der orts- und landschaftsgebundenen Bräuche und Traditionen"[29] wieder geöffnet. Die Regionen wurden nun also wieder mit in das Heimatkonzept einbezogen und auch die Laienkunst durfte wieder regionale Volksmusik und Volkstänze aufführen. Das Konzept einer sozialistischen Heimat als Identifizierungsmodell und als kulturelle Identität war daher offenbar nicht erfolgreich gewesen. Die kurzen Beispiele können also zum einen die durchaus subversive und widerständige Praxis gegenüber dem politischen Diskurs zeigen und stellen zum anderen die tradierten kulturellen Orientierungen und Wissensordnungen der Besucher*innen sowohl bei Volksfesten als auch bei Heimatveranstaltungen dar.[30]

Die Verflechtung der tradierten Selbstverständnisse mit dem politischen Diskurs zeigt sich auch bei der Wiederaufnahme des historischen Festzuges, der 1987 – 30 Jahre nach dem Stralauer Fischzug – im Rahmen der 750-Jahr-Feier durch Ost-Berlin zog. Er war inhaltlich zwar ähnlich konzipiert – mit einem historischen Teil, der die Geschichte des Arbeiterkampfes darstellte, und einem

---

26 Ausführlicher zur Veränderung der Volkskunst in der DDR der 1950er Jahre vgl. Kühn 2015.
27 Ausführlicher dazu vgl. Mohrmann 2009, 45.
28 Vgl. Schnakenburg 1976.
29 1978 wurden Zentren für mecklenburgische, erzgebirgische, vogtländische und thüringische Folklore eingerichtet und die bestehenden Zentren der Harzer und der sorbischen Folklore ausgebaut. Gemeinsam mit dem Zentralhaus für Kulturarbeit und dem Ministerium für Kultur wurde 1978 in Schmalkalden das 1. Folklorefestival der DDR veranstaltet. Vgl. Manfred Bachmann. „Folklorepflege im sozialistischen Alltag". *Dokumente und Materialien der IV. Volkskunstkonferenz der DDR*. Gera, 1. Dez. 1984. Leipzig 1985. 68–71; Koch 1986; *Folkloristische Überlieferungen und Volksfeste heute*. Hg. Zentralhaus für Kulturarbeit, Leipzig 1987. Ausführlicher dazu vgl. Speckels 1993, 146–156; Moritz/Demme 1996, 5–7; Weinhold 1992, 62–64; Mohrmann 2009, 32–51.
30 Ausführlicher zum Stralauer Fischzug siehe Kühn 2011, S. 561–569 sowie Kühn und Kleinen 2012, S. 218–227.

Gegenwartsteil, in dem sich die sozialistischen Bezirke mit ihren Betrieben präsentierten. Der gesamte Festzug war aber deutlich popkultureller inszeniert, mit mehr Gegenwartsbezügen, bei denen auch nichtideologische Aspekte wie Freizeit, Baden und Bademoden mit aufgeführt wurden. Auch wenn sich das Heimatkonzept dabei nicht verändert hat, haben sich doch die damit verbundenen Attribute gewandelt: Statt einer sozialistischen Heimat DDR, für die man in den 1950er Jahren kämpfen, arbeiten und die man verteidigen musste, durfte man sich in den 1980er Jahren auch vergnügen, tanzen und in den unterschiedlichen Regionen Urlaub machen.

Ein „Dorf in der Stadt": Die Heimatkonzeption im Stadtbezirk Steglitz

Wie eingangs bereits benannt, wurden auch in West-Berlin in den frühen 1950er Jahren Heimatfeste in den verschiedenen Stadtbezirken organisiert. Am Beispiel des Steglitzer Bezirksfestes soll an dieser Stelle das Heimatkonzept der West-Berliner Stadtbezirke genauer beleuchtet und in seiner Entwicklung von einem konservativ-bewahrenden, volkskulturellen Verständnis von Heimat hin zu dem Narrativ einer kosmopolitischen Metropole dargestellt werden.

Im Berliner Lokalanzeiger *Der Steglitzer* wurde bereits 1951 berichtet:

> Aus Kreisen der Bevölkerung ist an das Bezirksamt mehrfach die Bitte herangetragen worden, in Steglitz wie in vielen anderen Bezirken ein einmal im Jahr stattfindendes Volksfest zu veranstalten. Das Bezirksamt [...] sprach sich gegen ein Volksfest aus. Als Begründung wurde angeführt, daß ein solches Volksfest leicht den Charakter eines Rummels annehme. Dies sei für den Bezirk Steglitz nicht erwünscht.[31]

Die Skepsis der Lokalpolitik in Steglitz gegenüber volksfestlichen Vergnügungen hielt nicht lange an. Im Sommer 1953 übernahm bezeichnenderweise die Wirtschaftsabteilung des Bezirksamtes Steglitz die Organisation der ersten Steglitzer Festwoche nach dem Krieg. Dabei war man bestrebt, dem „Rummel-Charakter" durch ein kulturelles Programm entgegenzuwirken und der Veranstaltung mit der Förderung der Heimatverbundenheit eine kulturpolitische Richtung zu geben. Das Stadtbezirksfest wurde entsprechend in Kooperation mit dem Heimatverein Steglitz organisiert, da nach Ansicht der Stadträte mit den angebotenen heimatkundlichen Führungen, Besichtigungen und Vorträgen des Steglitzer Heimatvereins

---

31 „Kein Volksfest in Steglitz". *Berliner Anzeiger: Der Steglitzer* 13. April 1951.

„Heimatsinn" und „Heimatverbundenheit" geweckt würden – wie einem anderen Zeitungsbericht mit der Überschrift „Treue zur Heimat" zu entnehmen war.[32] Das Steglitzer Volksfest nahm dabei die Tradition der Heimatfeste von 1934 und 1935 wieder auf, ohne allerdings explizit darauf hinzuweisen oder sich von den nationalsozialistischen Inhalten abzugrenzen. Bei der Wiederaufnahme 1953 sollte neben dem Rummel mit Fahrgestellen und Essbuden auch das regionale Wissen erweitert und der lokale Bezug der Anwohner*innen gestärkt werden. Im Geleitwort des Regierenden Bürgermeisters von Berlin, Ernst Reuter, zur Neugründung der Steglitzer Festwoche hieß es dementsprechend auch:

> Die Heimatverbundenheit der Berliner zu dem Bezirk ihres Wohnsitzes ist kein billiger ‚Lokalpatriotismus'. Sie ist vor allem besonders in den Bezirken stark ausgeprägt, die vor Jahrzehnten der damals aufblühenden Reichshauptstadt eingemeindet wurden. Daran hat auch der Strukturwandel der Bevölkerung, den die Kriegs- und Nachkriegsjahre notgedrungen mit sich brachten, nichts ändern können.[33]

Im Unterschied zur Idee einer „sozialistischen Heimat" orientierte sich Steglitz an einem lokalen, volkskulturell und naturräumlich definierten Heimatbegriff.[34] Während der Stralauer Fischzug in Ost-Berlin in seiner Neuinszenierung stark auf eine übergeordnete politische Ebene Bezug nahm – vor allem auf die Ost-West-Systemkonkurrenz – und Zukunftsbilder einer sozialistischen Gesellschaft präsentierte, konzentrierte sich das Steglitzer Heimatfest[35] vorwiegend auf die Regionalität des Bezirkes und auf seine Vergangenheit. Bezüge zur Bundespolitik wurden nur insoweit hergestellt, als sie das Fest und den Bezirk in seiner Bedeutung aufwerteten, ohne jedoch den lokalen Charakter aufzuheben – wie das Eingangszitat des Bundespräsidenten Theodor Heuss zur Eröffnung der Steglitzer Festwoche zeigt. Aus dieser im Gestus antimodernen und zivilisationskritischen Haltung heraus wird Heimat vor allem im Gegensatz zur Anonymität der Großstadt nicht nur als Ort, sondern als organischer Kosmos begriffen, in dem sich Raum, Landschaft, Brauchtum und Alltagspraktiken zu einer eigenen Realität der Nachbarschaft verbinden.

Um diese dörflich-ländliche, vorindustrielle Heimatkonzeption nun im zerstörten Nachkriegsberlin zu inszenieren, wurde auch in Steglitz auf einen historischen

---

32 „Treue zur Heimat". *Steglitzer Anzeiger* 2. April 1952.
33 „Grußwort. Ernst Reuter". *Broschüre zur Steglitzer Festwoche* 15.–23. Aug. 1953. Hg. Bezirksamt Steglitz von Berlin, Abt. Wirtschaft, 15.
34 Vgl. hierzu Oberkrome 2004, 396–457.
35 Die Steglitzer Festwoche wurde in den Festbroschüren als „Heimatfest" bezeichnet. 1957 wurde die Festwoche auch offiziell in „Steglitzer Heimatwoche" umbenannt. 1961 wurde sie wieder in „Steglitzer Woche" bzw. ab 1974 in „Steglitzer Festwoche" zurück benannt.

Festzug zurückgegriffen, in dem allerdings ausschließlich die Geschichte des Stadtbezirks vorgeführt wurde. Der Festzug sollte „allen Steglitzern ein Stück Vergangenheit lebendig machen" – wie es in der Begleitbroschüre zur Festwoche hieß.³⁶ In dem zwei Kilometer langen Festzug, der auf einer Wegstrecke von 15 Kilometern auch über die Stadtteile Lankwitz und Lichterfelde zog, waren Innungen und historische Gewerbe mit Milch- und Bierwagen, alte BVG-Omnibusse mit offenem Oberdeck und verschiedene Oldtimer vertreten. Geführt wurde der Festzug vom Steglitzer Nationalhelden „Papa Wrangel". Dem historischen Teil folgte – ähnlich dem Muster von Stralau – das „Heute" mit Modellen von Hochhäusern und „nagelneue[n]" Omnibussen sowie Organisationen und Vereinen des Stadtbezirks.³⁷

Abb. 2: Historischer Festzug beim Steglitzer Heimatfest 1956 (Foto: Archiv Heimatverein Steglitz e.V., ID: 582).

Um die Identifikation mit dem Stadtbezirk auch für die Flüchtlinge und Neusiedler*innen in Steglitz zu ermöglichen, wurde jährlich zum Fest eine knapp 200-seitige Broschüre herausgegeben, in der historisches Wissen wie beim Festzug mit dem gegenwärtigen kulturellen Leben des Stadtbezirkes verknüpft

---

36 „Grußwort vom Bezirksstadtrat Wilhelm Grobecker". Festbroschüre, Steglitzer Festwoche 28. Aug. – 5. Sept. 1954. Hg. Bezirksamt Steglitz von Berlin, Abt. Wirtschaft, Bezirksstadtrat Wilhelm Grobecker, 11.
37 „Zwei Berliner Bezirke feiern". *Berliner Morgenpost* 18. Aug. 1953.

wurde. Mit der Darstellung der Geschichte des Stadtbezirkes und der Geschichte der Schlossstraße als „Zentrum" des Kiezes, mit der Vorstellung von historischen Persönlichkeiten aus Steglitz wie Otto Lilienthal oder von gesellschaftlichen Bewegungen wie der Wandervogelbewegung, die in einem Steglitzer Gymnasium ihren Anfang nahm, wurde Steglitz wie eine eigene Stadt bzw. wie ein „Dorf in der Stadt" präsentiert. In der Festbroschüre waren aber auch Informationen über aktuelle Freizeitangebote, Kunst und Kultur, Ausstellungen und Theaterveranstaltungen in Steglitz sowie Darstellungen von in Steglitz ansässigen Vereinen, Chören, Orchestern oder die Beschreibung von Steglitzer Bädern, Rodelbahnen und Turnhallen enthalten. Damit sollte zum einen das „Heimatgefühl bei den alteingesessenen Bürgern vertieft und bei den Neuhinzugezogenen geweckt"[38] werden – wie die Geleitworte zum Fest versprachen. Zum anderen wurde auch das „Bedürfnis nach Freude", die Stärkung des Zusammengehörigkeitsgefühls und des „Sinns für das Aufeinander-Angewiesensein" als Ziel der Festwochen genannt. So hieß es im Geleitwort des Bezirksbürgermeisters von Steglitz für die Festwochen 1954:

> Wir wissen auch, dass sich Menschen in der Millionenstadt, in der das trostlose Alleinsein zuhause ist, eine tiefe Verbundenheit zur heimatlichen Umgebung und ein warmes Heimatgefühl erhalten haben, das angesprochen sein will. Das Unpersönliche, dieses ‚Keiner kennt den anderen', das die Kälte des Großstadtlebens ausmacht, gilt es zu überwinden. Wir wollen alle gute Nachbarn werden.[39]

Das Programm des acht Tage dauernden Volksfestes bestand aus Sportturnieren, Chorkonzerten, Volksmusik- und Volkstanzaufführungen, aber auch aus Modenschauen, Tanzveranstaltungen, einem Fackelzug und einem abschließenden Feuerwerk. Vom Heimatverein Steglitz wurden außerdem zahlreiche historische Führungen durch den Stadtbezirk angeboten, Vorträge gehalten und Ausstellungen zur Geschichte von Steglitz präsentiert. Vor dem Hintergrund der Kriegszerstörungen in der Nachkriegszeit gewann in Hinblick auf die Inszenierung neben dem Aufbau eines neuen Gemeinschaftsgedankens ebenso die Etablierung und Stabilisierung neuer Wahrnehmungsmuster und positiv besetzter Zukunftsbilder an Bedeutung, um die krisenhafte Situation zu überwinden. Im Angesicht des zerstörten Stadtraums hatte das mit der Stadt verbundene Wissen seine lokale Verankerung ver-

---

[38] „Geleitwort Happ, Bezirksverordnetenvorsteher". *Festbroschüre, Steglitzer Festwoche 28. Aug. – 5. Sept. 1954*. Hg. Bezirksamt Steglitz von Berlin, Abt. Wirtschaft, Bezirksstadtrat Wilhelm Grobecker, 21.
[39] „Geleitwort Bezirksbürgermeister Werner Alfred Zehden". *Festbroschüre, Steglitzer Festwoche 28. Aug. – 5. Sept. 1954*. Hg. Bezirksamt Steglitz von Berlin, Abt. Wirtschaft, Bezirksstadtrat Wilhelm Grobecker, 23.

loren. Die Inszenierungsmechanismen zielten dementsprechend darauf ab, die Alltagswirklichkeit als Einheit von Geschichte und Gegenwart wahrzunehmen und den entworfenen Raum mit positiven Erinnerungen und explizit angeeignetem Wissen neu zu besetzen.[40]

Ab 1957 wandelten sich die Schwerpunktthemen des in „Steglitzer Heimatwoche" umbenannten Bezirksfestes und es wurden nunmehr vor allem Gegenwartsbezüge hergestellt. Durch den Zustrom von Neubürger*innen überschritt Steglitz die Einwohnerzahl von 200.000. Damit verbunden war der Neubau von Wohnsiedlungen, Hochhäusern, Bürogebäuden, Krankenhäusern, Kinderheimen und Schulen, aber auch Grünanlagen und Spielplätzen. Die Heimatwoche 1957 wurde deshalb mit der Messe Interbau Berlin verknüpft und informierte über die städtebauliche Planung des Bezirks. In der Festbroschüre wurde aber dennoch über die bauliche Vergangenheit von Steglitz referiert, wobei wiederum versucht wurde, die Neubauten in den Dorfcharakter von Steglitz zu integrieren, um das „Wachstum der Großstadt" mit der „Bezirksverbundenheit" und dem „Heimatgefühl" zu verbinden. So hieß es über die städtebaulichen Planungen, dass „aus dörflicher Bodenständigkeit durch organisches großstädtisches Wachstum und moderner großzügiger Baugestaltung" die Architektur in Steglitz „nach der Zerstörung zu einem sinnvollen und harmonischen Ganzen vereinigt" werden sollte.[41]

Mit dem Anwachsen der Bevölkerung und der großen Zahl an Zugezogenen veränderten sich auch die Programmpunkte bei der Festwoche. Um die Zugehörigkeit zum Stadtbezirk für die Neusiedler*innen zu verstärken, inszenierte sich Steglitz zwischen 1961 und 1963 als Erinnerungsort für die Vertriebenen. Unter der Überschrift „Auch ein Stück Heimat"[42] wurden in den Festbroschüren Artikel über Schlesien, Ostpreußen und Pommern als eine Form der „Herkunftspflege" veröffentlicht und bei den Volksfesten dieser Jahre traten aus ganz Deutschland angereiste schlesische, ostpreußische und pommersche Volkstanzgruppen auf. Durch diese Veränderung der Festgestaltung sollten die Neusiedler*innen nicht als „Heimatlose" angesehen, sondern als „Gast" mit einer fernen Heimat im Stadtbezirk begrüßt und neu beheimatet werden.

Nach dem Mauerbau 1961 verloren sich immer mehr die Verweise auf die eigene Geschichte und Tradition und die folkloristische Präsentation des eigenen Bezirkes wurde von touristischen Inhalten fremder Regionen – als Außenbilder

---

40 Ausführlicher zu den Inszenierungsmechanismen beim Steglitzer Heimatfest siehe Kühn und Kleinen 2012, 227–234.
41 *Festbroschüre, Steglitzer Heimatwoche 7.–15. Sept. 1957.* Hg. Bezirksamt Steglitz von Berlin, Abt. Wirtschaft, Bezirksstadtrat Wilhelm Grobecker.
42 *Festbroschüre, Steglitzer Revue 1961.* Hg. Bezirksamt Steglitz, Bezirksstadtrat Müller-Schoenau, 94–96.

und Außenbezüge auf den „Mauer-Horizont" – abgelöst. Dafür stellte sich jedes Jahr eine Region aus der Bundesrepublik, aus Österreich oder Dänemark vor. Im Zentrum dieser Darstellungen standen aber wiederum die dem romantisierenden Heimatkonzept zugehörigen Themen wie der Naturraum und die landschaftlichen Besonderheiten der Region, die Wirtschaftssituation und das ausgeübte Handwerk, kulinarische Spezialitäten sowie folkloristische Eigenheiten. So wurde 1964 unter dem Motto „Vom Rhein zur Spree" Rheinland-Pfalz vorgestellt, „Land und Leute" präsentiert, der Kinderchor „Die Pfälzer Weinkehlchen" auf der Bühne begrüßt und Informationen über Weinanbau und die Besonderheit des deutschen Weins vermittelt.[43] 1966 stand Tirol im Mittelpunkt der Festwoche, wobei zum einen die touristischen Orte für Sommer- und Winterurlaube präsentiert wurden, zum anderen aber auch das „fleißige Volk der Tiroler" beschrieben wurde. Außerdem führten verschiedene Volkstanz- und Brauchtumsgruppen aus dem Zillertal, aus Seefeld oder aus Innsbruck Heimattänze auf und regionale Blasmusikkapellen spielten.[44] Ähnlich präsentiert wurden in den Folgejahren das Fichtelgebirge, Niedersachsen oder Dänemark sowie Niederösterreich, der Westerwald und die Steiermark, wobei das jeweilige Motto der Festwoche und die stattfindenden Kulturveranstaltungen eine Beziehung zwischen der vorgeführten Region und dem Stadtbezirk Steglitz herstellte. So standen die Steglitzer Wochen unter dem Titel „Von der Donau an die Spree", „Vom Westerwald zum Grunewald" oder „Steirisches Grün bei uns in Berlin" und bei den Aufführungen wechselten sich die Folkloregruppen der eingeladenen Regionen mit Steglitzer Gruppen ab.

Im Laufe der 1960er Jahre wechselten auch die Organisator*innen und die Mitwirkenden bei dem Fest. Während anfangs der Heimatverein Steglitz eine wichtige Rolle spielte, wurde die Steglitzer Woche nun ausschließlich vom Bezirksamt organisiert. Statt eines historischen Festzuges und heimatkundlicher Stadtspaziergänge wurden jetzt historische Bustouren durch den Stadtbezirk angeboten und auch der alljährliche Rummel und Jahrmarkt war zum selbstverständlichen Bestandteil der Festwoche geworden. Damit verlagerte sich der Schwerpunkt von einer eher bildungsbürgerlichen Präsentation der „Bezirkskultur" hin zu popkulturellen Vergnügungen eines Volksfestes. Kennzeichnend dafür wurde die Steglitzer Heimatwoche ab 1961 wieder in Steglitzer Woche umbenannt. Diese Veränderung der Festkultur kann in den späten 1960er und frühen 1970er Jahren als allgemeine Erscheinung auch für die anderen West-Berliner Stadtbezirksfeste

---

[43] „Vom Rhein zur Spree". *Festbroschüre, 12. Steglitzer Woche 1964*. Hg. Bezirksamt Steglitz, Abt. Wirtschaft, Bezirksstadtrat Müller-Schoenau.
[44] „Tirol grüßt Berlin". *Festbroschüre, 14. Steglitzer Woche 1966*. Hg. Bezirksamt Steglitz, Abt. Wirtschaft, Bezirksstadtrat Müller-Schoenau.

gelten.⁴⁵ Dennoch setzte sich Steglitz mit der Darbietung fremder Regionen durch das regionale Handwerk und mit den folkloristischen Bühnenaufführungen von anderen West-Berliner Kiezfesten ab und präsentierte den Stadtbezirk weiterhin in konservativ-bildungsbürgerlicher Art als traditionsverbunden, naturnah und kulturvoll. Dieses Bild sollte sich in abgeschwächter Form auch bei der Präsentation von Steglitz im Rahmen der 750-Jahr-Feier zeigen.

Das Berlin-Jubiläum 1987 stellte West-Berlin vor die Herausforderung, eine historische Inszenierung der Stadt vorzunehmen, die nicht in Konkurrenz zu den Festveranstaltungen in Ost-Berlin stand und die ebenso wenig mit den negativ besetzten Bildern von Nationalsozialismus, Teilung und Kaltem Krieg assoziiert wurde. Für die Organisation der zentralen Festveranstaltungen in West-Berlin wurde Ulrich Eckhardt eingesetzt – der frühere Leiter der Berliner Festspiele und Organisator der Preußenausstellung von 1981.⁴⁶ Er war bekannt für seine Befürwortung einer neuen Geschichtsbewegung, die in der Ausstellungskonzeption ein demokratisch-kritisches Geschichtsbewusstsein vermitteln wollte anstelle der bisherigen Darstellung eines affirmativen Geschichtsbildes zur Konstruktion und Bestätigung einer historischen und kulturellen Identität. Unter seiner Leitung wurden die zentralen Festveranstaltungen explizit nicht auf eine nationale Vergangenheit von Berlin als Reichshauptstadt bezogen, sondern sie zeigten Berlin als Metropole: Bei der zentralen Ausstellung wurde die Urbanisierungsgeschichte von Berlin präsentiert, ein historischer Jahrmarkt mit 300 Jahren Berliner Volksbelustigungen wurde veranstaltet sowie Theater- und Musikrevuen der 1920er Jahre an der Siegessäule und ein Rockkonzert am Reichstag. Außerdem wurde der Öffentlichkeit in einem Skulpturenboulevard moderne Kunst dargeboten. Als eine der zentralen Veranstaltungen fand auch ein Festumzug statt – allerdings nicht als ein historischer Festzug auf den Straßen von West-Berlin, sondern als Bootskorso auf dem Wasser, in dem sich Berlin als Handelsstadt präsentierte. Mit dieser veränderten Darbietung der Geschichte und ihrer Kontexte sollte ein neues Bild von Berlin als Metropole mit der Betonung von Weltoffenheit und Vielfalt gezeichnet werden. Das bedeutete allerdings auch ein Aufbrechen des

---

45 Vgl. dazu die Darstellung des Deutsch-Amerikanischen Volksfestes in Kühn und Kleinen 2012, 234–241.
46 Bei der Preußenausstellung mit dem Titel „Preußen – Versuch einer Bilanz" setzte Eckhardt den Mannheimer Historiker Manfred Schlenke als wissenschaftlichen Leiter und den Tübinger empirischen Kulturwissenschaftler Gottfried Korff als Generalsekretär ein. Um die Ausstellung entbrannte die große Streitfrage zur Geschichtsdarstellung in Museen. Vgl. dazu Thijs 2008, 102–107.

herkömmlichen Heimatkonzepts und des gewohnten Heimatnarrativs, was zu Diskussionen in der Berliner Bevölkerung führte.[47]

Nachdem die Entscheidung für einen Wasserkorso als Festumzug durch den Senat genehmigt war, hieß es in der Ankündigung zur 750-Jahr-Feier:

> Kein Jubiläum ohne Festzug! Doch Berlin hatte von jeher Schwierigkeiten mit dem ‚Gleichschritt, Marsch!' und hat es heute ganz besonders. Darum, und weil eine Welt nicht gern auf ein Berlin schaut, dessen Asphalt vom Gleichtakt der Schritte widerhallt, wurde der Festzug zur 750-Jahr-Feier auf das Wasser verlegt – aus Respekt vor der Geschichte und als Verbeugung vor der Welt, nicht zuletzt aber auch in Anerkennung der alten Tradition Berlins als Wasserstadt, als wichtiger Hafen- und Handelsumschlagplatz.[48]

Dagegen wehrte sich ein Berliner Bürger-Verein – ein Zusammenschluss aus 40 Landsmannschaftsverbänden –, der bereits im Sommer 1983 privat einen historischen Festzug mit Volks- und Trachtengruppen für das Stadtjubiläum geplant hatte. In einem Brief an den damaligen Fraktionsvorsitzenden der CDU im Berliner Abgeordnetenhaus, Eberhard Diepgen, erläuterte der Vorsitzende dieses Vereins seinen Vorschlag, wobei er durchaus Bezug zu der Senatskonzeption der Jubiläumsfeier nahm und die „Vielfalt" und „Weltoffenheit" seines Projektes betont:

> Unter dem Motto: ‚So ist Berlin' soll ein Festzug gestaltet werden, an welchem sich beteiligen: Alle in Berlin ansässigen Verbände, Vereine, die sich zur Aufgabe gemacht haben, traditionelles Brauchtum zu pflegen. [...] Der Sinn ist, zu zeigen, dass in Berlin Landsmannschaften aus allen deutschen Ländern leben und damit den Charakter der eigentlichen Hauptstadt aufzeigen. [...] Was für Berlin dabei besonders wertvoll wäre, ist die Möglichkeit, dass jede dieser Gruppen eine entsprechende [Gruppe] aus dem Bundesgebiet einlädt [und] somit auch hilft, die Verbindung zur Heimat drüben herzustellen. Wir rechnen mit 40 Berliner Verbänden. Es wird dabei eine große Trachtenschau geben, wie sie in dieser Vielfalt nur Berlin zeigen kann.[49]

Ein solcher Trachtenumzug passte allerdings überhaupt nicht in die Geschichtsdarstellung von Eckhardt und seinem Büro, die alle Vorschläge des Vereins ablehnten. Dieser wandte sich wiederum an den Senator und schrieb von dem „kulturellen Erbe aller deutschen Landsmannschaften seit Jahrzehnten", das „mindestens den gleichen Stellenwert [hätte], wie mancher Zweig der modernen

---

[47] Ausführlicher zu den unterschiedlichen Protesten bei der 750-Jahr-Feier in West-Berlin siehe Kühn 2014, 99–113.
[48] „Wasserkorso". *Informationsblatt zur 750-Jahr-Feier*. LA B Rep. 150, Nr. 53.
[49] „Brief der BBV an die CDU-Fraktion im Abgeordnetenhaus". 15. Aug. 1983, LA B Rep. 150, Nr. 54.

Kunst", aber bisher vom Senat „sehr vernachlässigt" wurde.[50] Nach langen Diskussionen konnten alle geplanten Veranstaltungen des Berliner Bürgervereins und der Landsmannschaften aus den zentralen Festveranstaltungen herausgehalten werden – ihnen wurden als Auftrittsalternative aber die Bezirkswochen empfohlen, die in den verschiedenen Stadtbezirken organisiert wurden und dabei einerseits nicht mehr im Verantwortungsbereich von Eckhardt und seinem Büro standen und andererseits auch nicht im Hauptfokus der lokalen und internationalen Öffentlichkeit lagen.[51]

Die Bezirkswochen in West-Berlin, die parallel zu den zentralen Veranstaltungen stattfanden, wandten sich je nach Stadtbezirk unterschiedlichen Themen und Inhalten zu, wobei vor allem die Spezifik des Stadtbezirks herausgestellt werden sollte. So wurde Spandau als die Havelstadt dargestellt und ein Havelfest sowie ein mittelalterliches Burgfest auf der Zitadelle Spandau gefeiert,[52] während sich Neukölln mit dem Motto „Neu, Neuer, Neukölln" vor allem dem gegenwärtigen Leben zuwandte und ein Geschichts- und Kulturfest mit dem Titel „Kulturachse Neukölln 87" organisierte, in Tempelhof Ritterturniere und historische Dorfauenspiele stattfanden und in Charlottenburg sowohl ein „Höfisches Fest" mit Turmbläsern, Reiterspielen und Ringstechen als auch ein „Bürgerliches Fest" mit Liederrevuen und Literaturcafés gefeiert wurden.[53] Das Kreuzberger Fest, bei dem eigentlich unter dem Motto „Entlang der U1" die Vielfalt und die berühmte „Kreuzberger Mischung" des „exotischsten Bezirks" von West-Berlin dargestellt werden sollte,[54] wurde aus Angst vor erneuten Ausschreitungen gegenüber den geplanten Feierlichkeiten durch linke und autonome Gruppen kurzfristig abgesagt.[55]

---

50 „Brief des BBV an den Senator für Kulturelle Angelegenheiten, Volker Hassemer". 15. Dez. 1984, LA, B Rep. 150, Nr. 54.
51 Siehe das „Antwortschreiben von Frank Reinhardt, Organisationsleiter des Stadtfestes, an die Oberschlesische Volkstanzgruppe und an die Laienspiel- und Trachtengruppe der Donauschwaben vom 26. Febr. 1986". LA B Rep. 150, Nr. 55.
52 Eckhardt 1986, 314–315.
53 Eckhardt 1986, 318–325.
54 Eckhardt 1986, 327.
55 Vor dem Hintergrund der Ausschreitungen in Kreuzberg vom 1. Mai 1987 und bei dem Reagan-Besuch am 11. Juni 1987 wurde das geplante Bezirksfest abgesagt. Statt sich affirmativ an dem Jubiläum zu beteiligen, wurde vom „Büro für ungewöhnliche Maßnahmen", eine 1987 gegründete Gruppe mehrerer Aktionskünstler aus Kreuzberg, im Oktober 1987 eine satirische Gegenveranstaltung zur 750-Jahr-Feier in Form eines karnevalistischen Umzugs auf dem Kurfürsten-Damm durchgeführt, dem ca. 30.000 Schaulustige beiwohnten. Vgl. dazu Thijs 2008, 193–194; Lang 1998, 148–153.

In Steglitz fand vom 18. bis 27. September 1987 als letztem der West-Berliner Stadtbezirke eine Steglitzer Bezirkswoche mit einem Historischen Jahrmarkt, einem festlichen Umzug, verschiedenen Ausstellungen und Musikveranstaltungen statt. Die zehntägige Festwoche in Steglitz erinnerte dabei sowohl in den angebotenen Programmen und Ausstellungen als auch in den Ankündigungen an die Heimatwochen der 1950er Jahre. Das klassische Eröffnungskonzert hatte den Titel „Steglitz – ein musischer Bezirk".[56] Die Ausstellungen der Festwoche widmeten sich der Wandervogel-Bewegung und dem Thema „Steglitz – das größte Dorf Preußens". Und an dem festlichen Umzug nahmen ebenfalls Handwerker*innen mit historischen Kostümen, Schützen- und Pfadfindervereine und die Landsmannschaft Ostpreußen in ihrer Tracht teil. Außerdem musizierte ein Spielmannszug und Kutschen und historische BVG-Busse fuhren mit. Auch der Historische Jahrmarkt mit dem Titel „Krämer, Gaukler und Kadetten" sollte an die handwerklich-bäuerlichen Traditionen der drei Dörfer Lankwitz, Lichterfelde und Steglitz erinnern.

Trotz dieser Ähnlichkeiten in der Präsentation des Stadtbezirks wurde 1987 durch die Organisator*innen des Bezirksamtes versucht, alles „Tümelnde"[57] zu vermeiden und eine Vielfalt an Kunst, Kultur und lokaler Geschichte darzustellen. So waren Bänkelsänger und Moritaten als frühe Form massenkultureller Unterhaltung zu hören und bei dem festlichen Umzug spielte auch das Schalmeienorchester „Fritz Weineck" sozialistische und sozialdemokratische Lieder. Schülerinnen und Schüler eines Steglitzer Gymnasiums präsentierten auf der großen Bühne das 1987 zusammengestellte Theaterstück „Mahagonny tut gut" und auch die Zeit des Nationalsozialismus wurde nunmehr in der Geschichtsdarstellung von Steglitz mit einbezogen und anlässlich des Jubiläums ein „Historischer Stadtplan von Steglitz" herausgegeben, in dem neben historischen Stätten auch Persönlichkeiten des Widerstandes gegen den Nationalsozialismus benannt und die Gebäude von bisher unbekannten Personen mit Gedenktafeln versehen wurden.[58]

---

56 Die Musikveranstaltungen der Festwoche reichten allerdings von einem „volkstümlichen Konzert" über verschiedene Chortreffen bis hin zu einem Jazz-Rock-Pop-Musical. Vgl. dazu Eckhardt 1986, 339.
57 Diesen Begriff sowie die Informationen zur 750-Jahr-Feier in Steglitz verdanke ich der damaligen ABM-Angestellten der Abteilung Volksbildung von Steglitz und jetzigen Leiterin des Fachbereichs Kultur des Bezirksamtes Steglitz-Zehlendorf Doris Fürstenberg.
58 Vgl. *Historischer Stadtplan von Steglitz*. Hg. Bezirksamt Steglitz, Abt. für Bau- und Wohnungswesen, Vermessungsamt, Red.: Peter Behnke, Doris Fürstenberg und Günter Zech. Berlin 1987. Eine Ausstellung zu Steglitz im Dritten Reich wurde erst 1992 vom Bezirksamt organisiert. Siehe dazu *Zeitsplitter – Steglitz im „Dritten Reich", Begleitbroschüre zur Ausstellung 23. Okt. 1992– 13. Dez. 1992*. Altes Rathaus Steglitz, Schloßstraße 37.

Die Jubiläumswoche in Steglitz wurde hauptsächlich von der Abteilung Volksbildung des Bezirksamtes Steglitz organisiert, wobei die Handwerkerbetriebe und Schulen explizit und nachdrücklich eingeladen wurden, sich an dem Umzug, dem Jahrmarkt und der Programmgestaltung zu beteiligen. Im Unterschied zu den 1950er Jahren gab es nun aber durchaus auch Auseinandersetzungen bezüglich der Gestaltung der Steglitzer Festwoche 1987 und der Repräsentation des Stadtbezirks. So durchkreuzte einerseits eine erst spät herausgegebene Anweisung des Berliner Senats die Gestaltungspläne der Organisator*innen auf der Bezirksebene: Auf Veranlassung des Regierenden Bürgermeisters und des Senators Fink sollten – laut einer Ankündigung im Februar 1987 – auf jedem Markt, der in den einzelnen Bezirken anlässlich der 750-Jahr-Feier aufgebaut wurde, mindestens 30 Stände der Wohlfahrtsverbände stehen. In einem Brief der zuständigen Abteilung des Steglitzer Bezirksamtes hieß es dazu:

> Man verfiel urplötzlich auf das Motto ‚Berlin als soziale Stadt'. Ich empfinde es ebenso wie die anderen am Historischen Markt Beteiligten als Zumutung, daß uns zu einem derartig späten Zeitpunkt dermaßen das Konzept für unseren Markt zerstört wird. Zunächst wurde vom Senat die Parole ausgegeben, möglichst auf gewachsenen Plätzen ein historisches Fest zu veranstalten – davon kann unter den oben beschriebenen neuen Prämissen keine Rede mehr sein. Bitte setzen Sie sich dafür ein, daß wir unser historisches Konzept durchsetzen können.[59]

Andererseits gab es auch von Seiten der Steglitzer Bevölkerung zum Teil kritische Kommentare zu den Planungen des Bezirksamtes für die Steglitzer Festwoche: Bereits bei den ersten Vorbereitungen für die 750-Jahr-Feier im Dezember 1985 wurde ein Vers veröffentlicht, der als Motto zu den Festveranstaltungen in Steglitz dienen sollte:

> Feuersbrunst und Wasserpflicht,
> Fässerzoll und Liedgedicht,
> Klostergut – Soldatenzucht,
> Dorfidyll und Erdenflucht,
> Künstlerstolz – Marktangebot:
> jeder kommt: schwarz, gelb, grün, rot.[60]

---

[59] „Brief der Organisatoren des Historischen Jahrmarkts, Herr Ebert, Herr Pawlik und Herr Jacob an den Leiter der Abteilung Volksbildung, Bezirksstadtrat Thomas Härtel, 3. Febr. 1987". Bezirksamt Steglitz-Zehlendorf, Archivbestand des Fachbereichs Kultur (Archiv Kultur), Doris Fürstenberg (ohne Paginierung). Der Historische Jahrmarkt in Steglitz wurde dann auch ohne die Stände der Wohlfahrtsverbände durchgeführt.
[60] „Brief eines Steglitzer Bewohners an den Bezirksbürgermeister Klaus Dieter Friedrich, 12. Dez. 1985". Bezirksamt Steglitz-Zehlendorf, Archiv Kultur.

Zu diesem Vorschlag kam ein entrüsteter Brief eines Steglitzer Bürgers:

> Sehr geehrter Herr Bezirksbürgermeister,
> [...] [dieser Vers] als Motto des Bezirksamtes Steglitz zur zentralen Bezirksveranstaltung anläßlich der 750-Jahr-Feier Berlins darf ja wohl als schlechter Scherz gelten. Ich bin nicht bereit, unter diesem Thema 1987 auch nur 1 Minute mit Ihnen zu feiern. Dabei muß sich ja der Eindruck aufdrängen, als ob im Kreisel die Reaktion marschiere. Kein Mut zur Zukunft, nein, zurück ins finsterste Mittelalter. Nicht das leiseste Gespür für Stimmungen in der Bevölkerung: angesichts einer breiten Bewegung für den Frieden das Wort ‚Soldatenzucht' überhaupt nur in den Mund zu nehmen. Ist das wirklich Ihr Ernst?
> In der Hoffnung auf einen Sinneswandel,
> Ihr [Unterschrift][61]

Während durchgesetzt wurde, dass der Historische Jahrmarkt ohne die Stände der Wohlfahrtsverbände durchgeführt werden konnte, wurden „Soldatenzucht" und „Klostergut" weiterhin von dem Bezirksbürgermeister von Steglitz in der Ankündigung zur Steglitzer Festwoche verwendet. Damit sollten „Bilder der Steglitzer Geschichte wieder aufleben" – wie eine Erklärung des damaligen Bezirksbürgermeisters im *Steglitzer Anzeiger* versprach.[62] In dem Antwortschreiben an den Kritiker hieß es:

> Ich meine, daß Ihr Unmut nicht unbegründet ist. Die Bezeichnung des geplanten Stadtfestes als Historischer Jahrmarkt deutet bereits darauf hin, daß dabei auch die Geschichte unseres Bezirks und der drei preußischen Landgemeinden, aus denen er hervorgegangen ist, sichtbar werden soll. An der Tatsache, daß es hier die preußische Hauptkadettenanstalt und eine Reihe von Kasernen, so die der Gardeschützen, gab, kann man dabei nicht vorbeigehen. Diese Einrichtungen gehörten einfach zum hiesigen Milieu. Den Reim, der mich selbst überrascht hat, finde ich flott und auch dem Berliner Witz angemessen. [...]
> Ich hoffe, Sie auf jeden Fall am 19. September 1987 bei unserem Historischen Jahrmarkt zu sehen.[63]

Die rückblickenden Berichte auf die Steglitzer Festwoche von 1987 in den lokalen Zeitungsartikeln und in der abschließenden Fotodokumentation zum Historischen Jahrmarkt zeichneten ein übereinstimmend positives Bild. In der Einleitung

---

61 „Brief eines Steglitzer Bewohners an den Bezirksbürgermeister Klaus Dieter Friedrich, 12. Dez. 1985". Bezirksamt Steglitz-Zehlendorf, Archiv Kultur.
62 Bezirksbürgermeister Klaus Dieter Friedrich. „Der Bezirk Steglitz wird das Schlußlicht sein". *Steglitzer Lokalanzeiger* 14. März 1986.
63 „Antwortschreiben des Bezirksbürgermeisters Klaus Dieter Friedrich, 6. Jan. 1986". Bezirksamt Steglitz-Zehlendorf, Archiv Kultur.

zur Fotodokumentation fasste der Bezirksstadtrat für Volksbildung von Steglitz seinen Eindruck folgendermaßen zusammen:

> Es war ein Jahrmarkt ohne Karussells, ohne Schießbuden oder Losverkäufer. Der ‚Historische Jahrmarkt' in Steglitz war der Versuch, Steglitzer Geschichte lebendig darzustellen. Daß der Versuch gelang, war den Steglitzerinnen und Steglitzern zu danken, die auf vielfältige Weise zu dem Gelingen des Festes beigetragen haben. Auf dem ‚Historischen Jahrmarkt' wurde sicht- und hörbar, über welch umfassendes im weitesten Sinne künstlerisches Potential der Bezirk verfügt, sei es im Bereich der Laiengruppen, der Schulen oder der Handwerker.[64]

Die unterschiedliche Gestaltung der 750-Jahr-Feier in West-Berlin sowie die verschiedenen Diskussionen auf städtischer wie auch auf lokaler Ebene zeigen dabei die Schwellensituation von 1987 bei der Auswahl einer passenden Repräsentationsform der Teil-Stadt West-Berlin zwischen einer kosmopolitischen Metropole und einer vergangenen Reichshauptstadt. Die Aushandlungen um die zentralen Jubiläumsprojekte mit ihrer neuen Form der Stadtpräsentation zwischen dem Organisationsbüro von Ulrich Eckhardt und den Trachtenvereinen, die Protestaktionen in West-Berlin während der Jubiläumsfeier von Seiten der linken Szene in Kreuzberg und eben auch der Brief des Steglitzers gegen die rückwärtsgewandte Inszenierung des eigenen Stadtbezirks können dabei diese Wandlungen aufzeigen. Die Heimatnarrative, die in diesen unterschiedlichen Präsentationen der Stadt(bezirks)geschichte durchscheinen, schwanken entsprechend zwischen der Darstellung von Vielfalt, Weltoffenheit und Urbanität – und dem Identitätsangebot der „Weltbürger*innen" – einerseits und den vergangenen ländlich-idyllischen Heimatbildern andererseits.[65]

Fazit und Ausblick

Die dargestellten Festbeispiele in Stralau und Steglitz weisen Parallelitäten zu anderen Volksfesten auf und können dabei exemplarisch für die Veränderung der Festkultur sowohl in der Bundesrepublik als auch in der DDR stehen. In der Nachkriegszeit dienten Feste vorrangig der Stiftung neuer Identitätsmuster. Hier wurde verstärkt auf historisches Wissen zurückgegriffen, um die Konstruktion einer neu aufzubauenden Gegenwart zu ermöglichen. Das Konzept der „Heimat" spielte dabei eine entscheidende Rolle, wurde allerdings vor dem Hintergrund

---

[64] Thomas Härtel, Bezirksstadtrat für Volksbildung. In: *Historischer Jahrmarkt, Steglitz, 19. September 1987*. Hg. Bezirksamt Steglitz von Berlin, Abt. Volksbildung, o.O. und o.J., 3.
[65] Siehe dazu Färber 2010, 13–14.

der politischen Systeme in Ost- und Westdeutschland unterschiedlich gedeutet. In beiden Fällen wurden jedoch lokale Kontinuitäten gesucht, die Halt für den eigenen Alltag gaben, aber auch der Legitimation politisch-gesellschaftlicher Ordnungen dienen sollten. Betrachtet man die Entwicklung der regionalen Volksfeste über die 1960er Jahre hinaus, so wird deutlich, dass die historisch-folkloristischen Wissensbestände, die einen vergangenen Alltag repräsentieren, zunehmend in den Hintergrund treten und durch Inhalte aus anderen alltags- und popkulturellen Kontexten ersetzt werden.

Nach dem Fall der Mauer und der Wiedervereinigung Deutschlands sowie der damit verbundenen Hauptstadtwerdung Berlins veränderte sich zum einen der gesellschaftlich-politische Kontext. Zum anderen fanden zeitgleich Prozesse der Globalisierung und Metropolisierung statt, die nachhaltigen Einfluss sowohl auf die Stadtrepräsentation als auch auf die Festkultur hatten. In Berlin war damit eine starke Rückwanderung in das Stadtzentrum und eine Revitalisierung der Stadtmitte verbunden. Mit dem Aufstieg Berlins zum politischen Zentrum fanden bauliche, soziale und kulturelle Veränderung vor allem der Innenstadtbezirke statt und es lassen sich Prozesse der Gentrifizierung mit der damit verbundenen Neustilisierung einiger Stadtbezirke beobachten. Die Aufwertung der Innenstadtbezirke zeigt sich auch in Bezug auf die Veränderung der in Berlin veranstalteten Feste. So fanden seit dem Ende der 1980er Jahre auch in Berlin Prozesse der Festivalisierung[66] und Eventisierung[67] statt. Besonders in den 1990er Jahren wurden Veranstaltungen, die zunächst von Subkulturen ausgingen – wie die Loveparade von der Technoszene oder der Christopher Street Day der Schwul-Lesbischen Szene – oder die von Migrant*innen-Initiativen ins Leben gerufen wurden – wie der Karneval der Kulturen –, in den Festkalender der Stadt integriert und von der Stadtpolitik zu Großveranstaltungen umgewandelt und vermarktet.

Bei der vergleichenden Betrachtung der unterschiedlichen Festbeispiele zwischen den 1950er und den 1990er Jahren lässt sich beobachten, dass – trotz aller Unterschiede in der politischen Zielsetzung und trotz der verschiedenen Zusammensetzung der Veranstalter*innen – die Inszenierung der „eigenen" und „fremden" Kultur auf ähnlichen Formen beruht. Bei den Festzügen, Paraden und Aufführungen auf den Festplätzen mit den jeweiligen Kostümen wird zeitlich, örtlich oder kulturell „Fremdes" durch seine Darstellung und Inszenierung in

---

66 Kulturelle Großprojekte wie Festivals und Großveranstaltungen, aber auch Messen oder Weltmeisterschaften werden dabei von der Stadtpolitik und dem Stadtmarketing organisiert oder unterstützt und stehen für die „kulturelle" Außenwirkung und Unverwechselbarkeit der Stadt. Vgl. Häußermann und Siebel 1993.

67 Zur Weiterentwicklung der Festivalisierung zur Eventisierung siehe Gebhardt et al. 2000 sowie Bittner 2001.

"Eigenes" und Vertrautes umgewandelt. Als durchgängiger Inszenierungsmechanismus werden dabei die „fremden" Wissensbestände zunächst als solche vorgeführt, wobei die Grenze zum Wissen beim Fest spielerisch überschritten werden kann. Diese Übertretung erfolgt notwendigerweise körperlich im Raum, wodurch sich die kognitive Aneignung von Wissen in einen korporalen, performativen Akt wandelt. Wirkungsästhetisch vermitteln diese Techniken einen Effekt von Präsenz, der sowohl geografisch (beim Karneval der Kulturen), kulturell (bei den Subkulturfesten) als auch zeitlich Abwesendes (die historischen Traditionen) erfahrbar werden lässt.[68]

Seit den 1990er Jahren lässt sich in Berlin eine Selbstkulturalisierung[69] der Stadt als „Creative City" eindeutig beobachten. Damit wurde auch das veränderte Heimatnarrativ der Jubiläumsveranstaltungen 1987 in West-Berlin einer offenen und vielfältigen Weltstadt stärker im Berliner Alltag verwurzelt. Wie das Beispiel des Stralauer Fischzuges in Ost-Berlin gezeigt hat, stößt aber gerade bei solchen Präsentationsformen wie den Festaufführungen die Kontrolle von Sinnzuschreibungen an ihre Grenzen, da die Rezipient*innen weitaus mehr Möglichkeiten haben, ihre aktive Rolle im Prozess der Bedeutungsproduktion wahrzunehmen. Parallel zu den öffentlich organisierten Großveranstaltungen lassen sich daher in den letzten Jahren auch in Berlin immer mehr lokale Initiativen der Stadtbezirke verzeichnen, die eigene Feiern mit regionalen Traditionen, lokalem Flair und nachbarschaftlichem Engagement organisieren. Mit diesen Bemühungen um einen lokalen Bezug in den Stadtbezirken finden also nach wie vor soziale Produktionen von Raum und Identität statt, die zwischen kosmopolitischer Weltbürgerschaft und lokaler Heimattradition oszillieren.

Literatur

Beck, Stefan, Jörg Niewöhner, und Estrid Sörensen (Hg.). *Science and Technology Studies. Eine sozialanthropologische Einführung*. Bielefeld: transcript, 2012.
Beck, Stefan. *Umgang mit Technik. Kulturelle Praxen und kulturwissenschaftliche Forschungskonzepte*. Berlin: Akademie-Verlag, 1997.
Bittner, Regina (Hg.). *Die Stadt als Event. Zur Konstruktion urbaner Erlebnisräume*. Frankfurt a. M., New York: Campus-Verlag, 2001.
Eckhardt, Ulrich (Hg.). *750 Jahre Berlin – Stadt der Gegenwart. Lese- und Programmbuch zum Stadtjubiläum*. Berlin: Ullstein, 1986.

---

68 Ausführlicher dazu siehe Kühn und Kleinen 2012, S. 242–243.
69 Diese Transformation wird in der neueren Forschung als eine „Selbstkulturalisierung der Städte" beschrieben, vgl. Reckwitz 2009, 2–34.

Färber, Alexa (Hg.). *Stoffwechsel Berlin. Urbane Präsenzen und Repräsentationen*. Berliner Blätter H. 53. Berlin: Panama-Verlag, 2010.
Gebhardt, Winfried, Ronald Hitzler, und Michaela Pfadenhauer (Hg.). *Events. Soziologie des Außergewöhnlichen*. Opladen: Leske + Budrich, 2000.
Häußermann, Hartmut, und Walter Siebel. *Festivalisierung der Stadtpolitik. Stadtentwicklung durch große Projekte*. Opladen: Westdeutscher Verlag, 1993.
Knecht, Michi. „Ethnographische Wissensproduktion und der Körper als ethnographisches Objekt im Feld moderner Reproduktionsmedizin". *Ort. Arbeit. Körper. Ethnographien europäischer Modernen*. Hg. Beate Binder, Silke Göttsch, Wolfgang Kaschuba, und Konrad Vanja. Münster u. a.: Waxmann, 2005. 421–439.
Koch, Thomas. *Kulturarbeit und Regionalität*. Berlin: Wissenschaftsbereich Kultur der Sektion Ästhetik und Kunstwissenschaften der Humboldt-Universität zu Berlin, 1986.
Köpp, Ulrike. „Heimat DDR. Im Kulturbund zur demokratischen Erneuerung Deutschlands". *Ethnografisches Arbeiten in Berlin. Wissenschaftsgeschichtliche Annäherungen*. Berliner Blätter H. 31. Hg. Martina Krause, Dagmar Neuland-Kitzerow, und Karoline Noack. Münster u. a.: LIT, 2003. 97–107.
Köstlin, Konrad, und Hermann Bausinger. *Heimat und Identität*. Volkskunde-Kongress in Kiel 1979. Neumünster: Wachholtz, 1980.
Köstlin, Konrad. „‚Heimat' als Identitätsfabrik". *Österreichische Zeitung für Volkskunde* 99 (1996): 312–338.
Kühn, Cornelia. „Sozialistische Folklore? Der Stralauer Fischzug in Berlin zwischen 1954 und 1962". *Deutschland Archiv. Zeitschrift für das vereinigte Deutschland* 44.4 (2011): 561–569.
Kühn, Cornelia. „Trachtenumzug, Skulpturenboulevard oder B-750 Parade? Aushandlungsprozesse um die politische Repräsentation und ästhetische Gestaltung der 750-Jahr-Feier in West-Berlin". *Macher – Medien – Publika. Beiträge der Europäischen Ethnologie zu Geschmack und Vergnügen*. Hg. Kaspar Maase, Christoph Bareither, Brigitte Frizzoni, und Mirjam Nast. Würzburg: Königshausen & Neumann, 2014. 99–113.
Kühn, Cornelia, und Dominik Kleinen. „Heimatfest und Freundschaftsfeier. Die Inszenierung von Heimatgeschichte in Berliner Volksfesten der 1950er- und 1960er-Jahre". *Zeitschrift für Volkskunde* 108.2 (2012): 215–245.
Kühn, Cornelia. *Die Kunst gehört dem Volke? Die Volkskunst in der frühen DDR zwischen politischer Lenkung und ästhetischer Praxis*. Münster: LIT, 2015.
Lang, Barbara. *Mythos Kreuzberg. Ethnographie eines Stadtteils (1961–1995)*. Frankfurt a. M., New York: Campus-Verlag, 1998.
Meuschel, Sigrid. *Legitimation und Parteiherrschaft in der DDR. Zum Paradox von Stabilität und Revolution in der DDR*. Frankfurt a. M.: Suhrkamp, 1992.
Mohrmann, Ute. „Lust auf Feste. Zur Festkultur in der DDR". *Vergnügen in der DDR*. Hg. Ulrike Häußer, und Marcus Merkel. Berlin: Panama-Verlag, 2009. 32–51.
Moritz, Marina, und Dieter Demme. *Der „verordnete" Frohsinn. Volksfeste in der DDR*. Begleitheft zur gleichnamigen Ausstellung im Museum für Thüringer Volkskunde, Erfurt, 21. Febr. – 7. April 1996. Erfurt, 1996.
Oberkrome, Willi. *„Deutsche Heimat". Nationale Konzepte und regionale Praxis von Naturschutz, Landschaftsgestaltung und Kulturpolitik in Westfalen-Lippe und Thüringen (1900–1960)*. Paderborn: Schöningh, 2004.
Palmowski, Jan. *Inventing a Socialist Nation. Heimat and the Politics of Everyday Life in the GDR, 1945–1990*. Cambridge: Cambridge University Press, 2009.

Reckwitz, Andreas. „Die Selbstkulturalisierung der Stadt. Zur Transformation moderner Urbanität in der ‚creative city'". *Mittelweg 36* 18.2 (2009): 2–34.

Reckwitz, Andreas. „Praktiken und Diskurse. Eine sozialtheoretische und methodologische Relation". *Theoretische Empirie. Zur Relevanz qualitativer Forschung.* Hg. Herbert Kalthoff, Stefan Hirschauer, und Gesa Lindemann. Frankfurt a. M.: Suhrkamp, 2008a. 188–209.

Reckwitz, Andreas. *Subjekt.* Bielefeld: transcript, 2008b.

Riesenberger, Dieter. „Heimatgedanke und Heimatgeschichte in der DDR". *Antimodernismus und Reform. Beiträge zur Geschichte der deutschen Heimatbewegung.* Hg. Edeltraud Klueting. Darmstadt: Wissenschaftliche Buchgesellschaft, 1991. 320–343.

Schnakenburg, Klaus (Red.). *Sozialistische Lebensweise und kulturelles Erbe. Auszüge aus einer Diskussion.* Hg. Kulturbund der DDR. Berlin, 1976.

Speckels, Gabriele. „Volkskultur? Erbepflege in der DDR". *Kultur und Kulturträger in der DDR: Analysen.* Hg. Stiftung Mitteldeutscher Kulturrat. Bonn. Berlin: Akademie-Verlag, 1993. 133–160.

Thijs, Krijn. *Drei Geschichten, eine Stadt. Die Berliner Stadtjubiläen von 1937 und 1987.* Köln u. a.: Böhlau, 2008.

Weinhold, Rudolf. „Vierzig Jahre Volkskunstforschung im Spannungsfeld von Wissenschaft und Folklorepraxis". *Jahrbuch für Volkskunde* 15 (1992): 51–66.

Welz, Gisela. „Inszenierung der Multikulturalität: Paraden und Festivals als Forschungsgegenstände". *Ethnizität und Migration. Einführung in Wissenschaft und Arbeitsfelder.* Hg. Brigitta Schmidt-Lauber. Berlin: Reimer, 2007. 221–233.

Dagmar Hänel
Heimat – Anmerkungen aus der kulturwissenschaftlichen Praxis

Heimat hat Konjunktur: Mode und Heimtextilien erscheinen nicht nur rund um den Oktoberfesttermin mit ländlich-romantischen Karomustern, Politiker*innen verteilen Heimatpreise, Kochmagazine wie *Essen und Trinken* präsentieren den „Geschmack der Heimat" mit regional produzierten Lebensmitteln, *Heimat shoppen* ist seit mehreren Jahren schon ein erfolgreiches Event lokaler Wirtschaftsvereinigungen. Die gesellschaftspolitische Dimension dieses „Heimattrends" ist augenfällig, geht es doch um die Betonung der emotionalen Bedeutung der Umgebungsregion, um ein gemütliches Sich-Einrichten im Privaten ebenso wie in lokaler Vereins- und Brauchkultur. Gleichzeitig werden gerade mit lokal produzierten Produkten, ob Kartoffeln, Fleisch oder Textilien, Haltungen wie Konsum- und Globalisierungskritik sowie Klima- und Umweltbewusstsein transportiert. Das aber hier auch Anknüpfungspunkte zu rechten Ideologien bestehen, zeigt beispielsweise das Online-Angebot Heimatmode.at, das Merchandisingprodukte österreichischer Identitärer vertreibt: „Fürs Bierzelt gibt es auf Heimatmode.at daher noch Sprüche, für die es keine große Denkanstrengung braucht: ‚I schmus nur mit an Unsrigen' ist einer davon." (Weiss 2018)

Über Objekte, Kleidung, Nahrung, Fest und Brauch, Medien und Sprache sind Begriff, Bilder und Narrative von Heimat allgegenwärtig in die Alltagskultur eingeprägt – wie tief sie verankert sind und welche ethischen wie politischen Haltungen damit repräsentiert werden, ist ohne tiefere Analyse von Phänomenen und Kontexten nicht zu beantworten. Hier eröffnet sich also ein umfängliches Feld kulturanthropologisch-ethnographischer Forschung zur alltagskulturellen Repräsentanz von Heimat.

Ich möchte im Folgenden allerdings eine andere Ebene des Heimatdiskurses darstellen. Als Leiterin des LVR-Instituts für Landeskunde und Regionalgeschichte,[1] einer regional organisierten und arbeitenden landeskundlichen Forschungs- und Vermittlungseinrichtung, bin ich auf unterschiedlichen Ebenen regelmäßig mit dem Begriff Heimat konfrontiert, ebenso wie meine Kolleginnen und Kollegen. Zum einen im Kontakt mit der überwiegend von Laien getragenen Heimatforschung, oft institutionalisiert in Heimat- und Geschichtsvereinen, sowie den von ihnen getragenen Heimatmuseen und Heimatzeitschriften. Hier wird überwiegend ein spezifischer Heimatbegriff genutzt, der Heimat in erster

---

[1] Vgl. www.rheinische-landeskunde.de (20. Februar 2020).

Linie räumlich als einen kulturellen Identifikationsraum versteht. Im Gegensatz dazu steht ein von unserem Institut vertretener Begriff von Heimat als fluider Größe, als von Pluralität geprägter sozialer Prozess und als kultureller Imagination. (Dafft 2015, Hänel 2018)

In unserem Arbeitsalltag berühren sich unterschiedliche Heimatbegriffe, die es nachzuvollziehen und mit kritischer Distanz zu betrachten gilt. Es kommt dabei durchaus zu konfliktären Diskussionen um den Begriff, die im Kontext unseres Anspruchs auf Vermittlung von Wissensbeständen in breite Bevölkerungskreise relevant werden, denn Heimat ist kein harmloser Begriff, mit dem in naiver Egalisierung unterschiedliche Deutungsangebote nebeneinandergesetzt werden können. Die wissenschaftliche Nutzung des Begriffs Heimat bedarf Differenzierung und Haltung. Zur Klärung des Begriffs werden im Folgenden historische und aktuelle Heimatdiskurse hinsichtlich der zugrundeliegenden Begriffsdefinitionen und der diesen zugewiesenen Bedeutungen dargestellt. In einem zweiten Schritt geht es um Funktionen von Heimat und ihre Instrumentalisierungen, im dritten Teil werden Heimatbegriffe aus unserer Arbeitspraxis vorgestellt und diskutiert.

Heimat – zum Begriff und zur Sache

„Heimat, was soll das eigentlich sein? In anderen Sprachen, in Englisch oder Französisch gibt es dieses Wort ja gar nicht."[2] „Also Heimat ist für mich so, woher ich komme und was mich dann halt auch so ein bisschen ausmacht [...]."[3] „Da praktisch ist doch heute Heimat mehr, nach meinem Gefühl, mehr ein sich wohl fühlen, ein zu Hause fühlen, seinen Bekanntenkreis haben, seine entsprechenden Verbindungen, Vereine."[4]

So und ähnlich beschreiben Menschen im Interview zum Thema Heimat diesen Begriff, wobei häufig ein vielfältiger, durchaus kritischer und widersprüchlicher Heimatbegriff artikuliert wird. Auch wissenschaftliche Definitionsansätze sind oft wenig präzise, repräsentieren den fluiden Charakter eines schillernden Begriffs. Für Ina-Maria Greverus ist Heimat „weder mit einem bestimmten

---

2 Interview mit Theo B. im Rahmen des Filmprojekts *Von Blasmusik, Bürgerbus und Bauernhof* des LVR-Instituts für Landeskunde und Regionalgeschichte, 2015–2017. (Vgl. Hänel 2017 und *Von Blasmusik, Bürgerbus und Bauernhof* 2017).
3 Interview mit Alyssa E. im Rahmen des Projekts „HeimatStadtMuseum Euskirchen". (Vgl. Hänel und Lützenkirchen 2019).
4 Interview mit Werner B., ebenfalls Gesprächspartner im Projekt „HeimatStadtEuskirchen. (Vgl. Hänel und Lützenkirchen 2019).

geographischen noch sozialen Raum gleichzusetzen [...]." (1972, 42) Heimat als „Raum, in dem die Ich-Umwelt Beziehung funktioniert" (ebd., 43), verbinde beide Aspekte. Ähnlich, aber etwas poetischer formuliert Hermann Bausinger: Heimat als „Ort des innersten Vertrauens" und eine „Welt des intakten Bewusstseins". (1980, 9)

Historisch findet sich der Begriff Heimat in zwei Bedeutungsfeldern: Zum einen als Rechtsbegriff, so bezeichnen die mittelhochdeutschen Wortformen *heimôt[e]/heimuot[e]* (aus ahdt. *heimôti*) seit dem 15. Jahrhundert die Region und Ort der Geburt oder des „bleibenden Aufenthalt[s]" (Grimm, 1852-1973) sowie den „Stammsitz" (Kluge 1989, 301). Heimat galt zudem als Synonym für Haus und Besitz der Eltern, woraus sich die Bedeutung von Haus, Hof und Besitztum herausbildete. Als Rechtsbegriff war Heimat gebunden an Eigentum „und damit [an] die Fähigkeit, Steuern und Abgaben zu zahlen." (Köstlin 1996, 328-329)

Das zweite Bedeutungsfeld ist das religiöse: Im Christentum galt das Himmelreich als die wahre Heimat des Menschen, die erst nach dem Tod erreicht wird. Schon bei der Arbeit am Deutschen Wörterbuch allerdings kategorisierten Jakob und Wilhelm Grimm diese Bedeutung als „heimat in freierer anwendung" (Bd. 10, 864-866), hatte im Kontext der Säkularisierung die christliche Kirche ihre Deutungshoheit über zentrale Fragen des Menschseins eingebüßt.

„Dem christen ist der himmel die heimat, im gegensatz zur erde, auf der er als gast oder fremdling weilt" (ebd.), diese Interpretation galt in der zweiten Hälfte des 19. Jahrhunderts nicht mehr als allgemeingültig, ebenso wenig wie die Deutung von Heimat als Rechtsbegriff, die mit Beginn der Industrialisierung und den daraus erwachsenden soziokulturellen Veränderungen und Brüchen (als Schlagworte seien Urbanisierung, Anonymisierung, Migration, Proletarisierung und Verbürgerlichung genannt) zunehmend unbrauchbar wurde. In den Wandlungsprozessen des 19. Jahrhunderts wurde der Heimatbegriff offen für neue Zuschreibungen, vor allem für eine emotionale Aufladung: „In der emotionalen Heimatidee wurde eine besinnliche und beruhigende, fast religiöse Gegenwelt formuliert." (Köstlin 1996, 330)

Die emotionale Aufladung steht in funktionalen Bezügen zu den neuen Alltagserfahrungen dieser Zeit: Veränderte Produktions- und Arbeitsverhältnisse, beschleunigte Technisierung und die Auflösung tradierter Lebensweisen führten bei vielen Menschen zu einem Gefühl der Bedrohung und Verlustangst.

> Heimat wird zu einem wichtigen Lebensgefühl, wenn die Traditionen und die dingliche Lebensumwelt, in der man [sich] selbstverständlich [...] bewegt, kollektiv und individuell bedroht werden. [...] Das Festhalten eines *Zustandes*, der Heimat genannt wird, ist nur *eine* Verarbeitungsform von Verlusterfahrungen. (Moosmann 1980, 17)

Die nun entstehende neue Konzeption von Heimat, die maßgeblich von bürgerlichen Akteuren und Akteurinnen geprägt und verbreitet wurde, ist durch drei Faktoren charakterisiert, wie Manfred Seifert zusammenfasst: „Das ist erstens die Idealisierung der Realität" mit utopischen und konservativen Zügen, zweitens „die Emotionalisierung, die besonders im 19. und beginnenden 20. Jahrhundert in deutlich nationalen Bahnen verläuft [...] und sich ab Mitte des 20. Jahrhunderts mehr und mehr auf das Regionale verlagert." (2010, 13) Der dritte Faktor ist eine Ästhetisierung, die für museale Ausdrucksformen beispielsweise nach den intakten, „schönen" und harmonischen Dingen imaginierter Vergangenheiten sucht. Diese wird verstärkt an „Einzelelementen der Kultur" festgemacht: „Fachwerkhäuser, alte Bräuche, alte Trachten" (Bausinger 1984, 19) werden in diesem Prozess zu einfach deutbaren Zeichen für Heimat.

Träger der Heimatbewegung waren vor allem Akteure und Akteurinnen aus dem städtischen und bürgerlichen Milieu. Das ist bemerkenswert, ist doch das imaginierte Bild von Heimat definitiv ein ländliches, auf untere soziale Schichten des ländlichen Raumes und ein idealisiertes und ahistorisches „Früher" bezogen. Deutlich werden hier Strategien von Identitätsdefinitionen über Vorstellungen von kulturellem Eigentum, das als „Volkskultur" vereinnahmt und über eine imaginierte Dauerhaftigkeit als „Tradition" legitimiert wird. Hier zeigt sich eine politische Instrumentalisierung des Heimatbegriffs, die den Diskurs bereits im 19. Jahrhundert prägt und die im 20. Jahrhundert stetig zunimmt. Staatliche Interessen im frühen 20. Jahrhundert zeigen sich beispielsweise in der 1918 gegründeten „Reichszentrale für den Heimatdienst" (Neumeyer 1992, 32), in der Kanonisierung von „Heimatkunde" als Schulfach und in der Unterstützung von „Heimatpflege". Die kompensatorische Funktion dieses hier vorherrschenden idealisierten und konservativen Heimatkonzepts konstatiert bereits 1925 der Historiker Hermann Aubin:

> Auf der anderen Seite hat die schon vor dem Kriege einsetzende Heimatbewegung ganz außerordentlich an Stärke zugenommen, eine Reaktion z. T. des modernen Arbeitsmenschen gegen die Wurzellosigkeit seines hastenden Lebens, eine Reaktion z. T. wohl auch ein Verkriechen vor dem Unglück in der großen Welt – und in der Heimatbewegung stellt die Freude an der Heimatgeschichte einen Kernpunkt dar. (Aubin 1925, 93)

Verunsicherung der Moderne, Kompensation von Krisenerfahrung, nationalistische Aufladung und Ästhetisierung, mit diesen Bedeutungsfacetten instrumentalisiert auch der Nationalsozialismus den Heimatbegriff. Heimat wird zum Ort des „Volkstums", dieses bildet den Kern eines rassistischen und chauvinistischen Nationalismus (vgl. Köstlin 1996, 333). Allerdings weist Neumeyer darauf hin, dass das Verhältnis von Heimatschutzbewegung und Nationalsozialismus durchaus ambivalent war, nicht alle Institutionen, die Heimatpflege zum Ziel hatten, waren geschätzte Hilfstruppen des NS-Regimes (vgl. 1992, 20). Trotzdem ist der Umgang mit dem Heimatbegriff in dieser Zeit in erster Linie ein ideologischer, der sich auch mit Beginn des Zweiten Weltkrieges propagandistisch einsetzen ließ. „Heimatfront, Heimatschutz und ähnliche Heimatkompensationen lassen eine Analogie zur Militärsprache erkennen und verschärfen den Zugriff, korrumpieren Wort und Sache." (Köstlin 1996, 333)

Nach 1945 blieb der Heimatbegriff präsent. Im Kontext von Besatzungszonen und der Schaffung eines neuen (west-)deutschen Staates war die Frage nach einer durch Raum bestimmten Identität eine zentrale. Die durch den Krieg, durch Flucht und Vertreibung ausgelöste Massenmigration verstärkte diesen Diskurs und wurde zu dessen Leitperspektive: Für die so genannten „Heimatvertriebenen"[5] war die Erinnerung an die alte Heimat sinnstiftender Mittelpunkt der eigenen Identität. Ihre traumatischen Erfahrungen von Krieg, Vertreibung und Flucht werden im Gefühl des Heimatverlustes fokussiert. Bestimmt wurde das Heimatverständnis der Geflüchteten und Vertriebenen von einem Rückgriff auf eine historische Lebenswelt: Heimat war Ort der Herkunft, die Landschaft wurde wehmütig erinnert, sie galt als Bild für Sicherheit und Vertrauen (vgl. Neumeyer 1992, 41). Die Erinnerung an die „verlorene" Heimat wurde in Vertriebenenvereinen institutionalisiert und durch Brauch-, Volksmusik- und Trachtenfeste sowie in Heimatstuben inszeniert. Die Konstruktion des oftmals relativ unspezifischen Heimatgefühls dient der Herstellung von Sicherheit in einer als unsicher und fremd empfundenen „neuen" Heimat, die von den Geflüchteten oftmals als „kalte Heimat" (Kossert 2009) wahrgenommen wurde. Diese emotionale Bindungskraft, die Heimat zugeschrieben wurde, zeigt sich beispielsweise in den stereotypen Narrativen im Genre des Heimatfilms der 1950er Jahre, in denen Heimatvertriebene einerseits folkloristisch inszeniert wurden, andererseits die Heimatverlusterfahrung zum Ausgangspunkt zentraler Personenkonstellationen gemacht wurde, wie die Jagdleidenschaft des ehemaligen ostpreußischen Gutsherrn, der als Heimatvertriebener zum Wilderer wird (*Der Förster vom Silberwald*) (vgl. Fischer und Hänel 2012).

Im Verlauf der 1960er Jahre nimmt der Diskurs um Heimat in der Bundesrepublik ab, Ursache ist vor allem der nun deutlich spürbare wirtschaftliche Aufschwung. Der zunehmende Wohlstand fördert ein Sicherheitsempfinden,

---

5 Ich nutze den hochgradig ideologisch aufgeladenen Begriff „Heimatvertrieben" als zeitgenössischen Feldbegriff, der bis in die Gegenwart nicht nur propagandistisch, sondern auch als – zwar vermutlich wenig reflektierte – Facette der Selbstbeschreibung verwendet wird. Diese Selbstbeschreibung begegnet häufig in Interviews mit Menschen, die eine solche Flucht- und Vertreibungsgeschichte aus den ehemaligen deutschen Gebieten in Osteuropa erlebt haben.

die Möglichkeiten des Konsums überdecken Verlustgefühle. Erst in den 1970er Jahren zeigt sich eine neue Konjunktur des Heimatbegriffs: Die „neue Heimatbewegung" lässt sich analog zu ihrer Vorgängerin um 1900 aus radikal veränderten Lebensbedingungen erklären: Die massiv anwachsende industrielle Erschließung sowohl von Natur und Landschaft als auch von Arbeits- und Lebensbedingungen wird ab den 1970er Jahren verstärkt kritisch betrachtet. Gefühle von Unsicherheit und Krise fördern die Sehnsucht nach Heimat, die Erinnerung an Orte, die Sicherheit und Geborgenheit vermitteln (vgl. Buchwald 1984, 34). Und ebenso wie um 1900 und 1950 wird dieser Diskurs in Literatur und Film aufgegriffen: Autoren wie Martin Walser, Max Frisch, Günther Grass und Siegfried Lenz setzen sich auch mit ihren eigenen Verlusterfahrungen literarisch auseinander, der Regisseur Edgar Reitz schafft mit seiner 1981 begonnenen Heimat-Trilogie ein filmisches Dokument sowohl der persönlichen Heimaterfahrung als auch des öffentlichen Heimatdiskurses, der einen Zeitraum von 1919 bis ins Jahr 2000 abdeckt (vgl. Hänel 2007).

Parallel zu diesen durchaus kritischen Auseinandersetzungen mit dem Heimatbegriff diskutieren andere Akteursgruppen ebenfalls über Heimat: Heimat wird zum Arbeitsfeld von Regionalentwicklung und Tourismus. Albert Herrenknecht, Regionalentwickler aus Baden-Württemberg, definiert Heimat als „vorwärtsgewandt[], prozeßhaft[], zukunftsträchtig[]." (1980, 198) Dabei verändert Heimat ihr Gesicht: Galt Heimat bisher als Element rein ländlicher Dorfidylle, wird sie nun auf urbane Räume sowie auf „Region" als umfassendere, aber ebenfalls nicht klar definierte Bezugsgröße übertragen. „Heimat erscheint gelöst von nur-ländlichen Assoziationen und präsentiert sich als *urbane Möglichkeit.*" (Bausinger 1984, 215, Herv. im Original)

Zudem wird Heimat zunehmend als Erfahrungsraum und als Prozess von Aneignung interpretiert. „Heimat ist nicht mehr Gegenstand passiven Gefühls, sondern *Medium und Ziel praktischer Auseinandersetzung*; […] Heimat ist nichts, das sich konsumieren lässt, sondern sie wird *aktiv angeeignet*". (Bausinger 1984, 215, Herv. im Original) Diese Aneignung gestaltet sich dabei durchaus als Markt. So gilt

> Regionalität eines Lebensmittels inzwischen [als] ein Qualitätsmerkmal, regionale Spezifika in Brauch- und Festformen, aber auch Flora und Fauna werden zu Symbolen einer Region aufgewertet. Noch stärker emotional aufgeladen erscheinen sie als Zeichen der Heimat – in Emblemen, Markenzeichen, als Kunstwerke, in Literatur, in Fernsehserien und der Werbung. (Hänel 2012, 12–13)

Dieser Diskurs um den Heimatbegriff ist bis heute nicht abgeschlossen, im Gegenteil. Mit dem Erstarken rechter politischer Haltungen sowie verstärkter Globalisierungskritik seit den 1990er Jahren ging in Europa eine erneute Konjunktur des

Heimatbegriffs einher. Betont werden in Wahlwerbung und Regierungsprogrammen beispielsweise in Ungarn und Polen nationale Eigenheiten und Nationalstolz bis hin zum Nationalismus. Geschichtsnarrative und Erinnerungskulturen werden mythisierend und glorifizierend umgedeutet, primordialistische Konzepte kollektiver Identitäten betont. Mit zunehmendem Nationalismus einher geht die Ausgrenzung und Diskriminierung von Minderheiten, Kritiker*innen und Migrant*innen, die Abwertung europäischer Identifikation (bis hin zum bewussten Ausstieg aus der Staatengemeinschaft) und die Erosion von globalen bzw. westlichen Rechtsstandards. Heimat gilt in dieser Politik als grundsätzlich bedrohte, heile und reine Ursprungskultur, die über einen realen Bezugsraum hinausgeht: So zeigen Wahlplakate der AfD beispielsweise Frauen im Dirndl, die als Weinköniginnen inszeniert sind (mit Diadem und jeweils einem gefüllten Weinglas, im Hintergrund Weinstöcke) unter der Überschrift „Burka?' Ich steh mehr auf Burgunder."[6] (Kamann 2017)

Rekurriert wird hier auf scheinbar traditionelle Kleidung und traditionellen Konsum von Alkohol, die als zentrale identitätsstiftende Praxis behauptet und gegen als „fremd" definiertes Kleidungsverhalten gestellt werden. In Kombination mit anderen Plakaten der AfD (beispielsweise das Portrait der Kandidatin Doris von Sayn-Wittgenstein unter der Überschrift „Heimat statt Multikulti") wird deutlich, dass hier ein „völkisch" orientierter, exkludierender Heimatbegriff eingesetzt wird.

Das Aufgreifen des Heimatbegriffs durch Etablierung von Heimatministerien in Bundes- und Landesregierungen lässt sich als Reaktion auf die Erfolge einer nationalistisch, antisemitisch und „völkisch" agierenden Partei wie der AfD verstehen, ebenso wie der deutlich verstärkte Diskurs um den Heimatbegriff seit etwa 2014.

> Auffallend ist, dass meist vom „Begriff Heimat" die Rede ist, der zurückerobert werden soll, nicht von der „Heimat". Das scheinen offenbar massiv unterschiedliche Dinge zu sein. Man hat geradezu den Eindruck, dass es weniger um die Heimat ginge als um den Begriff von ihr.
> (Misik 2018)

Etwas später im Text zieht Misik das Fazit: „Das Eigentümliche an Heimat ist die deutliche Dissonanz zwischen Begriff und Gefühl."

Während der Begriff ambivalent und schwierig ist, scheint das Gefühl für politische Kommunikation attraktiv zu sein. So findet sich auch auf den Internetseiten des Ministeriums für Heimat, Kommunales, Bau und Gleichstellung des

---

[6] Vgl. https://www.welt.de/politik/deutschland/article165297337/Was-setzt-die-AfD-gegen-Burkas-Alkohol-oder-Frauenrechte.html (20. Februar 2020).

Landes Nordrhein-Westfalen kein Versuch einer Definition, sondern ausschließlich Verweise auf die emotionale Qualität von Heimat:

> Heimat ist Lebensqualität und schafft Verbundenheit in Zeiten, wo uns Vieles zu trennen scheint. Die Landesregierung fördert Initiativen und Projekte, die lokale und regionale Identität und Gemeinschaft und damit Heimat stärken. Ziel ist es, Menschen für lokale und regionale Besonderheiten zu begeistern und die positiv gelebte Vielfalt in unserem Bundesland deutlich sichtbar werden zu lassen.[7] (Hervorhebungen D. H.)

Reden über Heimat: Funktionen und Bedeutungen

Die Begriffs- und Diskursgeschichte zeigt deutlich die Funktionalität des Heimatbegriffs im Kontext von Krisenerfahrung und Verunsicherung durch gravierende gesellschaftliche Wandlungsprozesse. Während die Sache Heimat in den unterschiedlichen Konjunkturen mit heterogenen Bedeutungen belegt ist, besteht in ihrer Funktion Kontinuität: Das Reden und Schreiben über, das Erzählen und Imaginieren von Heimat vermittelt Bilder von vertrauten Räumen, von beruhigenden Kindheitserinnerungen, von verlässlichen Gemeinschaften und einer als ästhetisch empfundenen Landschaft. Dabei wird ebenfalls deutlich:

> Als politisches Konzept ist der Begriff Heimat toxisch. Das, was für den Einzelnen seine private, intime Heimat ist, wofür er Heimatgefühle empfindet, ist nur beschränkt politisierbar. Der Heimatbegriff dagegen ist massiv politisiert und hat mit den konkreten, kleinteiligen Heimaten meist nicht sehr viel zu tun. (Misik 2018)

Der historisch gewachsene Bedeutungszuwachs des Begriffs Heimat und seine Bindung an spezifische Diskurskontexte trennt in gewisser Weise Begriff und Diskurs von der Sache Heimat. Zumindest in der Gegenwart scheint für viele Menschen Heimat ein sehr offenes Konzept zu sein, das ausschließlich subjektiv auf eigene Bedürfnislagen interpretiert wird. Heimat ist der Nahraum der Region, die lokale Sprachfärbung, die Kneipe im Viertel, der Fußballverein, Freunde, Familie und Nachbarschaft. Zu den Orten und den sozialen Bezugsgruppen treten materielle und immaterielle Symbole: Elemente aus Ess- und Trinkkultur, bestimmte Bauwerke oder Landschaftsformationen, die als Landmarke und mit individuellen Bezügen angereichert werden, Brauchformen und ein Bewusstsein für regionale und lokale Geschichte.

---

[7] https://www.mhkbg.nrw/themen/heimat/heimat-foerderprogramm (20. Februar 2020).

Inwieweit Menschen in ihrem Alltag diese unterschiedlichen Angebote nutzen, anwenden, umformen oder ablehnen, um individuell Heimat zu konstruieren, lässt sich kaum verallgemeinern. Signifikant erscheint aber ein grundsätzliches Bedürfnis nach den vermittelten Inhalten. Heimat transportiert ein Bündel von Emotionen: Bekannte Umgebung, die sozial und räumlich verstanden wird, schafft Sicherheit und Vertrauen, Feste und Bräuche vermitteln Gemeinschaftserlebnisse, historische Bezüge vermitteln Kontinuität. Diese Emotionen sind wichtige Elemente in der Herstellung von Identität und sozialer Stabilität. Sie sind auch Grundlage für die Bewältigung von Krisen, für kulturellen Austausch und Integration.

> Als kulturwissenschaftliche Kategorie umfasst der Heimatbegriff sowohl Praxis als auch Diskurs, sowohl individuell-subjektive als auch kollektive Facetten, sowohl Imaginationen als auch Alltag. Er rekurriert auf die drei ethnologischen Grundeinheiten Zeit, Raum und Gesellschaft. (Hänel 2018, 86)

Nicht ein Ort oder eine Landschaft macht Heimat aus, sondern das Zusammenspiel von Raum, Raumerfahrung, sozialen Beziehungen, die als bedeutsam erinnert werden. Funktional dienen Beheimatungspraktiken und Heimaterfahrungen der Vermittlung von Sicherheit und Vertrauen, von Kontinuität und Identität (vgl. Binder 2008).

Heimat ist also eine zentrale kulturelle Kategorie der Identitätsbildung, die im Alltag auf den unterschiedlichsten Ebenen ausgedrückt werden kann. Der gesellschaftliche Diskurs um Heimat verweist in seiner Entwicklung auf kulturelle Problemlagen im Kontext von Identitätsbildungen. Damit ist klar: Auch heute, in einer Zeit, die laut medialer Diagnose von einer Krise in die andere fällt, kann Heimat als zentraler Wert verstanden werden, der Sicherheit und Identität zu vermitteln vermag. Aber welche Heimat? Wie wird sie ausgehandelt und vermittelt? Welche Institutionen und Akteure sind hier von Relevanz?

Heimat und kulturwissenschaftliche Praxis

> Zweck des Vereins ist,
> 1. den Heimatsinn der Bewohner des Siebengebirgsraumes zu pflegen,
> 2. die Geschichte des Siebengebirgsraumes zu erforschen,
> 3. die Kenntnisse über den Siebengebirgsraum, insbesondere über seine Geschichte zu verbreiten,
> 4. im Rahmen der bestehenden und künftigen Vereinbarungen mit der Stadt Königswinter das Siebengebirgsmuseum auszubauen und zu verwalten,

5. sich für die Erhaltung und Pflege von Natur und Landschaft sowie der Kulturdenkmale im Siebengebirgsraum einzusetzen.[8]

In der Satzung des 1926 gegründeten Heimatvereins Siebengebirge e.V. werden Aufgabenfelder und Ziele von Heimatforschung und Heimatpflege definiert. Dieser Verein steht hier exemplarisch für zahlreiche Heimat- und Geschichtsvereine, mit denen das LVR-Institut für Landeskunde und Regionalgeschichte in regelmäßigem Austausch steht.

Im Zentrum dieser Satzung stehen Heimat, lokale Geschichte und Wissen über diese, die historische Perspektive wird deutlich betont. Es geht den Vereinsmitgliedern um Forschung und Veröffentlichung von regional bezogenem Geschichtswissen. So reichen die Themen der Publikationen des Vereins von der römischen Zeit über lokale Friedhofs- und Krankenhausgeschichte bis zu Zeitzeug*innenberichten aus dem Zweiten Weltkrieg.[9] Die Kombination von lokalhistorischem Interesse mit Naturschutz ist für Heimat- und Geschichtsvereine typisch, ist diese Verbindung doch schon bei Gründung der ersten Heimatvereine im Kontext der Heimatschutzbewegung im späten 19. Jahrhundert vorhanden. So wird beispielsweise 1904 der Bund Heimatschutz gegründet, heute als Bund Heimat und Naturschutz Dachverband zahlreicher Heimatvereine. Gründer Ernst Rudorff sah den Schutz der bedrohten Natur als Heimatschutz, er verband Kritik an den Entwicklungen des modernen Lebens, die für ihn zur Zerstörung von Flora und Fauna führten, mit radikaler Ablehnung sozialistischer Ideen und dem Aufgreifen „völkischer" Konzepte.

Gerade die frühe Geschichte der Heimat- und Geschichtsvereine zeigt, dass diese in enger Verbindung zu den oben dargestellten Konjunkturen des Heimatbegriffs stehen: Ihre Geschichte beginnt im späten 19. Jahrhundert mit der Emotionalisierung und Ästhetisierung von Heimat, sie nehmen im Kontext dieser Prozesse eine zentrale Rolle ein. Schnell greift auch hier eine Ideologisierung und Politisierung, die sich in „völkischem" Denken, Antimodernismus und Nationalismus zeigte. Heimat- und Naturschutz galt hier als politisches Handeln der Rettung und Bewahrung des „Eigenen", hierzu zählten Landschaft und Natur ebenso wie spezifische Bräuche und Traditionen. Die konservative Idee der Bewahrung von als eigen empfundenen Identitäten bleibt Heimatvereinen durchaus inhärent. So ist bis heute bei zahlreichen Vereinen „Heimatpflege" ein zentrales Aufgabenfeld, der bergische Geschichtsverein beispielsweise formuliert in der Satzung, er

---

[8] http://www.heimatverein-siebengebirge.de/verein/satzung.htm (20. Februar 2020).
[9] http://www.heimatverein-siebengebirge.de/aktivitaet/veroeffentlichungen.htm (20. Februar 2020).

wolle die „Bindung an das Bergische Land stärken [...]",[10] die Abteilung Remscheid des bergischen Geschichtsvereins ergänzt hier das Ziel „Sicherung und Bewahrung unseres historisch-kulturellen Erbes in unserer Region."[11]

Deutlich wird anhand dieser Beispiele, dass Heimatvereine einen spezifischen Heimatbegriff haben. Dieser definiert Heimat als primär raumbezogenen Begriff, der auf die direkte Umgebung bezogen wird. Dabei wird der Herkunftsort als ideeller, kollektiver Besitz verstanden, deutlich wird dieser Ansatz beispielsweise in den verwendeten Possessivpronomina.

Diese Deutung von Heimat greift auf ein vorhandenes nostalgisches Konzept von Heimat zurück. Dieses lässt sich als doppeltes Symbol verstehen: Auf einer Funktionsebene steht es zeichenhaft für eine Bedürftigkeit nach einem Versprechen von Kontinuität und Sicherheit, auf der Sachebene symbolisiert die ahistorische Idylle vormoderner Dörflichkeit einen gemeinsamen Mythos imaginierter kollektiver Gemeinschaft, der sich zu den von Anthony D. Smith herausgearbeiteten Elementen des Nationalen zählen lässt, die gerade in Krisenzeiten wirkmächtig eingesetzt werden können (vgl. Smith 1991). Einsatzfähig bleibt dieses Symbol, weil Bedeutungszuschreibungen, wie Gottfried Korff formuliert hat, sedimentieren; einmal gesetzte symbolische Bedeutungen sind wie Schichtungen im Erdaufbau: Sie lagern sich ab, werden überlagert von neuen Zuschreibungen und lassen sich jederzeit wieder an die Oberfläche holen, wobei sie wiederum neu gestaltet werden.

> Symbolisierung ist Voraussetzung dafür, dass Erfahrungen allgemein zugänglich, wiederholbar, übertragbar und damit dauerhaft sind. [...] Erfahrungen werden in Symbolen gespeichert, sedimentiert und verobjektiviert. (Korff 2005, 15)

Zahlreiche Heimat- und Geschichtsvereine und lokale Heimatforschende stehen mit ihren Definitionen von Heimat als Akteure und Akteurinnen in diesem Prozess, wobei deutlich zu betonen ist, dass die Beschäftigung mit Heimat heutiger Heimatvereine meist ohne direkte und bewusste politische Konnotation arbeitet. Aber sie stehen in einer historischen Tradition eines Begriffsdiskurses, der für exkludierende Ideologien attraktiv ist.

Heimatforschung bezieht sich heute auf lokale Traditionen, auf Dorf- und Stadtgeschichte, Dialekte und lokale Namen, Feste und Bräuche und berührt damit die in unserem Haus interdisziplinär arbeitenden Disziplinen Geschichte, Sprachwissenschaft und Kulturanthropologie/Volkskunde.[12] Heimatforschende publizieren ihre Ergebnisse in regionalen Periodika wie *Romerike Berge*, eine

---

10 http://www.bergischer-geschichtsverein.de/verein/satzung/ (20. Februar 2020).
11 https://bgv-remscheid.de/wordpress/ueber-uns/ (20. Februar 2020).
12 Vgl. www.rheinische-landeskunde.de (20. Februar 2020).

von drei Zeitschriften des Bergischen Geschichtsvereins – was die große Produktivität und Vielfalt der Arbeit der Heimat- und Geschichtsvereine zeigt. Zahlreiche Vereine tragen zudem lokale Museen und präsentieren dort die materielle Kultur ihrer lokalen Heimat. Heimatforschung beruht auf hohem ehrenamtlichen Engagement, hier werden umfängliche Wissensbestände aus lokalen Archiven und Sammlungen sowie Erinnerungen und mündlich Tradiertes zusammengetragen und ausgetauscht. Mit diesen spezifischen und detailreichen Wissensbeständen werden Heimatforschende zu Expertinnen und Experten ihrer Forschungsregion, die wichtige Beiträge zur Lokal-, Regionalgeschichte und Landeskunde leisten. Die Wissenschaftler und Wissenschaftlerinnen des LVR-Instituts für Landeskunde und Regionalgeschichte sind hier beratend tätig, unterstützen bei Publikationen und Ausstellungen und treten über Vortrags- und Tagungsveranstaltungen regelmäßig in einen konstruktiven Austausch mit den ehrenamtlichen Akteur*innen.

In diesem Austausch gilt es, immer wieder auf die Ambivalenz des Heimatbegriffs aufmerksam zu machen und in den eigenen Publikationen, Vorträgen und Gesprächsbeiträgen stringent andere Implikationen des Heimatbegriffs zu vermitteln. Dazu gehören beispielsweise Projekte, die explizit Beheimatungsprozesse in den Mittelpunkt stellen, wie das seit 2011 mit unterschiedlichen Themenschwerpunkten laufende Ausstellungsprojekt „Wo ist dann meine Heimat … ?" (Dafft 2019, 112). Aktuell findet im LVR-Institut für Landeskunde und Regionalgeschichte ein fachübergreifender interner Diskussionsprozess um den Heimatbegriff und seine Beziehung zu landeskundlicher Forschung statt, der im November 2019 in einer ersten Tagung zum Thema mündete.[13] In der Tagungskonzeption wurden gezielt Akteur*innen aus den Feldern Wissenschaft, ehrenamtlicher Heimatforschung und Museum zusammengeführt, um hier in einen konstruktiven Dialog zu treten.

Der Heimatbegriff betrifft aber noch eine weitere Ebene unserer Arbeit: Heimat dient uns als Schlüsselbegriff für Forschungen zu unterschiedlichsten Facetten des Feldes „regionale Identität". Das bedeutet, Forschungsprojekte befassen sich mit Heimatbegriffen und ihren alltäglichen regionalen Ausdrucksformen, in narrativen Interviews fordern wir Akteur*innen zu Stellungnahmen zum Heimatbegriff auf. Gerade für eine ethnographische Feldforschung erweist sich der Heimatbegriff als in hohem Maße relevant, um mit Akteur*innen sowohl reflektiert ins Gespräch zu kommen als auch symbolische und subjektive Implikationen und Bedeutungszuschreibungen des Begriffs zu entschlüsseln.

Dabei wird immer wieder deutlich, wie reflektiert ein Großteil unserer Gesprächspartnerinnen und -partner diesen Begriff deutet, einfache Zuschrei-

---

13 Vgl. https://rheinische-landeskunde.lvr.de/de/volkskunde/veranstaltungsarchiv/heimat_.html (20. Februar 2020).

bungen eines statischen Containermodells sind sehr selten. Viel häufiger werden im Reden über Heimat zentrale kulturelle und identitätsstiftende Erfahrungen von sozialer Gemeinschaft, Kommunikation, Erinnerungskulturen und raumbezogener Identität differenziert dargestellt.

> Zur Imagination von Heimat gehört die Illusion räumlicher Kontinuität. Die Realität ist eine andere. Denn die Geschichte der Menschheit ist geprägt von Wanderungsbewegungen. [...] Auswanderung und Zuwanderung ist der Regelfall in der Geschichte der Menschheit.
> (Hänel und Lützenkirchen 2019, 134)

Auch dieser „Regelfall" ist bei einem Großteil unserer Gesprächspartner*innen selbstverständlich, so dass Heimat weniger statisch, sondern als fluider und auf Permanenz angelegter Prozess der Beheimatung verstanden werden kann. Diese Feststellung soll nicht als eine Art „Entwarnung" verstanden werden: Mit Heimat lassen sich exkludierende Identitätskonstrukte vermitteln, der aktuelle Befund zeigt, dass Heimat seine ideologische Nützlichkeit keinesfalls verloren hat. Zudem sind die differenzierten Heimatbegriffe unserer Forschungsprojekte stets in spezifischen Kontexten entstanden: in der persönlichen Gesprächssituation des ethnographischen Interviews, das von Vertrauen und Wertschätzung geprägt ist und das alleine aufgrund seiner spezifischen kommunikativen Struktur solche Ergebnisse induziert. Wichtig ist zudem, dass sich Alltagshandeln immer subjektiv und situativ vollzieht, scheinbare Widersprüche zwischen Alltagspraxis und eigentlich vorhandenen Wissensbeständen, Glaubensregeln und ethischen Haltungen sind dem Alltag inhärent (jederzeit zu beobachten in Bezug auf Esskultur, Gesundheitshandeln oder Konsumverhalten). Wo subjektiv und situativ der Alltag als unsicher und bedroht, Situationen als undurchschaubar und überkomplex wahrgenommen werden, sind vereinfachende Ideologien von „Wir und Die", die eine konstruierte „eigene Kultur und Geschichte" von einem unspezifischen „Fremden" abgrenzen, attraktive Angebote der Komplexitätsreduktion. In diesem Kontext bleibt das Konzept Heimat für die Konstruktion kollektiver Identitäten mittels Exklusion funktional – so das pessimistische Fazit.

Literatur

Aubin, Hermann. „Heimat und Volksbildung". *Geschichtliche Landeskunde. Anregungen in vier Vorträgen*. Hg. Hermann Aubin. Bonn und Leipzig: Verlag Kurt Schröder, 1925. 89–105.
Bausinger, Hermann. „Heimat und Identität". *Heimat und Identität. Probleme regionaler Kultur*. Hg. Hermann Bausinger und Konrad Köstlin. Neumünster: Karl Wachholtz, 1980. 9–24.

Bausinger, Hermann. „Auf dem Weg zu einem neuen, aktiven Heimatverständnis". *Heimat heute*. Hg. Landeszentrale für politische Bildung Baden-Württemberg. Stuttgart u. a.: Landeszentrale für politische Bildung Baden-Württemberg, 1984. 11–27.

Bausinger, Hermann, Markus Braun, und Herbert Schwedt. *Neue Siedlungen. Volkskundlich-Soziologische Untersuchungen des Ludwig-Uhland-Instituts Tübingen*. Stuttgart: Kohlhammer, 1959.

Binder, Beate. „Heimat als Begriff der Gegenwartsanalyse? Gefühle der Zugehörigkeit und soziale Imaginationen in der Auseinandersetzung mit Einwanderung". *Zeitschrift für Volkskunde* 104.1 (2008): 1–17.

Buchwald, Konrad. „Heimat heute: Wege aus der Entfremdung. Überlegungen zu einer zeitgemäßen Theorie von Heimat". *Heimat heute*. Hg. Landeszentrale für politische Bildung Baden-Württemberg. Stuttgart u. a.: Landeszentrale für politische Bildung Baden-Württemberg, 1984. 34–59.

Cornelissen, Georg, und Dagmar Hänel. „Einführung". *Leben im niederrheinischen Dorf. Das Beispiel Hünxe*. Hg. Georg Cornelissen und Dagmar Hänel. Köln: Greven, 2013. 9–11.

Dafft, Gabriele. „Was Autoschlüssel und Gebetskette über Heimat verraten. Das Projekt ‚Woran glaubst Du?'". *Alltag im Rheinland. Mitteilungen der Abteilungen Sprache und Volkskunde des LVR-Instituts für Landeskunde und Regionalgeschichte* 6 (2015): 12–19.

Dafft, Gabriele. „Sounds of Heimat – Zuhause geht ins Ohr". *Raumbilder – Raumklänge. Zur Aushandlung von Räumen in audiovisuellen Medien*. Hg. Katrin Bauer und Andrea Graf. Münster u. a.: Waxmann, 2019. 111–129.

Greverus, Ina Maria. *Der territoriale Mensch. Ein literaturanthropologischer Versuch zum Heimatphänomen*. Frankfurt a. M.: Athenäum, 1972.

Grimm, Jacob, und Wilhelm Grimm. *Deutsches Wörterbuch* [Original: Band I–XVI, Leipzig: Hirzel, 1854–1960, Quellenband 1971.] Hier: Deutsches Wörterbuch digital http://woerterbuchnetz.de/cgi-bin/WBNetz/wbgui_py?sigle=DWB&mode=Vernetzung&lemid=GH05424#XGH05424 (20. Februar 2020).

Hänel, Dagmar. „Heimat und Museum. Fragen – Probleme – Potentiale". *Alltag im Rheinland. Mitteilungen der Abteilungen Sprache und Volkskunde des LVR-Instituts für Landeskunde und Regionalgeschichte* 3 (2012): 4–17.

Hänel, Dagmar. „Mit dem Bürgerbus zum Landfrauencafé. Eine volkskundliche Dorfstudie". *Alltag im Rheinland. Mitteilungen der Abteilungen Sprache und Volkskunde des LVR-Instituts für Landeskunde und Regionalgeschichte* 8 (2017): 18–36.

Hänel, Dagmar. „HeimatMuseum. Aspekte einer komplexen Beziehung". *Mittendrin. Das Museum in der Gesellschaft*. Hg. Michael Schimek. Cloppenburg: Museumsdorf Cloppenburg, 2018. 83–90.

Hänel, Dagmar, und Heike Lützenkirchen. „Heimat und Museum: Zur Repräsentanz imaginärer und realer Räume im Medium Film". *Raumbilder – Raumklänge. Zur Aushandlung von Räumen in audiovisuellen Medien*. Hg. Katrin Bauer und Andrea Graf. Münster u. a.: Waxmann, 2019. 131–142.

Heimat 1. Eine deutsche Chronik (1919–1982). Reg. Edgar Reitz. Berlin, 1982.

Heimat 2. Chronik einer Jugend (1960–1970). Reg. Edgar Reitz. Berlin, 1992.

Heimat 3. Chronik einer Zeitwende (1989–2000). Reg. Edgar Reitz. Berlin, 2004.

Herrenknecht, Albert. „Heimatsehnsucht. Eine verdrängte Kategorie linker Identität". *Heimat. Sehnsucht nach Identität*. Hg. Elisabeth Moosmann. Berlin: Ästhetik-und-Kommunikation-Verlags-GmbH, 1980. 194–199.

Kamann, Matthias. „Was setzt die AfD gegen Burkas – Alkohol oder Frauenrechte?" *Die Welt online* 07. Juni 2017. https://www.welt.de/politik/deutschland/article165297337/Was-setzt-die-AfD-gegen-Burkas-Alkohol-oder-Frauenrechte.html (20. Februar 2020).

Kluge, Friedrich. *Etymologisches Wörterbuch der deutschen Sprache*. 22. Aufl. Berlin und New York: De Gruyter, 1989.

Korff, Gottfried. „Vorwort". *KriegsVolksKunde. Zur Erfahrungsbindung durch Symbolbildung*. Hg. Gottfried Korff. Tübingen: Tübinger Vereinigung für Volkskunde e.V., 2005. 9–28.

Köstlin, Konrad. „Heimat als Identitätsfabrik". *Österreichische Zeitschrift für Volkskunde*. L/99 (1996): 321–338.

Kossert, Andreas. *Kalte Heimat. Die Geschichte der deutschen Heimatvertriebenen nach 1945*. 4. aktual. Aufl. Berlin: Pantheon Verlag, 2009.

Misik, Robert. „Hier ist daheim". *ZEIT Österreich* 33 (9. August 2018). https://www.zeit.de/2018/33/heimat-begriff-linke-oesterreich (20. Februar 2020).

Moosmann, Elisabeth. *Heimat. Sehnsucht nach Identität*. Berlin: Ästhetik-und-Kommunikation-Verlags-GmbH, 1980.

Neumeyer, Michael. *Heimat. Zu Geschichte und Begriff eines Phänomens*. Kiel: Selbstverlag des Geographischen Instituts der Universität Kiel, 1992.

Schneider, Erwin. „Leben auf dem Dorfe". *Heimat: Analysen, Themen, Perspektiven*. Hg. Bundeszentrale für politische Bildung. Bonn: Bundeszentrale für politische Bildung, 1990. 343–358.

Seifert, Manfred. „Das Projekt ‚Heimat' – Positionen und Perspektiven". *Zwischen Emotion und Kalkül. ‚Heimat' als Argument im Prozess der Moderne*. Hg. Manfred Seifert. Leipzig: Leipziger Universitätsverlag, 2010. 9–22.

Smith, Anthony D. „The Nation: Invented, Imagined, Reconstructed?" *Millenium. Journal of International Studies* 20 (1991): 353–368.

Von Blasorchester, Bürgerbus und Bauernhof. Innensichten eines Dorfes. Reg. Dagmar Hänel. Bonn, 2017.

Weiss, Stefan. „Fesche Faschos. Rechte Mode". *Der Standard online* 14. April 2018. https://www.derstandard.de/story/2000077895229/fesche-faschos (20. Februar 2020).

Beate Binder
Politiken der Heimat, Praktiken der Beheimatung, oder: Warum das Nachdenken über Heimat zwar ermattet, aber dennoch notwendig ist

> Daß rückschrittliche Bärenhäuterei den Heimatbegriff
> besetzt hat, verpflichtet uns nicht, ihn zu ignorieren.
> Jean Améry, 1966

Heimat ist Politik – das ist in gegenwärtigen Debatten mehr als deutlich. Auch wenn häufig Gegenteiliges behauptet oder Heimat als Verkaufslabel eingesetzt wird, scheint mir das Reden von Heimat nie ganz harmlos. Denn wenn es um Heimat geht, stehen immer auch Zugehörigkeit, Grenzziehungen und Reinigungsarbeiten auf der Agenda, kurz, die Frage, wer und was dazu gehört, wer und was nicht. Zugleich ist Heimat auch Praxis, etwas, das Menschen tun, um Zugehörigkeit zu stiften und sich in ihren Umwelten und Sozialräumen einzurichten. Dann allerdings geht es um das Verb: um das (Sich-)Beheimaten. Auf beide Aspekte werde ich im Folgenden eingehen. Zwar möchte ich in den Seufzer „Das ganze Gerede um Heimat ermattet uns langsam" (Nassehi 2019, 3), der dem Editorial des Kursbuchs 198 vom Juni 2019 entweicht, durchaus einstimmen, doch ich denke – mit dessen Autor Armin Nassehi –, dass es lohnt, über Heimat nachzudenken, „nicht, was sie wirklich ist, sondern warum sich die Frage stellt und was die Leute mit dieser Frage anstellen" (Nassehi 2019, 3). Dies sollte gerade auch die Europäische Ethnologie beschäftigen. Heimat, das Konzept, dessen Politisierung und die damit verbundenen Selbstverständigungsprozesse sollten nicht zuletzt deshalb für das Fach zu bearbeitende Themen bleiben, weil die Europäische Ethnologie resp. Volkskunde maßgeblich an den semantischen Aufladungen und Bedeutungsproduktionen rund um Heimat beteiligt war und vielleicht in mancher Hinsicht immer noch ist (vgl. Bausinger 1980; Köstlin 1996; Greverus 1979). Fachgeschichtliche Verantwortung steht insofern konträr zu den Diskussionen und Bewegungen, die „Heimat" als Bezugsgröße und Konzept abzuschaffen vorschlagen, etwa wenn unter dem Slogan „De-Heimatize Belonging" der diesjährige Herbstsalon von Maxim-Gorki-Theater und Humboldt-Universität auf die „Verbindungen von Kolonialismus, Rassismus, Sexismus, Kapitalismus und

‚Heimat'" verweist[1] oder people of color-Autor*innen proklamieren „Eure Heimat ist unser Albtraum" (Aydemir und Yaghoobifarah 2019). Ich kann diesen Widerstand und die Ablehnung des Heimat-Diskurses in seiner gegenwärtigen Form gut verstehen. Doch zugleich sehe ich in diesen Interventionen, ebenso wie in vielen Nutzungsweisen des Konzepts, auch Engführungen, die dessen Dimensionen und Potentialitäten nur zum Teil gerecht werden – ganz abgesehen davon, dass die politischen Aufladungen nach genauerer Untersuchung verlangen. Ich werde im Folgenden versuchen, diese Haltung genauer zu begründen. Im ersten Abschnitt stehen zunächst die diskursiven Strategien und die damit verbundenen Politiken im Zentrum, die durch die Bezugnahme auf Heimat vorangetrieben werden (sollen). Im zweiten Teil werde ich darauf eingehen, wie die Praxis des Beheimatens, des Heimat-Machens zur Forschungsperspektive werden könnte, um affektive Bezugnahmen auf soziale wie kulturelle Räume jenseits nationaler Verengungen besser zu verstehen. Ich argumentiere dabei als engagierte Kulturanthropologin, die einen eigenen, durch Fachdiskurse informierten Standpunkt in der Debatte beziehen möchte, zugleich aber auch eine Forschungsperspektive zu entwickeln versucht, die nicht vorschnell moralische und/oder politische Urteile fällt, sondern offen bleibt für Überraschung wie Uneindeutigkeiten, dabei eher an Momenten der Disidentifikation als der Identifikation interessiert ist (vgl. Munoz 1999; Visweswaran 2003).

Heimat als Politikfeld: Forcierte Einhegungen

Dass die Rede über Heimat nie harmlos ist, war bereits meine zentrale These, als ich mich vor einiger Zeit mit diesem Konzept beschäftigt habe (Binder 2008, 2012a). An verschiedenen Beispielen und entlang unterschiedlicher Diskursstränge habe ich damals gezeigt, dass die Bezugnahme auf Heimat und die Diskussion etwa der Frage, ob Heimat überhaupt gebraucht wird und wenn ja, wie viel der Mensch davon braucht, eng verbunden ist mit dem Kampf um Grenzziehungen und mit Politiken der Inklusion wie Exklusion. Spätestens seit Beginn des 19. Jahrhunderts ist Heimat in Deutschland ein Schlüsselbegriff gesellschaftlicher Selbstverständigung, mit dessen Hilfe Vorstellungen von Gemeinschaft und gesellschaftlicher Interaktion, von Zugehörigkeit und Nicht-Zugehörigkeit verhandelt und transportiert werden (können) (vgl. Bausinger 1990, 2001). Heimat stellt sich dabei nicht so sehr durch und für ein Individuum her, als es vielmehr Ergebnis

---

[1] Vgl. Startseite: De-heimatize Belonging Konferenz. https://gorki.de/deheimatize-belonging-konferenz/2019-10-25-1900 (23. Oktober 2019).

sozialer Interaktionen ist: Heimat verweist auf die Verbindung von Individuum und Gesellschaft, auf Partizipation im umfassenden Sinn sozialer, kultureller, ökonomischer und eben auch emotionaler Teilhabe (vgl. Binder 2012a). Wie in meinen älteren Texten ausgeführt, führen jedoch Fragen danach, was Heimat ist und in welchem Maß Heimatgefühle notwendig sind, eher in die Irre. Auch Jean Améry, der in einem gleichnamigen Essay über sein Leben als exilierter Jude nachdenkt und dabei auch auf Erfahrungen von KZ und Folter zurückblickt, hält die Frage „Wieviel Heimat braucht der Mensch?" für „vergeblich, das weiß ich schon, ehe ich recht begonnen habe" darüber nachzudenken (Améry 1966, 72). Er begründet diese Vergeblichkeit zum einen mit seiner sehr spezifischen Perspektive des ins Exil Gezwungenen, dem das Recht auf Heimat genommen wurde, hält aber zweitens auch fest, dass sich, „was der Mensch an Heimat nötig hat, nicht quantifizieren" lässt (Améry 1966, 100). Zugleich ist durch Amérys Text hindurch die existentielle Not zu spüren, Zugehörigkeit abgesprochen zu bekommen – auch noch 20 Jahre nach dem Ende des Nationalsozialismus und der damit zusammenhängenden Gewalt. Doch die Erfahrung des fundamentalen Ausgeschlossen-Werdens aus einer Gesellschaft, die sich mit dem Exil verbindet, macht auch deutlich, dass eben nicht die Suche nach einer möglichst treffsicheren Definition von Heimat oder das Wieviel brisant sind, sondern vielmehr die Frage, wem es wann erlaubt ist, Heimat zu reklamieren und für sich in Anspruch zu nehmen. Davon zeugen Amérys Reflexionen ebenso wie die Forderung nach „De-Heimatisierung", die von denen artikuliert wird, denen gegenwärtig abgesprochen wird, in Deutschland ein Zuhause zu finden bzw. zu haben. Die entscheidende Frage ist, wem Heimat zugestanden wird – oder allgemeiner gesprochen, in welchen *Kontexten* und mit welchen *Wirkungen* die Rede von Heimat in den Prozess gesellschaftlicher Selbstverständigung eingespeist wird (vgl. Binder 2008, 9). Wie ich früher geschrieben habe, beruht die Macht des Heimat-Diskurses auf der eingelagerten binären Ordnung von Eigenem und Fremdem, von lokaler Gebundenheit und enträumlichter Flüchtigkeit, von Verwurzelung und Zerrissenheit – wobei der Heimat als ruhendem, aber bedrängtem Pol regelmäßig die Diskontinuität des Außen entgegengestellt wird (vgl. Binder 2008, 10). Dabei erlaubte die Rede von Heimat in den letzten Jahrzehnten das Reflektieren wie Konstruieren von „imaginierten Gemeinschaften" (Anderson 1983), ohne dass nationale Bezüge notwendig im Zentrum stehen mussten. Sie erlaubte damit – gerade vor dem Hintergrund der deutschen Geschichte – auch das Thematisieren von Gefühlen der Zugehörigkeit, von Loyalitäten und Verbindlichkeiten zu einem abstrakten Größeren. Heimat fungierte als die Instanz, die zwischen dem Globalen, dem Lokalen und dem Individuum vermittelt, wobei nicht formale Integration, sondern vielmehr diejenigen Akte angesprochen werden, in denen gesellschaftliche Sichtbarkeit und Anerkennung hergestellt werden (vgl. Binder 2008, 2012a). Auch deshalb ging und geht mein Plädoyer dahin, den Diskurs um Heimat selbst in den Blick zu nehmen. Weder die Suche nach einer Definition von Heimat noch allein die kritische Dekonstruktion des Konzepts scheinen mir hilfreich, sondern allein die Analyse, wo wer wie über Heimat spricht. Das geht insofern über eine sozio-historische Kontextualisierung von Heimatbildern und -mythen hinaus, wie sie in der bisherigen Literatur vor allem herausgestellt werden, als Verhandlungs- und Interaktionsmomente der Auseinandersetzung um Heimat in den Blick gelangen (vgl. Binder 2008). Mir geht es um die Gebrauchsweisen des Begriffs und darum, diese in ihren kulturellen und gesellschaftlichen bzw. gesellschaftspolitischen Logiken zu entschlüsseln.

Vor einiger Zeit haben Gunther Gebhard, Oliver Geisler und Steffen Schröter in dem von ihnen herausgegebenen Band *Heimat: Konturen und Konjunkturen eines Begriffs* im historischen Rückblick darauf aufmerksam gemacht, dass die mit wechselnder Intensität geführten Diskussionen um Heimat seit 1800 immer wieder zwischen Öffnung und Schließung changierten (Gebhard et al. 2007). Dabei bewegen sich Konzeptionalisierungen von Heimat in ihren räumlichen Dimensionen zwischen der Vorstellung von einem Containerraum, den es zu verteidigen gilt, auf der einen und einem beweglichen, mehrdimensionalen Raum, der auch mehrere Heimaten zulässt, auf der anderen Seite. In Hinblick auf zeitliche Dimensionen kann Heimat in die Vergangenheit verlagert oder der Zukunft zugewandt gedacht werden:

> Die Ambivalenz des Konzeptes „Heimat" besteht darin, dass es beides – Offenheit oder Geschlossenheit – zulässt und so anschlussfähig für verschiedene Konkretisierungen wie auch für differente Varianten seiner Politisierung ist. (Gebhard et al. 2007, 45)

Diese Beobachtung fällt mit meiner zusammen. Mich interessieren im Folgenden jedoch weniger historische Entwicklungslinien als vielmehr aktuelle Gebrauchsweisen, also der Heimatdiskurs des 21. Jahrhunderts, in dem die Geschichte(n) der Diskussion um Heimat wie wechselnde Heimatkonzepte längst selbst zu Argumentationsressourcen geworden sind.

Vor zehn Jahren habe ich den Anlass für Heimatdebatten zum einen in der Auseinandersetzung mit Migration und der Selbstverständigung darüber ausgemacht, was es bedeutet in einer Einwanderungsgesellschaft zu leben, und zum anderen in den Entfremdungstendenzen, die unter dem Schlagwort Globalisierung verhandelt werden. Das gilt in weiten Teilen zwar noch immer, aber es hat sich auch etwas Entscheidendes geändert. Denn Politiken der Heimat sind inzwischen zu offiziellen, auf Bundesebene angesiedelten Regierungspolitiken geworden. Zugleich, und zum Teil in Reaktion darauf, wird jetzt auch in parteipolitischen Auseinandersetzungen verstärkt um die Deutungshoheit von Heimat als Begriff und Vorstellung gerungen – und das, obwohl Heimat von jeher eher als Assoziationsgenerator denn als genaue Begriffsbestimmung fungiert (vgl. Gebhard et al. 2007, 9–10). Mit aktuellen

Bezugnahmen auf Heimat geht sichtbar eine neue Konjunktur des Heimatdiskurses einher, die durch Zuspitzung, Engführung und Polarisierung gekennzeichnet ist. Überdeutliches Signal ist hierfür die Wahlkampfstrategie der AfD von 2017. Mit Slogans wie „Hol dir dein Land zurück" und „Unser Land, unsere Heimat" mobilisiert diese Partei auf völkisch-nationalistische Weise gegen Flüchtlingspolitik und für geschlossene Grenzen, gegen Vorstellungen von Multikultur und auch gegen Europapolitik. Dieser Einsatz des Heimatbegriffs steht allein für Geschlossenheit und eine rückwärtsgewandte Perspektivierung: Heimat soll, ja muss gegen jede Form der „Überfremdung" verteidigt werden. Die anderen Parteien reagieren auf diese Form der Ausdeutung von Heimat nahezu reflexartig. Erneut wird über die generelle Brauchbarkeit des Heimatbegriffs diskutiert, aber auch überlegt, wie solch einseitigen und auf Eindeutigkeit setzenden Vereinnahmungen begegnet werden kann.[2]

Dabei wird – nicht nur im Parteienspektrum – mit Heimat eine Zeitdiagnose verbunden, die spezifische Problemlagen ins Zentrum rückt und die sich vor allem anders liest als vor zehn Jahren. Deutlich wird dies etwa in der Rede von Bundespräsident Steinmeier anlässlich des *Tags der Deutschen Einheit* 2017:

> Verstehen und verstanden werden – das ist Heimat. Ich bin überzeugt, wer sich nach Heimat sehnt, der ist nicht von gestern. Im Gegenteil: je schneller die Welt sich um uns dreht, desto größer wird die Sehnsucht nach Heimat. Dorthin, wo ich mich auskenne, wo ich Orientierung habe und mich auf mein eigenes Urteil verlassen kann. Das ist im Strom der Veränderungen für viele schwerer geworden. Diese Sehnsucht nach Heimat dürfen wir nicht denen überlassen, die Heimat konstruieren als ein „Wir gegen Die"; als Blödsinn von Blut und Boden; die eine heile deutsche Vergangenheit beschwören, die es so nie gegeben hat. Die Sehnsucht nach Heimat – nach Sicherheit, nach Entschleunigung, nach Zusammenhalt und vor allen Dingen Anerkennung –, diese Sehnsucht dürfen wir nicht den Nationalisten überlassen.[3]

Die von Steinmeier genutzte Argumentationsfigur ist häufig zu finden: Heimat wird zunächst als Orientierungsbegriff aufgerufen und daran anschließend zur Verteidigung einer offenen Vorstellung von Heimat aufgefordert, gegen diejenigen, die mit nationalem bis nationalistischen Impetus Heimat einhegen und besetzen wollen.

---

2 Zwischen dem Titel *Heimat, wir suchen noch*, der eine Veranstaltungsreihe des Bündnis 90/ Die Grünen zusammenhalten soll und den damit sich artikulierenden ambivalenten Gefühlen, bis zu den Bekenntnissen der CDU reicht das Spektrum der Reaktionen. Die meisten Statements sind von zwei Fragen bestimmt: Taugt der Heimatbegriff und was wollen wir mit diesem Begriff eigentlich adressieren? Vgl. die Debatte: „So stehen die Parteien zum Begriff Heimat". https:// www.ndr.de/kultur/kulturdebatte/So-stehen-die-Parteien-zum-Begriff-Heimat,heimat754.html (20. Mai 2018) sowie Neuerer 2017.
3 Festakt zum Tag der Deutschen Einheit, 3. Oktober 2017. http://www.bundespraesident.de/ SharedDocs/Reden/DE/Frank-Walter-Steinmeier/Reden/2017/10/171003-TdDE-Rede-Mainz.html (20. Oktober 2019).

Das stimmt auch mit Befunden von Gebhard, Geisler und Schröter überein, die – wenig überraschend – argumentieren, dass Heimat immer dann zum Thema wird, wenn ihr Verlust droht oder zu drohen scheint. Im Zentrum des Heimatdenkens

> steht dabei letztlich die Reetablierung der menschlichen Handlungsmächtigkeit. Gerade entgegen der immer wieder vermerkten Tendenz der modernen Gesellschaft zur autonomen Entwicklung, entgegen der Tendenz zum „stahlharten Gehäuse" zielt „Heimat" auf einen Handlungsraum und – sicherlich ebenso wichtig – Verantwortungsraum, in dem der Mensch „die Fäden noch selber in der Hand hält". (Gebhard et al. 2007, 45)

Mit der Neubenennung des Innenministeriums als *Bundesministerium des Inneren, für Bau und Heimat* und der Gründung einer *Abteilung H* (wie Heimat) erfuhr dieser Strang der Debatte neuerlichen Aufschwung. Waren es bislang vor allem diskursive Strategien und Prozeduren der Aushandlung von Zugehörigkeit, wird Heimat nun explizit als Politikfeld der Bundesregierung annonciert – nach dem Vorbild schon zuvor gegründeter Landesministerien, etwa in Nordrhein-Westfalen und Bayern.[4] Die Struktur der *Abteilung H* im BMI zeigt, wie unter der Rubrik Heimat unterschiedliche Anliegen zusammengeführt werden. Auch wenn die damit verbundenen Politiken erst langsam sichtbar werden, zeigt sich hier eine spezifische Konfiguration des gegenwärtigen Heimatdiskurses. Diese lese ich – mich auf Gebhard, Geisler und Schröter berufend – als „ordnende Erzählung und erzählte Ordnung": Die hier aufgerufenen und zusammengefassten Aspekte fungieren nicht nur als „Indikatoren der von [ihnen] erfaßten Zusammenhänge", sondern sind ebenso als „deren sie mitgestaltender Faktor zu untersuchen" (Gebhard et al. 2007, 13). Einen ersten Eindruck davon vermittelt der Teaser auf der Erläuterungsseite zu den Abteilungen des BMI:

> Die Abteilung H ist verantwortlich für die Gestaltung der Heimatpolitik der Bundesregierung. Zu den Aufgaben der Abteilung gehört es, auf der Grundlage eines modernen, zukunftsgewandten Heimatverständnisses den gesellschaftlichen Zusammenhalt zu stärken und gleichwertige Lebensverhältnisse zwischen städtischen und ländlichen Räumen im gesamten Bundesgebiet zu schaffen. Die Aufgaben umfassen die Gestaltung aller Fragen des Zusammenlebens von der Integration bis zum bürgerschaftlichem Engagement, die Arbeit der Kommission „Gleichwertige Lebensverhältnisse" unter unterschiedlichen thematischen Aspekten wie Daseinsvorsorge, Mobilität und Demografischer Wandel sowie die Raumordnung, Regionalpolitik und Landesplanung.[5]

---

4 Vgl. Ministerium für Heimat, Kommunales, Bau und Gleichstellung des Landes Nordrhein-Westfalen (https://www.mhkbg.nrw/ (20. Oktober 2019)) sowie das Bayerische Staatsministerium der Finanzen und für Heimat (http://www.stmfh.bayern.de/ueber_uns/heimatministerium/Default.htm? (20. Oktober 2019)).

5 https://www.bmi.bund.de/DE/ministerium/das-bmi/abteilungen-und-aufgaben/abteilungen-und-aufgaben-node.html (20. Oktober 2019).

Das Politikfeld Heimat wird als mehrdimensional entworfen: Das Kernstück und den Schwerpunkt dieser Legislaturperiode bildet eine Raumentwicklungspolitik, die unter dem Titel *Gleichwertige Lebensverhältnisse – Grundlage für Heimatstrategien*[6] „Fragen nach persönlicher Lebensqualität, nach individuellen Entfaltungsmöglichkeiten in den Problemregionen und nach dem Zusammenleben vor Ort" ins Zentrum rückt.[7] In einer Rede erläutert Bundesinnenminister Seehofer: „auf der einen Seite überhitzte Ballungsräume, auf der anderen Seite Regionen mit objektiv strukturellen Problemen, Regionen, in denen die Menschen das Gefühl haben, abgehängt zu sein." Unter dem Slogan „jeder soll dort gut leben können, wo er/sie leben möchte" geht es um Strategien gegen Abwanderung aus ländlichen Regionen und um die Förderung sozialen Zusammenhalts insbesondere in strukturschwachen Gebieten. Infrastrukturmaßnahmen (etwa Breitbandkabel, Verkehrsanbindung, medizinische Versorgung) ergänzt durch die Stärkung von Ehrenamt und zivilgesellschaftlichem Miteinander sollen in diese Richtung wirken. Die Leitmetapher der gleichwertigen Lebensverhältnisse wird auch für die Förderung soziokultureller Zentren in urbanen „Problemquartieren" in Anschlag gebracht, etwa durch das ressortübergreifende Modellprogramm *UTOPOLIS – Soziokultur im Quartier*, für das zwischen Bundesinnenminister und der Staatsministerin für Kultur und Medien, Monika Grütters, im Juni 2018 eine Ressortvereinbarung unterzeichnet wurde.[8]

An der Schnittstelle zur Raumentwicklungspolitik geht es zweitens um Integrationspolitik. Bei einer Podiumsdiskussion im Berliner *Museum für Kommunikation* wurde beispielsweise im September 2018 unter Beteiligung des Bundesinnenministers über die unterschiedlichen Facetten der Heimatpolitik diskutiert, „angefangen von der strukturpolitischen Agenda der Kommission ‚Gleichwertige Lebensverhältnisse' bis zur Organisation des Zusammenhalts der Menschen, die sich abgehängt fühlen sowie der zu integrierenden Zuwanderer."[9] Unter der Überschrift, warum „gelingende Integration für uns alle wichtig ist", ist da die zum Mantra geronnene Version eines Integrationskonzepts zu finden, das letztlich auch die Folie für Forderungen nach De-Heimatisierung bildet:

---

[6] BMI. „Unsere Abteilungen und ihre Aufgaben". Startseite, https://www.bmi.bund.de/SharedDocs/downloads/DE/veroeffentlichungen/themen/heimat-integration/raumordnung/flyer-veranstaltung-raumordnung.pdf?__blob=publicationFile&v=1 (20. Oktober 2019).
[7] Rede von Bundesinnenminister Horst Seehofer im Deutschen Bundestag; Vorstellung Deutschlandatlas: Orientierungsdebatte „Gleichwertige Lebensverhältnisse". 7. November 2017. https://www.bmi.bund.de/SharedDocs/reden/DE/2018/11/gleichwertige-lebensverhaeltnisse-deutschlandatlas.html (20. Oktober 2019). Hieraus auch das folgende Zitat.
[8] Soziokultur im Quartier. Startseite „Über uns". https://utopolis.online/about/ (20. Oktober 2019).
[9] Deutschland Dialog zum Thema „Heimat" im Museum für Kommunikation Berlin. „Für Viele ist ein Stück Heimat verloren gegangen". 25.09.2018, https://www.bmi.bund.de/SharedDocs/kurzmeldungen/DE/2018/09/heimat-dialog.html (25. Oktober 2019).

> Gelungene Integration bedeutet, sich einer Gemeinschaft zugehörig zu fühlen. Sie bedeutet die Entwicklung eines gemeinsamen Verständnisses, wie man in der Gesellschaft zusammenlebt. Zuwanderung kann deshalb nur als wechselseitiger Prozess gelingen. Sie setzt die Aufnahmebereitschaft der Mehrheitsgesellschaft voraus – wie auch die Bereitschaft der Zugewanderten, die Regeln des Aufnahmelands zu respektieren und sich um die eigene Integration zu bemühen.[10]

Schließlich geht es drittens unter den Schlagworten *Gesellschaftliche Teilhabe und Zusammenhalt* um politische Bildung, die Propagierung der im Grundgesetz verankerten Werte und die Anerkennung von Pluralität als Grundbedingung gesellschaftlichen Zusammenlebens. Denn, so ist dort zu lesen:

> Eine Gesellschaft funktioniert nur gut, wenn ihre Bürgerinnen und Bürger friedlich und respektvoll zusammenleben. Die Basis hierfür ist ein Grundkonsens gemeinsamer Werte, der auf unserer freiheitlich demokratischen Grundordnung beruht. Aber auch soziale Regeln des Miteinanders, die Verbundenheit mit dem Gemeinwesen und das Vertrauen in Institutionen sind Kitt für unseren gesellschaftlichen Zusammenhalt.[11]

Gestärkt werden sollen daher neben dem *Forum gegen Rassismus* und dem *Expertenrat Antisemitismus* vor allem kommunale Initiativen, die vor Ort für mehr Zusammenhalt sorgen – ehrenamtliches Engagement und NGO-Arbeit sollen dabei Hand in Hand gehen.

Schließlich werden diese – nach innen gerichteten – Politiken viertens durch eine explizite Rückkehrpolitik, die unter dem Titel *Freiwillig zurück ins Heimatland gehen*[12] Anreize schaffen will für die freiwillige Ausreise von Geflüchteten und Asylbewerber*innen – die damit verbundene Funktionalisierung des Heimatbegriffs schillert in meinen Augen zwischen fast zynisch scheinender Zuschreibung des Heimatkonzepts für Kriegs- und Krisengebiete sowie verharmlosender Einordnung deutscher bzw. europäischer Grenzpolitik.

Diese knappen Stichworte sollen an dieser Stelle genügen. Es geht mir nicht darum, die Politiken des BMI zu bewerten; vielmehr interessieren mich, wie gesagt, Konfiguration und Verknüpfungsleistungen des Diskurses, mit dem eine spezifische Problembeschreibung und damit einhergehende Handlungslogiken

---

10 BMI. „Warum Integration so wichtig ist". https://www.bmi.bund.de/DE/themen/heimat-integration/integration/integration-bedeutung/integration-bedeutung-node.html (20. Oktober 2019).
11 BMI. Gesellschaftlicher Zusammenhalt – der Kitt unserer Gesellschaft. https://www.bmi.bund.de/DE/themen/heimat-integration/gesellschaftlicher-zusammenhalt/gesellschaftlicher-zusammenhalt-node.html (20. Oktober 2019).
12 BMI. „Freiwillig zurück ins Heimatland gehen". https://www.bmi.bund.de/SharedDocs/topthemen/DE/topthema-freiwillige-rueckkehr/topthema-freiwillige-rueckkehr.html (20. Oktober 2019).

wirkmächtig werden (vgl. Klöppel 2010). Ich werde im Folgenden auf drei Aspekte genauer eingehen: auf Bildpolitiken, auf Raum-Zeit-Konstellationen sowie auf Gefühlspolitiken, die den gegenwärtigen Heimatdiskurs bestimmen.

Zunächst zu den Bildpolitiken: Es gibt, wenn es um Heimat geht, einen über Bilder und Metaphern einfach aufzurufenden Assoziationsraum, eine Sammlung historischer Herleitungen, Zitate und Verweise, mit denen ganze Deutungstraditionen präsent gemacht werden können. Prominent gehört dazu der Verweis auf den (deutschen) Wald, der seit der Romantik als ewiger Bezugspunkt des Heimatdiskurses überdauert.[13] Mit und in diesen Bildern gelingt auch die Verknüpfung mit Nachhaltigkeitsdebatten, wie besonders eindrücklich in Bioläden und entsprechenden Supermarkt-Abteilungen sichtbar ist, wo das Label Heimat für regionale Produktion und vermeintlich kurze Transportwege steht und auch eine gewisse geschmackliche Bodenständigkeit verspricht. In eine etwas andere Richtung deutet ein weiteres Beispiel, das zugleich auf die Flexibilität und wechselnden semantischen Aufladungen dieser Bilder verweist. Unter der Überschrift „Heimat ist wie der Wald" denkt Philipp zu Guttenberg im Juni 2017 in der Zeitschrift *Die Politische Meinung* der Konrad-Adenauer-Stiftung über „Bodenständigkeit und Entwurzelung" nach. Auch er führt verschiedene Stränge des Heimatdiskurses gekonnt zusammen, allerdings durchaus anders als die Überschrift zunächst erwarten lässt. Philipp zu Guttenberg ist Jahrgang 1973, Forst- und Landwirt und Präsident der *Arbeitsgemeinschaft Deutscher Waldbesitzerverbände*. Mit seinem Beitrag wirbt er für den Wald und eine nachhaltige Forstwirtschaft; er nutzt dafür Heimat als Vergleichsfolie:

> Vertrauen und Verantwortung als tragende Säulen jeder Gemeinschaft haben den Heimatbegriff als politischen Schlüssel. Heimat ist dabei weder eine Orchidee unter Naturschutz noch ein sagenhaftes Märchenschloss, sondern der Heimatbegriff trägt politisch vor allem dann, wenn er eine hoffnungsvolle, eine konstruktiv gerichtete Utopie ist, die in die Breite ausstrahlt. Vertrauen in die Zukunft des eigenen Landes und die eigene Heimat reduziert zudem ganz nebenbei noch Komplexität und steigert Effizienz. (zu Guttenberg 2017)

Auch wenn sein weiteres Plädoyer, dass der Wald Ruhe verspricht, deutliche Anklänge an die Rückzugsrhetorik des Bürgertums in der ersten Hälfte des 19. Jahrhunderts hat (vgl. Lepenies 1969) und die Assoziation zu Eichendorffs berühmten Versen *Abschied* nahelegt,[14] fällt vor allem auf, wie Heimat in die Zukunft verlängert zum Prinzip Hoffnung (vgl. Bloch 1985) werden soll.

---

13 Auch das Plakat, das die diesem Beitrag zugrundeliegende Ringvorlesung ankündigt, spielt mit diesem Motiv.
14 Dort heißt es: „Da draußen, stets betrogen, / Saus't die geschäft'ge Welt, / Schlag' noch einmal die Bogen / Um mich, du grünes Zelt!" (Eichendorff 1987, 346) .

Damit bin ich bei meinem zweiten Punkt, den Zeit- und Raumpolitiken, die den Heimatdiskurs gegenwärtig dominieren. Auch die *Abteilung H* rekurriert auf einen „modernen, zukunftsgewandten" Heimatbegriff. Das „Leben vor Ort" und die Bindung an bestimmte, eindeutig lokalisierte soziale Räume wird mit einer Bewegung nach vorne verbunden, dafür Heimat nicht nur mit Zukunft, sondern vor allem mit einer Handlungsaufforderung verknüpft, die die Bezugnahme auf Heimat unabdingbar macht. Hierzu nochmals die Rede von Bundespräsident Steinmeier zum *Tag der Deutschen Einheit* 2017:

> Ich glaube, Heimat weist in die Zukunft, nicht in die Vergangenheit. Heimat ist der Ort, den wir als Gesellschaft erst schaffen. Heimat ist der Ort, an dem das „Wir" Bedeutung bekommt. So ein Ort, der uns verbindet – über die Mauern unserer Lebenswelten hinweg –, den braucht ein demokratisches Gemeinwesen und den braucht auch Deutschland.[15]

Sicherlich ist diese Zukunftsorientierung immer auch Abwehrstrategie gegen Vorwürfe der Rückwärtsgewandtheit. Mit der Verknüpfung von Heimat und Zukunft soll die Gefahr des „Senilitätsverdachts" gebannt werden, der, so Hermann Bausinger, dem Begriff Heimat unweigerlich anzuhaften scheint (vgl. Bausinger 2001, 122). Heimat steht – das ist einer der Momente, an denen der vergangene Diskurs aktualisiert wird – grundsätzlich unter dem Verdacht, immer dann aufgerufen zu werden, wenn den Zumutungen der Gegenwart ausgewichen werden soll. „Heimat, nein danke!", überschrieb etwa Henryk Broder 1999 einen Spiegel-Essay, in dem er Heimat als Droge beschreibt, als bewusstseinstrübende Essenz, die den Blick auf die Welt verstellt (vgl. Broder 1999). Bis in die Gegenwart folgt der Gegendiskurs zu Heimat wie auch gegen die *Abteilung H* des BMI fast reflexartig dieser Spur. Dieser Reflex ist sicherlich nicht ganz falsch – und auch die Beschwörung der Zukunft beruhigt hier nur in Teilen: Denn auch diejenigen, die ausgrenzen wollen, führen Heimat und Zukunft zusammen.[16]

Dennoch: Die Verknüpfung von Heimat und Zukunft, wie sie in den Reden und Texten der Bundesregierung oder auch in Guttenbergs Plädoyer für eine nachhaltige Forstwirtschaft aufscheint, richtet sich meist explizit gegen nationalistische Vereinnahmungsversuche. Mit Heimat sollen vielmehr Räume der Gestaltung, des Mittuns und eine Handlungsfähigkeit evoziert werden, die nach vorne weisen, dabei auf zivilgesellschaftliches Engagement und die konstruktive Gestaltung des Miteinanders setzen und Gefühlen des Verlusts begegnen sollen. Heimat soll soziale Kohäsion stiften, nicht nur, wie noch vor zehn Jahren,

---

[15] Der Bundespräsident. Festakt zum Tag der Deutschen Einheit, 3. Oktober 2017. http://www.bundespraesident.de/SharedDocs/Reden/DE/Frank-Walter-Steinmeier/Reden/2017/10/171003-TdDE-Rede-Mainz.html (20. Oktober 2019).

[16] Vgl. z. B. Pro Chemnitz. https://pro-chemnitz.de/ (25. Oktober 2019).

mit Blick auf Migration und die damit einhergehenden Integrationsaufgaben, sondern weit öfter im allgemeineren Sinne regionaler Entwicklung. Auch weiterhin bildet das Stichwort Globalisierung als Rauschen im Hintergrund Plausibilität wie Dringlichkeit für diese Heimat-Aufforderung, die zwar an der Dichotomie von Gemeinschaft versus Gesellschaft ansetzt, aber eher situative, aktiv herzustellende Prozesse anspricht, jenseits von Vorstellungen tradierter Zusammengehörigkeit (vgl. Gertenbach et al. 2010, 61ff.). Changierend zwischen Hoffnung und Erwartung wird die Politikfähigkeit des Heimatdiskurses dadurch hergestellt, dass zukünftige Entwicklungen als virtuelle Möglichkeit in der Gegenwart auf- und angerufen werden (vgl. Bryant und Knight 2019, 105ff.) und ein überall möglicher Ort mit einer Zeitorientierung auf eine bessere Zukunft verbunden wird.

Diese Raum-Zeit-Konstellation Heimat wird schließlich emotional aufgeladen, indem sie zum einen mit einer Sehnsucht nach Zugehörigkeit und Handlungsfähigkeit und zum anderen gegen die Angst vor einem Verlust an Orientierung und daraus resultierender Gestaltungsmöglichkeit mobilisiert wird. Die emotionale Einfärbung unterscheidet den Begriff Heimat grundsätzlich von nüchterneren Konzepten wie Zugehörigkeit oder auch Zusammengehörigkeit. Gegenwärtig ist auffällig, wie sehr Heimatpolitik um Bodenhaftung ringend betont, das Gefühl „der Menschen" ernst zu nehmen und als Auftrag für eigenes Handeln zu verstehen. Hierzu als Beispiel ein Artikel der *Zeit* vom Februar dieses Jahres: Unter dem Titel „Die Verlustangst ist real" argumentiert die Literaturwissenschaftlerin Susanne Scharnowski gegen eine Heimatphobie, die sie in der einseitigen Betonung heimatlicher Rückwärtsgewandtheit ausmacht. Mit der Abwehr eines Bedürfnisses nach Heimat würden

> jene vor den Kopf gestoßen, die nicht die Mittel oder den Wunsch haben, ihre vertraute Umwelt im Strudel globaler Hypermobilität aufzugeben oder aber befürchten, dass ihre Umwelt sich so rasch und über ihre Köpfe hinweg verändert, dass sie sich in ihr nicht mehr heimisch zu fühlen vermögen. (Scharnowski 2018)

Und sie schlussfolgert – durchaus anerkennend, dass Heimat „auch Einengung und Beschränkung" bedeuten kann, zugleich aber auch aktuelle Gefühlslagen aktualisierend:

> Aus dieser oft altersspezifischen, sehr individuellen Erfahrung aber die Konsequenz zu ziehen, alles, was mit Heimat zu tun hat, an den rechten Rand zu verbannen, zeugt von politischer Blindheit und trägt, wenn überhaupt, zur weiteren Polarisierung der Gesellschaft bei. Wenn Heimat vermehrt Gegenstand öffentlicher Rede wird, lässt sich das vor allem als Hinweis darauf deuten, dass viele Menschen ein Gefühl der Verlustangst empfinden. (Scharnowski 2018)

Auch Susanne Scharnowski bezieht sich auf Jean Amérys Essay, wenn sie am Ende konstatiert:

> Selbst für ein individuelles Zuhause bedarf es eines Ortes sowie zahlloser Voraussetzungen, auf die der Einzelne angewiesen ist, wenn er mehr als nur Luftwurzeln schlagen will: Institutionen, Infrastruktur, Regeln des sozialen Umgangs, eine gemeinsame Sprache, kurz: die kollektive Erfahrung eines gemeinsamen Raumes. Jean Amery, der österreichische Schriftsteller und Widerstandskämpfer gegen den Nationalsozialismus, ging in seinem Essay aus dem Jahr 1966 zur Frage *Wie viel Heimat braucht der Mensch* noch etwas weiter: „Ich habe 28 Jahre Exil hinter mir, und meine geistigen Landsleute sind Proust, Sartre, Beckett. Nur bin ich immer noch überzeugt, dass man Landsleute in Dorf- und Stadtstraßen haben muss, und dass ein kultureller Internationalismus nur im Erdreich nationaler Sicherheit recht gedeiht. Man muss Heimat haben, um sie nicht nötig zu haben." (Scharnowski 2018)

Solche – und vergleichbare – Aussagen zeigen eine Verschiebung im Zentrum des Diskurses an: Vor zehn Jahren war dort noch das Problem von Grenzziehungen platziert, etwa wenn Migrant*innen als zwischen „zwei Heimaten", als zerrissen oder sogar heimatlos beschrieben wurden und die Frage bearbeitet wurde, ob und wie alte und neue Zugehörigkeit in Einklang gebracht werden können bzw. ihnen diese Möglichkeit gänzlich abgesprochen wurde. Diese Argumentationen sind keinesfalls verschwunden, vor allem nicht am rechten Rand des Diskurses, und auch migrantische Stimmen machen immer wieder deutlich, dass dieses In-Abrede-Stellen eines Heimatgefühls noch immer höchst alltagswirksam ist. Dennoch scheint mir ein anderer Aspekt gegenwärtig zentraler: Anerkannt wird der Wunsch auf Vertrautheit, Selbstverständlichkeit und auch Sicherheit, gelegentlich auch ein Anspruch auf soziale Einbettung und Anerkennung formuliert. In den Verlautbarungen der *Abteilung H*, aber auch an anderen Stellen wird somit eher ein „Recht auf Heimat" aufgerufen und die Umsetzung dieses Rechts – im Sinne von Foucault – zu Problem wie Lösung erklärt (vgl. Klöppel 2010). Auch hierfür (nur) ein Beispiel: Aus Anlass der konstituierenden Sitzung der *Kommission gleichwertige Lebensverhältnisse* stellte Horst Seehofer in einem Gastkommentar in der *Welt* mit dem Titel „Heimatliebe integriert" fest, dass sich „viele Menschen" durch den beschleunigten Wandel verunsichert fühlen und fuhr fort:

> Heimat wird nicht als Kulisse, sondern als Element aktiver Auseinandersetzung empfunden. Wenn die Politik in Deutschland das Vertrauen ihrer Bürgerinnen und Bürger erhalten will, muss sie auf das gemeinsame Heimatempfinden bauen und die Wurzeln der Vergangenheit mit dem Gestaltungswillen der Zukunft verbinden. (Seehofer 2018)

Auf diese Weise wird zum einen eine Emotion ins Zentrum eines Politikfelds wie auch gesellschaftlicher Aushandlungen gerückt, zunächst ohne Unterschiede zu machen, wer dieses Recht vor Ort in Anspruch nehmen kann bzw. wem es zuerkannt wird. Das „Recht auf Heimat" wird als Antwort auf Verlustängste und Verunsicherungen platziert, wobei unterbestimmt bleibt, wo diese affektive Besetzung ihren Ort finden soll und wie das Gefühl des Abgehängt-Seins bestenfalls ganz gebannt werden könnte. Deutlich wird zum anderen aber auch, dass dieses Recht auf Heimat seinerseits mit spezifischen Modi von Öffnung resp. Schließung, wie sie Gebhard, Geisler und Schröter als grundsätzliches Merkmal aller Heimatauslegung beschreiben (vgl. Gebhard et al. 2007), und mit unterschiedlichen Temporalitäten verbunden werden kann. Wenn Horst Seehofer von Wurzeln und damit der Notwendigkeit von Verwurzelung spricht, trägt er zur Verstetigung einer auf Tradition aufruhenden Ortsbezogenheit bei, die nur einen, meist mit der eigenen Biographie verwobenen, räumlichen Bezugspunkt kennt und Zugewanderte nur unter Bedingungen des Einfügens in kollektive Wissens- und Handlungsräume einschließt. Andere argumentieren stärker vor dem Hintergrund translokaler Verflechtungen, mehrörtiger Leben und situativer Bezugsräume (Römhild 2019). Allen Positionen gemein ist die Sorge um die demokratische Grundordnung und deren Werteordnung. Auch wenn diese Sorge angesichts aktueller politischer Entwicklungen mehr als berechtigt erscheint, bleibt problematisch, dass die Verhandlung darüber von Rhetoriken der Angst und des Verlusts, nicht der sozialen Desintegration oder Ausgrenzung dominiert wird. Denn diese Gefühlspolitik macht – schnell – wachsende soziale Differenzen, unterschiedliche Möglichkeiten, sich in die Zukunft zu entwerfen und an globale Ströme von Informationen, Ressourcen, kulturelle Artikulationen usw. anzuknüpfen, sowie die zunehmende Prekarisierung von Lebensentwürfen und -räumen unsichtbar und entzieht sie der direkten gesellschaftlichen wie politischen Bearbeitung.

Praktiken der Beheimatung

Falls dieser Befund richtig ist, sehe ich darin auch einen Arbeitsauftrag für die Europäische Ethnologie respektive qualitative empirische Sozialforschung. Ethnographisch dichte Beschreibungen, die Praktiken und Imaginationen des Be- wie Entheimatens ins Zentrum stellen, können dazu beitragen, dominante Diskurse und Gefühlspolitiken zu unterbrechen, das Gefühl des Abgehängt-Seins besser zu verstehen und auch Momente gelungener Gegenbewegungen bzw. solche Formen des sozialen Miteinanders sichtbarer zu machen, die jenseits exkludierender und rückwärtsgewandter Dystopien beispielgebend für diversifizierte Gesellschaften sein könnten. Ein solches Forschungsprogramm könnte an verschiedenen Punkten ansetzen, doch möchte ich grob zwei Forschungsstränge unterscheiden. Zum einen könnte die Figur[17] des „Abgehängten" ihres emblematischen Charakters beraubt und durch systematischere Schilderungen vielfältiger Formen gelebter Alltage, die als prekär, ungehört und/oder „vergessen" wahrgenommen werden, ersetzt werden. Ziel ist zum einen ein besseres Verständnis davon, wie welche Gefühlslagen in konkreten Lebenswelten verankert sind und zu „deep stories" werden. Arlie Hochschild bezeichnet damit Erzählungen, die als „wahr" empfunden und in denen die Deutungen von Gefühlen, Erfahrungen und Wahrnehmungen so amalgamiert werden, dass sie als unhintergehbar wahrgenommen werden können (vgl. Hochschild 2016).[18] Zum anderen ginge es aber auch darum, solche Räume, Praktiken und Gefühlsstrukturen zu erkunden, in denen die Herstellung von Zugehörigkeit als erfolgreich erfahren wird. Der Fokus würde sich dann auf Formen des Miteinanders und konkrete Praktiken und Routinen des Heimat-Machens wie Heimat-Stabilisierens in einer sich diversifizierenden Welt richten, auch um die Prinzipien dieser „Erfolgsgeschichten" genauer zu fassen. Es ist gut denkbar, dass es an vielen Stellen zu räumlichen Überlappungen, zu situativ wie im Verlauf der Zeit verschwimmenden, ambivalenten oder mehrdeutigen Gemengelagen kommt, die die mit diesen beiden Forschungssträngen angedeutete Zweigleisigkeit in Frage stellen. Auch wenn die Frage nach „Beheimatung" empirisch offen ist, wird diese nicht „neutral" sein, vielmehr auch dazu dienen, aus den empirischen Studien Forderungen abzuleiten und – im Sinne einer engagierten *public anthropology* – in den politischen Diskurs einzuspeisen.[19]

Theoretische Anknüpfungspunkte für solche Forschungen und Forderungen gibt es zahlreich in der kritischen Geographie, in der Migrations- und Diaspora-Forschung, der Emotionsforschung wie auch in den Gender und Queer Studies. Ausgangspunkt wären offene Raumkonzepte, wie sie beispielsweise von Doreen Massey vorliegen. Massey hat wiederholt darauf aufmerksam gemacht, dass die weltweite Reorganisation von Raum und Zeit auch mit einer Umstrukturierung von sozialen Räumen einhergeht, die alle Beteiligten herausfordert (vgl. Massey 1993, 1994). Indem sich Formen des Agierens, Aushandelns,

---

17 Zum Konzept der Figur vgl. z. B. Ege 2013, Binder 2012b.
18 Eine solche Forschung plane ich zurzeit mit Urmila Goel und Patrick Wielowiejski vom Institut für Europäische Ethnologie der HU Berlin im Rahmen einer transdisziplinären DFG-Forschungsgruppe. Die Untersuchung soll sich auf zwei Landkreise rechts und links der Elbe beziehen und fragt nach rechtspopulistischen Alltagsnarrationen im deutsch-deutschen Vergleich.
19 Ich folge hier Überlegungen, die Annelise Riles und Mariana Valverde mit Blick auf die interdisziplinäre Zusammenarbeit von Anthropolog*innen und Rechtswissenschaftler*innen diskutieren. Valverde fordert die Anthropologie zu einem offensiveren Umgang mit Normativität auf, der durch empirisch fundierte, auf ethnographisch bearbeitbare Ausschnitte bezogen Forderungen mittlerer Reichweite entwickeln sollte (Riles 1994, Valverde 2003).

Arrangierens, des Beheimatens wie des Entheimatens, des Reisens und Wartens, des Gehens und Bleibens ändern, entstehen nicht nur neue Raum- und Sozialbezüge, sondern auch unterschiedliche Praktiken, mit denen „homing desires" begegnet wird. Dieser Begriff wurde von der Soziologin und Postkolonialismusforscherin Avtar Brah eingeführt, um den Wunsch nach Zugehörigkeit oder – in meiner Terminologie – nach Beheimatung zu fassen. Nach Brah werden solche Sehnsüchte am jeweiligen Aufenthaltsort durch ein Bedürfnis nach ontologischer Sicherheit auch jenseits des Privaten gespeist (vgl. Brah 1998). Ihre Vermutung ist, dass für Migrant*innen der sich über verschiedene Lokalitäten erstreckende Raum Möglichkeiten der Beheimatung bietet, eben zwischen der Vorstellung von originärer Herkunft und aktueller Lebenswelt sowie zwischen den eigenen, Grenzen überschreitenden Lebenswirklichkeiten und der ortsfixierten Gesellschaft, mit der Migrant*innen in der Regel konfrontiert sind. Während Brah die Perspektive der Migration einnimmt, könnte – im Sinne der Migrantisierung von Gesellschaft (vgl. Labor Migration 2014) – der Blick auf diejenigen, für die auch in der Sesshaftigkeit die Erfüllung von *homing desires* in Frage steht, Brahs Überlegungen weiterentwickeln und dabei die diasporische Imagination eines sozialen Zuhauses mit den Vorstellungen eines Differenzen akzeptierenden Miteinanders zusammendenken. Der Heimat-Diskurs legt nahe, dass die von Brah beschriebenen *homing desires* nicht für nur diejenigen unerfüllt bleiben, die sich an neuen Orten einrichten wollen, sondern vielmehr auch und gerade für diejenigen, die als sesshaft gelten. Für beide Wünsche nach einem Ort der Zugehörigkeit gilt sicherlich, dass es kein Zurück an den ersehnten Ort eines Frühers bzw. Dorts gibt, „even if it is possible to visit the geographical territory that is seen as the place of ‚origin'" (Brah 1998, 192).

Jenseits des Versuchs, die Gefühle eines Verlusts greifbarer zu machen, wäre es aber zugleich wichtig, genauer zu verstehen, welche Kompetenzen und sozialen wie kulturellen Ressourcen notwendig sind, um in den sich verändernden Umwelten so zu navigieren, dass ein Gefühl des Dazugehörens und der „Beheimatung" entsteht. Wie diese Verortungen und verschiedene Formen des Teil-Werdens, wie das individuelle Navigieren unterschiedlicher Zugehörigkeiten im biographischen Verlauf und wie die Konstitution kollektiver Bezüge und Positionierungen funktionieren, sind, wie es die Sozialanthropologin Joanna Pfaff-Czarnecka formuliert, empirisch offene Fragen (vgl. Pfaff-Czarnecka 2012, 45). In *Zugehörigkeit in der mobilen Welt* beschreibt die Autorin unterschiedliche Dimensionen dieses Dazu-Gehörens: Bindungen, Anhaftungen und Verortungen, die das biographische Navigieren zwischen unterschiedlichen sozialen Räumen steuern. Die Herstellung von Gemeinsamkeit, gesellschaftlicher Kohäsion und einem Gefühl des Dazugehörens bauen dabei laut Pfaff-Czarnecka auf unterschiedlichen Momenten auf: „Gemeinsamkeit' ist die Wahrnehmung des Teilens – des gemeinsamen Schicksals, kultureller Formen

(Sprache, Religion, Lebensstil), Werte, Wissensvorräte, Erfahrungen und Erinnerungskonstruktionen." (Pfaff-Czarnecka 2012, 21) Individuell erfahren und kollektiv ausgehandelt, basiert die Selbstverständlichkeit der Zugehörigkeit auf – meist impliziten – Wissensvorräten, auf dem „Teilen von Erfahrungen" und dem „Gefühl, sich mit anderen Menschen durch gemeinsame Bande verbunden zu wissen." (ebd.) Ob es tatsächlich dieses Gefühl ist, das gegenwärtig verloren zu gehen droht und sich in populistischen Aggressionen gegen Flüchtlinge wie die „da oben" entlädt, wäre genauer zu prüfen. Hilfreich könnte dafür die von Pfaff-Czarnecka vorgeschlagene Unterscheidung von drei Aggregatzuständen der Verortung sein: Erstens nennt sie Resonanz und bezieht sich hierbei auf Hartmut Rosas Überlegungen, dass Vertrautheit dort entsteht, wo die Dinge und Menschen der Umgebung in bejahender Weise antworten, im Idealfall kommt dann – so Hartmut Rosa – die Welt zum „Singen" (Rosa 2017). Vielleicht, möchte ich mit Pfaff-Czarnecka zu bedenken geben, wird dieses Gefühl der Resonanz häufig auch erst im Rückblick hergestellt; es könnte auch auf die Zukunft gerichtet dazu dienen, prospektiv Möglichkeiten von Politiken des Werdens auszuloten (vgl. Pfaff-Czarnecka 2012, 37).

Als zweiten Aggregatzustand sieht Pfaff-Czarnecka Potentiale der Entortung, wobei ich hier eher von Reibungen und Dissonanzen, vielleicht sogar von bewussten Distanzierungen sprechen würde, die die Auseinandersetzung mit Zugehörigkeit bis hin zum Ortsverlust treiben. Dies kann dann, so der dritte Aggregatzustand, in eine Wiederaneignung von Zugehörigkeit münden, somit in das, was ich Praktiken der Beheimatung nennen würde. Zwar scheint mir Pfaff-Czarneckas Abfolge der drei Aggregatzustände zu teleologisch und normativ angelegt. Doch hilft die Unterscheidung von Resonanz, Entortung und Neu-Anhaftung/Verortung dabei, zum einen das Prozesshafte von sozialer wie emotionaler Zugehörigkeit und zum anderen Momente der Ungleichzeitigkeit und des Nebeneinanders unterschiedlicher Aggregatzustände sichtbar zu machen.

In eine ähnliche Richtung argumentieren auch Nadje Al-Ali und Khalid Koser, wenn sie darauf aufmerksam machen, dass Vorstellungen von Zuhause und Heimat je nach lokalen Kontexten variieren können (vgl. Al-Ali und Koser 2002, 6ff.). Auch diese beiden Autorinnen gehen von einem prozessualen und offenen Verständnis von Heimat aus, heben aber stärker die Spannungen hervor, die in der Bezugnahme auf symbolische Räume wie auf konkrete Orte entstehen können. Während sie grundsätzlich in Frage stellen, dass Heimat (allein) in der Bewegung gefunden werden könne (wie es Brah vermutet), betonen sie die machtvollen, sozial wirksamen Differenzierungen, die jede Erfahrung eines Zuhause-Seins durchziehen. Eben weil jeder Versuch, sich zu beheimaten, mit der Auseinandersetzung mit einem Außen verknüpft ist, kann die Suche nach Möglichkeiten der Beheimatung zur (auch) Besorgnis erregenden Erfahrung werden – insbesondere für diejenigen, die in prekären oder verletzbaren Positionen leben (vgl. Al-Ali und Koser 2002, 7). Auch Al-Alis und Kosers Überlegungen könnten im Sinne der Migrantisierung der Gesellschaft auf diejenigen bezogen werden, die trotz relativer Sesshaftigkeit das Gefühl haben, vertraute Routinen und Sicherheiten zu verlieren, eben weil der Eindruck vorherrscht, auf das direkte Lebensumfeld keinen Einfluss (mehr) nehmen zu können, und die dann eine Rettung in der Säuberung des Lokalen von „Nicht-Dazugehörendem" vermuten. Mit Fokus auf solche Gefühle des „Entheimatet-Seins" und die damit verknüpften Raum- und Zeitbezüge, die Sicherheit zu versprechen oder eben zu verwehren scheinen, können dazugehörige emotionale wie moralische Ordnungssysteme und Gerechtigkeitsvorstellungen herausgearbeitet werden (vgl. Fassin 2012).

Zugleich interessieren mich aber auch diejenigen, die jenseits einer weltgewandten kosmopolitischen Elite die „flüchtige Moderne" (Zygmunt Bauman) zu navigieren vermögen und Resonanz trotz aller Flüchtigkeit und Veränderung verspüren. Für eine solche Forschungsperspektive liefert die Studie *Biographien des Nachbebens* von Elisabeth Kirndörfer einige anregende Ansatzpunkte. Kirndörfer geht den biographischen Suchbewegungen von Personen nach, die nach 1989/90 ihren Geburtsort Schwedt an der Oder verlassen haben und nun, fast 30 Jahre später, dorthin zurückkehren (vgl. Kirndörfer 2018). Analytisch entwickelt Kirndörfer einen relationalen Heimatbegriff, der sowohl Vorstellungen von Raum als auch Momente der Selbstverortung umschließt und beide Aspekte zugleich als offene Kategorien fasst. Aus den biographischen Erzählungen und spazierenden Erkundungen mit ihren Forschungspartner*innen entwickelt Kirndörfer eine Begriffsarchitektur, mit der sie Heimat als Beziehungsgefüge weiter ausdifferenziert: Absolutheit versus Losigkeit, Synthese versus Collage und Emotionalität versus Pragmatik stehen dabei für verschiedene Modi, sich mit dem sich radikal veränderten Herkunftsort auseinanderzusetzen und sich dort neu zu verorten (vgl. Kirndörfer 2018, bes. 180–183). In Beziehungsgeschichten bzw. in der Uneindeutigkeit raum-biographischer Erzählgefüge macht sie das Navigieren, auch im ambivalenten Dazwischen, aus und zeigt, wie in der „Einspurung" in den Raum partizipative Agency entstehen kann.

Jan Huttas Studie *Geographien der Geborgenheit*, in der er der Frage nachgeht, wie diese selbst unter Bedingungen prekärer Lebensentwürfe und eines dominanten Unischerheitsdiskurses entstehen können, schließt hier an und erweitert Kirndörfers Überlegungen um Konzepte der Emotionalität bzw. Affektivität (vgl. Hutta 2005, 2009). Hutta hat Bewohner*innen des Rollbergkiezes, eines der so genannten Berliner Problemquartiere, nach ihren affektiven Verbindungen zu ihrem Viertel befragt. In Anlehnung an Gilles Deleuze versteht Hutta die affektive Besetzung von Räumen als Linie kontinuierlicher Variation: So erhält Geborgenheit unterschiedliche Qualitäten, je nachdem, wo und wie sie hergestellt und erlebt wird (vgl. Hutta 2005, 170).

> Affektivität darf nicht auf einen inneren emotionalen Zustand einzelner Personen reduziert werden. Vielmehr geht es darum, wie sich die verschiedenartigen – euphorischen und dysphorischen, freudigen, hoffnungsvollen oder angstvollen – Affektivitäten im Raum ausbreiten und wie sie verschiedenartige Körper affizieren. Die Angst, die in den Medien und den Diskursen der Politik inszeniert wird und dort zirkuliert, affiziert die Menschen auch in ihrem Alltag. (Hutta 2005, 172–173)

Zugleich wird diesen dominanten Diskursen widerstanden. Auch wenn es nur bedingt eigene Erfahrungen, sondern vielmehr in und durch Medien zirkulierende, rhetorische wie visuelle Bedrohungsszenarien sind, die nachhaltig affizieren und handlungsleitend werden, bleiben Momente der „Geborgenheit" vor Ort identifizierbar.

Mit dem Gegenlesen bisheriger Befunde der kritischen Migrations- und Diasporaforschung und deren Bezugnahme auf bislang als „sesshaft" wahrgenommene Bevölkerungsgruppen öffnet sich der Blick auch auf übergeordnete Fragen nach intersektional verstandener sozialer Differenz. Wie unter anderem Arjun Appadurai mit Blick auf Bewohner*innen eines indischen Slums gezeigt hat, sind die Möglichkeiten an der globalen Zirkulation und den sich lokal und sozial ungleichmäßig aufschichtenden Landschaften aus Waren, Kapitalien und Techniken, Bildern, Ideen und Medien teilzuhaben, sozial ungleich verteilt (vgl. Appadurai 1996). Mit der Frage nach „Beheimatung" werden darüber hinaus Möglichkeiten angesprochen, sich (positiv) auf Zukunft beziehen zu können. Denn auch die Fähigkeit, sich selbst sowie kollektive Bezüge in die Zukunft zu entwerfen und sich bietende Möglichkeitsräume mit Blick auf diese Horizonte zu navigieren, wird durch soziale Positionen strukturiert (vgl. Appadurai 2013, bes. 187–189). Werden diese Überlegungen auf Praktiken und Prozesse der Beheimatung bezogen, dann können diese – durch die Linse eines nicht-normativen, prozessualen und situativen Konzepts der Beheimatung – als immer wieder hergestelltes Ergebnis von Beziehungsarbeit (mit Personen und Dingen wie Umwelten) verstanden werden, wobei die ermöglichenden wie verhindernden Potentialitäten genauer zu erkunden wären. Zielpunkt der Analyse ist dabei nicht die Qualität der Heimat selbst, sondern die Frage, wie Zugehörigkeit – affeziv und (alltags-) praktisch – hergestellt werden kann. Ein solcher Blick auf Verortungen könnte dabei helfen, so nochmals Pfaff-Czarnecka, „gemeinschaftliche Formen in ihrer internen Differenzierung und den binngemeinschaftlichen Dissens als Voraussetzung der demokratischen Politik zu verstehen." (Pfaff-Czarnecka 2012, 95)

Homi Bhabha hat einmal in einem Interview gesagt: „Das Versprechen der Zukunft liegt in einem Prozess der Übersetzung. Dadurch entsteht immer etwas anderes: eine Heimat, die weder Sie noch ich sofort erkennen, ein neuer Ort, ein neuer Raum, ein neues Heim." (Bhabha 2010) Dieses Übersetzen, so fordert es mit ähnlicher Intention Étienne Balibar, muss gegenwärtig immer notwendiger eingeübt werden:

> It has been often remarked that there can hardly be a question of an „active" citizenship, therefore a democratic polity, without a real circulation of ideas in a „public sphere" (Öffentlichkeit). But the material condition for such a circulation is not primarily the Internet, neither is it simply the common use of an idiom [...] both universalized and simplified, however useful they can be in allowing transborder communications, but it is a multilateral and multicultural regime of translations, whose bases exist in the society itself, but must be considerably developed. (Balibar 2006, 5-6)

Die Überlegungen Balibars aufgreifend und zugleich erweiternd, möchte ich herausstellen, dass diese Übersetzungsarbeit nicht nur über nationale bzw. kulturelle Grenzen, sondern über einander unverständliche und auf den ersten Blick nicht zu vereinbarende Alltage hinweg immer notwendiger scheint. In diesem Sinne könnten wir als Europäische Ethnolog*innen / Kulturanthropolog*innen uns noch stärker und vor Ort darauf verstehen, zu *cultural brokern*, zu Übersetzer*innen in diesen aufeinandertreffenden Welten zu werden. Ethnographisches Arbeiten könnte so vielleicht auch dazu beitragen, dass wieder mehr Menschen das Gefühl haben, Anker setzen zu können. Mit der Metapher des Ankers, so Pfaff-Czarnecka,

> lässt sich die Zugehörigkeit anders als bei der Wurzel weniger als Nostalgie (be-longing) und vielmehr als Möglichkeit (be-coming) denken. Mit der Figur einer neu kreierten, ja, einer neu zu kreierenden Heimat entstehen neue Horizonte, in denen sich Menschen höchst unterschiedlich einzufinden verstehen. (Pfaff-Czarnecka 2012, 103)

Oder, um zum Abschluss noch einmal Jean Améry sprechen zu lassen, der nach der Erfahrung des Exils sein Heimweh nach dem Land, aus dem er vertrieben wurde, nie mehr ganz zu stillen wusste: Der Mensch braucht „um so mehr [Heimat], je weniger davon er mit sich tragen kann" (Améry 1966, 76).

Literatur

Al-Ali, Nadje, und Kahlid Koser. „Transnationalism, international migration and home". *New Approaches to Migration?: Transnational Communities and the Refiguration of Home.* Hg. Nadje Al-Ali und Kahlid Koser. London und New York: Routledge, 2002. 1–14.

Améry, Jean. „Wieviel Heimat braucht der Mensch?" *Jenseits von Schuld und Sühne.* Hg. Jean Améry. München: Szczesny, 1966. 71–100.

Anderson, Benedict. *Imagined Communities. Reflections on the Origin and Spread of Nationalism.* London: Verso, 1983.

Appadurai, Arjun. *The Future as Cultural Fact: Essays on the Global Condition.* London u. a.: Verso, 2013.

Appadurai, Arjun. *Modernity at Large. Cultural Dimensions of Globalization.* Minneapolis, London: University of Minnesota Press, 1996.

Aydemir, Fatma, und Hengameh Yaghoobifarah. *Eure Heimat ist unser Albtraum.* Berlin: Ullstein, 2019.

Balibar, Étienne. „Strangers as Enemies: Further Reflections on the Aporias of Transnational Citizenship". *Globalization Working Papers* 06.4 (2006).

Bausinger, Hermann. „Heimat in einer offenen Gesellschaft. Begriffsgeschichte als Problemgeschichte". *Heimat. Analysen, Themen, Perspektiven.* Hg. Will Cremer und Ansgar Klein. Bonn: Bundeszentrale für Politische Bildung, 1990. 76–90.

Bausinger, Hermann. „Heimat und Globalisierung". *Österreichische Zeitschrift für Volkskunde* LV/104 (2001): 121–135.

Bausinger, Hermann. „Heimat und Identität". *Heimat und Identität. Volkskunde-Kongress in Kiel 1979.* Hg. Konrad Köstlin und Hermann Bausinger. Neumünster: Karl Wachholz, 1980. 9–24.

Bhabha, Homi K. „Vorne vom Golf, hinten aus Soho, Interview mit Homi Bhabha". *Frankfurter Allgemeine Sonntagszeitung* 31. Januar 2010. https://www.fu-berlin.de/sites/dhc/xmedia/Bilder/Hegel-Lectures/Bhabha/FAZ_Homi_Bhabha.pdf (29. Oktober 2019).

Binder, Beate. „Beheimatung statt Heimat". *Zwischen Emotion und Kalkül.* Hg. Manfred Seifert. Leipzig: Leipziger Universitätsverlag, 2012a. 189–204.

Binder, Beate. „Figuren der Urbanisierung aus geschlechtertheoretischer Perspektive". *IMS: Informationen zur modernen Stadtgeschichte* 2 (2012b): 92–100.

Binder, Beate. „Heimat als Begriff der Gegenwartsanalyse? Gefühle der Zugehörigkeit und soziale Imaginationen in der Auseinandersetzung um Einwanderung". *Zeitschrift für Volkskunde* 104.I (2008): 1–17.

Bloch, Ernst. *Das Prinzip Hoffnung.* 1. Aufl. ed. Vol. 1–3. Frankfurt a. M.: Suhrkamp, 1985.

Brah, Avtar. „Diaspora, border and transnational identities". *Cartographies of diaspora: contesting identities.* Hg. Avtar Brah. London u. a.: Routledge, 1998. 178–210.

Broder, Henryk M. „Heimat – nein danke!" *Spiegel Special* 6 (1999): 56–58.

Bryant, Rebecca, und Daniel M. Knight, Hg. *The anthropology of the future.* Cambridge, New York: Cambridge UP, 2019.

Ege, Moritz. ‚*Ein Proll mit Klasse'. Mode, Popkultur und soziale Ungleichheiten unter jungen Männern in Berlin.* Frankfurt a. M. und New York: Campus, 2013.

Eichendorff, Joseph von. „Abschied". *Werke in sechs Bänden.* Bd. 1: *Gedichte, Versepen.* Hg. Hartwig Schulz. Frankfurt a. M.: Deutscher Klassiker Verlag, 1987. 346–347.

Fassin, Didier, Hg. *A Companion to Moral Anthropology.* Malden, Oxford, Chichester: Wiley & Sons, 2012.

Gebhard, Gunther, Oliver Geisler, und Steffen Schröter. „Heimatdenken: Konjunkturen und Konturen. Statt einer Einleitung". *Heimat: Konturen und Konjunkturen eines umstrittenen Konzepts.* Hg. Gunther Gebhard, Oliver Geisler und Steffen Schröter. Bielefeld: transcript, 2007. 9–56.

Gertenbach, Lars, Henning Laux, Hartmut Rosa, und David Strecker. *Theorien der Gemeinschaft zur Einführung.* Hamburg: Junius, 2010.

Greverus, Ina-Maria. *Auf der Suche nach Heimat.* München: Beck, 1979.

Hochschild, Arlie Russell. *Strangers in their own land: anger and mourning on the American right.* New York und London: New Press, 2016.

Hutta, Jan. *Geographien der Geborgenheit: Jenseits des Diskurses zum subjektiven Sicherheitsempfinden.* Diplomarbeit FU Berlin, 2005.

Hutta, Jan. „Geographies of Geborgenheit: beyond feelings of safety and the fear of crime". *Environment and Planning D: Society and Space* 27.2 (2009): 251–73.

Kirndörfer, Elisabeth. *Biographien des Nachbebens: die Umbruchsgeneration*. Berlin: Kulturverlag Kadmos, 2018.

Klöppel, Ulrike. „Foucaults Konzept der Problematisierungsweise und die Analyse diskursiver Transformationen". *Diskursiver Wandel*. Hg. Achim Landwehr. Wiesbaden: VS Verlag für Sozialwissenschaften, 2010. 255–63.

Köstlin, Konrad. „,Heimat' als Identitätsfabrik". *Österreichische Zeitschrift für Volkskunde* 99 (1996): 312–38.

Labor Migration (Hg.). *Vom Rand ins Zentrum: Perspektiven einer kritischen Migrationsforschung*. Berlin: Panama, 2014.

Lepenies, Wolf. *Melancholie und Gesellschaft*. Frankfurt a. M.: Suhrkamp, 1969.

Massey, Doreen. „A Global Sense of Place". *Space, Place, and Gender*. Hg. Doreen Massey. Cambridge, Oxford: Polity Press, 1994. 146–156.

Massey, Doreen. „Power-geometry and a Progressive Sense of Place". *Mapping the Futures. Local Cultures, Global Change*. Hg. Jon Bird, Barry Curtis, Tim Putnam, George Robertson und Lisa Tickner. London: Routledge, 1993. 59–69.

Munoz, Jose Esteban. *Disidentifications: Queers of Color and the Performance of Politics*. Minnesota: Univ. of Minnesota Press, 1999.

Nassehi, Armin. „Editorial". *Heimatt, Kursbuch* 198 (2019): 3–5.

Neuerer, Dietmar. „Wie die Politik die Heimat entdeckt". *Handelsblatt*, 5. Oktober 2017. https://www.handelsblatt.com/politik/deutschland/afd-erfolg-loest-debatte-aus-wie-die-politik-die-heimat-entdeckt/20417002.html?ticket=ST-1404309-It5eJQa2qL1BQBfJXaFl-ap1 (20. Oktober 2019).

Pfaff-Czarnecka, Joanna. *Zugehörigkeit in der mobilen Welt: Politiken der Verortung*. Göttingen: Wallstein, 2012.

Riles, Annelise. „Representing In-Between: Law, Anthropology, and the Rhetoric of Interdisciplinarity". *Cornell Law Faculty Publications* Paper 1086. http://scholarship.law.cornell.edu/facpub/1086 (1994).

Römhild, Regina. „Transnationale Migration und soziokulturelle Transformation: Die Kosmopolitisierung der Gesellschaft". Heinrich-Böll-Stiftung, Heimatkunde, migrationspolitisches Portal, https://heimatkunde.boell.de/2011/05/18/transnationale-migration-und-soziokulturelle-transformation-die-kosmopolitisierung-der (25. Oktober 2019).

Rosa, Hartmut. *Resonanz: eine Soziologie der Weltbeziehung*. 7. Auflage ed. Berlin: Suhrkamp, 2017.

Scharnowski, Susanne. „Die Verlustangst ist real". *Zeit* 17. Februar 2018. https://www.zeit.de/kultur/2018-02/heimat-heimatministerium-moderne-verlustangst/seite-2 (25. Oktober 2019).

Seehofer, Horst. „Heimatliebe integriert. Gastkommentar des Bundesinnenministers Horst Seehofer". *Die Welt* 26. September 2018. https://www.bmi.bund.de/SharedDocs/interviews/DE/2018/09/gastkommentar-welt.html (25. Oktober 2019).

Valverde, Mariana. *Law's Dream of a Common Knowledge*. Princeton: Princeton UP, 2003.

Visweswaran, Kamala. *Fictions of Feminist Ethnography*. Minneapolis, London: University of Minnesota Press, 2003.

zu Guttenberg, Philipp. „Heimat ist wie der Wald: Über Bodenständigkeit und Entwurzelung". *Die politische Meinung* 23. Juni 2017. https://www.kas.de/web/die-politische-meinung/artikel/detail/-/content/heimat-ist-wie-der-wald (25. Oktober 2019).

Literarische (De-)Konstruktionen

Friederike Eigler
Unheimliche Heimat: Literarische und autobiographische Konstellationen bei Hannah Arendt, Ruth Klüger, Jean Améry und Martin Walser

Verbreitete Vorstellungen von Heimat reichen von einer spezifischen Region und einer dort verwurzelten Gemeinschaft oder Kindheit bis zu mobilen Formen, etwa der (deutschen) Sprache oder der (jüdischen) Religion.[1] In allen Fällen geht es um das menschliche Bedürfnis nach Zugehörigkeit, das für viele Menschen an den Ort der Herkunft gebunden ist. Im Heimatbegriff kristallisieren sich zudem seit dem neunzehnten Jahrhundert grundlegende Widersprüche der Moderne und Nachmoderne (Blicke 2002; Boa und Palfreymann 2003). Dies trifft auch noch auf die aktuelle globale Situation zu, die zum einen durch technologische und ökonomische Entterritorialisierung und zum anderen durch Renationalisierung und Rückbesinnung auf Vorstellungen von regionaler Identität gekennzeichnet ist. Letztere geht oft einher mit der Abschottung einer als überschaubar und vertraut imaginierten Heimat gegenüber Migrant*innen und Geflüchteten, eine Tendenz, die paradoxerweise gerade in den wohlhabendsten Ländern der Welt, insbesondere in den USA und in EU-Ländern, zu beobachten ist. In Hinblick auf die derzeitige Situation in Deutschland führt der Soziologe Armin Nassehi die Aktualität des Heimatbegriffs auf die Folgen der sogenannten Flüchtlingskrise von 2015 zurück und kritisiert die verfehlte „Symbolpolitik", mit der etwa die CSU versuche, die nationale (Heimat-)Rhetorik der AfD für eigene Ziele einzusetzen.

> Wir erleben ja seit einigen Jahren das, was man Identitätspolitik nennen kann. Die Frage nach Zugehörigkeiten, die Frage, wie man das Eigene beschreibt, die Frage – natürlich auch durch die Flüchtlingskrise ausgelöst – was eigentlich deutsch ist. Die Frage, wer dazugehört und wer nicht. Und all das bedient der Heimatbegriff und deshalb hat dieser Begriff tatsächlich wieder Konjunktur. (Nassehi 2018)

Der Heimatbegriff wird aber nicht nur von konservativen Kräften eingesetzt, sondern auch von Politikern und Politikerinnen anderer Parteien, etwa von dem österreichischen Bundespräsidenten Alexander van der Bellen (ehemals

---

[1] Während Vorstellungen einer mobilen oder „portativen" Heimat oft mit Heinrich Heine verbunden werden, gehen geographisch verankerte Heimatvorstellungen u. a. auf Herders Vorstellungen von Volk und Nation im 18. Jahrhundert zurück (Blickle 2002, 46–59).

Vorsitzender der Grünen), der vor der Präsidentschaftswahl 2016 folgenden Werbespruch verwendete: „Wer unsere Heimat liebt, spaltet sie nicht." Der Heimatbegriff ist also nicht inhärent rückwärtsgewandt, sondern für vielfältige Konnotationen offen. Genau das macht das Phänomen Heimat aus kulturwissenschaftlicher Perspektive so faszinierend wie schwer fassbar. Der Rückgriff auf vormoderne Vorstellungen von sozialer Transparenz, Homogenität und Verwurzelung als Nebenprodukt der Moderne zum einen, das Interesse an offenen und zukunftsorientierten Formen der Zugehörigkeit und Beheimatung zum anderen.[2]

Der Anthropologe und Globalisierungstheoretiker Arjun Appadurai spricht in *Modernity at Large* in diesem Kontext von „the human need for locality" sowie von „the production of locality." Statt also von einem statischen Heimatbegriff auszugehen, der auf den Ort der Herkunft fixiert ist, rückt Appadurai Prozesse der Beheimatung und Verortung in den Blick. Allerdings sind auch diese Prozesse für viele Menschen unter den Bedingungen von Globalisierung und Migration immer schwerer geworden (1996, 188–89).

Seit der zweiten Hälfte des letzten Jahrhunderts finden sich produktive und kritische Auseinandersetzungen mit dem Heimatbegriff insbesondere bei Autoren und Autorinnen, für die „Heimat" nichts Selbstverständliches mehr hat: Weil sie diese aufgrund politischer Verhältnisse verlassen haben (wie z. B. die aus Rumänien stammende Herta Müller oder die deutsch-ungarische Autorin Terézia Mora); weil sie während des Zweiten Weltkrieges verfolgt wurden und emigrierten (wie Hannah Arendt oder Ruth Klüger); oder weil sie bei Kriegsende vertrieben wurden oder flüchteten (wie Horst Bienek oder Christa Wolf). Für viele dieser Autor*innen ist Heimat daher nicht mehr nur an *einen* Ort geknüpft, gar nicht mehr ortsgebunden oder aber als Konzept gar nicht mehr tragfähig. Damit komme ich zum eigentlichen Thema dieses Beitrags, nämlich der Frage, wie sich Vorstellungen von Heimat verändern, wenn ihre Kehrseite, der unfreiwillige oder gewaltsam erzwungene Heimatverlust, berücksichtigt wird.

Mit Bezug auf diese Fragestellung soll es um literarische und autobiographische Auseinandersetzungen mit Heimat bzw. Heimatverlust im Schatten von Nationalsozialismus, Holocaust und Zweitem Weltkrieg gehen. Gerade vor dem historischen Hintergrund des Zivilisationsbruchs und einer rassistischen Ideologie, die Vorstellungen von Heimat für nationalistische Ziele vereinnahmte, wird deutlich, wie facettenreich der Heimatbegriff ist. In den zu diskutierenden Texten stehen literarisierte und scheinbar unpolitische Heimatbilder neben

---

[2] Auch im literarischen Bereich hat „Heimat" Konjunktur. Aktuelle Beispiele sind die „neuen Dorfromane" von Dörte Hansen (*Altes Land*, 2015 und *Mittagsruhe*, 2018) und Kathrin Gerlof (*Nenn mich November*, 2018), die Iris Radisch in einem *Zeit*-Artikel unter dem Titel „Der Sog der Heimat" vorstellt (2018).

Darstellungen einer traumatischen Fixierung auf den erlebten Heimatverlust. Darüber hinaus finden sich Überlegungen zu alternativen Heimatvorstellungen, die nicht mehr ausschließlich geographisch verankert sind.

Hannah Arendt beschreibt in ihrem 1943 im amerikanischen Exil entstandenen Essay „We Refugees" die Situation der vor den Nationalsozialisten in die USA geflohenen deutschen Juden. In der deutschen Übersetzung „Wir Flüchtlinge" heißt die entsprechende Passage:

> Wir haben unser Zuhause und damit die Vertrautheit unseres Alltags verloren. Wir haben unseren Beruf verloren und damit das Vertrauen eingebüßt, in dieser Welt irgendwie von Nutzen zu sein. Wir haben unsere Sprache verloren und mit ihr die Natürlichkeit unserer Reaktionen, die Einfachheit unserer Gebärden und den ungezwungenen Ausdruck unserer Gefühle. Wir haben unsere Verwandten in den polnischen Ghettos zurückgelassen, unsere besten Freunde sind in Konzentrationslagern umgebracht worden, und das bedeutet den Zusammenbruch unserer privaten Welt.[3] (10–11)

Arendt verwendet an keiner Stelle den während des Zweiten Weltkrieges besonders belasteten Begriff „Heimat", lediglich das ideologisch neutrale Wort „Zuhause." Dennoch beschreibt diese Auflistung von Verlusten – des Alltags, des Berufs, der Sprache, auch der nichtverbalen und emotionalen Sprache – sowie der gewaltsame Tod nahestehender Menschen ex negativo viele der Aspekte, die dominante Vorstellungen von Heimat ausmachen. Im weiteren Verlauf von „Wir Flüchtlinge" beschäftigt sich Arendt nicht nur mit den weitreichenden Folgen des Heimatverlusts, sondern auch mit der Rolle des Nationalstaats, der im zwanzigsten Jahrhundert den politischen Rahmen für alle Formen regionaler Zugehörigkeit darstellte, dessen rechtlichen Schutz aber den Verfolgten und Geflüchteten zusammen mit ihrer Staatsbürgerschaft entzogen wurde.[4] Auch wenn die Nationalsozialisten in dieser Hinsicht besonders extrem vorgingen (Arendt wurde bereits 1937 die deutsche Staatsbürgerschaft entzogen; mit einem Erlass im November 1941 wurde allen Juden automatisch die Staatsbürgerschaft aberkannt, die die deutschen Staatsgrenzen überschritten.), verweist Arendt bereits in diesem frühen Essay auf das Nationalstaatsprinzip, dessen grundsätzliche Fragwürdigkeit in Folge des Ersten Weltkriegs besonders deutlich wurde.[5] Arendts Essay „Wir Flüchtlinge" ist daher ein

---

[3] Die deutsche Übersetzung von Arendts Essay „We Refugees" (1943) erschien erst 1986 unter dem Titel „Wir Flüchtlinge".

[4] Nach kurzer Inhaftierung floh Arendt im Jahre 1933 aus Deutschland, verlor damit automatisch ihre deutsche Staatsbürgerschaft und blieb zunächst in Frankreich, bis sie 1941 über Portugal die USA erreichte. Sie schrieb diesen Essay kurz nach ihrer Ankunft in den USA als immer noch Staatenlose; erst im Jahre 1951 erhielt sie die amerikanische Staatsbürgerschaft.

[5] In ihrem einige Jahre nach dem Essay „We Refugees" entstandenen Hauptwerk *Origins of Totalitarianism* zeigt Arendt an historischen Beispielen vor und nach dem Zweiten Weltkrieg,

passender Einstieg für eine Auseinandersetzung mit Heimat und den persönlichen, humanitären und politischen Dimensionen von Flucht und Heimatverlust.

Im Folgenden soll untersucht werden, wie sich der Schriftsteller Martin Walser, der Publizist Jean Améry und die Literaturwissenschaftlerin Ruth Klüger im Rückblick auf die NS-Zeit und den Zweiten Weltkrieg dem Thema „Heimat" bzw. Heimatverlust nähern. Diese vielleicht überraschend anmutende Konstellation erklärt sich daraus, dass alle drei Autor*innen die Frage „Wieviel Heimat braucht der Mensch?"[6] entweder implizit oder explizit stellen, aber auf sehr unterschiedliche Weise beantworten. Ihre konträren Antworten skizzieren Positionen, die an Relevanz nicht verloren haben und die zu einem umfassenden und kritischen Verständnis des Heimatbegriffs beitragen können.

Um die jeweils unterschiedliche Verschränkung von Zeitgeschichte, Biographie und Schreiben am Beispiel von Klüger, Améry und Walser zu verstehen, sind vorab einige biographische Eckdaten hilfreich. Ruth Klüger und Jean Améry gehören unterschiedlichen Generationen an, sind aber beide österreichisch-jüdischer Herkunft und haben die Verfolgung durch die Nationalsozialisten überlebt. Der 1912 unter dem Namen Hanns Chaim Mayer geborene Améry emigrierte nach dem Anschluss Österreichs an Nazi-Deutschland nach Belgien, wo er im Widerstand aktiv wurde, bis er 1943 von der Gestapo verhaftet, gefoltert und in Konzentrationslagern interniert wurde. Aufgrund dieses Schicksals ließ er sich nach dem Krieg in Belgien nieder und nahm den französischen Namen Jean Améry an. Seit Mitte der sechziger Jahre machte er sich als Publizist in wichtigen deutschen Kulturzeitschriften wie die *Neue Rundschau* oder *Merkur* einen Namen, indem er Essays zu kulturellen und politischen Zeitthemen, aber auch zu Auschwitz, zur Folter und zum Suizid verfasste.[7] Im Jahre 1978 wählte Améry selbst den Freitod.

Die 1931 in Wien geborene Ruth Klüger wurde 1942, also als elfjähriges Kind, mit ihrer Mutter nach Theresienstadt deportiert. Wie man in ihrer Autobiographie *weiter leben* nachlesen kann, kam sie über Auschwitz-Birkenau schließlich nach Groß-Rosen in das Außenlager Christianstadt; nach Evakuierung des KZs floh sie zusammen mit ihrer Mutter und einer Freundin von einem der sogenannten Todesmärsche und gehört seitdem zu den jüngsten Überlebenden des Holocausts. Kurz nach dem Krieg emigrierte Klüger in die USA, wurde dort zu einer angesehenen Germanistin und lebt bis heute in Kalifornien.

---

dass der Nationalstaat und damit verbundene Vorstellungen von ethnischer Homogenität keine tragfähige Grundlage für die Garantie der Menschenrechte ist und daher Flüchtlinge in einen rechtlosen und prinzipiell schutzlosen Status versetzt werden (Kapitel 9, 267–302).
6 Es handelt sich bei dieser Frage um den Titel eines Essays von Jean Améry.
7 Zu Amérys weniger stark rezipierten Werken gehören auch eine Reihe von Romanen.

Martin Walser, Jahrgang 1927, war bei Kriegsende 18 Jahre alt und steht damit Klüger altersmäßig näher als Améry. Von Klüger und Améry trennt Walser nicht nur seine von Nationalsozialismus und Krieg wenig beeinträchtige Kindheit und Jugend (eine Ausnahme ist seine Rolle als Flakhelfer gegen Kriegsende), sondern vor allem die Erfahrung der selbstverständlichen Zugehörigkeit zu einer ländlichen Region am Bodensee, einer paradigmatischen „deutschen Heimat".

Der Heimatbegriff aller drei Autor*innen ist von diesen divergierenden Erfahrungen der Verwurzelung bzw. der gewaltsamen Entwurzelung im Kontext von Krieg, Verfolgung und Emigration unhintergehbar geprägt.[8] So beschreibt etwa Ruth Klüger in ihrer Dankesrede anlässlich der Verleihung des Bruno-Kreisky-Preises für ihr Lebenswerk im Jahre 2001 ihr ambivalentes Verhältnis zu Wien, dem Ort ihrer Herkunft: Aus Wien sei ihr trotz Vertreibung durch die Nationalsozialisten „die Flucht nicht [...] [gelungen]" (2006, 101).[9] Gemeint ist mit dieser Formulierung zum einen ihre zentrale Kindheitserfahrung: Nach dem Anschluss an Nazi-Deutschland wurde Wien 1938 zu ihrem „ersten Gefängnis", auf das dann einige Jahre später die Deportation nach Theresienstadt folgte. Zum anderen aber meint Klüger ihre späte Realisierung, wie nachhaltig die Prägung durch die deutsche Sprache und die österreichische Literatur für sie war. Auch in diesem zweiten Sinne „gelang ihr die Flucht nicht" – ihre erfolgreiche Laufbahn als amerikanische Germanistin zeugt davon. Inwiefern ist aber ein solcher Herkunftsort noch als Heimat zu bezeichnen? In ihrer Dankesrede verbindet Klüger die Heimatthematik mit der Kategorie des Unheimlichen:

> [Bei dem amerikanischen Dichter] Robert Frost heißt es: „Home is the place where, when you have to go there,/ They have to take you in." – „Zu Hause bist du dort, wo man dich reinlassen muss, wenn du vor der Türe stehst." Und da sehen wir sofort den Riss, der durch die Vergangenheit und Gegenwart der vielen Flüchtlinge unserer Welt geht. Denn wie, wenn sie dich plötzlich ‚zu Hause' nicht mehr reinlassen, dort, wo du eben noch gewohnt hast? Dann wird das ‚zu Hause' noch immer vertraut sein und doch unheimlich wie kein anderer Ort. Und du wirst dir nehmen, was du schleppen kannst, wenn's auch nur ohnmächtige Wörter sind, die man beim Spielen verwendete. [...] Wörter wie Steine, die man, gemäß der jüdischen Sitte, den Toten aufs Grab legt. (2006, 101–102)

Wie Klüger hier einprägsam beschreibt, wird die vertraute Heimat durch Ausgrenzung und Ausschluss zugleich „unheimlich." Allein die deutsche Sprache ist transportabel, wenn auch „ohnmächtig" und dient der Erinnerung an das Zurückgelassene und an die Toten.

---

[8] Die folgenden Überlegungen zu Walser, Klüger und Améry sind einem früheren Artikel entnommen (Eigler, 2012b), sind hier aber Teil einer anderen übergreifenden Fragestellung.
[9] Dieselbe Formulierung verwendet Klüger bereits in ihrer Autobiographie *weiter leben. Eine Jugend* (1992, 17).

Sigmund Freud hat in seiner Studie über „Das Unheimliche" mit Hilfe der etymologischen Herleitung des Begriffs dargelegt, dass das Unheimliche Bestandteil des scheinbar Vertrauten oder „Heimeligen" ist. So schreibt er mit Bezug auf das Wortpaar heimelig/ heimlich: „Heimlich ist ein Wort, das seine Bedeutung nach einer Ambivalenz hin entwickelt, bis es endlich mit seinem Gegensatz unheimlich zusammenfällt" (1989. 250). Für Freud war das Unheimliche vorrangig ein individualpsychologisches Phänomen, das heißt ein Symptom des Verdrängten. Im historischen Kontext des Nationalsozialismus – sowie in aktuellen Konstellationen von Verfolgung und Flucht – erhält der Begriff des Unheimlichen soziale und politische Relevanz. Etwa dann, wenn es in einem vertrauten, für sicher gehaltenen Umfeld der Heimat zu Verfolgung bestimmter Menschengruppen kommt. In diesem Sinne weitet Klüger in dem zitierten Auszug die eigene Erfahrung von Heimatverlust auf die Situation „der vielen Flüchtlinge in unserer Welt" aus.

Die „unheimliche" Kehrseite von Heimat, die Klüger in der zitierten Rede benennt, nimmt implizit Bezug auf Jean Amérys Essay „Wieviel Heimat braucht der Mensch?" aus dem Jahre 1967. Auch wenn ihn Klüger nicht mit Namen nennt, liest sich ihre Rede als Fortsetzung von Amérys Überlegungen. Die intertextuellen Verbindungen gehen aber noch weiter zurück, denn in Amérys Essay tauchen Aspekte auf, die bereits aus Arendts noch im Krieg entstandenen Text „Wir Flüchtlinge" vertraut sind. So begreift Améry Heimat als einen konkreten Ort, der mit einem unverwechselbaren Dialekt, mit kulturellen Konventionen und Verhaltensweisen, und nicht zuletzt mit einer spezifischen Landschaft verknüpft ist. Diese Elemente korrespondieren mit der oben zitierten Aufzählung der Verluste geflüchteter Juden in Arendts Essay. Und bereits Améry erwähnt die Notwendigkeit eines umfassenden politischen Rahmens für Heimat, allerdings mit weniger weitreichenden Schlussfolgerungen und unter Verwendung einer anderen Begrifflichkeit (er verwendet „Vaterland" anstatt wie Arendt „Nationalstaat"). Ein Anrecht auf „Heimat" müsse Améry zufolge durch eine größere politische Einheit, eben durch das „Vaterland" garantiert werden – eine Grundlage, die mit dem Anschluss Österreichs an Nazi-Deutschland zerstört wurde (1967, 108).

In seinem tief melancholischen Essay „Wieviel Heimat braucht der Mensch?" ringt Améry mit dem unwiederbringlichen Verlust seiner Heimat, einer ländlichen Gegend im österreichischen Salzkammergut. Nicht wieder herstellbar ist für ihn auch Jahrzehnte nach Kriegsende der Bezug zu seiner Heimat, weil damals niemand gegen die diskriminierende Behandlung der jüdischen Nachbarn protestierte.[10] Anders formuliert, die Menschen, mit denen er in seiner Heimat aufwuchs,

---

[10] Mit Bezug auf den im Lager Gurs gestorbenen Lyriker Alfred Mommsen wiederholt Améry dreimal, dass sich keine Hand erhoben habe, um ihn zu schützen (1967, 114–116).

Nachbarn und Bekannte, nahmen an der Vertreibung und Verfolgung von österreichischen Juden aktiv oder passiv teil (1967, 115–116). Vor diesem Hintergrund grenzt Améry die eigene Erfahrung sowohl von der Situation namhafter Exilanten ab als auch von der Situation deutscher Heimatvertriebener bei Kriegsende. Beide Gruppen verloren ihre Heimat, aber nicht, oder jedenfalls nicht völlig, ihren sozialen Status (er spricht hier von „Kulturemigranten" und meint damit prominente Künstler und Schriftsteller wie etwa Thomas Mann) oder ihre kulturelle und sprachliche Verankerung in einer Gemeinschaft (der Vertriebenen), die gemeinhin als konstitutiv für den Heimatbegriff gilt (1967, 88; 92–93; 100).

Dagegen ging für Améry die Vertreibung aus der Heimat durch „Einheimische" – so seine nachträgliche Perspektive – mit dem Verlust von Sicherheit und Grundvertrauen einher, das für ihn bis dahin mit den Menschen seiner Heimat verknüpft war. Im Gegensatz zu den „in Sicherheit lebenden Kulturemigranten", die „weiter am Schicksalsfaden einer nur vorrübergehend [...] überwältigten deutschen Nation" spannen, mussten verfolgte Juden ohne prominenten Status erkennen, dass sie niemals zu ihrem Land gehört hatten (1967, 100). Mit dem als existentiell erlebten Verrat durch diese Gemeinschaft werde die eigene Vergangenheit ungültig und damit die individuelle Identität – das Ich – zerstört (1967, 100–102; 113–14).[11] Sein Essay benennt diese Erfahrungen nicht nur, im Kreisen um diese Thematik ist der Text zugleich Ausdruck einer traumatischen Fixierung auf diesen Verlust. In diesem dritten Sinne trifft Klügers Formulierung von der „nicht gelingenden Flucht" auch auf Améry zu. Entsprechend lautet Amérys lakonische Antwort auf die im Titel seines Essays formulierte Frage: „Man muss Heimat haben, um sie nicht nötig zu haben. Und wenn man keine hat, keine mehr hat, weil man aus ihr verjagt worden ist, hat man sie um so nötiger. [...] Auf ihren Grundgehalt reduziert bedeutet sie [Heimat] Sicherheit" (1967, 94).

Die traumatische Erfahrung von Heimatverlust schlägt sich in der Unfähigkeit Amérys nieder, seine Kindheit narrativ zu erfassen, Geschichten von den „Dingen und Orten" seiner Herkunft zu erzählen. Aus biographischer wie auch aus poetologischer Perspektive ist bemerkenswert, dass Améry in seinem Essay Heimat als einen Ort beschreibt, der vielfältige Erinnerungen hervorruft und an dem uns Alltagsobjekte Geschichten erzählen:

> Noch öffnet uns, was wir Heimat nennen, den Zugang zu einer Realität, die für uns in der Wahrnehmung durch die Sinne besteht. [...] [W]ir [sind] darauf angewiesen zu sehen, zu hören, zu tasten. Wir sind – und vielleicht spreche ich da nur für meine eigene, schon

---

[11] Dieser als existentiell erlebte Verrat, so legen andere Arbeiten von Améry nahe, kulminierte für ihn in der Erfahrung der Folter (Bernstein 47–48).

absteigende Generation derer, die um die Fünfzig sind – darauf gestellt, in Dingen zu leben, die uns Geschichten erzählen. Wir brauchen ein Haus, von dem wir wissen, wer es vor uns bewohnt hat [...]. (1967, 110–111)

Bezeichnenderweise äußert Améry hier eine Vorstellung von Heimat, die sich auch im essayistischen und literarischen Schaffen von Martin Walser wiederfindet.[12] Beide Autoren beziehen sich auf einen traditionellen Heimatbegriff, der mit Herkunft, Kindheit, Sprache und einer spezifischen Region verknüpft ist. Allerdings grenzt sich Améry mehrfach von konservativen, „provinziellen" oder gar revanchistischen Heimatvorstellungen ab (1967, 97, 106) und eignet sich damit den Heimatbegriff trotz seiner ideologischen Vereinnahmung im Nationalsozialismus neu an (Vansant 2018, 37). Diese Aneignung hat aber ihre Grenzen, denn sie ist untrennbar an die Beschreibung des Verlusts geknüpft. Anders formuliert, Amérys Heimatverlust äußert sich in seiner Unfähigkeit, Geschichten von „den Dingen" der Heimat zu erzählen.

In deutlichem Gegensatz zu Amérys Situation sind Leben und Schreiben von Martin Walser nicht durch Verluste und Brüche, sondern durch Kontinuität gekennzeichnet. Den Zusammenhang zwischen der Verwurzelung in einer bestimmten Region und kreativem Potential hat Walser in zahlreichen Essays thematisiert und dann in dem Roman *Ein springender Brunnen* von 1998 literarisch gestaltet. Der gesamte Roman ist von der selbstverständlichen Heimatzugehörigkeit des Protagonisten Johann getragen,[13] wobei sich dieser durch seinen zunehmenden Hang zum Dichten auszeichnet. Der Bezug auf die Heimat wird ihm zum kreativen Kraftzentrum, zu einem „springenden Brunnen", aus dem sich seine Affinität zu bestimmten Worten und Formulierungen speist.[14]

In dem stark autobiographisch gefärbten Roman *Ein springender Brunnen* spannt Walser ein intertextuelles Bezugsnetz auf, zu dem überraschenderweise auch der Essay von Jean Améry gehört. Obwohl das Romangeschehen die Zeitphase 1932–1946 umfasst, dringen Auswirkungen von Nationalsozialismus und Krieg nur am Rande in den dargestellten dörflichen Alltag am Bodensee. Das lässt sich dadurch erklären, dass fast durchgehend aus der Perspektive des heranwachsenden, politisch naiven Protagonisten Johann erzählt wird. Zu den

---

12 Zu Walsers Heimatbegriff vgl. Jabłkowska 2001 und Eigler 2012a.
13 Ähnlich wie der Romanautor Walser wächst auch die Romanfigur Johann eingebettet in eine Landschaft, eine Region, eine Religion und eine Familie auf, verlässt diese als Flakhelfer gegen Ende des Krieges und kehrt nach Kriegsende zurück in diese Heimat.
14 Der Romantitel bezieht sich auf eine Formulierung aus dem „Nachtlied" in Friedrich Nietzsches *Also sprach Zarathustra*.

wenigen Ausnahmen gehört das Kapitel „Das Wunder von Wasserburg",15 das die unheimliche Kehrseite dieser ansonsten so intakt geschilderten Heimat andeutet. Bei der Rückkehr Johanns von einem nächtlichen Ausflug ins Nachbardorf stellt sich heraus, dass niemand die eintägige Abwesenheit des Elfjährigen bemerkt hat, da offenbar zu Hause und in der Schule ein Doppelgänger Johanns anwesend war. Dieser Doppelgänger, so erfährt Johann mit Erstaunen, verfasste während seiner Abwesenheit einen Schulaufsatz zum Thema „Wieviel Heimat braucht der Mensch", in dem es unter anderem heißt:

> Ohne Heimat ist der Mensch ein elendes Ding, eigentlich ein Blatt im Wind. Er kann sich nicht wehren. Ihm kann alles passieren. Er ist ein Freiwild. [...] Zuviel Heimat gibt es nie. Aber jeder muss wissen, dass nicht nur er Heimat braucht, sondern andere auch. Das schlimmste Verbrechen, vergleichbar dem Mord, ist es, einem anderen die Heimat zu rauben oder ihn aus seiner Heimat zu vertreiben. Wie Intschu tschuna, Winnetous edler Vater, gesagt hat, dass die weiße Rasse [...] dem roten Mann die Heimat vernichte und damit den roten Mann selber. (Walser 1998, 252)

Brisant – und für das hier behandelte Thema höchst relevant – wird diese Episode dadurch, dass der Verfasser des Schulaufsatzes vehement für ein unantastbares Recht auf Heimat eintritt. Dabei übernimmt Walser den genauen Titel von Amérys autobiographischem Essay „Wieviel Heimat braucht der Mensch?" und verleiht dem menschlichen Bedürfnis nach Heimat durch das Weglassen des Fragezeichens besonderen Nachdruck. Zudem wird hier durch die Formulierung „Freiwild" als Folge von Heimatverlust auf den Zustand völligen Ausgeliefertseins verwiesen, der auf unterschiedliche Weise sowohl bei Améry als auch bei Arendt eine zentrale Rolle spielt.

Darüber hinaus lehnt Walser den Schüleraufsatz nicht nur sinngemäß, sondern an einer Stelle bis in die sprachliche Formulierung an Amérys Essay an. Während Walser schreibt „Zuviel Heimat gibt es nie" (1998, 252) liest man bei Améry, „Es altert sich schlecht im Exil. Denn der Mensch braucht Heimat. Wieviel? [...] Er braucht viel Heimat, mehr jedenfalls, als eine Welt der Beheimateten [...] sich träumen lässt" (1967, 116). Aber weder im Roman selbst noch in paratextuellen Kommentaren identifiziert Walser diesen intertextuellen Bezug bzw. den Autor und Holocaustüberlebenden Jean Améry. Das Zeitgeschehen wird also indirekt angedeutet, aber die Perspektive der jüdischen Opfer, für die hier stellvertretend Améry steht, wird ausgeblendet – sowohl auf diegetischer als

---

15 So der gleichnamige zweite Teil des Romans *Ein springender Brunnen*, in dem es zur phantastischen Verdoppelung des Protagonisten Johann kommt (1998, 219–277). Zur poetologischen Dimension dieser Episode vgl. Schneider 2006, 170.

auch auf extradiegetischer Ebene.[16] Wie wirksam diese Umschreibung ist, zeigt sich daran, dass dieser signifikante intertextuelle Bezug zu Améry auch in der Forschung weitgehend übersehen wurde.[17]

Die erwähnte Textstelle ließe sich, trotz des seltsam anmutenden Bezugs auf die fiktive Welt von Karl May, als indirekte Kritik an der nationalsozialistischen Politik lesen, aber in Hinblick auf die Entwicklung des Protagonisten Johann entsteht ein anderes Bild. Gemeint sind Romankonstellationen, in denen das Zeitgeschehen zwar thematisiert wird, aber die Perspektive der zeitgeschichtlichen Opfer zugleich aus der Bildungsgeschichte Johanns ausgeschlossen wird. Das deutlichste Beispiel dafür ist die Darstellung von Johanns Wiederbegegnung mit seinem jüdischen Schulkameraden Wolfgang kurz nach Kriegsende. Johann wehrt dort Wolfgangs Erzählungen von Verfolgung und Überleben als implizite Schuldzuweisung ab. In der suggestiv formulierten Rede des Romans klingt dies so:

> Er musste selber Wörter finden. Auch für das, was Wolfgang über sich und seine Mutter und seinen Vater erzählt hatte. [...] Die Angst, in der Frau Landsmann [Wolfgangs Mutter] gelebt hat, engt ihn ein. Er will mit dieser Angst nichts zu tun haben. [...] Vielleicht meinte Wolfgang, dass Johann ein Vorwurf zu machen sei, weil er all das nicht gewußt, nicht gemerkt hatte. Johann wehrte sich gegen diesen vermuteten Vorwurf. (Walser 1998, 400–401)

Dieses abwehrende Verhalten wird in langen Passagen erlebter Rede damit begründet, dass Johann sich in seiner kreativen Sprachfindung von jeglichen „äußeren" Einflüssen schützen will – und dazu gehören für ihn die „fremden" Erfahrungen des jüdischen Überlebenden genauso wie die Sprache der katholischen Kirche und des Nationalsozialismus. „Die Sprache, die er nach 1933 erlernt hatte, war, nach der Kirchensprache, die zweite Fremdsprache gewesen. [...] Er musste eine eigene finden. Dazu mußte er frei sein" (1998, 401–402). Die emphatische Distanzierung von den Erinnerungen der Überlebenden wird hier in einer merkwürdigen Analogie mit der Distanz zur NS-Sprache als angelernte

---

16 Zwar erwähnt auch Klüger in ihrer Rede Améry nicht namentlich, aber ihre Überlegungen greifen auf vergleichbare Erfahrungen von Verfolgung und Heimatverlust zurück, während Walser den Essay von Améry für eigene Zwecke umschreibt. Ein weiteres Beispiel ist Walsers Verwendung von Victor Klemperers Tagebüchern für die Darstellung einer nicht-jüdischen Leidensgeschichte in seinem Roman *Die Verteidigung der Kindheit*. Vgl. dazu den kritischen Kommentar von Taberner 1999.

17 Auch dann, wenn in der Walserforschung der Heimataufsatz im Roman angesprochen wird, fehlen Hinweise auf Améry. Vgl. Fetz 2006, 159; Hofmann 2004, 337. In einem früheren Artikel habe ich diesen intertextuellen Bezug zu Améry identifiziert und die Rolle des Heimataufsatzes im Roman genauer untersucht (2012b, 48–51).

„Fremdsprache" auf eine Ebene gestellt.[18] Gerade dieser Distanzierung wird grundsätzliche poetologische Bedeutung zugesprochen, wenn sie als notwendige Voraussetzung für eine neue und unbelastete kreative Sprache jenseits von Zeitgeschehen bzw. jüngster Zeitgeschichte begriffen wird.

Stellt man diese Romankonstellation in den größeren Kontext des Umgangs mit der „deutschen Vergangenheit", dann handelt es sich hier um eine Position, die Sigrid Weigel symptomatisch für die „versteckte erste Generation" hält, das heißt die Generation, die den zweiten Weltkrieg als Jugendliche bzw. junge Erwachsene erlebte: Unschuld und historisches Wissen seien im Selbstverständnis der sogenannten Gründergeneration der Bundesrepublik untrennbar verbunden. Weigel zufolge schließt dies eine kritische Selbstbefragung aus, eine Diagnose, die über den Roman hinaus für den Autor Martin Walser von Relevanz ist (2002, 272–275). Man mag hier einwenden, dass mit einer derart kritischen Lesweise die Aussagekraft einer fiktiven Romankonstellation überschätzt und vorschnell auf den Autor oder sogar eine ganze Generation übertragen werde. Aber auf geradezu unheimliche Weise spiegelt *Ein springender Brunnen* tatsächlich signifikante Aspekte der Biographie seines Autors.

Zu diesen Korrespondenzen zwischen Roman und Biographie gehört die jahrzehntelange Freundschaft zwischen Martin Walser und Ruth Klüger. Wie Klüger in ihrer 1992 publizierten Autobiographie *weiter leben* beschreibt, lernte sie in der frühen Nachkriegszeit, vor ihrer Auswanderung in die USA, als Fünfzehnjährige den Studenten Christoph kennen. Hinter dieser Figur verbirgt sich der junge Martin Walser, wie man in der englischen Version ihrer Autobiographie, *Still Alive*, erfährt. Für Klüger, der aus der Wiener Heimat vertriebenen und knapp der Ermordung in Auschwitz entkommenen Jüdin, wird Christoph zum „Inbegriff des Deutschen".

> Was mir am meisten imponierte und mich gleichzeitig irritierte, war, dass der seine Identität hatte. Der war beheimatet in Deutschland, verwurzelt in einer bestimmten deutschen Landschaft [...]. Der wusste, wo und wer er war. Auch heute noch. Großzügig, liebenswürdig zieht er aus, die Fremde zu erobern, und dabei will er nicht mehr von ihr lernen, als ohne Gefährdung der Eigenständigkeit zu machen ist. Aber ist Lernen ohne solche Gefährdung richtiges Lernen? (1992, 211–212)

In einem Interview mit Sigrid Löffler erwähnt Klüger, sie habe das Buch *weiter leben* für Walser geschrieben, der für eine bestimmte Gruppe von Deutschen bzw. für ein generationsspezifisches Verhalten stehe: „Für mich war er der Deutsche, der nicht zugehört hat" (Löffler 1993). Walsers sechs Jahre nach *weiter leben* publizierter Roman *Ein springender Brunnen* liest sich als Bestätigung des hier

---

18 Zu einer anderen, weniger kritischen Lesweise dieser Romankonstellation vgl. Rosa Perez Zancas 2012, 113.

entworfenen Bildes des „verwurzelten Deutschen", der nicht zuhören will. Genau diese von Klüger kritisierte Konstellation baut Walser in seinen Roman ein, und zwar in Johanns Reaktion auf den jüdischen Schulkameraden Wolfgang (1998, 395–401). Wie erwähnt, rechtfertigt der Roman Johanns abwehrendes Verhalten, indem er es poetologisch erklärt bzw. überhöht.[19] Zusammenfassend lässt sich sagen, dass die Perspektiven der Holocaustüberlebenden Améry und Klüger von Walser narrativ vereinnahmt werden (in der Umschreibung von Amérys Essay)[20] bzw. als störend ausgeschlossen werden (in Walsers Reaktion auf Klüger bzw. Johanns Reaktion auf Wolfgang).

In Walsers Roman wird damit eine autobiographische mit einer poetologischen Dimension enggeführt, eine Konstellation, die das kreative Schreiben des Protagonisten Johann – alter Ego des Autors – zuallererst begründet bzw. ermöglicht.[21] Das erscheint als literarisches Verfahren durchaus konsequent, sozusagen als ästhetisch gelungene „Verteidigung" einer Kindheit,[22] aus zeitgeschichtlicher und ethischer Perspektive aber problematisch. Sprachlich wie inhaltlich ist damit Walsers narrative Gestaltung von Heimat als Ort der Kindheit und der dichterischen Imagination in *Ein springender Brunnen* das genaue Gegenstück zu Amérys Essay „Wieviel Heimat braucht der Mensch?" Zwar gibt es konzeptionell deutliche Überschneidungen zwischen Walsers und Amérys Heimatbegriff – etwa in der unhintergehbaren Bindung an den Ort der Kindheit – aber für die zeitgeschichtliche Erfahrung von Judenverfolgung und Heimatverlust gibt es im wörtlichen wie übertragenen Sinn keinen Platz in Walsers Heimatroman. Auf literarischer Ebene wird der von Améry nicht verwundene Heimatverlust damit in gewisser Weise wiederholt.

---

19 Michael Hofmann kommentiert diese Romankonstellation folgendermaßen: „Was Ruth Klüger so irritierte, die energische Arbeit an der Stabilisierung der eigenen Identität und die ebenso energische Ausweisung widersprechender Momente des Bewusstseins, wird hier in einem explizit selbstreflexiven Text zum literarischen Programm erhoben" (2004, 338).
20 Walsers literarisches Programm, so argumentiert Hofmann, gehe mit dem Ausschluss jüdischer Leidens-Erfahrung aus dem kollektiven deutschen Gedächtnis einher (2004, 339).
21 Diese Einschätzung korrespondiert in vieler Hinsicht mit Matthias N. Lorenz' Studie *Auschwitz drängt uns auf einen Fleck: Judendarstellung und Auschwitzdiskurs bei Martin Walser* (2005). Lorenz argumentiert anhand von genauen Textanalysen, dass Walsers Werk von einem nationalen Diskurs bestimmt sei, der sich eines literarischen Antisemitismus bediene (483–489). Mein Haupteinwand gegen diese pauschale Verurteilung betrifft den teleologischen Ansatz dieser Studie: Indem Lorenz die frühen Werke Walsers konsequent im Lichte der späteren sieht, werden tendenziell mehrdeutige Aspekte auf zuweilen problematische Weise vereindeutigt und gegen Walser gewendet.
22 Diese Formulierung ist eine Anspielung auf Walsers Roman *Die Verteidigung der Kindheit* (1991).

Jenseits von Walsers literarischer Verklärung der Heimat und Amérys traumatischer Fixierung auf den Heimatverlust hat Ruth Klüger einen dritten Weg gefunden. In ihrer Autobiographie *weiter leben* sucht sie auf engagierte und zuweilen polemische Weise den Dialog mit den Deutschen, obwohl viele – nicht nur ihr langjähriger Freund Walser – nicht zuhören wollen. Wie Klüger im Epilog von *weiter leben* erzählt, fand sie durch einen beruflich bedingten längeren Aufenthalt in Göttingen Ende der achtziger Jahre einen Ort „unter den Deutschen" (1992, 269–85). Es handelt sich dabei auch um einen unheimlichen Ort, an dem die Gespenster der Vergangenheit zuweilen unvermutet ans Tageslicht kommen. So etwa als Klüger, kurz bevor sie zum 50. Jahrestag der Reichspogromnacht[23] einen Vortrag halten sollte, einen schweren Unfall in der Göttinger Innenstadt erleidet. Im Epilog zu *weiter leben* schildert sie, wie sie den Unfall als einen Angriff auf ihr Leben wahrnahm und sie sich in diesem Moment akuter Bedrohung in die NS-Zeit zurückversetzt fühlte. In der Folgezeit, insbesondere während ihres langen Krankenhausaufenthalts, wird Göttingen aber auch zu einem Ort, an dem sich Menschen, bekannte und unbekannte, um Klüger kümmern und an dem sie neue Freunde findet. Aus dem Epilog geht hervor, dass diese Erfahrungen – der Unfall und seine Folgen – den entscheidenden Anstoß zur Entstehung ihrer Autobiographie gegeben haben: einem „deutschen Buch," das an die „Göttinger Freunde" adressiert ist (so ihre Widmung; 1992, 285).

In der 2008 erschienenen Fortsetzung ihrer Autobiographie *unterwegs verloren* kontrastiert Klüger das Verhältnis zu ihrer Geburtsstadt Wien mit dem zu Göttingen. Im Kapitel „Wiener Neurosen" (195–215) schreibt sie: „Für eine, die wie ich zurückkehrt, bleibt sie die Stadt der Vertreibung" (195), eine Formulierung, die an den Beginn von Amérys Essay über den traumatischen Heimatverlust erinnert. Dagegen bezeichnet sie Göttingen als Stadt, von der aus ihr die „Rückkehr in die Alte Welt" gelang (2008, 148). Dennoch wäre es unangemessen, diesen Ort als eine spät erworbene Heimat zu bezeichnen. In dem Kapitel „Göttinger Neurosen" (177–194) spricht Klüger zwar davon, wie ihr zweijähriger Aufenthalt Ende der achtziger Jahre (während dem *weiter leben* entstand) dazu führte, dass Göttingen für sie zu einem „zweiten Zuhause" wurde; aber sie ergänzt dann sofort, dass sie dort nur „fast zu Hause" sei (2008, 177). Als Erklärung schildert sie Begegnungen und Ereignisse, die auf unheimliche Weise an die deutsche Vergangenheit – und damit an ihr persönliches Schicksal – erinnern.[24]

---

23 Klüger verwendet in *weiter leben* den damals noch gebräuchlichen Begriff „Kristallnacht" (1992, 269).
24 In beiden Kapiteln schildert Klüger eine Reihe von persönlichen Erlebnissen mit antisemitisch und/oder sexistisch gefärbten Bemerkungen und Verhaltensweisen. In dem wiederholten Bezug auf „Neurosen" in beiden Titeln steckt aber auch eine gewisse Selbstironie.

Dieses „zweite Zuhause" hat also wenig gemein mit dem ungebrochenen Heimatbild, das nicht nur Walsers Roman, sondern auch viele seiner Essays und Reden prägt (Eigler 2012a, 87–93). Klügers „zweites Zuhause" ist auch kein Ort, der die Vergangenheit in irgendeiner Weise „bewältigt", oder die existentielle Verunsicherung, die auch Amérys Erinnerung an Verfolgung und Heimatverlust prägt, überwinden könnte. Aber der Erfahrung von Gewalt und Verlust setzt Klüger in *weiter leben* und in *unterwegs verloren* mit Göttingen einen Ort entgegen, an dem Begegnungen und Freundschaften möglich werden. Diese Erfahrungen lassen sich hier im Sinne von Appadurai als die Entstehung einer „neighborhood" verstehen, also als eine Art der Verortung, die mehr auf sozialen Kontakten und durch Medien ermöglichten Austausch beruht als auf fester geographischer Verankerung (1996, 178–189).[25] In dieser deutschen „Nachbarschaft" entsteht ein Raum, in dem unterschiedliche Perspektiven und Meinungen Platz haben und zuweilen aufeinanderprallen.

Wie instabil dieses „zweite Zuhause" aber ist, wie anfällig für Rückschläge, das schildert Klüger im zweiten Teil ihrer Autobiographie am Beispiel von Martin Walser. Ihre langjährige Freundschaft mit Walser zerbrach im Jahre 2002. Anlass war Walsers Roman *Tod eines Kritikers,* dem sie die Verwendung antisemitischer Stereotypen vorwarf (Klüger 2002). Die Freundschaft mit ihm gehört also zu den Aspekten ihres Lebens, die sie „unterwegs verloren" hat, wie der Titel dieses Teils ihrer Autobiographie lautet. Dennoch setzt Klüger ihren intertextuellen Dialog mit dem „Deutschen" auch in *unterwegs verloren* fort; der Freundschaft bzw. Auseinandersetzung mit Martin Walser ist dort ein ganzes Kapitel gewidmet. Insofern kündigt sie Walser zwar die Freundschaft, aber nicht die „Nachbarschaft" auf, sondern verlegt diese in den literarischen bzw. autobiographischen Raum. In der folgenden Passage verknüpft sie diese problematische Nachbarschaft zu Walser mit ihrem ambivalenten Verhältnis zu Deutschland: „Und so ist Martin Walser und diese vergangene Freundschaft noch immer Inbegriff meines Deutschlandbildes. Die Widersprüche, die ich hier skizziert habe, lassen sich nicht auflösen. Jedenfalls nicht von mir, man versteht sie kaum und lebt damit" (2008, 176).

In all ihrer Ambivalenz und Fragilität erscheinen die Formen der Nachbarschaft, die Klüger mit Bezug auf Walser, aber vor allem mit Bezug auf Göttingen beschreibt, tragfähiger und zukunftsweisender als ein Beharren auf dem Heimatlichen, Vertrauten, das keinen Raum für die Erinnerungen und Erfahrungen anderer zulässt.

---

25 Appadurai hat bereits im Jahre 1996 mit Bezug auf die Rolle von Medien den Begriff „ethnoscape" geprägt, der noch stärker als der Begriff „neighborhood" anzeigt, dass die Pflege von Kontakten und die Entstehung von Gruppen nicht mehr eine gemeinsame geographische Verankerung voraussetzt (48–53).

Abschließend soll noch einmal die Relevanz der hier verhandelten Fragen und Positionen für die jüngste Vergangenheit und Gegenwart unterstrichen werden. Anlässlich des Gedenktags an die Opfer des Nationalsozialismus wurde die 84-jährige Ruth Klüger am 27. Januar 2016 zu einer Rede in den deutschen Bundestag eingeladen. Im Rückgriff auf den ersten Teil ihrer Autobiographie *weiter leben* beschrieb sie dort, wie sie NS-Zeit, KZ und Zwangsarbeit überlebte.[26] Nach ihrer Rede wandte sie sich direkt an ihre Zuhörer*innen – an die Abgeordneten aller Parteien und an alle diejenigen, die die Rede in der live-Übertragung mit anhörten – und erklärte, dass sie die Einladung von Kalifornien nach Berlin vor allem deshalb angenommen habe, weil ihr die bundesdeutsche Öffnung der Grenzen für Geflüchtete aus Syrien (und anderen Ländern) mit dem „schlichten und dabei heroischen Slogan ‚Wir schaffen das'" Hoffnung mache.[27] Klüger schien fast erstaunt über den spontanen Applaus, der diese Bemerkung auslöste. (Ein Hinweis darauf, dass die Flüchtlingspolitik damals noch eine der offenen, nicht der verschlossenen Türen war).

Bekanntlich hat sich seitdem die Flüchtlingspolitik bzw. die Reaktion auf Geflüchtete in Deutschland, Europa und weltweit drastisch verändert.[28] Die von Klüger angedeutete Verbindung zwischen deutscher Geschichte und der europäischen bzw. globalen Gegenwart, zwischen ihrer eigenen Biographie und dem Schicksal vieler Geflüchteter heute, hat direkt mit der Thematik dieses Artikels zu tun: Nicht im Sinne einer Gleichsetzung der damaligen mit der heutigen Situation, aber insofern, als damals wie heute Heimat nicht ohne Heimatverlust zu denken ist. Die Texte von Améry und Klüger fordern uns dazu auf, die in öffentlichen Diskursen inzwischen dominant gewordene Perspektive umzukehren: Es ginge dann nicht mehr um die durch „Flüchtlingsströme" bedrohte „deutsche Heimat", sondern zum einen um die weltweit zunehmenden politischen, humanitären, und ökonomischen Krisen, die für Millionen von Menschen in Heimatverlust und Flucht bzw. Migration resultieren, zum anderen um die betroffenen Menschen und ihre jeweils individuellen Schicksale und Geschichten. Es liegt dabei in den Möglichkeiten der Literatur und des Films die historischen Verbindungen herzustellen, für die es nur noch wenige Zeitzeug*innen (wie etwa Ruth Klüger)

---

[26] Vgl. https://www.bundestag.de/dokumente/textarchiv/2016/kw04-gedenkstunde-nachher/ 403424 (29. Oktober 2019).
[27] Die Reaktion auf diesen letzten Teil ihrer Ansprache lässt sich in der Videoaufnahme verfolgen: https://www.youtube.com/watch?v=-K02wZPcrLM&list=PLpHqfsEDn8h6YgvNw0-x8OcwzmK29Z-Zf&index=3&t=0s (29. Oktober 2019).
[28] Heribert Prantl hat diesen Zusammenhang mit Bezug auf die Migration- und Flüchtlingsfrage auf den Punkt gebracht: https://www.sueddeutsche.de/politik/fluechtlinge-warum-so-viele-menschen-gegen-den-un-migrationspakt-sind-1.4221298 (29. Oktober 2019).

gibt. In Anlehnung an Klügers Appell zum Abschluss ihrer Rede im Bundestag geht es um Erinnerungen aus der deutschen und europäischen Vergangenheit des 20. Jahrhunderts, in der wiederholt Bürger*innen europäischer Nationen zu Verfolgten, Exilant*innen, Emigrant*innen, Vertriebenen – also zu Flüchtenden – wurden und die Verantwortung, die daraus für die aktuelle Situation abzuleiten wäre.

Als Beispiel für eine gelungene Verknüpfung historischer und aktueller Fluchterfahrungen soll hier zum Abschluss Christian Petzolds Film *Transit* (2018) erwähnt werden. Der Film basiert lose auf dem gleichnamigen Roman von Anna Seghers, den diese im Jahre 1943 im mexikanischen Exil verfasste und in dem es um das Schicksal unzähliger Geflüchteter geht, die vor den Nationalsozialisten und dem Vichy-Regime aus der Hafenstadt Marseille nach Übersee zu entkommen versuchen. Petzolds Film stellt die existentiellen Folgen des erzwungenen Heimatverlusts durch ein Nebeneinander von Vergangenheit und Gegenwart in der Stadt Marseille dar. Anders formuliert, es geht um die „multi-direktionale" Spiegelung der einen Zeitebene in der anderen.[29] Mit Hilfe solcher imaginierter Welten eröffnet sich der Blick auf das, was Petzold treffend als den „vertikalen Transitraum des Festhängens in der Zeit, in der Geschichte" bezeichnet hat.[30] Die Vorstellung von den Gespenstern der Vergangenheit, als den unabgegoltenen, nicht verarbeiteten oder verdrängten Aspekten der Geschichte, kehre sich in diesem Film um. In *Transit*, so Petzold, wenden sich die Stimmen der Vergangenheit an uns heute und fragen fassungslos, „Was macht *Ihr* denn da?, *Ihr* seid doch die Gespenster".[31]

Literatur

Améry, Jean. „Wieviel Heimat braucht der Mensch?" *Werke*. Bd. 2: *Jenseits von Schuld und Sühne. Unmeisterliche Wanderjahre. Örtlichkeiten*. Hg. Irene Heidelberger-Leonard. Stuttgart: Klett Cotta, 2002. 86–117.

Appadurai, Arjun. *Modernity at Large: Cultural Dimensions of Globalization*. London, Minnesota: University of Minnesota Press, 1996.

---

[29] Diese Formulierung geht zurück auf die Studie *Multi-directional Memory* (2009), in der Michael Rothberg eine Vorstellung von sozialer oder kollektiver Erinnerung entwickelt, die nicht eindimensional auf eine bestimmte Gruppe oder Zeit beschränkt ist, sondern mit anderen Erinnerungen auf produktive Weise vernetzt ist.

[30] „Es gibt einen sogenannten horizontalen Transitraum [...], in dem die Flüchtlinge festhängen in dieser Hafenstadt Marseille, es gibt aber auch einen vertikalen Transitraum des Festhängens in der Zeit, in der Geschichte." Petzold im Gespräch über seinen Film *Transit* auf der Berlinale 2018. https://www.youtube.com/watch?v=wYzn7JRqqTg (29. Oktober 2019).

[31] Hervorhebung von Petzold im Gespräch über seinem Film *Transit* auf der Berlinale 2018.

Arendt, Hannah. „Wir Flüchtlinge". Übersetzt von Elke Geisel [1986] mit einem Essay von Thomas Meyer. Stuttgart: Reclam, 2018. ["We Refugees". *The Menorah Journal.* 36.1 (1943): 69–77].

Arendt, Hannah. *The Origins of Totalitarianism.* New York: Houghton Mifflin Harcourt, 1985.

Bernstein, J. B. „Améry's Body: ‚My Calamity ... my Physical and Metaphysical Dignity'". *On Jean Améry: Philosophy of Catastrophe.* Hg. Magdalena Zolkos. Plymouth, UK: Lexington, 2011. 47–64.

Blickle, Peter. *Heimat: A Critical Theory of the German Idea of Homeland.* Rochester, NY: Camden, 2002.

Boa, Elizabeth, und Rachel Palfreyman. *Heimat. A German Dream. Regional Loyalties and National Identity in German Culture 1890–1990.* New York, NY: Oxford University Press, 2000.

Eigler, Friederike. „Vom geteilten Berlin zum Bodensee: Heimattopoi in Martin Walsers *Verteidigung der Kindheit* und *Ein springender Brunnen*". *Wörter für die Katz? Martin Walser im Kontext der Literatur nach 1945.* Hg. Miriam Seidler. Frankfurt a. M.: Lang, 2012. 87–102.

Eigler, Friederike. „Wieviel Heimat braucht der Mensch?" Jean Améry – Martin Walser – Ruth Klüger". *Doppelte Vergangenheitsbewältigung und die Singularität des Holocaust.* Hg. Lucia Scherzberg. Saarbrücken: Universaar/Universitätsverlag des Saarlandes, 2012. 43–60.

Fetz, Gerald A. „Walser's *Heimat* Conundrum". *Seelenarbeit an Deutschland. Martin Walser in Perspective.* Hg. Stuart Parkes und Fritz Wefelmeyer. Amsterdam u. a.: Rodopi, 2004. 141–165.

Fohringer, Helmut. „Neue Van-Der-Bellen-Plakate: ‚Wer Heimat liebt, spaltet sie nicht'". *Die Presse* 26. April 2016. https://www.diepresse.com/4975729/neue-van-der-bellen-plakate-wer-heimat-liebt-spaltet-sie-nicht (29. Oktober 2019).

Freud, Sigmund. „Das Unheimliche". *Studienausgabe. Psychologische Schriften, Bd. IV.* Hg. Alexander Mitscherlich. Frankfurt a. M.: Fischer, 1989. 241–274.

Hofmann, Michael. „Epik nach Auschwitz. Im Gedächtnisraum ohne Auschwitz. Martin Walsers Erinnerungspoetik im Kontext von Uwe Johnsons *Jahrestagen* und Ruth Klügers *weiter leben*." *Seelenarbeit an Deutschland. Martin Walser in Perspective.* Hg. Stuart Parkes und Fritz Wefelmeyer. Amsterdam u. a.: Rodopi, 2004. 323–342.

Jabłkowska, Joanna. *Zwischen Heimat und Nation. Das deutsche Paradigma? Zu Martin Walser.* Tübingen: Stauffenburg, 2001.

Klüger, Ruth. *weiter leben. Eine Jugend.* Göttingen: Wallstein, 1992.

Klüger, Ruth. „‚Siehe doch Deutschland'. Martin Walsers *Tod eines Kritikers*". *Frankfurter Rundschau* 27. Juni 2002.

Klüger, Ruth. „Wien als Fluchtpunkt. Dankesrede zur Entgegennahme des Bruno-Kreisky-Preises". *Gelesene Wirklichkeit. Fakten und Fiktionen in der Literatur.* Göttingen: Wallstein, 2006. 94–103.

Klüger, Ruth. *unterwegs verloren. Erinnerungen.* Wien: Paul Zsolnay, 2008.

Klüger, Ruth. Bundestagsrede am 26. Januar 2016. https://www.bundestag.de/dokumente/textarchiv/2016/kw04-gedenkstunde-nachher/403424 (29. Oktober 2019). Videoaufnahme: https://www.youtube.com/watch?v=-K02wZPcrLM&list=PLpHqfsEDn8h6YgvNw0-x8OcwzmK29Z-Zf&index=3&t=0s (29. Oktober 2019).

Löffler, Sigrid. „Davongekommen. Jetzt noch über Auschwitz schreiben? Ruth Klüger ist es mit *weiter leben. Eine Jugend* gelungen, ohne Pathos und gefühlsgenau". *Die Zeit* 6. August 1993.

Lorenz, Matthias N. *Auschwitz drängt uns auf einen Fleck: Judendarstellung und Auschwitzdiskurs bei Martin Walser*. Stuttgart: Metzler, 2005.
Nassehi, Armin. „Heimat-Debatte: ‚Misslungene Symbolpolitik'". *Deutsche Welle* 26. März 2018. https://www.dw.com/de/heimat-debatte-misslungene-symbolpolitik/a-43130178 (27. Oktober 2019).
Petzold, Christian. Gespräch über seinen Film *Transit* auf der Berlinale 2018. https://www.youtube.com/watch?v=wYzn7JRqqTg (29. Oktober 2019).
Radisch, Iris. „Der Sog der Heimat". *Die Zeit* 22. November 2018. https://www.zeit.de/2018/48/dorf-romane-literatur-heimat-provinz (29. Oktober 2019).
Rothberg, Michael. *Multidirectional Memory*. Palo Alto: Stanford University Press, 2009.
Schneider, Helmut. „Reflexion oder Evokation: Erinnerungskonstruktion in Ruth Klügers *weiter leben* und Martin Walsers *Ein springender Brunnen*". *Zeitschrift für deutsche Philologie. Sonderheft: Das Gedächtnis der Literatur* 125 (2006): 160–175.
Seghers, Anna. *Transit. Roman*. Berlin: Aufbau, 2001.
Taberner, Stuart. „‚Wie schön wäre Deutschland wenn man sich noch als Deutscher fühlen und mit Stolz als Deutscher fühlen könnte': Martin Walser's Reception of Victor Klemperer's Tagebücher 1933–1945". *DVjs* 75.4 (1999): 710–32.
Transit. Reg. Christian Petzold. Schramm Film, Koerner & Weber GbR [de], Neon Productions [fr], ZDF – Zweites Deutsches Fernsehen [de], Arte [de/fr], 2018.
Vansant, Jacqueline. *Reclaiming Heimat: Trauma and Mourning in Memoirs by Jewish Austrian Réemigrés*. Detroit: Wayne State UP, 2001.
Walser, Martin. *Die Verteidigung der Kindheit. Roman*. Frankfurt a. M.: Suhrkamp, 1991.
Walser, Martin. *Ein springender Brunnen. Roman*. Frankfurt a. M.: Suhrkamp, 1998.
Walser, Martin. *Tod eines Kritikers. Roman*. Frankfurt a. M.: Suhrkamp, 2002.
Weigel, Sigrid. „‚Generation' as a Symbolic Form: On the Genealogical Discourse of Memory since 1945". *Germanic Review* 77.4 (2002): 264–77.
Zancas, Rosa Perez. „Springbrunnen und Teufelskreis: Die Autobiographien von Ruth Klüger und Martin Walser als zwei entgegengesetzt erlebte Kindheiten". *Wörter für die Katz? Martin Walser im Kontext der Literatur nach 1945*. Hg. Miriam Seidler. Frankfurt a. M.: Lang, 2012. 103–117.

Rolf Parr
Koloniale Konstellationen von Heimat und Fremde

Wie Heimat und Fremde im Rückblick miteinander verschmelzen

Für den deutschen Kolonialismus und auch die deutsche Kolonialliteratur sind Fremde und Heimat vielfach nichts anderes als zwei Seiten ein und derselben Medaille, so dass Faszination durch die Fremde und Heimatverbundenheit eng zusammenrücken. Exemplarisch deutlich machen kann man sich das an der Eingangspassage von Lydia Höpkers 1925 veröffentlichtem Südafrika-Roman *Um Scholle und Leben. Schicksale einer deutschen Farmerin in Südwest-Afrika*, in der die erwachsene Frau sich von Afrika aus an ihre Kindheit erinnert:

> Sehnlichst wünschte ich mir als kleines Mädchen die Pantoffel des kleinen Muck. Sie standen sogar auf meinem Weihnachtswunschzettel. Dreimal mußte man sich auf ihnen herumdrehen und, hast du nicht gesehen, flog man fort in ein fernes, märchenhaftes Land.
>
> An diese Wunderpantoffel musste ich denken, als ich eines Morgens auf *Farm Kayas* in den ersten Frühlingstagen im Ziegenkraal stand, eine ehrwürdige Ziegenmama zwischen den Beinen, ein Kaffernweib daneben mit einem kleinen Zicklein, diesem gut zuredend und ihm das volle Euter in das Maul stopfend. (Höpker 1925, 5)

Faszination durch die Fremde in zeitlicher und alte deutsche Heimat in räumlicher Entfernung sind hier enger miteinander korreliert als die durch die Pantoffel des kleinen Muck ins Spiel gebrachte Sehnsucht nach der Fremde und der tatsächliche Aufenthalt in Südafrika. Anders formuliert: Die Faszination durch die Fremde wird nicht vom hic et nunc des Lebens in Afrika aus thematisiert, sondern in der gleich doppelten, zeitlichen und räumlichen Distanz der kindlichen Perspektive.

Eine ganz ähnliche Verknüpfung bzw. Parallelisierung von Fremde und Heimat findet sich auch in den unter dem Titel *Mit Schwert und Pflugschar in Sachsen und Südwestafrika* veröffentlichten Erinnerungen von Gottreich Hubertus Mehnert, einem Rittmeister der sogenannten Schutztruppe in Deutsch-Südwestafrika:

> In der am Wasser liegenden Sanddüne sind die Frösche erwacht, die mit dem untergehenden Strahl der Sonne ihr tausendstimmiges Quaken ertönen lassen.
> Das rasselnde „Liebeslied" der Frösche schlägt im Schlaf an mein Ohr, meine Jugendzeit steht vor mir auf: Am Strande der Elbe spielen wir Kinder [...]. Aus dem Weidenheger kommen die Spielverderber, mit dem Stock treiben uns unsere Gouvernanten nach Hause.
> „Koffi!" Das Buschmädchen ruft aus der Küche, raus aus dem Bett, hinein in die rauhe Wirklichkeit.
> Wie ein Traum liegt das verflossene Leben hinter mir. Lasse ich aber des Morgens meine Kühe melken und der Bursche Saul ruft die Stammkühe Käthe, Hilmar, Lore, Ella und Margot in den Kral, dann kommt die Erinnerung an meine Jugendzeit, an das Elbdörfchen Amelgosswitz, wo ich am 26. November 1880 geboren wurde. (Mehnert 2007, 15)

Zeigen diese beiden Beispiele der Überblendung von Heimat und Fremde, denen viele weitere an die Seite gestellt werden könnten, dass man als deutsche Kolonialistin oder deutscher Rittmeister in Afrika das Gefühl der Faszination durch die Fremde gar nicht artikulieren konnte? Und wenn ja, warum ist das so?[1]

Eine mögliche Erklärung liegt in den wechselseitigen Affinitäten von Kolonialismus und Heimatkunstideologie. Die deutsche Heimatkunstbewegung hatte nämlich – soweit sie sich als politisches Lebensreformprogramm zur Realisierung bzw. zur Rettung einer bedrohten Lebenswelt angesichts von Entfremdungserfahrungen verstand – auf heimischem Terrain um die Jahrhundertwende keine reale Chance mehr auf Verwirklichung ihrer traditionsorientierten Vorstellungen von Authentizität, Persönlichkeit, Volkstum und zyklisch-nachhaltigen agrarischen Lebensformen. Denn die exponentiell fortschreitende Industrialisierung mit ihren allerorts spürbaren Auswirkungen war längst irreversibel geworden. Ein Programmruf wie Friedrich Lienhards „Los von Berlin" aus dem Jahre 1900 kann dafür als exemplarisch gelten.

Zeitlich parallel dazu sah sich der deutsche Kolonialismus vor die Aufgabe gestellt, Fremde in Heimat zu verwandeln, sich in den neuen Pacht-, Schutz- und Kolonialgebieten zu ‚verwurzeln' und die Kolonien dem deutschen Reichskörper politisch durch militärische bzw. paramilitärische Besetzung und diskursiv durch sogenannte ‚Kultivation' anzuschließen: „Bismarck-Archipel" mit den Inseln „Neu-Pommern", „Neu-Mecklenburg" und „Neu-Hannover" im heutigen Papua-Neuguinea; „Waldersee-Höhen" und „Prinz-Heinrich-Berge" im chinesischen Pachtgebiet Tsingtau; „Kaiser Wilhelmsland" in Melanesien; „Bismarckburg" in Togo; Farmen mit Namen wie „Deutsche Erde" in Deutsch-Südwestafrika, dem heutigen Namibia. Fungierte die Fremde als Wohn-, Lebens- und agrarischer Wirtschaftsort dabei als ‚neue Heimat' der kolonialen Ansiedler – gestützt durch die für

---

[1] Dieser Beitrag greift passagenweise zurück auf Parr 2014. Ich danke dem Verlag für die Genehmigung zur Wieerverwendung in dieser überarbeiteten und erweiterten Fassung.

die Kolonial- ebenso wie die Heimatkunstbewegung grundlegende Symbolik der ‚Verwurzelung auf der eigenen Scholle' –, so stand die Aktualität der deutschen Heimat der Kolonialzeit dazu in latenter Opposition, wurde sie doch wegen der nicht mehr umzukehrenden industriellen Entwicklungen mit Befremdlichkeit konstituierender Distanz angeschaut.

Wechselseitige Affinitäten zwischen Heimatkunst und Kolonialismus

Vor diesem Hintergrund mussten Heimatkunst- und Kolonial*bewegung* und speziell noch einmal Kolonial- und Heimatkunst*literatur* in der Zeit zwischen etwa 1885 und dem Beginn des Ersten Weltkriegs starke wechselseitige Affinitäten entwickeln, eröffneten die noch nicht industrialisierten Kolonialgebiete der Heimatkunstbewegung doch gleichsam eine zweite Chance, ihr Programm – wenn schon nicht mehr in Deutschland selbst – so doch zumindest in den Kolonien zu realisieren (vgl. Jäger 2009). Der suchende Blick nach heimatlicher ‚Bodenständigkeit' konnte in die Kolonien umgelenkt werden, um dort in einem ersten Schritt das (wieder-) zu entdecken, was in Europa längst als obsolet gelten musste, und um es dann in einem zweiten Schritt auf dem Weg über die Kolonialliteratur und die vielgelesenen kolonialen Zeitschriften wieder in die alte Heimat zu re-importieren. Würde man nämlich aus der zitierten Stelle des Romans von Höpker die wenigen Afrikabezüge tilgen, so käme ein genuiner Text der Heimatkunstliteratur dabei heraus:

> Sehnlichst wünschte ich mir als kleines Mädchen die Pantoffel des kleinen Muck. Sie standen sogar auf meinem Weihnachtswunschzettel. Dreimal mußte man sich auf ihnen herumdrehen und, hast du nicht gesehen, flog man fort in ein fernes, märchenhaftes Land.
> An diese Wunderpantoffel musste ich denken, als ich eines Morgens auf *unserem Hof* in den ersten Frühlingstagen im Ziegen*stall* stand, eine ehrwürdige Ziegenmama zwischen den Beinen, *eine Magd* daneben mit einem kleinen Zicklein, diesem gut zuredend und ihm das volle Euter in das Maul stopfend.

Der koloniale Gang in die Fremde ist damit eigentlich eine Suchbewegung nach einer zeitlich bereits zurückliegenden Vorstellung von Heimat. Indem es nun galt, diese in der Fremde einzulösen, blieb kaum mehr eine Möglichkeit, ein sich auf Fremdes richtendes Interesse zu artikulieren. In der Terminologie der neueren Raumtheorien ließe sich sagen, dass im kolonialen Heimatkonstrukt ‚space' (also semantisierter, mit ‚Heimat'-Bedeutung aufgeladener Raum) und ‚place' (empirischer geografischer Ort im südlichen Afrika) miteinander kurzgeschlossen werden. Das Zusammenspiel von Heimatkunst- und Kolonialbewegung bot damit um die Jahrhundertwende für einen Moment die Chance, die Diachronie von ‚Erinnerung', ‚Status quo' und ‚Utopie' zu synchronisieren. Das, woran man sich im Mutterland nur noch erinnern konnte, sollte in den Kolonien zeitgleich zurückgewonnen werden, womit die retrospektive Blickrichtung der Heimatkunstbewegung und die prospektive der kolonialen Utopie tendenziell zusammenfielen.

Formen des Umgangs mit dem auf Heimat hin ausgerichteten Kolonialismus

Vier ganz verschiedene Beispiele und mit ihnen auch Modelle des Umlenkens bzw. des Umkodierens von Fremde in Heimat und damit auch von Faszination durch die Fremde in Heimatgefühle werden im Folgenden vorgestellt.

Erstens wird kurz auf die Burenkriege eingegangen, die eine attraktive Diskursposition für die deutschen Kolonialisten wie auch die deutsche Heimatkunstbewegung boten. Danach wird – zweitens – die Spezifik der Kopplung von militärisch-imperialem Kolonialismus und Heimatkunstideologie in Gustav Frenssens „Feldzugsbericht" *Peter Moors Fahrt nach Südwest* (Frenssen 1906) analysiert, der den zwischen 1904 und 1908 gegen die Herero und Nama geführten deutschen Vernichtungskrieg thematisiert; dann – drittens – der Unauflösbarkeit der Aporie von ‚Verheimatung' der Kolonien auf der einen und ihrer exotistischen Gefährdung auf der anderen Seite am Beispiel der 1913 erschienenen *Südafrikanischen Novellen* von Hans Grimm (1975) nachgegangen, die diesen Konflikt in immer wieder neuen, nur leicht abgewandelten und dadurch fast schon experimentell anmutenden Szenarien durchspielen. Gesucht wird darin nämlich nach – nicht nur semantischen – Positionen der Begegnung zwischen ‚Schwarz' und ‚Weiß', die punktuell zwar zu gelingen scheinen, aber immer nur temporär Bestand haben, bevor auch sie der unhintergehbaren Aporie des imperialen deutschen Konstrukts von kolonialer Heimat zum Opfer fallen. Denn wenn es nicht nur um koloniale bzw. imperial-militärische Aneignung der Fremde, sondern um ‚Verheimatung' im Sinne gelingender „kulturelle[r] Grenz-Arbeit" – so die Formulierung von Homi K. Bhabha – gehen soll, dann ist es für die „Begegnung mit der ‚Neuheit'" unabdingbar, dass sie „an dem Kontinuum von Vergangenheit und Gegenwart" gerade *nicht* „teilhat" (Bhabha 2000, 10). Das Heimatkonstrukt des deutschen Imperialismus mit seiner Projektion eines anachronistischen Heimatbildes auf die Kolonien verhinderte aber genau dies. Zum Abschluss wird viertens auf das Verhältnis von Faszination durch das Fremde und Rückkehr zur Heimat für die Expeditionsreisen der Zwischenkriegszeit eingegangen.

Die Burenkriege – eine attraktive Diskursposition

August Julius Langbehn hatte das Paradox der kolonialen Verheimatung in *Rembrandt als Erzieher* schon in den 1890er Jahren erkannt und Preußen-Deutschland die diskursive Position der Holländer anempfohlen, nämlich diejenige von „Seebauern" (Langbehn 1982,147), eine Formulierung, mit der die semantische Diskrepanz zwischen ‚horizontalem in die Ferne-Gehen' und ‚Sesshaftigkeit' aufgefangen werden sollte. Ein wichtiges diskursives Ereignis, an dem diese Semantik dann vielfältig durchgespielt wurde und welches ein attraktives Diskursangebot gerade auch für Intellektuelle, Schriftsteller und der Heimatkunstbewegung nahestehende Künstler bot, waren die sogenannten Burenkriege zwischen 1899 und 1903, in denen England gegen die südafrikanischen Transvaalburen kämpfte. Die Buren – ihrerseits zugleich als ‚deutsch' und ‚holländisch' semantisiert – nahmen dabei die Position der hochpositiv gewerteten, sesshaften Bauern ein, die ihre Heimat verteidigten, die Engländer diejenige einer in die Horizontalität der Ferne streifenden Nation, aber ohne ‚Tiefgang' und ‚Sesshaftigkeit'; in der Sprache der Zeit ohne ‚Verwurzelung im Boden'. Ikonisch wurde etwa die Partisanentechnik der Buren als ein geradezu mystisches ‚Wachsen aus dem Boden heraus' dargestellt (vgl. dazu die Beispiele bei Parr 2014, 58–65), demgegenüber die englischen ‚Söldner' zunächst machtlos erschienen. Je stärker diese Diskursposition auch in Europa und speziell in Deutschland Verbreitung und Akzeptanz fand, umso mehr konnten sich davon angerufene Gruppen mit ihr (und den Buren) assoziieren. So schifften sich deutsche Förster in ihren Uniformen mit Fahrrad und Gewehr ein, um in Südafrika gegen England zu kämpfen; zahlreiche Literaten der Heimatkunstbewegung (und solche, die dafür gehalten wurden) engagierten sich im Burenhilfsbund (Karl May, Hermann Lingg), stellten ihre Textproduktion zumindest teilweise auf das Burenthema ab (Ludwig Thoma) oder fungierten als Annahmestelle für Spenden (Wilhelm Raabe).

An der Schnittstelle von Heimatkunst und Kolonialismus: Gustav Frenssens *Peter Moors Fahrt nach Südwest*

Ebenfalls an der Schnittstelle von Heimat- und Kolonialliteratur platziert ist thematisch Gustav Frenssens 1906 erschienener Roman *Peter Moors Fahrt nach Südwest* (vgl. dazu Parr 2003; Detering und Sina 2018), und zwar bereits deutlich bevor eine Schriftstellerin wie Friederike Henriette Kraze die beiden ‚Heimaten' im Titel ihres 1909 erschienenen Romans *Heim Neuland. Ein Roman von der Wasserkante und aus Deutsch-Südwest* nebeneinanderstellte.² Ein Autor aus der niederdeutschen Provinz, der sich mit Romanen wie *Jörn Uhl* (1901) und *Hilligenlei* (1905) als Vertreter einer norddeutschen Heimatkunstliteratur einen Namen gemacht hatte, schrieb 1906 plötzlich über die Kolonien, genauer über einen jungen Mann niederdeutscher Herkunft, der als Marineinfanterist nach Deutsch-Südwestafrika kommt, im Vernichtungskrieg gegen die Herero und Nama eingesetzt wird und nach etlichen Fremdheitserfahrungen und körperlichen Strapazen wieder zu Hause anlangt. Dieser *Feldzugsbericht* wurde von der zeitgenössischen Kritik in Deutschland nahezu einhellig positiv aufgenommen und der Erfolg vielfach durch den „Volkston" bzw. den Charakter eines „Volksbuches" (vgl. die Belege bei Benninghoff-Lühl 1983, 134) erklärt, wobei dem „derben, duftenden Bauernbrot" heimatkünstlerischen Erzählens ganz im Sinne der Heimatkunstbewegung das negativ gewertete „aufrasende Maschinenzeitalter" und die Großstadt als dessen Sinnbild entgegengestellt wurde (so Jansen 1933, 15–16 [zit. nach Warmbold 1982, 97], zu *Jörn Uhl* und *Hilligenlei*).

Ein Problem für die Autor*innen der Heimatkunstbewegung war jedoch, dass sie dann, wenn sie als regionale Schriftsteller*innen wahrgenommen wurden – was dem Heimatkunstprogramm eigentlich entsprochen hätte –, zugleich in der Gefahr standen, auch nur regional rezipiert zu werden. Unter ökonomischem Aspekt mussten sie es daher schaffen, die Verbundenheit mit der per se regionalen, wenn nicht sogar lokalen ‚Scholle' ins ‚Allgemein-Deutsche' zu wenden, was um 1900 stets auch hieß: ‚ins Koloniale'. Hatte Frenssen in seinem 1901 erschienenen Roman *Jörn Uhl* dieses Problem auf einem eher indirekten Wege noch dadurch zu lösen gesucht, dass er Wissen aus und um die Kolonien in Berichtsform punktuell auch in der norddeutschen Heimat verfügbar machte (231–242), so gelang es ihm mit *Peter Moors Fahrt* vom regionalen zum gesamtdeutschen Schriftsteller zu avancieren (vgl. Benninghoff-Lühl 1983, 57; Detering und Sina 2018, 10). Denn die mit *Peter Moor* thematisierten Kolonien waren ein Gegenstand, an dem sich die Basisideologeme und -optionen der Heimatkunstbewegung auch direkt in globaler und nicht nur regionaler Perspektive umsetzen ließen. Das Interesse an dem dann nur noch auf den ersten Blick überraschenden Thema Südafrika war also auch durch die der Heimatkunstbewegung interne Logik motiviert, wobei allerdings immer die Rückbindung an das Heimatland gegeben sein musste.

---

2 Ketelsen 2006 betont, dass Krazes Roman „in derselben Weise ein Kolonialroman ist, wie er ein Heimatroman ist" (138), ein Roman, „der so offenkundig gemäß den diskursiven Regeln des Heimat- und des Kolonialromans verfaßt worden ist" (145).

Die Materialbasis für seinen Text bezog Frenssen aus Briefen, Tagebüchern, Bildern, kriegsgeschichtlicher Literatur und nicht zuletzt von den zurückkehrenden Soldaten, die er ausführlich interviewte (siehe Benninghoff-Lühl 1983, 124–125) – ein aus Sicht der Ästhetik der Heimatkunstbewegung eigentlich grenzwertiges, weil schon in Richtung „Reportageroman" (Meyn 1997, 324) verweisendes Verfahren der Informationsbeschaffung. Das warf jedoch wiederum das Problem auf, dass damit jene Erdverbundenheit gefährdet war, ohne die ein Schriftsteller der Heimatkunstbewegung ihrer Programmatik nach gar nicht erst hätte schreiben können. Frenssens Lösung, die er zur Rechtfertigung später explizit formulierte, lautete: „Ich hatte nach so viel Lektüre, soviel Grübeln und geistigem Sehen, so viel genauer Befragung nicht mehr das Gefühl, daß ich nicht Selbstgesehenes und Erlebtes darstellte. Ich hatte den Sand nun zwischen den eigenen Zähnen." (Frenssen 1909, 5; vgl. Benninghoff-Lühl 1983, 124; Warmbold 1982, 101) Fremderfahrung wird hier in quasi-authentische Eigenerfahrung überführt, das ferne Afrika in eine in den Anschauungsformen der Heimatkunstbewegung artikulierte Unmittelbarkeit.

Deutlich wird damit, dass Frenssen keinen exotistischen „Reiseroman" (Warmbold 1982, 102) schreiben, nicht exakte Informationen liefern wollte, mit denen spätere Leser die Schauplätze hätten abwandern können, sondern vielmehr darauf abzielte, ästhetisch-ideologische Optionen umzusetzen, die die Heimat (und Heimatkunst) in Deutschland betreffen. Diese Richtung des Interesses wird zunächst durch die Perspektive der Hauptfigur hergestellt: Es geht um einen „‚holsteinische[n] Jungen aus Handwerkerhaus', der auf kolonialdeutschem Boden für gesamtdeutsche Ideale" (Warmbold 1982, 102) – und nicht nur solche regionaldeutscher Heimatkunst – streitet und sie mit seinem Kampf zumindest ansatzweise zu verwirklichen hilft. Daher ist im Roman eine Tendenz zu beobachten, bei Aufzählungen stets das ganze Deutschland von Norden nach Süden, von Westen nach Osten in seinen regionalen Landsmannschaften (man könne auch sagen: in seinen Heimaten) zu repräsentieren: „Schlesier und Bayern und aus allen andern deutschen Stämmen, und auch drei oder vier Holsteiner." (Frenssen 1906, 6)

Sobald Frenssen aber von deutschen Farmen oder Siedlungen schreibt, wird das ganze Repertoire an Boden-, Garten-, Bauern- und nicht zuletzt Familienideologie der Heimatkunst aufgeboten, und zwar so, als hätten die kolonialen Aktivitäten immer schon genau darauf abgezielt. Selbst dem verwüsteten, „schmalen und dürftigen Garten" einer Ansiedlung sieht man noch an, „mit welcher Mühe deutsche Hände ihn in dem dünnen Erdreich gepflegt hatten" (Frenssen 1906, 41; vgl. dazu Warmbold 1982, 113–114, 119); Farmhäuser sind stets „schön und stattlich" (Frenssen 1906, 50) und weiße reinliche Frauen erscheinen als deutsche Madonnen:

> Mit großen Augen spähten wir in den Garten hinein, den die Schutztruppler in früheren Jahren mit großer Mühe hier angelegt hatten; da waren wahrhaftig Palmen und Weinlauben, von denen wir in Kiel und auf dem Meere geträumt und geredet hatten; und da war ein Teich! O, wenn man da hineinreiten dürfte! Und da, im Schatten einer Veranda, stand eine deutsche Frau; sie hatte ein kleines Kind auf dem Arm. Wie wir hinsahen! Wie wir uns über das helle, saubere Kleid freuten und über das reine, freundliche Gesicht und über das kleine weiße Kind. Wie auf ein Himmelswunder starrten wir auf das, was man in Deutschland alle Tage sehn konnte. Wie die heiligen drei Könige, die auch aus der Wüste kamen und vom Pferd herab Maria mit ihrem Kinde sahen. Sie sah uns hungrige, ganz verlumpte und schmutzige Gesellen mit großen, mitleidigen Augen an und neigte sich freundlich, als wir alle wie auf Befehl die Hand an die Feldmütze legten. (Frenssen 1906, 111)

Zur Mitte des Romans hin wird das Heimatkunstprogramm dann breit entfaltet, und zwar als etwas, das in Deutschland gegen die Industrialisierung auch schon zum Zeitpunkt des Erscheinens von Frenssens Roman so nicht mehr zu verwirklichen war. Einen älteren Kolonnenführer fragt Peter Moor „wie er es anfange, eine Farm zu gründen". Dessen Antwort umreißt die von der Heimatkunstbewegung popularisierte Imagination eines ‚besseren' Deutschland jenseits von Untermietern, Tagelöhnern, Leistungskonkurrenz und Mangel an Raum:

> „Ich suche mir einen Platz aus mit gutem Wasser und guter Weide; dort lasse ich mir von der Regierung so ungefähr fünftausend Hektar anweisen. Es geht nicht so genau wie in Deutschland, sondern es heißt: von dem Baum bis zu dem Wasserloch, und dann zu der Pad, und so weiter. Dann lasse ich das bißchen Vieh, das ich habe, dort weiden. Es nährt und tränkt und mehrt sich selbst, ganz wie bei Abraham und Jakob. Nach zwei, drei Jahren habe ich schon eine ganze Herde. Unterdes baue ich mir ein kleines steinernes Haus. Wenn ich allmählich anfange, einige Stücke Vieh zu verkaufen, wird aus dem Haus ein besseres." Ich fragte ihn, ob er trotz des Aufstandes und all der Zerstörung im Lande bleiben wolle. Er sagte: „Sieh! Du kannst hier gehn und stehn und ruhn und trekken, hundert Meilen, und kein Mensch sagt Dir, was Du sollst oder nicht, und Du hast keine Sorge um Freundschaft mit dem Nachbar auf derselben Etage, oder mit dem Vizewirt um die Tapete im Wohnzimmer, oder um Tagelohn, oder um täglich Brot. Wenn Du das eine Kalb verzehrt hast, schlachtest Du ein andres. Magst Du kein Kalbfleisch mehr, schlachtest Du eine Ziege. Oder Du gehst auf die Jagd [...]." Ich fragte ihn, ob er wohl heiraten wolle. Er sah mich von der Seite an und sagte: „Wenn der Krieg zu Ende ist, kommt ein Mädchen aus Deutschland, mit dem ich brieflich eins geworden bin. Ich kenne ihre Eltern und auch sie ein bißchen. Die Farmerfrauen sind hier guter Dinge, das kannst Du Dir auch denken; wenig Arbeit, keine Konkurrenz, also kein Neid und Streit, viel Land, Kühe und Ochsen, ein Pferd zum Reiten, keine Sorge ums Auskommen." So erzählte er. Ich hörte ihm gern zu, und konnte alles, was er sagte, wohl verstehn. (Frenssen 1906, 124–126; vgl. dazu auch Kiesel 2018, 32)

Folgt man dem, dann gibt es eigentlich nur noch einen Störfaktor bei der Verwirklichung des Heimatkunstprogramms – nämlich die Afrikaner*innen, die dann nicht nur kriegskonsequent, sondern auch konsequent im Sinne der Heimatkunstbewegung ausgerottet werden. Auch wenn man denken könnte, dass das auf der Folie der christlichen Grundannahme ‚alle Menschen sind Brüder' für die Kolonialist*innen zunächst einmal durchaus problematisch war, konnte ein solcher Rassismus auf dem Feld der Religion doch mit der Heimatkunstideologie verknüpft werden. Am Ende von Frenssens Roman wird nämlich ein Feldgottesdienst geschildert, der Gelegenheit gibt, das christliche Gebot der brüderlichen Gleichheit zum einen rassistisch, zum anderen mit Blick auf die Basisannahmen der Heimatkunstbewegung zu interpretieren. Es dient zum einen der trivialdarwinistisch-rassistischen Legitimation des Genozids an den Herero und Nama:

> Was wir vorgestern beim Gottesdienst gesungen haben [...], das verstehe ich so: Gott hat uns hier siegen lassen, weil wir die Edleren und Vorwärtsstrebenden sind. Das will aber nicht viel sagen gegenüber diesem schwarzen Volk; sondern wir müssen sorgen, daß wir vor allen Völkern der Erde die Besseren und Wacheren werden. Den Tüchtigeren, den Frischeren gehört die Welt. Das ist Gottes Gerechtigkeit. (Frenssen 1906, 200)

Zum anderen geschieht diese Rechtfertigung aber mit Bezug auf die Ideologeme der Heimatkunstbewegung: „Diese Schwarzen haben vor Gott und Menschen den Tod verdient, nicht weil sie die zweihundert Farmer ermordet haben und gegen uns aufgestanden sind, sondern weil sie keine Häuser gebaut und keine Brunnen gegraben haben." (Frenssen 1906, 200; zum Argumentationsmuster vgl. Brehl 2004) Ganz konsequent beginnt das letzte Kapitel des Romans dann auch damit, dass in dem Moment, in dem die Herero besiegt und Südafrika in deutscher Hand ist, die Landschaft unter dem einsetzenden Regen zu sprießen, zu wachsen, zu blühen beginnt und sich damit Fremde erfolgreich in Heimat verwandelt hat.[3] Das Heimatkunstprogramm wird damit bei Frenssen auf dem Weg über den Krieg gegen die Herero in Südafrika, also gleichsam out-of-area, verwirklicht (vgl. Brehl 2000).

Exotistisch gefährdete Heimaten: Hans Grimms *Südafrikanische Novellen* (1913)

Ein drittes, ganz anders strukturiertes und weitaus komplexeres Modell des Umgangs mit der in der deutschen Kolonialliteratur offenbar tabuisierten Artikulation von Faszination durch die Fremde entwickeln Hans Grimms Südafrikaerzählungen. Werden bei Frenssen die relativ einfach strukturierten Leitoppositionen

---

3 Vgl. auch Malherbe-Boucke 1936, 67: „Der Boden bleibt arm; was aber menschenmöglich war, ist ihm abgerungen. Die einst nutzlosen großen Flächen sind längst Kapstadts Gemüse- und Kartoffelgärten geworden. Ihre Erfolge haben das rühmende Wort geprägt: ‚Auf einem Boden, auf dem Schotten und Engländer verzagen, auf dem nicht genug für die Schildkröte wächst, da schaffen Deutsche noch ein Paradies.'"

von ‚schmutzig vs. rein', ‚Einzelne vs. Masse', ‚sesshaft vs. nomadisch', ‚Nord vs. Süd', ‚Wasser vs. Trockenheit' kaum durch exotistische Faszinationen irritiert, da dies zu vielfältigen Friktionen hätte führen müssen (lediglich einmal ist die Rede von „Kameraden", die „wollten, dass Afrika ganz, ganz anders aussähe als die Heimat", Frenssen 1906, 44), so spielt genau diese Faszination in den 1913 veröffentlichten *Südafrikanischen Novellen* von Hans Grimm eine besondere Rolle. Damit werden diejenigen semantischen Elemente von besonderem Interesse, die geeignet sind, ‚Heimat und Fremde', ‚Kolonialismus und Exotismus' zu vermitteln, sie koexistieren zu lassen.

Während Frenssens Konzept eines zugleich biologistisch, religiös wie auch heimatkünstlerisch argumentierenden Rassismus solche Berührungen aber gar nicht erst zuließ, spielt Grimm in den Zonen des Überlappens der semantischen Paradigmen von ‚Schwarz' und ‚Weiß' verschiedene Szenarien des Scheiterns eines dauerhaften Zusammenlebens durch. Dabei geht es Grimm sicherlich auch darum, sein „Konglomerat aus Tropenhygiene und Biopolitik" sowie einer „rassistisch-nationalkonservativen Weltsicht" und Ideologie „möglichst effektvoll und umfassend zu vermitteln" (Freudenthal 2010, 24), doch werden die Zonen des Berührens und Überlappens von Schwarz und Weiß immerhin probeweise durchgespielt, was für einen großen Teil der Kolonialliteratur, wie nicht zuletzt das Beispiel Frenssen zeigt, gar nicht im Horizont des Denkbaren liegt.

Thematisiert wird bei Grimm damit auch hier wieder ein Bedingungsdreieck von Exotismus (Faszination an der Fremde), Imperialismus und Heimat, und zwar in einer spezifisch südwestafrikanischen, das heißt deutsch-kolonialen Variante.

„Ferngewohnheit": Das ‚Braune' zwischen ‚Schwarzem' und ‚Weißem' in der Novelle *Dina*

Hans Grimms Novelle *Dina* (Grimm 1975, 7–41), an der sich das exemplarisch zeigen lässt, spielt nur kurze Zeit nach dem bei Frenssen behandelten Krieg gegen die Herero. Der namenlos bleibende Wachtmeister einer Polizeistation in der Lüderitzbucht trifft auf einer seiner Inspektionstouren die Hottentottin Dina und einen sie begleitenden, etwas verwachsenen Jungen an einem Wasserloch. Er nimmt beide mit zur Station, auf der sich Dina auf vielfältige Weise nützlich macht, im Wachtmeister aber auch ein erotisches Begehren weckt – und zugleich auch ein damit nicht per se gleichzusetzendes exotistisches Begehren befriedigt.

Dieser Konstellation entsprechend, verweisen die semantischen Eckpole der Erzählung von diesem mittleren Feld des Zusammenkommens von Schwarz und Weiß zum einen deutlich in Richtung ‚Afrika', zum anderen ebenso deutlich in Richtung ‚Deutschland' bzw. ‚Holstein'. Die sich daraus ergebende gleichermaßen semantische wie geografische Achse stellt ein Kontinuum zwischen ‚Schwarz' und ‚Weiß', zwischen ‚Lüderitzbucht' und ‚Holstein' dar, innerhalb dessen die Hauptfiguren platziert werden. Relativ schnell kristallisieren sich dabei über die ihnen zugeschriebenen Attribute distinkte Positionen heraus, unter denen ganze Paradigmen von sich wechselseitig stützenden und verstärkenden semantischen Elementen subsumiert sind, z. B. ‚schwarz, kindisch, faul, tierisch, warm-trocken' versus ‚weiß, erwachsen, fleißig, menschlich, ordentlich, kalt-nass'.

Zwischen diesen Extremen gibt es einen Zwischenbereich, in dem die polaren Merkmale punktuell und temporär ‚auf die andere Seite' überwechseln können, sodass der Zwischen- zum Vermittlungsbereich wird. ‚Ordentlichkeit' etwa ist ein zunächst durchgehend an die deutschen Figuren gekoppeltes Merkmal. Die Frau des Wachtmeisters wird als „Norddeutsche [...] mit der niedersächsischen Ordentlichkeit im Leibe" beschrieben; die Deutschen überziehen selbst „tote[s] Land" mit einem „lebendige[n] Netz von Ordentlichkeit", sodass „Propertät" herrscht. Ordentlichkeit ist aber auch ein Merkmal, das – mit Einschränkung – der Hottentottin Dina zugesprochen wird: „[...] sie hat keine Läuse und ist überhaupt sehr reinlich." (Grimm 1975, 7, 14, 16) Weiter wird sie charakterisiert als „ordentlich gewachsen" (erfüllt also ein deutsches Kriterium), aber „nach ihrer Art" (was sie wiederum relativierend innerhalb von Afrika verortet). Auf diese Weise kann sie eine ambivalent zwischen Heimat und Fremde bzw. Kolonialismus und Exotismus changierende Mittelposition einnehmen. Der Dina begleitende Hottentottenjunge hat im Gegensatz zu ihr einen „Höcker", fast so, als sei das der Normalfall, eine „ganz ordentlich gewachsen[e]" (Grimm 1975, 9) Dina jedoch die in Richtung europäische Normalität tendierende Ausnahme. Dina rückt damit punktuell über die Mittelposition hinaus und der Tendenz nach in den semantischen Bereich ‚Deutschland', speziell ‚Holstein/Heimat' hinein.

Umgekehrt sucht der deutsche, ‚*braun*gebrannte' und von „*Fern*gewohnheit" (Grimm 1975, 19; Hervorhebungen R.P.) getriebene Wachtmeister ganz so wie der afrikanische Landstreicher immer die ‚Weite'. Das wiederum steht ganz im Gegensatz zu seiner weißen Frau, die ständig Heimweh und Sehnsucht nach der ‚Enge' der Heimat artikuliert und bereits auf dem Dampfer vor Southampton erkennt, „daß sie außerhalb der Heimat nie werde Wurzel fassen können, was sonst immer sich ereignen möge" (Grimm 1975, 19). Das aber stellt nicht nur den denkbar gröbsten Verstoß gegen die koloniale Aufgabe der Verheimatung von Fremde dar, indem eine Differenz zwischen geopolitischer ‚deutscher Heimat' und geokultureller bzw. semantischer Fremdheitserfahrung aufgemacht wird, sondern bringt den Wachtmeister obendrein in maximale Distanz zu seiner „richtige[n] weiße[n] Frau" (Grimm 1975, 19): „So stark wie in dem Holsteiner die Ferngewohnheit war, so groß war in ihr das Heimweh." (Grimm 1975, 19) Die weiße Frau verkörpert also die negative Variante der Faszination durch das Fremde, nämlich ein Heimweh, das sich auf die aktuelle Heimat richtet und nicht die Vorstellung der besseren, aber vergangenen Heimat, die es in Afrika einzulösen gilt.

Bereits im allerersten Absatz der Erzählung werden auf ganz engem Raum Deutschland bzw. Holstein und Südafrika aufeinander bezogen und gleichsam probeweise miteinander verbunden, indem einzelne semantische Merkmale auf beiden Seiten verortet werden. So hört der Wachtmeister aus dem „Kauderwelsch" der Hottentottin den Namen „Dina" heraus, gleichzeitig hört er ihn aber auch aus dem Niederdeutschen heraus: „Sie nannte sich gar nicht Dina, aber dem Wachtmeister der Polizeitruppe, der sie fand und fragte, klang es ähnlich aus dem Kauderwelsch heraus, und von seiner Schwägerin daheim in Holstein war er an den Namen gewöhnt." (Grimm 1975, 7) Damit ist Dina wiederum auf der Mitte zwischen Heimat und Fremde platziert: Sie wird gleichzeitig in maximale Distanz gestellt und nah herangerückt.

Koloniales versus exotistisches Begehren

Die ‚weiße Frau' ist bei Grimm (und darüber hinaus einem großen Teil der Kolonialliteratur) – wie Peter Horn (1985) überzeugend nachgewiesen hat – sexuell eher neutral, ohne erotische Ausstrahlung. Dadurch ist sie in gleich mehrfacher Hinsicht gerade nicht ‚Dienerin' ihres Mannes, sondern koloniale ‚Herrscherin' und ‚Fürstin' neben ihm. Als eine solche ‚weiße Herrin' verlässt die weiße Frau ihre typische weibliche Geschlechtsrolle als Dienerin. Diese Funktionsstelle ist in Grimms Erzählung zu Beginn frei und kann von Dina wahrgenommen und besetzt werden. Das bedeutet aber auch: Indem die weiße Frau ihre Geschlechtsrolle verlässt, gefährdet sie die koloniale Ordnung ebenso, wie sie zugleich die Verbindung des Kolonialisten mit der farbigen Frau fördert.

Zwischen farbiger und weißer Frau steht der deutsche Wachtmeister, für den das exotistisch begehrte Paradies zu einem vergifteten Ort wird. Denn der Kolonist, der ein Paradies, also das, worauf sich seine „Ferngewohnheit" richtet, der ‚Freiheit' und Ungebundenheit begehrt, steht zugleich in einer Funktion, in der er all dies seinem ‚mitgebrachten deutschen Gesetz', dem „Netz von Ordentlichkeit" (Grimm 1975, 14) unterwerfen muss, um als Kolonist überhaupt überleben zu können. Daraus entspringt der eigentliche Konflikt des Wachtmeisters: Dina gefährdet nicht sein exotistisches, auf die Fremde bezogenes, wohl aber sein koloniales und damit auf Heimat gerichtetes Begehren. Umgekehrt die weiße Frau: Sie gefährdet sein exotistisches, nicht aber sein kolonial-heimatliches Begehren. Überschreitet der Wachtmeister die Grenze zu Dina, dann vernichtet er sich als Kolonialherr, kann aber Exotist bleiben. Bleibt er ein die deutsche Heimat behauptender Kolonialherr, so muss er dieser Position sein exotistisch-sexuelles Begehren unterordnen.

Die Erzählung spielt also die Unmöglichkeit eines gelungenen halben Weges, einer gelungenen Besetzung des Zwischenraums zwischen ‚Schwarz' und ‚Weiß', zwischen ‚Fremde' und ‚Heimat', zwischen kolonialer Verwurzelung und „Ferngewohnheit" durch. Vermittlungen der jeweils antagonistisch angelegten Pole sind dabei immer nur temporär, nicht aber auf Dauer möglich, sodass es auch kein dauerhaft lebbares Modell zwischen ‚Holstein' und ‚Südafrika' gibt, keine Kolonie als Heimat, sondern immer nur ein Umsteuern von dem einen als defizitär empfundenen Zustand, nämlich zu Hause zu sein in der nicht verheimateten und zudem auch noch als exotistisch rezipierten Fremde, in den anderen, nicht minder defizitären Zustand, nämlich Fremder in der als zu eng empfundenen Holsteinischen Heimat zu sein: „[...] auf einmal saß der Wachtmeister schon sechs Wochen in Holstein. Nach diesen sechs unklaren Wochen merkte er immer deutlicher, daß er ein Fremder sei in der Heimat." (Grimm 1975, 17) Dort

> erzählte er nicht nur dann und wann von Afrika, sondern beim kleinsten Anlasse holten ihn seine Gedanken fort über See, und dann schraubte er die Augen zusammen, ganz eng, wie einer, der bei grellem Sonnenglanze oder starkem Wind reitet und über weite Flächen scharf ausspähen muß. Die so eingestellten Augen sahen gar nicht mehr in die saftigen grünen Koppeln Holsteins hinein, die starrten in die unbezähmbare Ödheit der Namib.
>
> (Grimm 1975, 17)

Grimms Erzählung zielt damit darauf ab, genau das zu desillusionieren, was Zeitschriften wie *Kolonie und Heimat* für ihr heimatliches und kolonial-heimatliches Lesepublikum semantisch kunstvoll in Szene setzten. Mit der Kollision von ‚Heimat' und ‚Exotismus' bzw. von ‚Heimat' und „Ferngewohnheit" entzieht Grimm aber auch einer um Elemente der Heimatkunstbewegung ergänzten werbend-agitatorischen Kolonialliteratur weitestgehend den für sie eigentlich so nötigen diskursiven ‚Heimatboden'. Das wiederum zeigt, wie prekär jede Form von ‚Sich-Einlassen-auf-das-Fremde' für den deutschen Kolonialismus sein musste.

Ausblick: Das Modell der Expeditionsreisen der Zwischenkriegszeit

Ein viertes, noch einmal anders akzentuiertes Modell der Verknüpfung von Fremde und Heimat und – diesmal auch durchaus emphatisch – Heimweh stellen die Expeditionen der Zwischenkriegszeit dar, denn sie folgen einem ganz anderen Bewegungskonzept als das koloniale Modell. Allerdings konnten die nach dem Ersten Weltkrieg verstärkt unternommenen Expeditionsreisen und die mit ihnen verbundenen symbolischen Inbesitznahmen der Fremde diskursiv als Ersatz für die mit dem Vertrag von Versailles endgültig verlorenen Kolonialgebiete dienen, sodass man von einer quasi-kolonialistischen Überdetermination der Expeditionen sprechen kann, teils in Kombination mit sportiv semantisierten Narrativen nationaler Konkurrenz. Nicht ersetzen ließ sich auf diese Weise aber das koloniale Modell dauerhafter Verheimatung in der Fremde.

Denn Expeditionen müssen den Raum, den sie erkunden wollen, unabhängig vom tatsächlichen Stand der Kenntnisse, als einen des Nicht-Wissens konzipieren, als einen jener weißen Flecken auf der Landkarte, die es von Nicht-Wissen in Wissen zu überführen gilt. Das wiederum ist nur im Erst-Fall möglich, also bei Ersterkundungen, -beschreibungen, -vermessungen, -besteigungen, -durchquerungen und seit den 1920er Jahren vermehrt durch Erstverfilmungen, was nichts anderes heißt, als Erst-Sichtbarmachung des Fremden in der Heimat. Die dann in der Regel nach den Expeditionen als deren eigentliche Ergebnisse produzierten illustrierten Bücher und Kinofilme, die meist stärker literarisch als wissenschaftlich angelegt sind, beschreiben häufig diese Überführung von Nicht-Wissen im Sinne von ‚Noch-nicht-Gesehenem' in Wissen (Sichtbares). Ist dies der eine Bezug der Expeditionsreisen auf die Heimat, so liegt ein zweiter darin, das ‚Auslandsdeutschtum', das durch den Verlust der Kolonien in einem vielfach nicht nur übertragenen Sinne heimatlos geworden war, wieder an das ursprüngliche Heimatland anzuschließen.

Obwohl die Bewegungsform der Expedition also eine ‚in die Weite der mehr oder weniger fremden Welt' ist, ist sie doch zugleich in zweifacher Weise auf die Heimat bezogen. Spätestens damit aber wirken die durch Expeditionen punktuell erschlossenen neuen Räume des Wissens auch auf die Ausgangskultur (im emphatischen Sinne auf die Heimat) zurück, handelt es sich bei ihnen doch um solche Räume, die sich als Konkretisationen des Wissens um Auslandsdeutsche darstellen. Verstärkt wird dies noch einmal, wenn in den bereisten Gebieten auf Zeugnisse des deutschen Kolonialismus gestoßen wird, so dass das koloniale Heimatkonstrukt mit dem der Expeditionen punktuell verknüpft werden kann. Von den Expeditionsreisen mit in die Heimat gebracht wird dann ein gleichsam verifiziertes Wissen um die offensichtlichen Erfolge deutscher kolonialer Verheimatung. Das verschafft einerseits dem deutschen Kolonialismus nachträgliche Legitimation, andererseits aber auch den Expeditionsreisen, die mit ihren Erkundungen der Fremde dann stets auch Erkundungen der Heimat sind.

Letztlich stellt sich die Expeditionsfahrt damit zugleich als eine aus der Heimat in die Fremde und als eine aus der alten Heimat in die vormals neue Heimat dar, nämlich zu den ‚Auslandsdeutschen'. Sie werden nach der Unterbrechung durch den Ersten Weltkrieg in Form der beide verbindenden Reise wieder an die alte Heimat angeschlossen. Ein eigentlich vorhandenes, zwischenzeitlich aber zu verschwinden drohendes Wissen um die ehemaligen deutschen Kolonien und Siedlungsgebiete wird so in die alte Heimat zurückgeholt, womit der nach Versailles nicht mehr gegebene politisch-staatsrechtliche Anschluss der Kolonien durch einen diskursiven ersetzt wird. In dieser Situation kann dann die Faszination durch das Fremde wieder artikuliert werden, stellt es sich im Bewegungsmodell der Expeditionsreisen doch immer auch als doppelt abgesichertes Heimweh dar: In der Ferne trifft man auf das Auslandsdeutschtum, nach Deutschland zurück bringt man das Wissen darum.

Illustrieren lässt sich das an Günther Plüschows Expeditionsbericht *Segelfahrt ins Wunderland* von 1926, in dem er immer wieder auf erfolgreiche Projekte deutscher Kolonisation und Verheimatung verweist: Kaum blüht und sprießt es irgendwo, kaum gibt es prosperierende Farmen und besonders saubere Häuser und Tische, dann sind es deutsche Kolonisten mit ihren ‚deutschen Tugenden', auf die das zurück geht. So erscheint die chilenische Stadt Valdivia als eine „schöne, gepflegte, schmucke Stadt", ja geradezu als ein Hort „des festesten, treuesten Deutschtums, deutscher Arbeit und Kraft, deutscher Gastlichkeit":

> So rein und klar hat sich das Deutschtum, die deutsche Sprache hier erhalten, wie sonst nirgends in der Welt im Auslande, ja selbst noch der alte Heimatdialekt klingt durch.
> [...]
> Da geht mir das Herz auf vor Stolz und Glück, ich kann bald aus vollster Überzeugung denken und sagen: Wenn in Deutschland die Deutschen selbst so treu und unerschütterlich zur Heimat ständen, so deutsch, wahrhaft deutsch dächten – es stände besser um unser geliebtes Vaterland. (Plüschow 1926, 42–43; vgl. auch 59–60 und 80)

Das Wissen, das Expeditionsreisen wie die von Plüschow mit nach Hause bringen, ist damit auf zwei Ebenen angelegt. Zum einen ist es eines, das eigentlich aus der Heimat stammt, auf jeden Fall aber eines über und für die Heimat ist. Dieses Wissen macht die bereisten Gebiete auf dem Weg über das ‚Auslandsdeutschtum' zu einem exponierten Glied des heimischen Staatskörpers, und zwar ganz analog zu den nach 1919 verlorenen Kolonien. Dieses Wissen dient dazu, der Heimat zu versichern, dass es das, was mit den Kolonien verloren ging, auf andere Art und Weise noch gibt. Dazu aber mussten die Orte, an denen man auf das ‚Auslandsdeutschtum' traf, zunächst in die Ferne gestellt werden, mussten als Gegenden konzipiert werden, in denen es Neues zu entdecken oder Bekanntes medial neu darzustellen gab.

Für ein und denselben geografischen Raum werden auf diese Weise also zwei ganz verschiedene Formen von Wissen in die Heimat transferiert: eines um das Eigene in der Fremde und eines, das sich als medial neues Wissen – und bisweilen auch nur medial neue Aufbereitung eines in anderer Form längst vorhandenen Wissens – darstellt. Von daher ist die von Plüschow in *Segelfahrt ins Wunderland* gestellte Frage „Weiß das deutsche Volk, daß hier im fernen Lande das Deutschtum stolz und stark und treu zur alten Heimat steht?" (Plüschow 1926, 153–154) alles andere als bloß rhetorischer Art. Bedingung dafür wiederum ist, nach einer Expeditionsreise wieder in der Heimat anzukommen. Von daher steht am Ende der populären Berichte der in der Regel beschwerliche Weg zurück, der mindestens so wichtig ist wie die Explorations-Bewegung in die Weite der Welt.

Auch Plüschow beschreibt das Ende seiner ersten Expeditions-Reise als hindernisreiches ‚Sich-Durchschlagen-in-die-Heimat' gegen die Unbill der See und des Wetters, dem zu Beginn der zweiten Reise das mühsame Kämpfen um Ausrüstung und Finanzierung korrespondiert (vgl. Plüschow 1929, 15). Die Rückkehr in die Heimat nach der Exploration der Fremde wird am Ende des Textes dann in gleich mehrfacher Überbietung des je schon Gesagten als erfolgreiche Beendigung der Explorations-Bewegung pathetisch inszeniert:

> Wir an Bord sind voller Zuversicht. Zwar kommen wir nicht so schnell vorwärts, wie wir es hofften und wünschten, der Sturm hält uns zurück, aber langsam und sicher dringen wir kämpfend und ringend gen Osten vor. Das ist ja das Schöne, das Befreiende, die Gewißheit: Wir siegen, die Heimat winkt.
>
> Und an einem strahlenden Morgen steigt die deutsche Küste aus dem Meere empor, herrlich schimmert sie im frischen Frühlingskleid, die Sonne gießt ihre segnenden Strahlen darüber aus.
>
> Nun wird schon das erste Elbfeuerschiff sichtbar, der Lotse kommt an Bord, wir gleiten auf der breiten Elbe stromauf, auf beiden Seiten grüßen die lieblichen Ufer, die Häuser und Menschen, grüßt herrliches, üppiges Frühlingsgrün zu mir herüber. Bis sich aus dem Wasser eine mächtige schöne Stadt emportürmt, brandend und brausend uns ein Verkehr umgibt, da – „Fallen Anker"! (Plüschow 1929, 223)

In diesem Modell der Expeditionsreisen fallen Fernweh und Heimweh durch das für die Expeditionsreisen typische kreisförmige Bewegungsmodell von Ausfahrt in die Fremde, Treffen auf Auslandsdeutsche und anschließende Rückkehr in die Heimat beinahe schon zusammen, womit Fremde ganz anders als im kolonialen Modell denkbar und artikulierbar wird.

Was sich historisch als Verheimatung der Fremde und als Expeditionsreise mit Rückkehr in die Heimat noch als ein Nacheinander darstellt, wird im Kino und Fernsehen der 1950er und frühen 1960er Jahre – mit Heimatfilmen wie *Grün ist die Heide* (1951) und Afrikafilmen wie *Serengeti darf nicht sterben* (1959) – arbeitsteilig nebeneinandergestellt.

Literatur

Benninghoff-Lühl, Sibylle. *Deutsche Kolonialromane 1884–1914 in ihrem Entstehungs- und Wirkungszusammenhang*. Bremen: Übersee-Museum, 1983.

Bhabha, Homi K. *Die Verortung der Kultur. Mit einem Vorwort von Elisabeth Bronfen*. Übersetzt von Michael Schiffmann und Jürgen Freudl. Tübingen: Stauffenburg, 2000.

Brehl, Medardus. „Vernichtung als Arbeit an der Kultur. Kolonialdiskurs, kulturelles Wissen und der Völkermord an den Herero". *Zeitschrift für Genozidforschung* 2.2 (2000): 8–28.
Brehl, Medardus. „,Diese Schwarzen haben vor Gott und Menschen den Tod verdient'. Der Völkermord an den Herero 1904 und seine zeitgenössische Legitimation". *Völkermord. Genozid und Kriegsverbrechen in der ersten Hälfte des 20. Jahrhunderts*. Hg. Irmtrud Wojak und Susanne Meinl im Auftrag des Fritz Bauer Instituts. Frankfurt a. M.: Campus, 2004. 77–97.
Detering, Heinrich, und Kai Sina (Hg.). *Kein Nobelpreis für Gustav Frenssen. Eine Fallstudie zu Moderne und Antimoderne. In Zusammenarbeit mit der Schleswig-Holsteinischen Landesbibliothek*. Heide: Boysens, 2018.
Detering, Heinrich, und Kai Sina. „Poetik und Propaganda. Einführende Bemerkungen zu Gustav Frenssen". *Kein Nobelpreis für Gustav Frenssen. Eine Fallstudie zu Moderne und Antimoderne. In Zusammenarbeit mit der Schleswig-Holsteinischen Landesbibliothek*. Hg. Heinrich Detering und Kai Sina. Heide: Boysens, 2018. 7–17.
Frenssen, Gustav. *Jörn Uhl. Roman*. Berlin: G. Grote'sche Verlagsbuchhandlung, 1901.
Frenssen, Gustav. *Hilligenlei. Roman*. Berlin: G. Grote'sche Verlagsbuchhandlung, 1905.
Frenssen, Gustav. *Peter Moors Fahrt nach Südwest. Ein Feldzugsbericht von Gustav Frenssen*. Berlin: G. Grote'sche Verlagsbuchhandlung, 1906.
Frenssen, Gustav. „Wie ,Peter Moor' entstanden ist". *G. Grotes Weihnachts-Almanach*. Berlin: G. Grote'sche Verlagsbuchhandlung, 1909. 1–5.
Freudenthal, René. „Die mangelhafte Frau. Stereotypen des Weiblichen, Hysterie und Wiedergängerschaft in Hans Grimms Novelle ,Als Grete aufhörte, ein Kind zu sein'". *Acta Germanica. German Studies in Africa* 38 (2010): 23–39.
Grimm, Hans. *Südafrikanische Novellen*. Lippoldsberg: Klosterhaus-Verlag, 1975.
Grün ist die Heide. Reg. Hans Deppe. Berolina, 1951.
Höpker, Lydia. *Um Scholle und Leben. Schicksale einer deutschen Farmerin in Südwest-Afrika*. Minden: Wilhelm Köhler, [1925?].
Horn, Peter. „Die Versuchung durch die barbarische Schönheit. Zu Hans Grimms ,farbigen' Frauen". *Germanisch-Romanische Monatshefte* 35 (1985): 317–341.
Jäger, Jens. „Colony as *Heimat*? The Formation of Colonial Identity in Germany around 1900". *German History* 27.4 (2009): 467–489.
Jansen, Werner. „Gustav Frenssen siebenzig". *Gustav Frenssen-Almanach*. Berlin: G. Grote'sche Verlagsbuchhandlung, 1933. 15–16 [zit. nach Joachim Warmbold. *Deutsche Kolonialliteratur. Aspekte ihrer Geschichte, Eigenart und Wirkung, dargestellt am Beispiel Afrikas*. Basel: Eigendruck, 1982. 97.].
Ketelsen, Uwe K. „Der Norden im Süden. Zu Friede H. Krazes ,Heim Neuland'". *Tango del Norte. Festschrift für Walter Baumgartner*. Hg. Cornelia Krüger und Frithjof Strauß (unter Mitwirkung von Dorothée Goetze). Greifswald: Ernst-Moritz-Arndt-Universität, 2006. 132–145.
Kiesel, Helmuth. „Moderne und Antimoderne. Gustav Frenssen im Kontext". *Kein Nobelpreis für Gustav Frenssen. Eine Fallstudie zu Moderne und Antimoderne. In Zusammenarbeit mit der Schleswig-Holsteinischen Landesbibliothek*. Hg. Heinrich Detering und Kai Sina. Heide: Boysens, 2018. 21–42.
Kraze, Friede[rike] Henriette. *Heim Neuland. Ein Roman von der Wasserkante und aus Deutsch-Südwest*. Stuttgart und Leipzig: Deutsche Verlagsanstalt, 1909.
Langbehn, Augst Julius. *Rembrandt als Erzieher. Von einem Deutschen*. 40. Aufl., Leipzig: Hirschfeld, 1892.

Lienhard, Friedrich. *Die Vorherrschaft Berlins. Literarische Anregungen*. Berlin und Leipzig: Meyer, 1900.
Malherbe-Boucke, Julie. *Südafrika von heute. Das Heimatland der Buren. Mit 16 Abbildungen und 1 Karte*. Stuttgart: Strecker und Schröder, 1936.
Mehnert, Gottreich Hubertus. *Mit Schwert & Pflugschar in Sachsen und Südafrika. Anekdoten und Geschichten eines Südwester Pioniers. Überarbeitet von Bernd Kroemer*. Windhoek: Glanz & Gloria, 2007.
Meyn, Rolf. „Abstecher in die Kolonialliteratur. Gustav Frenssens ‚Peter Moors Fahrt nach Südwest'". *Gustav Frenssen in seiner Zeit. Von der Massenliteratur im Kaiserreich zur Massenideologie im NS-Staat*. Hg. Kai Dohnke und Dietrich Stein. Heide: Boyens u. Co., 1997. 316–346.
Parr, Rolf. „Nach Gustav Frenssens ‚Peter Moor'. Kolonialisten, Herero und deutsche Schutztruppe bei Hans Grimm und Uwe Timm". *Sprache im technischen Zeitalter* 41.168 (2003): 395–410.
Parr, Rolf. *Die Fremde als Heimat. Heimatkunst, Kolonialismus, Expeditionen*. Konstanz: Konstanz University Press, 2014.
Plüschow, Gunter. *Segelfahrt ins Wunderland. Im Reiche der Papageien und Guanakos*. Berlin: Ullstein, 1926.
Plüschow, Gunter. *Silberkondor über Feuerland. Mit Segelkutter und Flugzeug ins Reich meiner Träume*. Berlin: Ullstein, 1929.
Serengeti darf nicht sterben. Reg. Bernhard Grzimek und Michael Grzimek. Okapia, 1959.
Warmbold, Joachim. *Deutsche Kolonialliteratur. Aspekte ihrer Geschichte, Eigenart und Wirkung, dargestellt am Beispiel Afrikas*. Basel: Eigendruck, 1982.

Werner Nell
Differenz und Exklusion: Heimat als Kampfbegriff – mit einer Erinnerung an Heinrich Böll

In Peter Handkes 1989 uraufgeführtem Stück *Das Spiel vom Fragen*, das auch ansonsten die Ruhe- und Ratlosigkeit von Menschen der Moderne angesichts einer Welt voller eindeutiger, dann vor allem ideologischer Antworten vor Augen stellt und dem gegenüber das Vermögen des Staunens und die Kunst eines unbedingten, ins Offene zielenden Fragens erst einmal wieder in Erinnerung rufen will,[1] ist es ausgerechnet der „Spielverderber", der auf die besänftigende, entlastende Wirkung zu sprechen kommt, wenn die Frage nach Heimat gestellt wird. Er, der sich als immerwährender Flüchtling vor allem der Hetze ausgesetzt fand und der anders als der für die Schönheiten der Welt aufmerksamere „Mauerschauer" bereits erneut „unter den Bäumen die Jäger" (Handke 1989, 15) sieht, weiß aus seiner eigenen Erfahrung zu berichten: „Von Flüchtlingskinderbeinen an weiß ich, daß man die Verfolger besänftigt oder zumindest stutzig macht, indem man ihnen mit der Frage nach ihrer Heimat kommt [...]". (Handke 1989, 40)[2]

---

[1] Ja, er verbindet damit sogar die Andeutung einer Erlösungshoffnung. „Daß aber der Grundzug unseres Dramas der einer Forschungsreise sein solle, und sein Grundton, bei allem suchenden Umspielen, der Psalmenton? Daß wir dieses Spiel vom Fragen in jeder Situation betrachten sollten als ein An-das-Licht-Kehren unserer verborgensten und hintersten Welt?" (Handke 1989, 30)
[2] Das für „Heimat-Diskurse" charakteristische (und nicht ungefährliche) Verhältnis von poetisch erzeugten Sprachspielen bzw. Vorstellungsräumen zu deren realpolitischen bzw. historisch-sozialen Lagerungen und Folgen wurde im Falle Handkes bspw. in der deutlichen Kritik des aus Bosnien stammenden Schriftstellers Saša Stanišić anlässlich der Verleihung des Nobelpreises für Literatur an Handke im Jahr 2019 angesprochen. In seiner Dankesrede zur Verleihung des Deutschen Buchpreises für sein Buch „Herkunft", das imaginäre und reale Heimaterfahrungen mit deren realhistorischer Zerstörung bzw. Prägung durch die Kriege im ehemaligen Jugoslawien verbindet, kritisierte Stanišić sowohl Handkes Vernachlässigung der Realität als auch seinen Mangel an Empathie: „In seinem Text, der über meine Heimatstadt Visegrad verfasst worden ist, beschreibt Handke unter anderem Milizen, die barfuß nicht die Verbrechen begangen haben können, die sie begangen haben. Diese Milizen und ihren Milizenanführer, der Milan Lukic heißt und lebenslang hinter Gittern sitzt, wegen Verbrechen gegen die Menschlichkeit, erwähnt er nicht. Er erwähnt die Opfer nicht. Er sagt, dass es unmöglich ist, dass diese Verbrechen geschehen konnten. Sie sind aber geschehen. Mich erschüttert so was, dass so was prämiert wird." (Stanišić 2019) Stanišić lobte dagegen die ebenfalls mit regionalen Bezügen und Heimatsuche befassten Texte der anderen Nobelpreisträgerin des Jahres 2019 Olga Tokarczuk. Für eine ebenso klare wie ausgewogene Darstellung des angesprochenen Problems vgl. Minkmar 2020.

https://doi.org/10.1515/9783110650624-008

Es ist dies aber nicht die Frage nach der Heimat schlechthin, schon gar nicht die nach einer wie immer national oder durch eine andere historische Großerzählung gefassten Bezugsgröße, die die Verfolger und Hetzer beschämt, besänftigt oder „zumindest stutzig macht", sondern diejenige nach den jeweils konkreten Umständen einer je individuell und persönlich erlebten Nahwelt, die in diesem Sinn erst eigentlich als Heimat erfahren werden kann: „nicht nach dem Vaterland – sondern [nach] der kleinen, der kleinstmöglichen aller Heimaten: dem Dorf, dem Stadtteil, der Straße." (Handke 1989, 40)

I

Auf die Ineinssetzung von Dorf und Heimat wird später noch einmal zurückzukommen sein. Bereits an dieser Stelle ist aber eine Differenzierung im Heimat-Begriff, auch in den darauf bezogenen Vorstellungen von Erfahrungen, Verpflichtungen, Zumutungen und Gewährleistungen, soweit sie mit „Heimat" verbunden werden, anzusprechen, die im Folgenden den Platz (Topos) und auch die prekäre Funktion von Heimatdiskursen in ihren unterschiedlichen Reichweiten und Ansprüchen kennzeichnen soll (Gebhard et al. 2007). Auch lassen sich damit bereits die Bedingungen benennen, unter denen Heimat zu einem umkämpften Feld werden kann, auf dem Exklusion und Integration ihren Platz haben (Hüppauf 2007, Nell 2019). Differenzmarkierungen und Identitätspostulate, Impulse der Integration und der Desintegration werden in dieser Unterscheidung ebenso erkennbar wie Prozesse mehrdeutigen und vielstimmigen Aushandelns, auch entsprechender Auseinandersetzungen, die die kulturelle und auch politische Sphäre pluralistischer (moderner) Gesellschaften ausmachen. Wird deren „Kultur" mit Werner Schiffauer als „eine Arena" verstanden, „in der Werte, Normen, Deutungsmuster von kulturellen Akteuren ständig neu ‚verhandelt' werden – ‚verhandelt' in Anführungszeichen, weil kulturelles Handeln zwar immer zeichenhaft, aber nicht immer sprachlich ist" (Schiffauer 1997, 148), so gehört „Heimat" zu den dort, also in der „Arena der Kultur" verhandelten Themenfeldern, die sicherlich überall virulent werden, wo Menschen es auf mehr oder weniger lange Dauer hin darauf anlegen, miteinander den Alltag an einem bestimmten Ort und in einem bestimmten sozialen Rahmen zu teilen, ja diese zu gestalten und die deshalb nach entsprechenden Modi des Umgangs miteinander suchen.

Dabei geht es um die Möglichkeiten, (s)einen Platz zu finden und räumlich, sozial, rechtlich, historisch, kulturell und nicht zuletzt subjektiv die dazugehörige (relative) Sicherheit zu erfahren, aber auch darum, sich seiner selbst im Verhältnis zu anderen bewusst zu werden, reziprok Anerkennung zu finden. In seinen Bemerkungen zur Weltliteratur hat Goethe im Blick auf die Lernprozesse internationalen Wissenstransfers davon gesprochen, „daß nicht die Rede sein könne, die Nationen sollen überein denken, sondern sie sollen nur einander gewahr werden, sich begreifen und, wenn sie sich wechselseitig nicht lieben mögen, sich einander wenigstens dulden lernen" (Goethe [1828] 1981, 363) und er hat damit die Möglichkeiten und Grenzen eines Diskursfeldes „Heimat" ebenso skizziert wie sich auf diese Intentionen (und ihre Grenzen) aktuelle Debatten um den „common ground" (Strauss 2003, 1734–1735; Levitsky und Ziblatt 2018) gründen lassen, den moderne, egalitäre und pluralische Gesellschaften nicht nur brauchen, sondern voraussetzen und pflegen müssen. Dass SchriftstellerInnen, andere KünstlerInnen und auch Kultur- und LiteraturwissenschaftlerInnen in diesem Zusammenhang eine nicht unwichtige Rolle spielen, muss hier nicht extra betont werden, wohl aber, dass sie nach beiden Richtungen tätig (geworden) sind (vgl. Koppen 1986). Sie sind an diesen Stellen und in diesen Funktionszusammenhängen als Anheizer und Image-Lieferanten beim Kampf um die Heimat (und die damit verbundene Vertreibung der Anderen) ebenso hervorgetreten wie sie ggf. deren Zumutungen zu schildern vermochten, Rahmensetzungen, Ansprüche, Folgen und Grenzen zu reflektieren suchten und unter Umständen durch eigene Modellbildungen und instruktive Geschichten zu einer Deeskalation in diesen Kämpfen beitragen wollten.

Rückblickend auf die beiden letzten Jahrhunderte waren es allerdings über lange Jahre hinweg eher die Kampflustigen und Mythenbildner, die sich in ihrem Sinne durchaus „erfolgreich" in den jeweils lokal, regional oder national geführten Heimatkämpfen engagierten, also zur Ausbildung von Motiven und Gesinnungen der Heimatverteidigung gegen jeweils andere beizutragen wussten (vgl. Hüppauf 2007), während sich Versuche einer kritischen, selbst-reflexiven und damit auch depotenzierenden Auseinandersetzung mit Heimatvorstellungen und -ideologien zwar auch schon – etwa bei Heinrich Heine – im 19. Jahrhundert finden, dann aber erst nach 1945 bspw. mit Heinrich Böll, Siegfried Lenz oder Jean Améry ein deutlicheres Gehör fanden.

Eines der hier beeindruckendsten, vielstimmigen und gerade auch was die Modellbildungen von Heimaten angeht, instruktivsten Werke soll hier beispielhaft angesprochen werden: Johannes Bobrowskis (1917–1965) 1966 postum erschienener Roman *Litauische Claviere* stellt die Aneignung von Heimat unter historischen, politischen und eben auch künstlerischen Bedingungen zum einen als Opernprojekt, zum anderen aber auch als Projekt einer Mobilisierung von Gewaltbereitschaft dar, nicht zuletzt auch als Geschäft und persönlich motivierte Suchbewegung, die freilich im Gegensatz zu den kulturell codierten Großvorhaben, die, sei es in Form der Oper oder auch des Gewaltexzesses,

Heimat als Synthese und um den Preis einer „Reinigung" von den „Anderen" schaffen wollen, hier bei einer subjektzentrierten Wahrnehmung der Heimat als eines Ortes der Vielfalt und bei der Erkenntnis endet, dass sich Raum und Zeit, auch biographische Zeit und eben die Aneignung eines Raumes im Ganzen als uneinholbar und in diesem Sinn dem Menschen in seiner Lebenszeit unverfügbar erweisen. Am Ende des Romans und der Projekte bleiben Wahrnehmungen, Gerüche und Töne, Vorstellungen und Hoffnung, Träume, Sehnsüchte und Ängste, die eben mit diesen Einzelheiten verbunden sind und die gerade in dem Maße, wie sie sich einer überformenden Aneignung widersetzen, auch von der Unhintergehbarkeit, aber auch Unverzichtbarkeit eines individuellen Lebens berichten.

II

Historisch und sozial kann „Heimat" ebenso wie jedwede Identitätskonzeption zunächst als ein „Klebstoff" bestimmt werden (Groebner 2018, 112) und zugleich auch als Differenzmarkierung und Abtönfarbe wirken. Zum einen erscheint sie als großflächiger Anspruch, als ein kollektiv ausgerichtetes Programm und somit auch als ein Ideologie-Generator und eine „Waffe". Zum anderen lässt sich „Heimat" als individuell gegründeter Erfahrungsraum, als Orientierungsfeld und Projektionsfläche vieler unterschiedlicher einzelner beschreiben, die zu unterschiedlichen Bedingungen und Anlässen im Blick auf ihr eigenes Leben die jeweilige „Leichtigkeit und/oder Last des Herkommens" (Schmidt 1999) für sich erkunden und erkennen wollen und ggf. dies auch prospektiv im Blick auf den eigenen Lebensentwurf und dessen Vermittlung an/für andere zu nutzen suchen.

Dass beide Ebenen einander überlagern, ja dann auch wechselseitig aufeinander bezogen für einander einstehen und einander gleichermaßen gegenseitig überformen, ja verdrängen können, begleitet freilich die Konstitutions- und Wirkungsgeschichte von „Heimat" vom Einsatzpunkt dieses Diskurses um 1800 bis in unsere Gegenwart. Und wie Identität gleichsam als Setzung des Selbst in Referenz zu jeweils „anderen" zustande kommt und damit für ihre Konstitution eben auch dieser „anderen" bedarf, ja sich lediglich aus dieser Wechselbeziehung heraus bestimmen lässt, muss auch für „Heimat" eine entsprechend dialektische (widersprüchliche) Beziehung zwischen Grenzmarkierung zum einen und Referenz gegenüber einem „Draußen/Anderen" als konstitutiv angesehen werden, die erst aus diesem Wechselbezug und in Abhängigkeit zu ihm den Raum eines wie immer fragilen, fluiden, prekären, künstlichen „Eigenen" (als Heimat) schaffen und bedingen kann.³ Georg Simmels bereits aus der soziologischen Raumanalyse gewonnene Beschreibung der Stellung des Fremden „als ein Element der Gruppe selbst [...] dessen immanente und Gliedstellung zugleich ein Außerhalb und Gegenüber einschließt" (Simmel [1908] ⁵1968, 509) lässt sich so auch auf die Raumkonstitution von Heimat zurückbeziehen. Heimat schließt genau dasjenige ein, was sie auszuschließen vermeint, indem sie sich gerade in ihrem Selbstbezug, der aus der Absetzung (also Einschließung) gewonnen ist, als solche zu bestimmen (und wohl auch zu legitimieren) sucht.

III

Wie andere gleichsam anthropologisch gesetzte, scheinbar ins historisch Uralte zurück verweisende und immer wieder aus ihrer angeblichen „Urzeitlichkeit" legitimierte Begriffe gehört auch „Heimat" in jenes Feld einer politisch-sozialen Sprache, das sich erst um 1800 in Reaktion auf die Umbruchserscheinungen der Moderne und im weiteren Rahmen der damit verbundenen Mobilisierungen und Unruhe-Erfahrungen gebildet hat und so auch mit der Durchsetzungs- (Erfolgs-?) Geschichte der Moderne erst seine umfassende Ausstrahlung und Diskursmacht gewinnen konnte. Bereits in den Angaben des Grimm'schen Wörterbuchs (Bd. 10, 1877 Sp. 865ff.) sind zwei Aspekte der dort dokumentierten Wort- und Gebrauchsgeschichte von „Heimat" bemerkenswert, die beide sowohl ihre Politisierbarkeit ausmachen als auch damit verbunden die Eignung bzw. Nutzbarkeit von „Heimat" als Kampfbegriff, Differenzmarker und Exklusionsgenerator ermöglichen.

Es werden damit allerdings auch jene beiden Dimensionen angesprochen, die zugleich ein Widerlager gegen einen solchen programmatischen Verbrauch von Zugehörigkeitsbedürfnissen und Vertrautheitsansprüchen bieten und damit auch einer diesbezüglichen Kritik von Heimat-Vorstellungen eine Grundlage schaffen können. Es handelt sich um jene beiden Aspekte, die sich im Blick auf die Zugehörigkeit von Menschen zu einem bestimmten Platz dann auch in anderen Gesellschaften finden und auch dort bei Auseinandersetzungen/Verhandlungen um Raum, Recht, Person, Sozialität und Identität eine Rolle spielen (Luckmann 1970). Eine im deutschen Sprachraum immer wieder einmal aufkommende Idiosynkrasie, nur die Deutschen hätten ein in besonderer Weise ausgezeichnetes Heimatverständnis, da nur sie ein entsprechend besonderes Wort dafür hätten, wird durch diesen Befund freilich zumindest anzweifelbar, ja lässt

---

3 Entsprechend „wohlig" lässt sich Heimat offensichtlich dann nur als „bedrohte" erleben; vgl. Nell 2019.

sie obsolet erscheinen. Beide Aspekte finden sich nämlich auch in den Traditionsbeständen, Diskursen und Vorstellungen anderer Gesellschaften und können auch hier sowohl von der Attraktivität der Vorstellung als auch von der damit verbundenen Möglichkeit der Gefährdung und Selbstgefährdung von Zugehörigkeitsansprüchen zeugen.

Zum einen geht es bei „Heimat", so zeigen es die Belege der Grimm'schen Sammlung (Grimm 1877, 864–867), um die Bestimmung eines Ortes im Rahmen eines durch Recht und soziale Zuschreibung konstituierten Koordinatensystems. Heimat beginnt als sozialhistorischer Begriff im Recht und setzt in diesem Sinne entsprechende Legitimität und Autorität voraus. Es geht dabei erst einmal um den Handlungs- und Erfahrungsraum innerhalb einer territorialen Ordnung, die sich erst mit der Neuzeit „flächendeckend" konstituiert und die über lange Zeit, ja denkt man an die „Fremden" von heute, noch immer keineswegs allen zuzustehen scheint, ja zugestanden wird. Sind in diesem Zusammenhang die Sozialgeschichten des vormodernen Europa etwas genauer in den Blick genommen, zumal auch die Migrations- und Mobilitätsgeschichten der unterschiedlichen Landschaften und Territorien sowie die Lebenslagen der Marginalisierten (vgl. Bade 2000), so wird erkennbar, dass Ortsansässigkeit (Heimatrechte und damit „Heimat") über viele Jahrhunderte hin bis zur Moderne nach 1800 lediglich als ein Privileg von Sesshaften (und auch dort noch einmal schichtenspezifisch unterschiedlich) anzusehen war.

Diesen Besitzern/Inhabern von „Heimat" standen gerade in den „alten Zeiten", auf die sich Heimatideologien seit dem 19. Jahrhundert gerne berufen, große, mitunter überwiegende Teile heimatloser Bevölkerungen gegenüber, handelte es sich nun um Gesinde, Wanderarbeiter, Nomaden, fahrendes Volk, sonstige Angehörige unterständischer Schichten oder aber auch um Flüchtlinge, Vertriebene, Söldner und andere auf der Straße liegende Menschen. Lucien Febvre hat in seinen Studien zur Renaissance für Frankreich im 16. Jahrhundert darauf hingewiesen, dass zu dieser Zeit (und auch noch später) wohl mehr als die Hälfte der Landbevölkerungen keinen festen Ort hatte (vgl. Febvre 1989, 51), unterwegs war und entsprechend auch über keine „Heimat" verfügte, sei es in einem rechtlichen, biographischen oder sei es gar in dem romantisch-kulturell aufgeladenen bzw. aufladbaren Sinn eines Angekommen- und Zuhause-Seins. Heimat war aber auch bereits in diesen Zeiten und Zusammenhängen für die Sesshaften nicht endlich der lang ersehnte Ruheplatz in einer ansonsten unruhigen Welt. Vielmehr fand gerade die auf die Nichtseßhaftigkeit großer Bevölkerungsgruppen antwortende Allokation durch den frühmodernen Territorialstaat und seine Akteure innerhalb der von Michel Foucault beschriebenen Prozesse der „großen Einschließung" (Foucault 1981, 68) statt, sodass die Ausweitung der Zugehörigkeit zugleich auch einen Zustand des Verhaftetseins für die Ansässigen oder ansässig Gemachten mit sich brachte, mit der Folge, dass sich vielfach neben der Sehnsucht nach der Heimat auch schon gleich und immer wieder eine Sehnsucht nach der Ferne einstellte. Wanderlieder stehen dem entsprechend im Volksliederbuch neben den Heimatliedern, werden aber weder historisch noch dialektisch so miteinander in Verbindung gebracht, dass sie von der Ambivalenz der Raumvorstellung und Raumerfahrung Heimat als eines Orts der Ambiguität berichten können.

Dass dies für aktuelle Lebenslagen und Lebenserfahrungen unter den Bedingungen einer „flüchtigen Moderne" (Bauman 2003) charakteristisch ist, mag uns vertraut sein, es ist aber mit Verweis auf die diesbezüglichen Arbeiten des Frühneuzeithistorikers Axel Gotthard davon auszugehen, dass Heimatvorstellungen auch in der Vormoderne kaum beständiger waren, sondern vielmehr eine Gemengelage unterschiedlich geschachtelter und sich überlagernder Raumerfahrungen, Raumvorstellungen und Raumkonstruktionen das Koordinatensystem darstellte, innerhalb dessen die Verortung von Menschen an bestimmten Orten stattfand, ggf. ein Verweilen, ebenso oft aber auch wieder Aufbruch und Veränderungen ermöglicht wurden oder gefordert waren, so dass dem entsprechend allenfalls fallweise und begrenzt die Erfahrung und ein „Haben" von „Heimat" sich einstellen konnten.[4]

Zum anderen, und dies steigert sowohl die Bildkraft als auch die Polyvalenz, mithin auch noch einmal die Möglichkeiten ideologischer oder sonst wie imaginativer Besetzung von „Heimat", weisen Belege wie Paul Gerhards (1607–1676) Vorstellungen einer „himmlischen Heimat" (bspw. in seiner Übersetzung von Psalm 119, 1649) nicht nur auf eine maßgebliche, zumal für ihre Legitimation und Wertschätzung nahezu unverzichtbare Transzendenz-Dimension innerhalb der Ausgestaltung von Heimat hin. Vielmehr macht gerade dieser Überschuss an Sinnerwartungen und Erfahrungshoffnungen, wird er sozusagen vom Himmel wieder auf die Erde zurückgeführt, auch auf eine grundlegende Unbestimmtheit, ja Leere in den Heimatvorstellungen selbst aufmerksam. Damit werden, wie auch in anderen Grundbegriffen des kulturellen Feldes (vgl. Baecker 2010), hinsichtlich der „Heimat" sowohl der Bedarf als auch die jeweils ebenso dringliche wie uneindeutige Füllbarkeit der damit verbundenen Sphäre und der darauf bezogenen Bildflächen mit Bildträgern und Narrativen erkennbar, die im Besonderen

---

4 „Von der begründeten Annahme ausgehend, daß auf Menschen alle Zeiten eine Gemengelage unterschiedlicher räumlicher wie nicht territorialisierter Identitätsangebote einwirkt und daß diese geographischen, politischen, kulturellen Identitätsanker für verschiedene gesellschaftliche Gruppen unterschiedlich wichtig sind, daß es also ein soziales Gefälle gibt [...], muß der Frühneuzeitler nach der spezifisch vormodernen Gemengelage solcher Identitätsangebote fragen." (Gotthard 2007, 62)

dann noch einmal die Gefühlslagen, Erwartungshorizonte und Ängste der Menschen anzusprechen vermögen.

Funktionen, Kräfte und Muster der Imagination werden hier aufgerufen, im Sinne Wolfgang Isers wird eine Leerstelle benannt, die es ermöglicht, in den Narrativen der Moderne eine Lücke und einen Bedarf aufzufüllen. Es ist diese Verbindung von alltagsbezogener und die Unhintergehbarkeit der eigenen Erfahrungen und Wünsche ansprechenden Konkretion einer ggf. mir gegebenen Ortsausgestaltung mit einer Ansprache sozialer und historischer, vor allem aber auch individueller Transzendenz- und Sinnbegehren, die das Erfolgsrezept von Heimat ausmacht. Im Gang der Moderne und der sie seit 1800 begleitenden Unruhe, Zumutungen, aber auch Definitions- und Politisierungsmöglichkeiten[5] hat sich diese Verbindung konkret vorgestellter Immanenz mit einer ebenso konkret ausgemalten Transzendenz ebenso als Attraktionsfaktor wie auch als Belastung und Destruktionskraft individueller und kollektiver Ansätze einer Orientierung und Zuordnung von Heimat-Vorstellungen erwiesen.

Es ist dies zudem – spätestens mit der Romantik einsetzend – dann auch der Arbeits, ggf. auch Spielplatz nicht nur der Ideologen, sondern eben auch der KünstlerInnen, Literatur- und KulturwissenschaftlerInnen und nicht zuletzt der HeimatforscherInnen geworden, die – wie dies die Geschichte sowohl der Volkskunde als auch der Heimatliteratur belegen – über ein ebenso großes Maß an Dilettantismus verfügen wie über Tatkraft und (lokale) Beschränktheit, im Einzelnen aber auch erhebliches Spezialwissen, Mobilisierungsmöglichkeiten und manchmal auch (selbstkritische) Reflexivität aufzubieten vermögen. Auf die damit verbundenen aktuellen Anschlussstellen, sowohl für eine ethnozentrisch völkisch bis rassistisch ausgerichtete Schließung „der" Heimat als auch für eine alltagsbezogene Offenheit im Umgang mit ihr, kann ich an dieser Stelle nicht weiter eingehen. Der Berliner Publizist und Erziehungswissenschaftler Micha Brumlik hat sich aber in diesem Zusammenhang für einen kleinformatigeren, *„liberalen* Begriff von Heimat" ausgesprochen. „Heimat", so sein Vorschlag in einem Beitrag für die *taz* vom 10. Oktober 2017, sei vorzustellen,

> als territorialer, sozialer und geistiger Ort nicht einmal versöhnter, wohl aber respektierter oder doch mindestens tolerierter Verschiedenheit – was [und hier lassen sich diskursive Orientierungen und auch bildungsbezogene Impulse an soziale und historische Rahmungen und Entwicklungen zurückbinden] ohne ein Minimum an materieller Sicherheit ihrer BewohnerInnen kaum vorstellbar ist.　　　　　　　　　　　　(Brumlik 2017, 12)

---

[5] Im Anschluss an Karl Mannheim und Christian Graf von Krockow ließe sich hier von Fundamentalpolitisierung sprechen; vgl. Krockow 1970, 21–23.

IV

Im Blick auf die Erfolgsgeschichte von Heimat-Konzepten und die damit verbundenen sozialen, politischen und auch individuellen Orientierungen an einer in dieser Weise eigentümlich durch Grenzmarkierungen aufgeladenen Raumvorstellung müssen natürlich beide Komponenten beachtet werden: Zum einen die verbreitete Ortlosigkeit bzw. die depravierte oder selektive Ausstattung großer Bevölkerungsgruppen mit Heimatansprüchen und Heimatvorstellungen und eben damit dann auch einzelner Menschen, die als Marginale dann erst in den Diskursverschiebungen des 18. Jahrhunderts an Stimme (voice) und ggf. Rechtsansprüchen gewinnen und damit auch erst Heimatrechte einfordern oder Heimatverluste beklagen können, zum anderen die Verschiebung der Heimatvorstellungen in einen Raum des Imaginären. Gerade in dieser Verbindung bieten Heimatdiskurse seit dem 19. Jahrhundert die Voraussetzungen für die Politisierbarkeit und politische Attraktivität eines Wunsches nach Ortszugehörigkeit und zugleich eines Kampfes um diese (vgl. Hüppauf 2007).

In diesem Rahmen sind zumindest drei Prozesse in den Entwicklungen der europäischen Gesellschaften zur Industriemoderne zu nennen, die für den Bedarf an Heimaterfahrungen, zumal aber auch für die Attraktivität und die damit erkennbare Mobilisierungskraft der Heimatkonzepte eine Rolle spielen und so auch für die Erfolgs- bzw. Misserfolgsgeschichte von Heimatideologien heranzuziehen sind. Zunächst ist mit Anthony Giddens (1995) die Moderne als ein Raum und ein Vorgang fortlaufender Entbettungserfahrungen (disembedding) und eines damit einhergehenden wachsenden Bedarfes an Rückbettungsmöglichkeiten (reembedding) zu bestimmen. Menschen verlieren im Zuge der Industrialisierung, Verstädterung und nicht zuletzt auch durch soziale Auf- und Abstiegsprozesse ihre Orte, wenn sie denn welche hatten, und müssen, spätestens seit Baudelaires Beschreibung der Moderne als eines Prozesses des Transitoire, damit leben, dass nicht nur ihre Welt in Bewegung ist, sondern ebenso auch der Horizont, auf den bezogen sich Veränderungen erst bestimmen und erfahren lassen – oder im Sinne der Heisenberg'schen Unschärferelation eben auch nicht.

Dass dabei „Heimat" in einem weiter- und tiefergehenden Sinn als eine mehr oder weniger auch kulturanthropologisch sichtbare Plattform erkennbar wird und für viele (die meisten?) auch einen Wert „an sich" annimmt, „Heimat", wie es dann auch die UNO bestimmt hat, zu einem Menschenrecht werden kann, ist zum Zweiten damit verbunden, dass seit dem 18. Jahrhundert nicht nur die politisch und sozial getragene Vorstellung einer Gleichheit aller Menschen (und jedes einzelnen) sich durchsetzt und Anerkennung findet, sondern diese im Zusammenhang der Ausweitung kultureller Vergesellschaftung über die sie tragenden Medien „bürgerlicher Kultur" (Tenbruck 1986) auch weitere Verbreitung und Anerkennung findet. Volksbildung, Lesebuch, Literalität, Gesangsvereine und Lesekulturen, Bildungsprofile für alle steigern den Anteil derjenigen, die sich bspw. über die Kapitel „Heimat und Volk" in traditionellen Lesebüchern seit dem 19. Jahrhundert daran orientieren und sich dann in den damit vermittelten Heimatbildern auch verorten, ja sich mit ihnen identifizieren können.

Insoweit als damit aber, wie oben bereits angesprochen, auch Leerstellen transportiert bzw. geschaffen und für Bevölkerungen im Ganzen zur Verfügung gestellt werden, bieten Heimat-Vorstellungen und deren Ausgestaltung dann zum Dritten ein eigenständiges (attraktives) Diskurs- und Verhandlungsfeld politisch-gesellschaftlichen Handelns und entsprechender ideologischer Besetzung, nicht zuletzt entsprechender Auseinandersetzungen und Kämpfe. Es zeigt sich hier, zunächst einmal nur in der Diagnose, eine Engführung von Ländlichkeit und Dörflichkeit mit Heimatdiskursen an, die sowohl auf die Sozialgeschichte der europäischen Gesellschaften zurückverweist als auf ggf. gemeinsame kulturanthropologische oder auch soziale Grundlagen, deren Attraktivität, ggf. auch Unverzichtbarkeit sich gerade in der Konvergenz von Heimat und Vorstellungen ländlich-dörflicher Lebensverhältnisse zeigt. Hierbei spielen natürlich nicht nur Bildungsträger, literarische Bilder und andere medial erzeugte Wirklichkeitsentwürfe eine besondere Rolle. Vielmehr treten diese kulturellen Diskurse auch als Prägestöcke bzw. Generatoren von Differenzerzeugung in Erscheinung, die, folgt man dem Modell Klaus Eders, dann wieder auf Konsensbildung im Sinne eines gesamtgesellschaftlichen Diskurses hinwirken sollen/können (Eder 1999, 149).

V

Bildkraft, Rechtsbezüge und die narrative Gestaltetheit der Heimatkonzepte, ihre ebenso kollektive wie individuelle Auffüllbarkeit, ermöglichen es zugleich, dass Heimat ideologisch nutzbar und sozialgeschichtlich wirksam werden kann. Anders als gemeinhin behauptet und vielfach ideologisch besetzt, handelt es sich bei Heimat aber keineswegs um einen Fixpunkt, sondern individuell wie kollektiv um eine kulturelle Konstruktion, um ein Gebilde, für dessen Zustandekommen und Gestalt unterschiedliche Faktoren und Setzungen, nicht zuletzt ebenso oft kontingente wie intendierte Impulse und auch Lagerungen eine Rolle spielen. Und wie bei anderen Formen im Umgang mit jedweder Art von Vergangenheit und den darauf beziehbaren, bezogenen Geschichten muss auch hier die prinzipielle Unverfügbarkeit des Vergangenen der Bestimmbarkeit der Geschichte(n) durch jeweils aktuelle und somit gegenwarts- oder zukunftsbezogene Ansprüche und Ausdrucksformen gegenübergestellt werden. Heimat ist nicht Tradition und Rückwendung auf eine wie immer gesicherte Vergangenheit, sondern ein Anspruch auf die Aneignung der Gegenwart mit einer Perspektive auf die Gestaltung der Zukunft.

Zuletzt hat hierzu der Schweizer Historiker Valentin Groebner im Blick auf den rekonstruierenden Umgang mit Vergangenheit in vielfältigen Formen historischen Re-Enactments auf die Unterscheidung von Vergangenheit und Geschichte aufmerksam gemacht und diese kann auch hier im Blick auf die vermeintlich „naturgegebene" Bezugsgröße der Heimat weiterhelfen:

> Vergangenheit kann nicht mehr verändert, verbessert oder repariert werden, und sie weiß auch nichts von allen späteren Anstrengungen sie zu kommunizieren. Es sei denn, man verwandelt sie in Geschichte, und das heißt, in form-, knet- und veränderbare Erzählungen mit Rückkopplungsschleife, in der auch die Erzähler [...] und ihr Publikum einen Platz finden können, nachträglich.
> (Groebner 2018, 20–21)

Dass dies freilich nicht ins schiere Belieben jeweiliger Akteure gestellt ist, sondern sich in soziokulturellen Lagerungen, politisch-historisch strukturierten Diskursverhältnissen und nicht zuletzt in „Kämpfen um Anerkennung" (Honneth 1992, 211) unter eben diesen Bedingungen bewegt, muss hier nicht weiter betont werden, wird aber im Weiteren natürlich im Blick bleiben müssen, wenn Fragen der Differenzsetzung und der Exklusion unter den Vorzeichen eines Habens, Suchens oder Kämpfens um die Heimat oder eines Lebens mit anderen unter gemäßigten Ansprüchen noch einmal aufgenommen werden sollen.

Zunächst aber lässt sich Groebners Unterscheidung auch auf den Umgang mit „Heimat" beziehen und hier dazu nutzen, einen individuell persönlichen Bezug auf einen Ort des Herkommens oder Zuhause-Seins von einer gruppen- und ggf. großgruppenbezogenen Einhegung sozialer, regionaler oder auch politisch-historischer Räume in einem wie auch immer fundierten Raum der Vorstellungen und Erzählungen, dann aber auch als eine Art sozial und politisch relevanten, ja im Einzelnen dann auch verpflichtenden, auch nötigenden Diskurs zu unterscheiden. Angesichts der auf beiden Feldern des Individuellen und Kollektiven jeweils uneinholbar als „vergangen" gegebenen, im Sinne Wilhelm Kamlahs allenfalls als „Widerfahrnis" (1973) zu bestimmenden „ersten" Heimat, die mit der Geburt in bestimmten Umständen und an einem bestimmten Ort ebenso verloren wie unverfügbar wird, können als Ausgangspunkte individueller Reflexion ebenso wie Gruppen bezogener und dann im Sinne politischer Diskurse nutzbarer Heimatvorstellungen jeweils immer nur zweite, dritte oder auch noch weitere Heimaten angegeben werden. Auf diesen Nachträglichkeitscharakter der Heimat-Bestimmung, der zugleich seine ebenso prospektive wie ggf. zeitaktuell nutzbare Attraktivität und auch Nutzbarkeit ausmacht, hat Christoph Türcke 2006 in seinem Versuch einer „Rehabilitierung" des Heimatbegriffs nachdrücklich aufmerksam gemacht: „Die erste Heimat ist ein Unding, ein Nicht-Ort, griechisch: utopos. Sie entsteht postum: wenn sie verloren und der Rückweg in sie versperrt ist. Dann aber begleitet sie das weitere Leben wie ein Schatten das Licht." (Türcke 2006, 12)

VI

Anders aber als dies in gegenwärtigen politisch gefärbten konservativen Debatten zu Heimat ausgeführt wird: „Sie ist, ganz im Sinn der phänomenologischen Soziologie, ‚Lebenswelt', d. h. etwas alltagspraktisch-Selbstverständliches. Tatsächlich wird Heimat erst und genau dann zu etwas Unselbstverständlichem und dann oft auch Ambivalentem, wenn sie reflexiv wird, also Gegenstand von Nachdenken oder Hinterfragen" (Patzelt 2013, 643),[6] trägt die Lebenswelt, in der die Erfahrungen, Vorstellungen, vor allem auch das Eingelebtsein in spezifische Nahräume und entsprechende Vollzüge und Umstände als „Heimat" bestimmt werden, immer schon den mit der Selbstsetzung dieser Umstände verbundenen reflexiven Charakter mit sich: „Schätzen lernt man Heimat erst, wenn man sie verloren hat." (Türcke 2006, 27) Dies ist aber keineswegs Ergebnis einer wie auch immer für vermeidbar oder unausweichlich gehaltenen Katastrophe, sondern mit dem Umstand verbunden, dass Menschen im Stande ihrer „exzentrischen Positionalität" (Plessner 1975, 288) hinter die damit markierte Differenzsetzung weder zurück können noch dass dieses wünschenswert erscheinen kann. Es geht bei Heimat im eigentlichen Sinne also gar nicht so sehr um Orte als vielmehr um die Aneignung von Zeit, retrospektiv und prospektiv, wobei sich dann erst in deren wechselseitiger Verschlingung – wie bei jeder Gegenwartssetzung (vgl. Zimmer 2010, 783–786) – auch erst der Standort, die Situation und die Interessen der jeweiligen Akteure und (Selbst-)Beobachter bestimmen lassen. Ohne Grenzmarkierung keine Heimat, wobei die mit der Frage nach ihrer Grenze verbundene „Obszönität" des Fragens (Bodenheimer 2011, 13–20) auch bei Handke angesprochen wird, wenn der „Spielverderber" den „tumben Toren" Parzival, der als derjenige im Stück auftritt, dem das Fragen traumatisch verschüttet wurde und der also das Fragen erst einmal wieder lernen muss, mit der Frage nach den

---

6 Patzelts Kategorienfehler, sich eine Lebenswelt ohne eine ihr innewohnende und eigentümliche Reflexivität zu modellieren, vielmehr deren Erschütterung erst einer später einsetzenden Reflexivität zuzuschreiben, fällt nicht nur hinter Kant zurück, sondern trägt auch den späteren, genuin phänomenologischen Bestimmungen der Lebenswelt gerade keine Rechnung (vgl. Waldenfels 1990).

Grenzen seiner Heimat konfrontiert: „Kind Parzival, wo verlief an deinem Ort die Grenze, jenseits derer in einem Schlag die Heimatluft abflaute, das Heimatlicht ergraute, und du dich herausgezerrt sahst aus deinem Farbenwinkel in die Fahl- und Wirrnis?" (Handke 1989, 42)

Wortlos und aggressiv reagiert der Befragte an dieser Stelle und belegt damit auf seine Weise den Schmerz und die Befangenheit, die die Frage nach der Heimat, die Vorstellungen einer verlorenen Heimat und die imaginären Erwartungen auf eine Restitution des Verlorenen mit sich bringen. Kulturkritisch ließe sich dies mit der „transzendentalen Obdachlosigkeit" der Menschen unter den Bedingungen der Moderne verbinden, die Georg Lukács zu Beginn des 20. Jahrhunderts zum Ausgangspunkt seiner „Theorie des Romans" (1922) gemacht hat. Gesellschaftstheoretisch, aber auch pragmatischer ließe es sich als Handlungsfeld von Menschen in einer „Gesellschaft ohne Baldachin" (Soeffner 2000, 11–19) modellieren, die sich der Begrenztheit, Vorläufigkeit und Flüchtigkeit ihrer Bestrebungen, Wurzeln in Zeit und Raum zu schlagen, bewusst sind und unter diesen auch reflexiv begrenzten Handlungsmöglichkeiten ihr Zusammenleben mit anderen – ohne Absolutheitsansprüche – zu gestalten suchen. „Dazugehören" und „Unterwegssein" stellen dann in dieser Perspektive ebenso zwei anthropologisch grundierte Lebensformen und Strebungen dar wie die Erfahrungen eines mit der erfahrenen Heimat verbundenen Unheimlichen und Traumatischen sowie die „gemäßigten" Hoffnungen auf ein „friedlicheres" (!) Leben sowohl universelle Erfahrungen ansprechen als auch der spezifischen Konstellation eines Lebens unter den Zumutungen der Moderne Rechnung zu tragen vermögen – von persönlichen Erfahrungen und Empfindungen einmal ganz abgesehen.

Allerdings binden diese Bestimmungsmöglichkeiten von Heimat Menschen dann nicht nur an die Vermögen, Grenzen (und auch Fehlleistungen) der Narration, sondern bringen mit den Erscheinungsformen und Funktionsweisen des Erzählens auch deren ebenso prinzipielle Uneindeutigkeit, Mehrstimmigkeit und Verwandelbarkeit nicht nur in den Blick, sondern im Endergebnis dann immer wieder auch hervor. Nicht zuletzt die von Michael Neumann in seiner großen Studie zu den „Strömen des Erzählens" (2013) vorgestellten unterschiedlichen Weisen, Anlässe und Formen der Fundierung, Legitimierung und Gestaltung von Erzählungen und die in diesen Strömen fassbaren anthropologischen Bezüge: Raum und (leibgebundene) Existenz im Märchen-Strom, Sozialität und die Gestaltungsaufgaben von Ort und Zeit in den Perspektiven der Menschen im Sagen-Strom, Vorstellungen kosmologischer Ordnung im Mythen-Strom, Transzendenzorientierungen im „Anderwelt-Strom" (Neumann 2013, 381), schließlich die Travestie und damit verbunden die Reflexionsmöglichkeiten der bis dahin aufgebotenen Setzungen im „Schwank-Strom" (427), bringen dann immer auch einen Aspekt, eine Funktion, damit aber zugleich eine Leistung und eine Grenze der Heimat-Vorstellungen in den Blick, an die im Sinne einer kritisch-reflexiven Beobachtung der Heimat-Konzepte und -diskurse anzuknüpfen ist.

VII

Heimat erscheint damit ebenso als Gegenentwurf zu einer Welt der Abstraktion wie als Reaktion auf eine Welt voller Unruhe. Dem Grimm'schen Wörterbuch folgend verspricht sie – zwischen himmlischer Heimat und einer Zusicherung von Recht – Schutz angesichts einer Verlorenheit des einzelnen, ja ganzer sozialer Gruppen in der Welt. Es gehört zu den Prozessen der Moderne, die sich in der Konjunktur der Heimat-Vorstellungen ebenso spiegeln wie in ihrer ideologischen Zurichtung und einem damit ggf. verbundenen Gebrauch als Instrument/Waffen der Zuordnung und Ausschließung, dass sich sowohl ihre Nutzungsrechte als auch die in sie eingehenden Gefährdungserfahrungen im Laufe der letzten beiden Jahrhunderte „demokratisiert" haben. Heimat konnte so zum einen zu einem Menschenrecht werden, zum anderen aber auch zu einer ideologischen Waffe.

Nach beiden Seiten hin, zur Illumination einer Lebenswelt wie zu deren ideologischer Ausgestaltung und ggf. Nutzung, sind allerdings – da es sich um eine Leerstelle in einem räumlich zeitlichen Kontinuum (ggf. aber auch als Fraktal zu beschreiben) handelt – der Bedarf und die Möglichkeiten einer literarisch-poetischen Aufladung dessen, was mit Heimat angesprochen werden kann, zu berücksichtigen. Erst in einer solchen poetisch-literarischen Ausgestaltung von Heimatvorstellungen, in der sich „Geistersprachen" mit Rechtsansprüchen und Ortserfahrungen sowie subjektiver Selbstsetzung zu einem Vorstellungsort und Chronotopos verbinden, lässt sich „Heimat" dann auch als Schnittstelle in einem Diskursfeld oder eben auch als Verhandlungsort bestimmen. Im Sinne unseres Halle'schen Forschungsprojekts zum „Experimentierfeld Dorf" handelt es sich bei „Heimat" um einen Verhandlungsort des sozial Imaginären, an dem Aspekte der Exklusion und Integration ebenso zur Sprache kommen und zur Gestaltung anstehen wie Aspekte der biographischen Selbstbeobachtung und Selbstdarstellung (Nell 2018). Desintegration und Exklusion können so jeweils als die andere Seite der Integration (Türcke 1996) angesehen werden. In den Vorstellungen und Ortserfahrungen der Heimat finden sich im Strudel/Maelstrom der Moderne Menschen und soziale Gruppen in ihren durchaus mitunter schlingernden Bewegungen wieder und zwar in den jeweils doppelten Strömungen eines Hineingezogen- und wieder Hinausgetrieben-Werdens. Beide sind mit den Zumutungen der Freiheit und des Genötigtseins verbunden.

VIII

Hier ist nun kurz an Heinrich Böll (1917–1985) zu erinnern. Natürlich steht er nicht allein, sondern die Reihe von Autorinnen und Autoren, die sich in der hier vorgestellten Weise kritisch, reflexiv und statt auf Absolutheit zu setzen, vorläufig und im Blick auf Alltagserfahrungen vorsichtig und in Form einer „bewohnbaren Sprache in einem bewohnbaren Land" (Böll 1966, 45) mit den Fragen lokaler, regionaler und weltläufiger Zugehörigkeit befasst haben, beginnt – im Blick auf die deutschsprachige Literatur – schon mit Jean Paul und geht über Johann Peter Hebel, Heinrich Heine und Gottfried Keller weiter bis zu Heinrich Böll und vielleicht aktuell Ilija Trojanow. Böll hat dabei unter Literaturkritikern zuletzt einen schweren Stand gehabt: „er wär' überhaupt erste Sahne, wären da nicht die Romane", reimte Robert Gernhard als einer der maßgeblichen Vertreter der „Neuen Frankfurter Schule". Den engagierten Intellektuellen dagegen schildert Horst Bienek in seinen Aufzeichnungen „Beschreibungen einer Provinz", in denen er Bölls Parteinahme zugunsten der streikenden und 1981 vom Kriegsrecht bedrohten polnischen Arbeiter notiert: „Böll sagt, daß die Worte und Benennungen nicht mehr zutreffen, Trauer ja, aber es sei mehr, Empörung ja, aber es sei mehr, Entsetzen überkomme ihn angesichts dessen, was in Polen [...] geschieht." (Bienek 1986, 193)

Böll wird hier vorgestellt als jemand, der nach den richtigen Wörtern sucht, sie nicht findet und dieses Suchen nach dem richtigen Ausdruck mit Worten darstellt, die den Sachverhalt transportieren und zugleich dem Umstand Rechnung tragen, dass es die richtigen Wörter für die Gegebenheiten in der Welt offensichtlich nicht gibt. Das ist ja durchaus auch eine handwerkliche Herausforderung für Schriftsteller und Böll hat sich dieser Aufgabe gestellt, freilich auf der Basis seiner Vorstellungen von Literatur, seiner politischen und historischen Erfahrungen und eben dann auch auf seiner, einer anderen poetologischen Basis als bspw. Ernst Jünger, Arno Schmidt oder Botho Strauß. „Grundsätzlich", so Benedikt Jeßing in seinem Eintrag zu Bölls Poetik,

> verortet Böll den Schriftsteller an einem eigenen historischen, sozialen und regionalen, in positivem Sinne provinziellen Ort: Er sieht in einem solchen ‚Provinzialismus für eine gute Weile unsere einzige Möglichkeit vertrautes Gelände zu schaffen, Nachbarschaft zu bilden, Wohnen zu können', nur eine solche Heimat, ermögliche ‚Humanes, Soziales, Gebundenes [...], Heimat, deren Name Nachbarschaft, Vertrauen einschließt'. (Jeßing 2011, 50)

Es ist eine suchende, vorläufige und zugleich an den Alltagserfahrungen und Alltagssprachen der Menschen ansetzende Sprache, in der Böll Heimat und Heimatverluste und deren jeweiligen Folgen und Erfahrungsformen verhandelt und in der er sich mit den ihn umgebenden, durchaus auch vertrauten Landschaften am Rhein, in Köln und in den deutschen Landen und den Vorgaben der geschichtlichen Erfahrungen und der lebensweltlichen Bezüge beschäftigt. In seinem späten, bitteren, von der Kritik nicht geschätzten mit szenischen Dialogen experimentierenden Roman *Frauen vor Flußlandschaft* (1985) mit dem Untertitel „Roman in Dialogen und Selbstgesprächen" erscheinen die zum Teil durchaus zynischen Reflexionen über Politik und Gesellschaft „am Rhein" bewusst eingebettet in die noch weitgehend urzeitlich bestimmte Landschaft am Strom, die sich – ähnlich wie in Anna Seghers *Transit* (1947) das Mittelmeer – gleichsam als Grundierung und Gegenentwurf zu einer von Menschen, ihren Interessen und Klassen beherrschten und verunstalteten Welt vorstellen lässt. Entsprechend bleibt der Rückbezug auf die Flußlandschaft des Rheins, der in dem diesem gewidmeten Text (1960) in seiner Vielfalt und Widersprüchlichkeit vorgestellt wird (Böll 1963, 84–91), materiell und emotional der einzige Orientierungspunkt: Ratlosigkeit, Melancholie und Sentimentalität verbinden sich in Erika Wublers Feststellung: „Nein, vielleicht mal nach Rom fahren, aber ich weiß jetzt schon, daß ich bald wieder zurück möchte – an den Rhein, ja, an den Rhein. Der fließt ja wirklich da unten." (Böll 1985, 164) Auch in anderen Beiträgen: *Was ist kölnisch?* (1960), *Der Rhein* (1960) oder *Heimat und keine* (1965) geht es Böll darum, die Zusammengesetztheit der jeweiligen räumlichen und landschaftlich bestimmten Lebensverhältnisse zu schildern; Grenzziehung ebenso anzusprechen wie deren Vermittlung durch geschichtliches und individuelles Handeln. „Die Geschichte des Ortes", so schreibt er in dem diesbezüglich wichtigen Text *Heimat und keine* (1965), „an dem einer wohnt, ist gegeben, die Geschichte der Person ergibt sich aus unzähligen Einzelheiten und Erlebnissen, die unbeschreiblich und unwiederbringlich sind." (Böll 1983, 298)[7]

Es sind die Erfahrungen und Erinnerungen, auch Verschiebungen innerhalb der Erinnerungen, an Staub und Stille, die Erfahrung der Not und Vertreibung, nicht zuletzt des Hungers und der Angst, die Böll hier in den Schichtungen unterschiedlicher Köln-Bilder – Köln vor dem Krieg, 1945 zerstört, dann wieder im Aufbau der Wirtschaftswunderzeit – entwirft und die von ihm als Bilder dreier Heimaten künstlerisch und klug vor Augen gestellt werden. Mehr noch, in der Verschränkung der Perspektiven, die die Erfahrungen der Bevölkerung Kölns aus den Bombennächten und des Hungers der Jahre 1945 bis 1947 mit den Leidenserfahrungen der Iren während der „Großen Hungersnot" aus der ersten Hälfte des 19. Jahrhunderts verbindet:

---

7 Siehe oben Groebners Unterscheidung.

> Sie fand aufs Jahr genau hundert Jahre vor der unseren statt. Forschungen haben bewiesen, daß alles, was darüber mündlich und schriftlich erzählt worden ist, nicht über-, sondern eher untertrieben war. Offenbar kommt die menschliche Phantasie und Fabulierlust gegen Dokumente nicht an. Unwiderlegbar [...], daß am Anfang der dritten Heimat Zerstörung und eine große Hungersnot waren.
>
> (Böll 1983, 301)

Mit dieser Auslegung werden in Bölls Text die Beschränktheiten eines ethnozentrischen Heimatkonzepts in vierfacher Hinsicht überwunden: lokale Erfahrungen mit Erfahrungen von Menschen in anderen Gesellschaften verbunden; die Fixierung der Erinnerung und deren Einschränkung durch narrative Reproduktion wird durch die Kraft der Dokumente in Richtung einer realistischen Betrachtung der Geschehnisse aufgelöst. Die Zentrierung auf das eigene Leid wird zugunsten einer Öffnung für die Leidenserfahrungen anderer überwunden und schließlich wird Heimat als Erfahrung und Kategorie sowohl in einem lebensgeschichtlichen als auch in einem sozialhistorischen Sinn pluralisiert und schließt an das oben bei Türcke angesprochene Konzept geschichteter, mehrdeutiger pluraler Heimaten an. In dieser Weise vermag Bölls Essay das poetische Handwerk zu nutzen, um ein Heimatverständnis zu schaffen, das als common ground eines an Humanität orientierten Zusammenlebens von Menschen unterschiedlicher Beheimatung wünschenswert und notwendig erscheint.

IX

Der von Elias Canetti (1905–1994) verehrte chinesische Philosoph Zhuangzi (365–290 v.d.Z.)[8] weist in seinem Entwurf des „wahren Blütenlands" auf das Beispiel der Schildkröte im Schlamm hin, wenn es um die Stellung des Menschen in der Welt und sein Handeln geht: „Sie würde es wohl vorziehen, zu leben und ihren Schwanz im Schlamme nach sich zu ziehen" statt hochgeehrt, „in einem Schrein mit seidenen Tüchern [...] in den Hallen eines Tempels am Königshof ausgestellt zu werden." (Dschuang Dsi 1969, 191) Der Schlamm, das ist verflüssigte, feuchte Erde, klebrig und schmutzig, nicht leicht zu fixieren, allerdings auch schwer zu entfernen, und insoweit lässt er sich als Gegenstück zu einer vielfach ideologisch besetzten Heimaterde verstehen. Tatsächlich ist es ein Stoff, der schwer zu verarbeiten ist, Schmutz, der an einem klebt, unangenehm sein kann, ärgerlich und lästig erscheint.

---

[8] Ältere Schreibweise, so im Klappentext des hier zitierten Buchs, in der Übersetzung von Richard Wilhelm 1912: Dschuang Dsi; vgl. Canetti 1976, 269 und Canetti 1987, 123.

Zygmunt Bauman (1925–2017) hat in seiner noch immer aktuell lesenswerten Studie *Making and Unmaking of Strangers. Fremde in der postmodernen Gesellschaft* (1995) auf Jean-Paul Sartres Untersuchungen des Klebrigen (*le visqueux*) hingewiesen und damit auch das Unbehagen angesprochen, das von dem Verhaftetsein mit der Erde, via Sozialität auch mit anderen Menschen, ausgeht: „So steht das Klebrige für den Verlust der Freiheit, oder für die Angst vor der Gefährdung und dem drohenden Verlust der Freiheit." (Bauman 1995, 17) Aber statt dieses Andere nun in einem Akt der Gewalt „ausradieren", vernichten und die Heimat „reinigen" zu wollen, was sich unter aktuellen Bedingungen nur um den Preis des Massakers versuchen lässt, tritt Bauman für einen relativierenden, auch selbst-reflexiven Umgang mit dem Fremden ein. Die Voraussetzung dafür sind allerdings auch materielle Ressourcen und die Erfahrung einer Anerkennung von allen als Menschen, die zugleich Handlungsmacht und Freiheitserfahrungen auch innerhalb jener Lebenswelt umfasst, die unter der Vorstellung von Heimat angesprochen werden kann:

> [...] die Schärfe des Fremdseins und die Intensität der Ablehnung wachsen mit relativer Machtlosigkeit und verschwinden mit dem Wachstum relativer Freiheit. Voraussehbarerweise wächst die Bereitschaft, andere als klebrig wahrzunehmen, mit der Abnahme der Fähigkeit, das eigene Leben und die lebensbegründenden Identitäten zu kontrollieren.
> (Bauman 1995, 17–18)

Im Blick auf das hier anstehende Thema der Heimat ließe sich im Anschluss an diese Überlegungen sagen, dass deren Offenheit an das Maß erlebter Selbstbestimmung aus einem gelingenden Umgang mit Anderen gekoppelt ist. Erst auf einem so verfassten und erfahrenen „common ground" (Levitsky und Ziblatt 2018, 388) unter diesen Bedingungen lässt sich die Klebrigkeit der anderen mit bindenden und lösenden Erfahrungen eines Raums der Zugehörigkeit, eben aber auch des Grenzen Übersteigenden, im Sinne einer Heimat verknüpfen und gestalten. Immerhin aber lässt sich doch einiges auch aus dieser Erd- und damit auch Zeitverbundenheit, die in den Heimatvorstellungen mehr oder weniger attraktiv angesprochen und u. U. auch versprochen wird, machen. Es ist der Schlamm/Schleim bzw. „Staub", wenn mir diese leichte Mythologisierung gestattet wird, aus dem wir alle kommen, der also wie Heimat allen Menschen anhaftet, freilich in unterschiedlicher Weise empfunden, bearbeitet und auch gestaltet werden kann. Es bleibt ein Rest Erde, der als Makel, Menetekel, aber auch als Versprechen gesehen und ggf. auch genutzt werden kann.

Literatur

Bade, Klaus J. *Europa in Bewegung. Migration vom späten 18. Jahrhundert bis zur Gegenwart.* München: Beck, 2000.

Baecker, Dirk. „Kultur". *Ästhetische Grundbegriffe.* Hg. Karlheinz Barck, Martin Fontius, Dieter Schlenstedt, Burkhart Steinwachs und Friedrich Wolfzettel. Bd. 3. Stuttgart und Weimar: Metzler, 2010. 510–556.

Bauman, Zygmunt. „Making and Unmaking of Strangers. Fremde in der postmodernen Gesellschaft". *Widersprüche des Multikulturalismus.* Hg. Christiane Harzig und Nora Räthzel. Hamburg: Argument, 1995. 5–25.

Bauman, Zygmunt. *Flüchtige Moderne.* Frankfurt a. M.: Suhrkamp, 2003.

Bienek, Horst. *Beschreibung einer Provinz.* München: dtv, 1986.

Bodenheimer, Aron Ronald. *Warum? Von der Obszönität des Fragens.* Stuttgart: Reclam, [7]2011.

Böll, Heinrich. „Der Rhein". *Hierzulande. Aufsätze.* München: dtv, 1963. 84–91.

Böll, Heinrich. *Frankfurter Vorlesungen.* München: dtv, 1968.

Böll, Heinrich. *Das Heinrich-Böll-Lesebuch.* Hg. Viktor Böll. München: dtv, 1983.

Böll, Heinrich. *Frauen vor Flußlandschaft. Roman in Dialogen und Selbstgesprächen.* Köln: Kiepenheuer & Witsch, 1985.

Brumlik, Micha. „Ist es gerecht, dass die einen Heimat haben und die anderen nicht?". *taz* 10. Oktober 2017: 12–13.

Canetti, Elias. *Die Provinz des Menschen. Aufzeichnungen 1942–1972.* Frankfurt a. M.: Fischer, 1976.

Canetti, Elias. *Das Geheimherz der Uhr. Aufzeichnungen 1973–1985.* München: Hanser, 1987.

Dschuang Dsi [Zhuangzi]. *Das wahre Buch vom südlichen Blütenland.* Übers. Richard Wilhelm. Düsseldorf und Köln: Diederichs, 1969.

Eder, Klaus. „Integration durch Kultur. Das Paradox der Suche nach einer europäischen Identität". *Kultur. Identität. Europa. Über die Schwierigkeiten und Möglichkeiten einer Konstruktion.* Hg. Reinhold Viehoff und Rien T. Segers. Frankfurt a. M.: Suhrkamp, 1999. 147–179.

Febvre, Lucien. *Der neugierige Blick. Leben in der französischen Renaissance.* Berlin: Wagenbach, 1989.

Foucault, Michel. *Wahnsinn und Gesellschaft. Eine Geschichte des Wahns im Zeitalter der Vernunft.* Frankfurt a. M.: Suhrkamp, 1969.

Gebhard, Gunther, Oliver Geisler, und Steffen Schröter. „Heimatdenken: Konjunkturen und Konturen. Statt einer Einleitung". *Heimat. Konturen und Konjunkturen eines umstrittenen Konzepts.* Hg. Gunther Gebhard, Oliver Geisler und Steffen Schröter. Bielefeld: transcript, 2007. 9–56.

Giddens, Anthony. *Konsequenzen der Moderne.* Frankfurt a. M.: Suhrkamp, 1995.

Goethe, Johann Wolfgang von. „Über Kunst und Altertum". Sechsten Bandes, zweites Heft 1828. *Goethes Werke. Band XII. Schriften zur Kunst. Schriften zur Literatur. Maximen und Reflexionen.* Hg. Erich Trunz. München: Beck, 1981. 362–363.

Gotthard, Axel. *In der Ferne. Die Wahrnehmung des Raums in der Vormoderne.* Frankfurt a. M. und New York: Campus, 2007.

Grimm, Jacob, und Wilhelm. „Heimat". *Deutsches Wörterbuch in 16 Bänden.* Bd. 10. IV. Abt. 2. Lieferung. Leipzig: Hirzel, 1877. 864–867. http://woerterbuchnetz.de/cgi-bin/WBNetz/wbgui_py?sigle=DWB&mode=Vernetzung&lemid=GH05424#XGH05424 (25. August 2019).

Groebner, Valentin. *Retroland. Geschichtstourismus und die Sehnsucht nach dem Authentischen*. Frankfurt a. M.: Fischer, 2018.
Handke, Peter. *Das Spiel vom Fragen oder die Reise zum sonoren Land*. Frankfurt a. M.: Suhrkamp, 1989.
Honneth, Axel. *Kampf um Anerkennung. Zur moralischen Grammatik sozialer Konflikte*. Frankfurt a. M.: Suhrkamp, 1992.
Hüppauf, Bernd. „Heimat – Die Wiederkehr eines verpönten Wortes. Ein Populärmythos im Zeitalter der Globalisierung". *Heimat. Konturen und Konjunkturen eines umstrittenen Konzepts*. Hg. Gunther Gebhard, Oliver Geisler und Steffen Schröter. Bielefeld: transcript 2007. 109–140.
Jeßing, Benedict. „Böll, Heinrich (1917–1985)". *Poetiken. Autoren – Texte – Begriffe*. Hg. Monika Schmitz-Emans, Uwe Lindemann und Manfred Schmeling. Berlin und Boston: De Gruyter, 2011. 49–50.
Kamlah, Wilhelm. *Philosophische Anthropologie. Sprachliche Grundlegung und Ethik*. Mannheim, Wien und Zürich: Bibliographisches Institut, 1973.
Koppen, Erwin. „,Heimat' international – Literarischer Regionalismus als Gegenstand der Komparatistik". *Sensus Communis. Contemporary trends in comparative literature. Fs. für Henry Remak*. Hg. János Riesz, Peter Boerner und Bernhard Scholz. Tübingen: Narr, 1986. 267–274.
Krockow, Christian Graf von. *Nationalismus als deutsches Problem*. München: Piper, 1970.
Levitsky, Steven, und Daniel Ziblatt. *How Democracies Die*. New York: Crown Publishers, 2018.
Lipp, Wolfgang. „Heimatbewegung, Regionalismus, Pfade aus der Moderne". *Kultur und Gesellschaft. Fs. für René König*. Hg. Friedhelm Neidhardt, Rainer M. Lepsius und Johannes Weiß. Opladen: Westdeutsche Verlagsanstalt, 1986. 331–355.
Luckmann, Benita. „The Small Life-Worlds of Modern Man". *Social Research* 37.4 (1970): 580–596.
Marszalek, Magdalena, Werner Nell, und Marc Weiland. „Über Land – lesen, erzählen, verhandeln". *Über Land. Aktuelle literatur- und kulturwissenschaftliche Perspektiven auf Dorf und Ländlichkeit*. Hg. Magdalena Marszalek, Werner Nell und Marc Weiland. Bielefeld: transcript, 2018. 9–25.
Minkmar, Nils. „Perfektion ist keine menschliche Kategorie". *Spiegel Kultur* 2. Februar 2020. https://www.spiegel.de/kultur/kobe-bryant-idealisierung-von-stars-perfektion-ist-keine-menschliche-kategorie-a-b7a1008c-1211-4432-9b12-af863823d5a7 (02. Februar 2020).
Nell, Werner, und Marc Weiland. „Imaginationsraum Dorf". *Imaginäre Dörfer. Zur Wiederkehr des Dörflichen in Literatur, Film und Lebenswelt*. Hg. Werner Nell und Marc Weiland. Bielefeld: transcript, 2014. 13–50.
Nell, Werner. „Heimat ohne Baldachin. Zumutungen der Moderne". *Über Land. Aktuelle literatur- und kulturwissenschaftliche Perspektiven auf Dorf und Ländlichkeit*. Hg. Magdalena Marszalek, Werner Nell und Mark Weiland. Bielefeld: transcript, 2017. 357–390.
Nell, Werner. „Heimatdiskurse und Gewalt". *Heimat global. Modelle, Praxen und Medien der Heimatkonstruktion*. Hg. Edoardo Costadura, Klaus Ries und Christiane Wiesenfeldt. Bielefeld: transcript, 2019. 103–130.
Neumann, Michael. *Die fünf Ströme des Erzählens. Eine Anthropologie der Narration*. Berlin und Boston: De Gruyter, 2013.

Patzeldt, Werner J. „Heimat, Vaterland und Patriotismus". *Heimatschichten. Anthropologische Grundlegung eines Weltverhältnisses.* Hg. Joachim Klose. Wiesbaden: Springer VS, 2013. 643–662.

Plessner, Helmuth. *Die Stufen des Organischen und der Mensch* [1928]. Berlin und New York: De Gruyter, ³1975.

Schiffauer, Werner. *Fremde in der Stadt. Zehn Essays über Kultur und Differenz.* Frankfurt a. M.: Suhrkamp, 1997.

Schmidt, Thomas E. *Heimat. Leichtigkeit und Last des Herkommens.* Berlin: Aufbau, 1999.

Simmel, Georg. *Soziologie. Untersuchungen über die Formen der Vergesellschaftung* [1908]. Berlin: Duncker & Humblot, ⁵1968.

Soeffner, Hans-Georg. *Gesellschaft ohne Baldachin. Über die Labilität von Ordnungskonstruktionen.* Weilerswist: Velbrück, 2000.

Stanišić, Saša. „Erschüttert, dass sowas prämiert wird". Dankesrede zur Verleihung des Deutschen Buchpreises. 14. Oktober 2019. https://orf.at/stories/3140837/ (27. Januar 2020).

Strauss, David A. „Common Law, Common Ground, and Jefferson's Principle". *Yale Law Journal* 112 (2003): 1717–1756.

Tenbruck, Friedrich H. „Bürgerliche Kultur". *Kultur und Gesellschaft. Fs. für René König.* Hg. Rainer M. Lepsius, Friedhelm Neidhardt und Johannes Weiß. Opladen: Westdeutscher Verlag, 1986. 263–285.

Türcke, Christoph. „Ausgrenzung. Die Aktualität eines Begriffs oder: Das andere Gesicht der Integration". *Frankfurter Rundschau* 256 (2. November 1996): ZB 3.

Türcke, Christoph. *Heimat. Eine Rehabilitierung.* Springe: zu Klampen, 2006.

Wagner, Peter. *Soziologie der Moderne. Freiheit und Disziplin.* Frankfurt a. M. und New York: Campus, 1995.

Waldenfels, Bernhard. „Heimat in der Fremde". *In den Netzen der Lebenswelt.* Frankfurt a. M.: Suhrkamp, 1985. 194–211.

Zimmer, Jörg. „Gegenwart". *Enzyklopädie Philosophie.* Hg. Hans Jörg Sandkühler. Bd. 1. Hamburg: F. Meiner, 2010. 783–786.

Jil Runia
Mobile Verwurzelung: Hybride Heimatkonzeptionen in Randa Jarrars *A Map of Home*

Mit dem Wort ‚Heimat' scheint ein weiterer Begriff auf vordergründig natürliche Weise assoziativ verknüpft zu sein, nämlich ‚Raum'. Doch obwohl Vorstellungen von ‚Heimat' häufig mit einem sie verortenden Raum verbunden sind, wurde die Raumtheorie in der wissenschaftlichen Beschäftigung mit ‚Heimat' lange Zeit vernachlässigt. Die transdisziplinäre Betrachtung ist jedoch durchaus lohnend. Das Verständnis, dass Raum prozessual durch soziale Handlungen geschaffen wird, kann beispielsweise produktiv in die Analyse von Beheimatungsvorgängen einfließen (vgl. Eigler 2012, 35). Friederike Eiglers Aufsatz „Critical Approaches to Heimat and the ‚Spatial Turn'" (2012) hat maßgeblich dazu beigetragen, dass in neueren Publikationen vermehrt auf die Verschränkung von Heimatkonzeptionen und raumtheoretischen Fragestellungen geachtet wird. Dabei verweist bereits Ina-Maria Greverus' grundlegende Studie *Der territoriale Mensch* von 1972 – eine der Quellen, auf die sich der Heimatdiskurs wiederholt beruft – auf die räumliche Komponente von Heimatbedürfnissen. Mit dem aus der Zoologie stammenden Terminus ‚Territorialität' beschreibt Greverus das Phänomen einer „menschliche[n] Suche nach umgrenzten und selbsterfahrenen" Räumen (1972, 1). Diese entsteht laut der Autorin aus dem Verlangen nach Sicherheit, Stimulation und Identität. Der physische Raum ist dabei eine Bedingung, damit territoriales Begehren erfüllt werden kann (vgl. ebd., 23–25, 397). Für diesen identitätsstiftenden Raum versucht Greverus in ihrer Arbeit absichtlich ein anderes Wort als ‚Heimat' zu etablieren, um sich von dessen quasimythologisierenden Zuschreibungen zu lösen. Somit erscheint ‚Heimat' – ein Begriff, der häufig als unübersetzbar gilt und als spezifisch ‚deutsch' wahrgenommen wird – als menschliches Grundbedürfnis. In aktuellen wissenschaftlichen Publikationen wird ‚Heimat' in diesem Sinne immer häufiger als anthropologische Konstante verstanden.[1] Die Handlungssicherheit, welche sich aus dem Heimatgefühl ergibt, gilt mittlerweile zudem als psychologisch belegt (vgl. Mitzscherlich 2019, 186–187). Wenn jedoch der Bezug auf einen Satisfaktionsraum als universal menschliches Verlangen angesehen werden kann, dann ergeben sich daraus für die aktuellen

---

[1] Vgl. z. B. Costadura et al. 2019, 18 und den Beitrag von Christoph Antweiler im vorliegenden Band.

Entwicklungen zunehmender Globalisierung und freiwilliger wie erzwungener Migrationsbewegungen weitreichende Konsequenzen. Denn die Beheimatung an einem neuen Ort mit unvertrauten kulturellen Regeln und Codes gestaltet sich als langwieriger und durchaus schwieriger Prozess, in dem versucht wird, sich die Gefühle von Gemeinschaft, Kontrolle und individueller Kohärenz (wieder) anzueignen (vgl. Mitzscherlich 2019, 187–189). Insbesondere da zum Heimatgefühl starke soziale Bindungen und Sicherheiten gehören, kann eine gelungene Beheimatung nicht allein durch die Integration in die Strukturen des Aufnahmelandes erfolgen (vgl. Seifert 2011/2012, 212–213). Die Problematiken, die eine Neuverortung von ‚Heimat' mit sich führen kann, sind dabei nicht als bloße Neuerscheinung der Postmoderne zu verstehen. Schon immer sahen sich Migrant*innen mit ihnen konfrontiert. Ebenso wenig beschränken sie sich auf transnationale Migration (vgl. Mitzscherlich 2019, 187). Allerdings verschärfen sich die Schwierigkeiten bei grenzüberschreitenden Migrationsbewegungen häufig und ein Anstieg der Thematisierung solcher Probleme in Literatur, Film und anderen Medien lässt sie auch in die Aufmerksamkeit von Menschen rücken, die sie nicht selbst erfahren. Dabei ist eine interessante Ambivalenz festzustellen: Der öffentliche Diskurs um Migration und Integration in Deutschland löst sich nur langsam von der Vorstellung, ‚Heimat' würde vorrangig an genau einem Ort stattfinden. Dies gilt selbst für Kontexte, in denen für eine gesellschaftliche Öffnung des Heimatkonzepts plädiert wird. Dagegen belegt die konkrete Erfahrung von Migrant*innen in Deutschland eine deutlich vielfältigere und fluide Heimatkonzeption (vgl. Binder 2010, 196–197). Insgesamt sind plurale Heimatbezüge jedoch vor allem bei freiwilliger Migration festzustellen, während von erzwungener Auswanderung Betroffene häufig eine stärkere emotionale Bindung zum verlassenen Ort aufrechterhalten (vgl. Seifert 2011/2012, 205).

Wie lässt sich ein Bezug zur ‚Heimat' neu und positiv gestalten, wenn das frühere Zuhause sich in der Erinnerung mit der Erfahrung von Gewalt mischt? Inwieweit ist es möglich, ein identitätsstiftendes Verhältnis zu einem Raum aufzubauen, wenn der Wohnort vielleicht nicht nur einmal, sondern mehrmals in kurzen Abständen gewechselt werden muss? Und wie lässt sich ‚Heimat' neu konstruieren, wenn man am momentanen Aufenthaltsort mit Ausgrenzung konfrontiert wird? Dies sind einige der Fragen, die aktuelle literarische Auseinandersetzungen mit dem Thema ‚Heimat' häufig aufwerfen. Nicht selten bringt ihre Beantwortung kreative Heimatkonzeptionen hervor. Im Folgenden werde ich eine solche Neuverhandlung von ‚Heimat' anhand des Romans *A Map of Home* (2008) untersuchen.

Bei *A Map of Home* handelt es sich um den ersten Roman der US-amerikanisch-arabischen Schriftstellerin Randa Jarrar. Es ist also kein Text aus dem deutschsprachigen Kulturraum. Ein solches Beispiel ist hier ganz bewusst gewählt, um zu demonstrieren, wie sich Aushandlungen von Zugehörigkeit mit dem deutschen Heimatbegriff überschneiden, und um aufzuzeigen, dass es deshalb durchaus produktiv ist, ‚Heimat' im Sinne von Greverus als eine anthropologische, kulturübergreifende Konstante zu verstehen. *A Map of Home* ist die Geschichte der Ich-Erzählerin Nidali, Tochter einer Ägypterin und eines Palästinensers. Die Erzählung folgt der Protagonistin von der Geburt bis zu ihrer College-Bewerbung und verfährt nach dem Muster eines Bildungsromans (vgl. Friedman 2015, 111). Ein maßgeblicher Teil der Bildung ist dabei die Entfaltung eines positiven und produktiven Heimatverständnisses, das durch die mehrfachen Migrationserfahrungen Nidalis zunächst behindert wird. Kurz nachdem sie in den USA auf die Welt kommt, reisen die Eltern mit dem Kind nach Ägypten zurück, um die Großmutter zu beerdigen. Daraufhin migriert die junge Familie nach Kuwait, wo Nidalis Vater Waheed eine Anstellung als Architekt findet. So beginnt eine Reihe von Migrationsbewegungen, die Nidalis Entwicklung nachhaltig prägen. Sie führen die Erzählerin von Kuwait über Ägypten schließlich nach Texas.

Kuwait: Die verlorene Heimat der Kindheit

Nidali wächst in Kuwait auf und zeigt eine starke emotionale Bindung zu ihrer Umgebung. Dass sie nicht im Heimatland eines ihrer Elternteile heranwächst, stellt für sie keine Schwierigkeit dar. Schon früh entwickelt Nidali ein Gespür für ihre Transkulturalität, die neben palästinensischen und ägyptischen Einflüssen auch christlich-griechische auf Seiten der Großmutter mütterlicherseits aufweist. Als Nidalis Mutter, Fairuza, der Tochter Wonder Woman-Aufkleber schenkt, zeigt sich in Nidalis Reaktion deutlich ein hybrides Selbstverständnis:

> I stared at the eagle on her top; it was golden and resembled the eagle on the Egyptian flag. I admired her lasso because it reminded me of the rope women in Palestine tie on buckets and around goats' necks. [...] And when I saw the stars on her shorts, I was reminded of my blue passport, of how I was born in America. I wondered if Wonder Woman was Egyptian and Palestinian and American, like me. (Jarrar 2008, 42)[2]

Diese persönliche Version der Superheldin wird für Nidali zum multikulturellen und weiblichen Vorbild. Als Kind geht sie mit ihrer Herkunft positiv um und bündelt die verschiedenen Einflüsse auf kreative Art. Das Resultat ist eine gelungene Hybridität, in der aus den unterschiedlichen kulturellen Traditionen neue Dinge hervorgehen. Das Lieblingsessen der Ich-Erzählerin zum Beispiel

---

2 Im Folgenden unter der Sigle *MH* zitiert.

sind Za'tar Burger und sie beschreibt das Familienrezept dafür sehr genau. Die Zutaten sind ein Sesambrötchen, die palästinensische Gewürzmischung Za'tar und Käsescheiben. Za'tar wird ähnlich der Olive als typisch palästinensisches Lebensmittel angesehen, durch dessen Konsum sich Palästinenser*innen im Exil dem Land verbunden fühlen.³ Der Za'tar für die Burger muss zudem explizit von „*Sido's farm in Palestine*" (*MH*, 60; Herv. im Original) stammen, die Protagonistin verbindet mit ihm also einen speziellen und emotional bedeutsamen Ort. Die Käsescheiben sollen laut Rezept hingegen bei Safeway gekauft werden, einer US-amerikanischen Supermarktkette. Diese Verbindung von traditionellem Za'tar aus familiärem Anbau und Käse von einer anonymen Kette wirkt dissonant und ist bezeichnend für Jarrars humoristischen Stil. Zugleich zeigt sich in diesem Rezept aber auch Nidalis selbstverständlicher Umgang mit ihrer hybriden Identität, da es ihre palästinensische Herkunft und ihre US-amerikanische Staatsbürgerschaft spielerisch verbindet. Die Herausbildung eines solchen Selbstverständnisses wird sicherlich auch durch ihre Umgebung gefördert. Kuwait zieht durch seinen wirtschaftlichen Wachstum Einwander*innen verschiedener arabischer Länder an und Nidali bewegt sich in ihrer Schule in einem multiethnischen und -konfessionellen Umfeld. Somit ist es für sie unproblematisch, trotz ihres Einwandererstatus eine heimatliche Verbindung zu Kuwait aufzubauen.

In der Pubertät geht Nidali jedoch ihr leichter Umgang mit der vielfältigen Abstammung verloren. Dies ist nicht zuletzt durch ihre Migrationserlebnisse bedingt. 1990 flieht die Familie wegen der irakischen Invasion Kuwaits nach Ägypten. Der Kriegsausbruch am Morgen ihres dreizehnten Geburtstags ist ein bedeutender Einschnitt in Nidalis Leben, den sie als Ende ihrer Kindheit wahrnimmt (vgl. *MH*, 124). Der Eintritt in das Erwachsenenalter aufgrund traumatischer Kriegserfahrungen wird zudem dadurch markiert, dass Nidali während der Flucht im Auto durch den Irak ihre erste Periode bekommt (vgl. *MH*, 148). Der räumliche Übergang von Kuwait nach Ägypten wird somit von einem zeitlichen Verlust der Kindheit begleitet. Bezeichnenderweise vermisst Nidali auch nicht primär den Ort, sondern die irreversibel verlorengegangene Zeit ihrer ‚Heimat': „I longed for that time again, for home" (*MH*, 175). An dieser Stelle lässt sich der Text an eine bedeutende These des gegenwärtigen Heimatdiskurses anschließen, nämlich „dass Heimat – im Sinne von [...] Ursprungsheimat – nicht nur ein Ort, sondern auch und vor allem eine Zeit ist: eine ‚Zeit-Heimat'" (Costadura et al. 2019, 20).

In Alexandria wohnt die Familie im Sommerhaus der Mutter und hofft auf eine Rückkehr nach Kuwait, sobald die Kämpfe beendet sind. Allerdings wird

---

3 Siehe zur kulturellen Bedeutung von Za'tar Ronit 2017.

Nidalis Vater nach Kriegsende wie etlichen anderen Palästinenser*innen die Arbeitserlaubnis entzogen. Es handelt sich dabei um eine Vergeltungsmaßnahme der kuwaitischen Regierung, die Palästina der Kollaboration mit dem Irak beschuldigt. Und so verkündet Waheed „what over 300,000 Palestinians would tell their families that year: We were not returning to Kuwait." (*MH*, 191) Die häufige De- und Relokalisierung der Familie wird, wie an dieser Stelle, vor allem durch die Nationalität des Vaters bestimmt. Schwierigkeiten auf dem levantinischen Arbeitsmarkt und die Suche nach besseren ökonomischen Bedingungen in den Golfstaaten oder Übersee sowie nicht zuletzt politische Repressionen in verschiedenen Ländern bestimmen die Exilerfahrung vieler Palästinenser*innen (vgl. Friedman 2015, 112). Nidali weiß um diese Korrelation und erkennt, dass die Herkunft ihres Vaters „usually a ticket out of places" (*MH*, 202) ist. Schon als Kind wird sie von ihm darauf in gewisser Weise vorbereitet: „Baba said that moving was part of being Palestinian. ‚Our people carry the homeland in their souls,' he would tell me at night as he tucked me in. This was my bedtime story when I was three, four." (*MH*, 9) Auch dies nimmt durch Nidalis kindliche Reaktion eine humoristische Wendung: „I'd think to myself: ‚That's such a heavy thing to carry.'" (ebd.) Aber ihr Gedanke ist nur vordergründig naiv. Er zeigt bereits die seelische Belastung, die Waheed durch seine erzwungene Mobilität erleidet und die Nidali von ihm erben wird. Tatsächlich ist Waheeds ambivalentes Verhältnis zu seinem Heimatland auch prägend für ihr Heimatverständnis. Anders als Fairuza ist Waheed sehr darauf bedacht, seiner Tochter ein Gespür für seine Herkunft zu vermitteln, wodurch die Verbindung zu Palästina ein Teil von Nidalis Heimatkonzeption wird. Es ist nicht unüblich, dass die Heimaten der Eltern von Kindern mit Migrationserfahrung zu einem Bezugsort für deren Beheimatungsprozesse werden, selbst dann, wenn sie nicht zum eigenen Erlebensraum gehören (vgl. Mitzscherlich 2019, 190). Waheed ist stets auf seine Zugehörigkeit zu Palästina fokussiert und sie wird im Roman deutlich betont. Neben mehrfachen direkten Verweisen geschieht dies auch durch palästinensische Symboliken.

Die nostalgisch-verklärte Heimat des Vaters: Palästina

Die palästinensische Rhetorik im Konflikt mit Israel um die territorialen Ansprüche hat sich in Auseinandersetzung mit zionistischen und westlichen Vorstellungen entwickelt. In der westlichen Literatur des 19. Jahrhunderts wurde Palästina als verwahrloster, ahistorischer Ort gezeichnet (vgl. Parmenter 1994, 9–14). Die ersten jüdischen Siedler*innen im Mandatsgebiet charakterisierten das Land hingegen als fruchtbar, aber jungfräulich und unbewohnt (vgl. Ball 2012, 24–26). Auf palästinensischer Seite wird auf diese Darstellungen vor allem mit Symbolen aus der Flora geantwortet. Ihnen ist gemein, dass sie Verwurzelung mit dem Land versinnbildlichen und die Verbindung zu diesem so naturalisieren (vgl. Abufarha 2008, 344, 363). Besonders gut eignen sich dafür Bäume mit ihren tiefen Wurzeln. Vor allem der Olivenbaum hat einen herausragenden Platz in der kollektiven Vorstellung. Die Olive versinnbildlicht aufgrund verschiedener kultureller und historischer Kontexte Tradition, Gemeinschaft, Verwurzelung und Beständigkeit (vgl. Abufarha 2008, 348–349). Somit ist der palästinensische Diskurs um die Verbundenheit zum Land wie viele andere Heimatdiskurse auch durch eine Wurzelmetaphorik geprägt.[4] Die Bedeutungsebenen des Olivenbaums weiten sich auf seinen Ertrag aus. In Form eingemachter Oliven oder Olivenöls können so auch Palästinenser*innen in der Diaspora Anteil am nationalen Zeichen haben. Auf diese Weise wird auch Waheed durch palästinensische Sinnbilder mit dem Land verbunden: Beim Abendessen hat er etwa stets das Olivenöl neben sich (vgl. *MH*, 178) und er beschließt die Flucht der Familie aus Kuwait, als deren Za'tar-Vorräte – die kulinarische Komponente, die nach Meinung einiger einen Haushalt als palästinensisch kennzeichnet (vgl. Rushdie und Said 1991, 175) – zur Neige gehen (vgl. *MH*, 138).

Der Bezug, den Waheed Nidali zu seinem Heimatland vermittelt, beginnt mit ihrer Namensgebung: Als ihm mitgeteilt wird, dass sein erstes Kind zur Welt gekommen ist, trägt er im Krankenhaus sofort ‚Nidal' in das Geburtszertifikat ein. Der Name bedeutet ‚Kampf' und ist in Kreisen des palästinensischen Widerstands weit verbreitet (vgl. Salaita 2011, 130). Erst dann besucht Waheed seine Frau und erfährt, dass sie ein Mädchen geboren hat. Kurzerhand ändert er den Namen, indem er ihm ein feminisierendes ‚i' anhängt. Im Arabischen ist dieses Suffix das Personalpronomen ‚mein'. Nachdem Waheed durch die Namensgebung eine Verbindung mit dem palästinensischen Widerstand hergestellt hat, erachtet er es interessanterweise anscheinend nicht für nötig, Nidali über die Geschichte seines Herkunftslandes zu unterrichten. Als er durch Nidalis beiläufige Frage „What is '67?" (*MH*, 66) erfährt, dass sie in ihrer englischsprachigen Schule nichts über Palästinas Historie gelernt hat, bekommt er einen regelrechten Wutanfall. Noch am selben Abend diktiert er seiner zehnjährigen Tochter Geschichtstexte, lässt sie Artikel über den Sechstage-Krieg lesen und Videoaufnahmen von Gamal Abdel Nassers Reden ansehen. Wenn sie droht einzuschlafen, hält er sie davon ab. So lernt Nidali in einer Tour de Force bis zum Morgengrauen und geht anschließend völlig übermüdet in die Schule. In dieser

---

4 Siehe zum Topos von Wurzel und Verbundenheit Wampole 2016.

Nacht lässt Waheed sie auch unzählige Male die Karte Palästinas nachzeichnen, bis sie ihr perfekt gelingt. „[T]he map of home, he called it" (*MH*, 68). Ungeachtet Nidalis multikultureller Herkunft und ihrem Lebensmittelpunkt in Kuwait scheint Waheed zu erwarten, dass seine ‚Heimat' auch die Nidalis ist. Die gesamte Episode ist bezeichnend für Waheeds Charakter. Einerseits wird er als liebender Vater beschrieben. Er ist ernsthaft um das Wohl seiner Tochter besorgt und möchte ihr vor allem eine möglichst gute Ausbildung zukommen lassen. Andererseits besitzt er ein äußerst hitziges, unberechenbares Temperament, das sich in Gewaltausbrüchen gegen seine Frau und seine beiden Kinder, Nidali und Gamal, entlädt. Ebenso ist Waheeds Einstellung zu patriarchalen Traditionen paradox. Während er sie vordergründig verurteilt und Nidali dazu anhält, sich ihnen nicht zu beugen, hält er sie durch sein Verhalten innerhalb der Familie aufrecht.[5] Nidali erkennt die inneren Widersprüche im Charakter ihres Vaters und entwickelt eine ambivalente Beziehung zu ihm. Steven Salaita weist darauf hin, dass die schwierige Vater-Tochter-Beziehung die Verbindung exilierter Palästinenser*innen zu ihrem Land widerspiegele: „His [Waheeds, J. R.] personal complexity reflects the complexity of his national identity as Palestinian, an identity that can be loving, ambiguous, gratifying, and violent all at once." (2011, 133) Auch Waheed empfindet eine solche Hass-Liebe für sein Land, dessen Verlust schwer auf ihm lastet. Wie Marta Bosch-Vilarrubias anmerkt, handelt es sich bei ‚Waheed' um einen sprechenden Namen. Er bedeutet ‚einzig/allein' und ist repräsentativ für Waheeds ‚Entwurzelung' von der Heimat (vgl. 2014, 213). Sie geht jedoch nicht darauf ein, dass Waheed in seiner Jugend Said gerufen wurde (vgl. *MH*, 3), was wiederum ‚glücklich' heißt (vgl. Wehr 1985, 571). Mit dem Ende seiner Kindheit in Palästina ändert sich der Name in Waheed. Nun ist aber gerade Said der Name, mit dem sich Nidalis Vater seiner späteren Frau Fairuza vorstellt, nachdem er sich von ihr an seine ‚Heimat' in Palästina erinnert fühlt (vgl. *MH*, 35–36). Palästina ist demnach für Said/Waheed mit der nostalgischen Erinnerung an Glück und Kindheit verbunden, denen die Einsamkeit des Exils gegenübersteht. In der Erinnerung idealisiert er sein Heimatland (vgl. Alghaberi 2018, 17) und er scheint unfähig dazu, dessen Verlust zu bewältigen: „Baba [...] didn't really know who he was or where he belonged" (*MH*, 37).

Waheeds problematische Beziehung zu Palästina zeigt sich besonders in dem Versuch, die Memoiren seiner Familie anzufertigen. Aus der fixen Vorstellung heraus, dass Meisterwerke diktiert werden müssten, wählt er sich Nidali

---

[5] Für eine Analyse Waheeds im Kontext arabischer Männlichkeitsbilder siehe Bosch-Vilarrubias 2014.

als Schreiberin (vgl. *MH*, 108). Mehrere Abende muss das Kind mit dem Vater am Küchentisch sitzen, ohne dass das Manuskript über den Titel „Evergreen" (*MH*, 109) herauskommt.[6] Als Nidali ihren Vater bei einer der Sitzungen nach dem Inhalt des Buchs fragt, antwortet er:

> „[I]t's about how you come from warriors, and our connection to the land. How we fought all along, […] against the Turks, then with the Turks, against the British, but never… […] never *with* the British. […] Then we fought before '48 and we lost. It ends there." „The fighting?" I said. „The book. The book, you donkey." (*MH*, 109–110; Herv. im Original)

Die Absicht, den Text mit dem israelischen Unabhängigkeitskrieg, der im Arabischen als ‚Nakba' („Katastrophe") bekannt ist, enden zu lassen, widerspricht dem Titel „Evergreen", der Beständigkeit vermittelt. Es scheint Waheed unmöglich, unter den Umständen der israelischen Vormacht eine positive Verbindung zu seiner ‚Heimat' aufrechtzuerhalten. Abend um Abend versucht er sich an dem Buch, ohne auch je nur ein Wort zu diktieren:

> [W]hile I'd wait for him to start his novel, I'd eat. I'd be done with all the food and be burping and ready to pee when he'd say, „Enough. That's all for tonight." I'd look down at the blank page with the heading, always the heading: Evergreen, A Memoir, Waheed Ammar.
> (*MH*, 109)

Die leere Seite versinnbildlicht den Verlust Palästinas. Waheed kann seine Erinnerungen nicht erzählen, da es keinen Ort gibt, an dem er sie verankern kann (vgl. Cariello 2014, 274, 278). So scheitert er auf tragisch-ironische Weise ein ums andere Mal an dem Versuch und gibt das Los seiner nicht aufgearbeiteten Vergangenheit an Nidali weiter.

Doch Nidali hinterfragt von Anfang an das idealisierte Bild, welches ihr Vater zeichnet. Beispielsweise erkennt sie in seiner Geschichtsstunde nicht intendierte Ironien: „He told me to go get a blue book from the bookshelf; PALESTINE IS MY COUNTRY in big white letters on its side. I thought that was funny because the Israeli flag is blue and white." (*MH*, 68) Zudem zeigt sie sich als Kind von der militärischen Macht Israels beeindruckt und versteckt dies auch nicht vor ihrem Vater (vgl. *MH*, 68). Da sie keine vollkommen ablehnende

---

6 Waheeds Idee, das Buch diktieren zu müssen, erinnert an das wichtigste arabischsprachige Werk, den Koran. Nach muslimischer Überlieferung wurde der Koran in seinem exakten Wortlaut Mohammed durch den Erzengel Gabriel offenbart. Zu Lebzeiten des Propheten wurde der Koran mündlich rezitiert und erst nach seinem Tod kam es 632 zur Verschriftlichung. Auch auf die Auffassung der Unnachahmlichkeit (*I'ğāz*) des Korans wird angespielt: Nidali vermutet, dass Waheed scheitert „because he wanted it to come out of his head perfectly, fully formed" (*MH*, 109) – so, wie der Koran offenbart wurde.

Haltung gegenüber dem israelischen Staat einnimmt, ist es ihr möglich, Ähnlichkeiten zwischen Israelis und Araber*innen zu erkennen, zum Beispiel in ihrer Sprache (vgl. *MH*, 99). Dies führt sie zu einer differenzierteren Sicht des Konflikts, wobei die Legitimität der palästinensischen ‚Sache' von der Erzählerin aber stets anerkannt wird (vgl. Naguib 2011, 73). Viele der Assoziationen, die das Land in ihr auslöst, sind allerdings von Gewalt geprägt. So beginnt Nidali Parallelen zwischen der Geschichte Palästinas und privaten Familienkrisen zu ziehen. Ihre Mittlerfunktion zwischen den Eltern etwa vergleicht sie mit den Camp David-Verhandlungen:

> During these Camp David-esque scenes, I play Jimmy Carter to Mama and Baba's Begin and Sadat (respectively). Baba is Sadat standing outside his Camp David bunker like an unsatisfied lover, spawning a truce. I am Carter – succeed in bringing them back together for an agreement – and like Carter, I have an ulterior motive: to be rewarded by going down in history as a phenomenal dealmaker. (*MH*, 248)

Die Gleichsetzung eines Orts mit Gewalt und Konflikt lässt sein identitätsstiftendes Potential gering wirken und mitnichten auf seine aktive Rolle im Beheimatungsprozess schließen. Nichtsdestotrotz weckt Palästina bei Nidali auch positive Erinnerungen, insbesondere an ihre Großmutter (vgl. *MH*, 103–104). Gerade eine solch differenzierte und ambige Haltung erscheint als gewinnbringend für Nidalis Bezug zu Palästina. Denn die ambivalente Sicht auf das Land wirkt romantisierenden Tendenzen entgegen (vgl. Alghaberi 2018, 16) und steht folglich im Gegensatz zu Waheeds Nostalgie. Somit kann Nidalis Einstellung zu Palästina, der konfliktbelasteten Herkunft ihres Vaters, auch als positives Modell für eine mögliche Beziehung zu Kuwait, ihrer eigenen ‚Heimat', aus der sie gewalttätig vertrieben wurde, gelten. In diesem Sinne dekonstruiert Nidali ebenfalls die Annahme ihres Vaters, dass es sich bei den wiederholten Migrationsbewegungen der Familie um eine Einzigartigkeit der palästinensischen Diasporaerfahrung handele. Ihr ist bewusst, dass ihre Familiengeschichte nicht nur väter-, sondern auch mütterlicherseits über Generationen hinweg von verschiedenen Wanderbewegungen beeinflusst ist (vgl. *MH*, 159, 261). Jene Bewegungen sind seit jeher von Kriegen und darauffolgenden ‚Fluchtwellen' aus verschiedenen Ländern bestimmt (vgl. *MH*, 195). Wiederansiedlung und das Schaffen einer neuen ‚Heimat' werden so fester Bestandteil von Nidalis Familiengeschichte. Damit relativiert sie zugleich den Anteil, den die palästinensische Herkunft an ihrer eigenen Identität besitzt. Dementsprechend bezeichnet Nidali Palästina auch nie als ihre ‚Heimat' (im englischen Original ‚home') (vgl. Naguib 2011, 73). Es bleibt eindeutig das Herkunftsland ihres Vaters. Und dennoch ist es die Landschaft Palästinas, die Nidali schließlich an ihrem neuen Wohnort in Texas wiedererkennt (vgl. *MH*, 215; Cariello 2014, 286). Insgesamt entwickelt Nidali ein

Selbstbewusstsein, für das ihre palästinensische Herkunft durchaus wichtig ist. Palästina wird zu einem Bestandteil ihrer Patchwork-Identität,[7] aber als solcher ist es auch immer nur eine unter vielen Komponenten. Es ist einer der Orte auf ihrer ganz persönlichen ‚Map of Home'.

Ägypten: ‚Heimat' als (fast) leere Seite

In Alexandria wird Nidali von Heimweh geplagt. Obwohl ihr die Wohnung und die Stadt von den Sommerurlauben in der Kindheit wohl vertraut sind, hat sie sichtliche Schwierigkeiten damit, sich einzuleben. Ihr fehlt es vor allem an einem sozialen Netzwerk, einem zentralen Bestandteil für die Erlangung eines Heimatgefühls. Die Ferienwohnung Fairuzas liegt in Ma'moora, einem Vorort von Alexandria, der als Sommerfrische für Ägypter*innen dient. Dementsprechend ist der Ort, als die Familie im Winter ankommt, förmlich wie ausgestorben und die Freunde, die Nidali stets in den Ferien trifft, sind nicht da (vgl. *MH*, 168). Sich in der Schule neue soziale Kontakte aufzubauen, fällt ihr auch schwer. Anders als in Kuwait stellt ihre palästinensische Herkunft in Alexandria eine Ausnahme dar und ist Anlass für zahlreiche Sticheleien. Zum ersten Mal erfährt Nidali Ablehnung aufgrund ihrer Herkunft. Infolgedessen entwickelt sie Schwierigkeiten mit ihrer multikulturellen Identität (vgl. *MH*, 165). Doch allmählich gelingt es ihr, sich einzufinden, ohne dabei jedoch die Sehnsucht nach ihrer alten ‚Heimat' je ganz zu überwinden. Ein erster Schritt dahin ist, dass sie sich mit Jiji anfreundet, für die sie auch sexuelles Interesse entwickelt. Die Erfahrungen, die sie mit ihr macht, wecken in ihr Erinnerungen an Kuwait und das Gefühl heimatlicher Geborgenheit (vgl. *MH*, 176). Zudem gelingt es ihr, sich ein Stück weit von ihrem Vater zu emanzipieren. Mit Fairuzas Unterstützung wird ihr erlaubt, einen Monat lang bei ihrem Großvater in Alexandrias Innenstadt zu wohnen, damit sie sich um den an Diabetes erkrankten Mann kümmern kann (vgl. *MH*, 179). Somit erlangt sie einen erweiterten Handlungsraum, in dem sie sich mehr entfalten kann. Nidali erkundet diese neue Umgebung zu Fuß und auf dem Fahrrad. Dabei trifft sie auf Fakr, einen Jungen aus ihrer alten Schule in Kuwait, der wie sie flüchtete. Schon

---

7 Die Theorie der ‚Patchwork-Identität' geht auf Heiner Keupp zurück. Identität setzt sich demnach in einem permanenten Prozess (nach Keupp: ‚Identitätsarbeit') zusammen, in dem aus mannigfaltigen Angeboten ‚Teilidentitäten' hergestellt werden, die sich wiederum in ein ‚Patchwork' integrieren. So wird Identität zur aktiven, wenn auch nicht notwendig bewussten Gestaltungsaufgabe des oder der Einzelnen. Die persönliche Kohärenz, die Identität für das Individuum herstellt, ist innerhalb eines solchen Modells eine offene Struktur, in die veränderliche Inhalte integriert werden können. Vgl. Keupp et al. 2013.

in Kuwait fühlte sie sich romantisch zu ihm hingezogen. Die beiden nehmen ihre Beziehung wieder auf und machen erste sexuelle Erfahrungen miteinander (vgl. *MH*, 198–199). Durch diese sozialen Interaktionen und die Stimulation der eigenen Identitätsarbeit nähert sich Alexandria für Nidali immer mehr einem Satisfaktionsraum nach Greverus an. Metaphorisch wird diese Entwicklung im Roman durch eine zunehmende Explikation des Motivs der Karte begleitet.

Die Ich-Erzählerin verwendet fortlaufend kartographisches Vokabular (vgl. Salaita 2011, 131), sodass die Karte zu einer Leitmetapher des Texts avanciert. Sie ist für Nidali ein Mittel der Selbstverortung, mit dessen Hilfe sie der Frage nach ihrer Identität und ihrem Platz in der Welt – ihrer ‚Heimat' – nachgeht (vgl. z. B. *MH*, 211). Das Motiv der Karte wird von Nidali aber auch in einem physischen Kontext gebraucht. Als Jugendliche imaginiert sie ihren Körper als eine Kriegskarte, die den Konflikt mit ihrem Vater aufzeichnet:

> Gamal and I compared our bruises like bomb sites on two different maps. „This is where Baba's foot landed; this is where his palm exploded; here is the site of the house slipper mine [...]." [W]e passed out, our bodies folded-up maps under the thin sky of our worn blue blanket. (*MH*, 177–178)

Besonders häufig tauchen Karten wie hier im Zusammenhang mit militärischer Metaphorik auf und ihre anziehende Wirkung auf Nidali lässt sich in eben diesem erklären. Denn Karten sind für sie in einer Funktion interessant, die eng mit militärischen Organisationsformen verbunden ist: Sie ordnen. Dadurch vermitteln sie ein Gefühl der Sicherheit und Kontrolle, von dem Nidali aktiv Gebrauch macht. Sie bedient sich ihm zum Beispiel währen der Invasion Kuwaits: „[M]y cousins and I sat in my bedroom and drew enormous maps, planned out our attack on the army and a way to restore the natural order of things." (*MH*, 126–127) Insgesamt zeigt Nidali ein großes Bedürfnis danach, die Dinge um sich herum zu ordnen und festzuhalten. Dieser Drang verstärkt sich in ihr unbekannten Situationen. Als sie mit elf Jahren durch Jordanien fährt, um ins Westjordanland einzureisen, empfängt sie so viele neue Eindrücke, dass sie sie unbedingt sortieren muss: „I wanted to draw everything I saw [...]. I realized I couldn't draw all these things but I wanted terribly to record them, to make order of my surroundings, so I made a list of them." (*MH*, 96) Dieser Versuch, die gesehenen Dinge festzuhalten, ist mithin einem kartographischen Projekt ähnlich. Nidali kombiniert hier Schrift und Bild, zwei der drei Elemente des Medienverbundsystems Karte. Zudem zeichnet sie die Bewegung nach, die ihre Familie im Auto zurücklegt und markiert also einen Weg. In dieser sowie in der zuvor zitierten Passage zeigt sich ein Phänomen, das Robert Stockhammer als „ernste[s] Kinder-Spiel" bezeichnet. In ihm wird „die Macht des Symbolischen selbst" eingeübt, indem versucht wird, die Welt durch das Kartenzeichnen unter totale Kontrolle zu bringen (Stockhammer

2007, 62). Zunehmend erkennt Nidali jedoch, dass es sich bei diesem Kontrollgefühl um eine Illusion handelt und Karten mitnichten eine stabile Realität abbilden. Dies bemerkt sie vor allem in der Auseinandersetzung mit Grenzlinien.

Auch für Grenzen zeigt Nidali bereits als Kind großes Interesse (vgl. *MH*, 95). Bei ihrer Flucht aus Kuwait durch den Irak bekommt sie zum ersten Mal ein Gespür dafür, wie willkürlich Grenzziehung ist:

> I didn't know that there wouldn't be a fence stretched for miles and miles, or a clearly marked thick black line in the sand the way it is on a map, extended like the Gulf's horizon. [...] Nothing would mark our entry into Iraq; I never knew when it was that we were officially there. The geography stayed the same; it could have all been the same country – it had been before.
> (*MH*, 147)

Grenzen, dies zeigt sich hier für Nidali deutlich, sind menschengemacht. Dass sie demzufolge auch instabil und von politischen Mächten beeinflusst sind, lehrt sie das Beispiel Palästinas. Dessen Grenzen veränderten sich gleich mehrfach innerhalb weniger Jahrzehnte. Während des Aufenthalts der Familie in Ägypten zeichnet Nidali eines Abends die Karte Palästinas aus ihrer Erinnerung. Sie verfolgt damit kein besonderes Ziel, sondern vertreibt sich eher die Zeit. Als ihr Vater vorbeigeht, entwickelt sich folgendes Gespräch:

> „You still remember that?" I nodded and looked at the map nervously, hesitant about whether I'd drawn it right. I pointed at the western border and asked, „Is that right?" „Who knows," he said, waving his hand dismissively. [...] „What do you mean, Baba, when you say ‚who knows'?" „Oh, *habibti*. That map is from a certain year. The maps that came earlier looked different. And the ones that come after, even more different." „What do you mean?" „I mean ... there's no telling. There's no telling where home starts and where it ends."
> (*MH*, 192–193; Herv. im Original)

In diesem Wortwechsel wird die Sicherheit, die Kartographie zu vermitteln vorgibt, radikal erschüttert. Allerdings liegt in der Erkenntnis, dass Grenzen instabil sind, auch eine Chance für Nidali. Nach dem Gespräch zieht sie sich auf ihr Zimmer zurück und ändert die Karte: „I erased the western border, the northern border. I erased the southern and eastern border. I surveyed what remained: a blank page, save for the Galilee." (*MH*, 193) Das Wegradieren der Grenzen markiert das Aufbrechen der stabilen Ordnung, die Nidali als Kind erschaffen wollte. Jedoch fehlen der Karte danach nicht sämtliche Orientierungspunkte: Der See Genezareth bleibt als geographische Markierung stehen. Es sind die politischen Grenzen, die Nidali auf ihrer Karte auslöscht. Mit Jörg Dünne lässt sich sagen, dass sich Nidalis ‚kartographische Imagination' ändert.

Dünne plädiert dafür, dass Karten eine Vorstellung der Welt generieren und einen „semiotischen Überschuss" (2011, 43) besitzen, der sie über den Status eines bloßen Werkzeugs erhebt. Diesen Überschuss bezeichnet er als ‚kartographische Imagination'. Das Medienverbundsystem Karte ist laut Dünne eine raumkonstituierende Praxis und bestimmt die Vorstellungen, die sich Menschen vom Raum machen, mit. Die wichtigste Veränderung zu früheren Raummedien ist hierbei, dass es die Welt atopisch darstellt (vgl. Dünne 2011, 49). Auf diese Weise kann die Welt – etwa auf Weltkarten – als Ganzes konstruiert werden, die Vorstellung entwickelt sich über den eigenen Erlebensraum hinaus. So ermöglicht die Kompetenz im Umgang mit Karten zum Beispiel phantasierte Reisen (vgl. ebd., 57). Solche Imaginationspraktiken können durchaus dazu führen, dass Machtansprüche gefestigt werden, haben jedoch auch das Potential dazu, sie zu destabilisieren (vgl. ebd., 49). Dies kann etwa in Texten geschehen, für die Karten zur Anregung dienen. Da die Schrift neben dem Bild und der Zahl ein bedeutendes Medium der Karte ist, legt Dünne den Schluss nahe, dass Karten sich besonders gut zum Generieren von Texten eignen (vgl. ebd., 66–67). Somit geht Dünne davon aus, dass Karten für Literatur funktional komplementär sein können. Demnach liefern Karten einen Anreiz zum Schreiben, sie werden zu einer ‚Imaginationsmatrix' (vgl. ebd., 65–66). Dabei müssen Karten nicht einmal ein Bestandteil des fertigen Texts sein, ihre Funktion liegt vielmehr darin, was sie vorstellbar werden lassen.

Mit dieser Theorie, die einen engen Bezug von Karten zu Narration postuliert, lässt sich Nidalis Verhältnis zu Karten hervorragend beschreiben. *A Map of Home* ist ein Beispiel dafür, wie Karten Anregungen zum Erzählen schaffen, während die Erzählung selbst wiederum neue und ‚andere' Karten generiert. Nidali beginnt mit dem zitierten Erlebnis, ‚Heimat' als Konzept ohne Grenzen zu verstehen. ‚Heimat' ist nicht kartierbar[8]: „There's no telling where home starts and where it ends." Aus eben diesem Grund erhält sie aber auch die Möglichkeit, sich unendlich auszubreiten. Für Nidali verwebt sich der Raum Palästinas mit dem ihres Zimmers in Ägypten: „I stared at the whiteness of the paper's edges for a long, long time. The whiteness of the page blended with the whiteness of my sheets. ‚You are here,' I thought as I looked at the page and all around me. And oddly, I felt free." (*MH*, 193) Dass Nidali sich selbst in diesem variablen, hybriden Raum verortet und dadurch ein Gefühl der Freiheit erlangt, zeigt auch, dass die grenzenlose Karte direkt mit der Frage nach Identität verbunden ist (vgl. Cariello 2014, 283). Indem Nidali ein Denken in klaren Grenzen aufgibt, macht sie einen ersten Schritt dahin, wieder eine hybride Identität zu erlangen und zu lernen, mit Widersprüchen umzugehen (vgl. Blend 2017, 12). Im Verlauf ihrer Entwicklung wird Nidali mit vielen Grenzen konfrontiert, die

---

8 Zur Nicht-Kartierbarkeit vgl. Stockhammer 2007, 84–87.

sie weniger überschreitet, als dass sie sie verwischt[9] – ebenso wie sie es mit den Grenzen auf der Karte tut. Ihre ‚Map of Home' ist eben nicht länger die ihres Vaters, sondern eine weiße Seite „that she herself will fill, through syncretic mixing of the different cultures where she has lived." (Friedman 2015, 112) An die Stelle eines geographischen Orts wird ein Raum der Erinnerung und Imagination gesetzt (vgl. ebd., 117). Und ein solcher kann nicht kartiert, sondern muss erzählt werden. In der Folge entdeckt Nidali sukzessiv das Schreiben als Alternative zu ihren früheren Ordnungsversuchen, die eher der Kartographie verwandt waren. Beide Notationssysteme dienen der Erzählerin dazu, Dinge festzuhalten und zu sortieren. Dabei legt der Text seine eigene Gemacht- und Prozesshaftigkeit im Vergleich zur Karte offener. Gerade das Prozessuale und die kreative Freiheit reizen Nidali. Dies wird anhand einer Szene kurz vor dem Verlassen Ägyptens deutlich.

Als Waheed keine Arbeit in Ägypten findet, breitet er seine Suche in die USA aus und bekommt schließlich eine Stelle in Texas. Folglich wandert die Familie abermals aus. Diese Ereignisse treten ein, als Nidali sich gerade in Ägypten zu Hause fühlt. Erneut umzuziehen ängstigt und ermüdet sie (vgl. *MH*, 207). Am Abend vor ihrem Abflug in die USA betrachtet Nidali die Zimmerwand. In diesem Abschnitt wird sowohl auf die weiße, grenzenlose Karte Palästinas als auch auf das leere Manuskript Waheeds rekurriert:

> [...] I looked at the wall and saw all the blood on it from mosquitoes we'd killed since 1980, and the blood, I noticed, looked like commas. So I sat on the couch [...] and watched the wall [...], filling in the words between the blood's punctuation marks on the blank page of the white wall. (*MH*, 210)

Anders als Waheed ist Nidali vom weißen Blatt (bzw. der Karte oder der Wand) nicht eingeschüchtert, sondern inspiriert. Dass die Fläche nicht völlig leer ist, stellt dabei einen entscheidenden Faktor dar: Auf der Karte verbleiben die Umrisse des See Genezareth, die Wand ist von Blutflecken erschlagener Mücken gefüllt. Es ist das Blut Nidalis und ihrer Familienmitglieder, dessen Muster eine Interpunktion ergibt. Die Flecken werden zu Anhaltspunkten, an denen sich die Narration entlang bewegt. Sie bilden eine Matrix für den noch zu erschaffenden Text, mithin eine Karte. Zudem bezeugen die Blutflecken Nidalis geradezu physische Verbundenheit mit der von ihr erzählten Geschichte, die sich in Interaktion mit ihrer Familie ergibt. All das beschreibt Nidalis Verhältnis zum Schreiben: Es ist für sie eine Möglichkeit, ihre Identität und den Ort, an dem sie diese entfalten

---

9 Vgl. Salaita, 2011, 132. Salaita nennt in diesem Zusammenhang v. a. Nidalis Bisexualität. Ein weiteres Beispiel ist Nidalis Umgang mit Religion. Vgl. hierzu Friedman 2015, 116–119.

kann, anhand einer Matrix äußerer Ereignisse sowie geographischer Räume und in Vernetzung mit ihrer Familie in einem freien Prozess zu entwickeln.

Texas: ‚Heimat' als Schuh aus Erde

Wie genau sich diese Identität jedoch formt, vermag Nidali in den USA immer weniger zu fassen. Die mehrfachen Ortswechsel ‚entwurzeln' sie nicht nur, sondern zerbrechen sie förmlich. Ersteres, so bemerkt Nidali anhand des Beispiels ihrer Mutter, beinhaltet die Möglichkeit eines erneuten Wurzelschlagens: „I sat and watched her, jealous of how easily she seemed to root herself here. Me, I felt splintered, like the end of a snapped-off tree branch." (*MH*, 231) Auch Nidalis ethnischer und religiöser Hintergrund tragen dazu bei, dass sie sich isoliert fühlt. In Texas verschärft Waheed seine strengen und einschränkenden Erziehungsmethoden noch, was sie regelrecht an der Integration hindert. Diese Schwierigkeiten führen dazu, dass Nidali zunehmend Probleme bei ihrer Identitätskonstruktion hat. Der Stil des Abschnittes „Texas" spiegelt das wider. Im Vergleich zu den vorigen Teilabschnitten „Kuwait" und „Egypt" wird hier mit verschiedenen Formen experimentiert. Das Kapitel „The shit no one bothered to tell us" etwa besteht aus 14 durchnummerierten Fragmenten, die jeweils andere Schwierigkeiten der Familie in den USA thematisieren (vgl. *MH*, 242–252). „Dictations" hingegen versammelt mehrere von Nidali geschriebene Essays (vgl. *MH*, 260–268). Des Weiteren illustriert der Wechsel der Erzählperspektive von der ersten in die zweite Person Nidalis Probleme damit, eine kohärente Identität zu erschaffen. Er hält über ein Kapitel an und wird in der Folge teilweise in kürzeren Absätzen wieder aufgenommen (vgl. *MH*, 231–237, 244–245, 248–249). Nidali entwickelt ein starkes Bedürfnis nach einem Ort, an dem sie sich niederlassen kann; sie ist auf der Suche nach ‚Heimat'.

Die Leitmetapher für diese Suche ist Barfüßigkeit. Nackte Füße tauchen in der Erzählung zum ersten Mal motivisch auf, als die Familie die Allenby Bridge passiert. An diesem israelischen Checkpoint zwischen Jordanien und dem Westjordanland erfährt das Mädchen die Strapazen einer Einreise nach Palästina. Noch schwerer als die Hitze und die langen Wartezeiten (vgl. *MH*, 97, 98) wiegt dabei die Behandlung durch das israelische Militär. Dass die Einreisenden auf der „Barefoot Bridge" (*MH*, 95) ihre Schuhe abgeben müssen, ist ein Zeichen der Enteignung und des Verlusts von Selbstbestimmung (vgl. Blend 2018, 39). Auch von Nidali, die sich durch diese Erfahrung erstmals der Marginalisierung von Palästinenser*innen und zudem ihrer eigenen privilegierten Situation als Kind eines ausgewanderten Palästinensers und als US-Staatsbürgerin bewusst wird (vgl. Ball 2012, 111, 113), wird dies so wahrgenommen. Vor ihrer Flucht aus Kuwait erinnert die Erzählerin sich daran:

> I thought about how we'd all have to run away, and when I pictured us leaving home I saw us literally running. We were barefoot, like on the West Bank bridge. I saw us running barefoot, the skin of our feet collecting sand and rocks and cactus and seeds and grass until we had shoes, shoes made of everything we'd picked up as we ran. When we had the shoes, the shoes the earth gave us, we stopped running, and maybe then we settled down somewhere we'd never have to run away from again. (*MH*, 139)

In der weiteren Narration wird das Bild der Schuhe aus Erde mehrfach aufgegriffen (vgl. *MH*, 169, 284). Es zeigt ein spezielles Verständnis von ‚Heimat': Bis der Ort gefunden ist, an dem man verweilen kann, wird von all den bis dahin durchquerten Räumen ein Stück mitgenommen. Die an den Füßen klebende Erde versinnbildlicht eine physische Verbindung zu jenen Räumen, die auch bestehen bleibt, wenn man sich aus ihnen fortbewegt. Die weitverbreitete Boden- und Wurzelsymbolik des Heimatdiskurses wird im Bild der Erdschuhe in ein mobiles Verständnis von ‚Heimat' transformiert, das den Bezug zum physischen Raum dennoch aufrechterhält. Sie besteht hier nicht nur aus einem einzelnen Ort, sondern setzt sich aus allen Räumen zusammen, die Nidali prägen. ‚Heimat', das sind demnach all die Orte, die zur Identität beitragen. Zudem schließt das Niederlassen, von dem die Erzählerin träumt, eine erneute Fortbewegung nicht aus. ‚Heimat' ist kein Ort, der nicht verlassen werden kann, sondern einer, der nicht mehr verlassen werden muss. Sie garantiert demnach Sicherheit und bedeutet Selbstbestimmung. Die Suche nach ihr ist für Nidali immer auch zugleich das Streben nach einem eigenen Handlungsraum (vgl. Alghaberi 2018, 16).

Waheed besteht darauf, dass seine Tochter sich ausschließlich an lokalen Colleges bewirbt. Nidali aber möchte sich in Boston für kreatives Schreiben anmelden. Der Umzug von Texas dorthin ist der erste, für den sie sich aus freien Stücken entscheidet. Doch ihr Vater untersagt es ihr. Dieses Verbot ist für Nidali genauso schwerwiegend wie die erzwungenen Wanderbewegungen ihrer Familie. In der Folge rennt sie von zu Hause fort und versteckt sich bei einer Freundin, was mithin einer erneuten Flucht gleichkommt. Als ihre Mutter sie im ganzen Ort sucht, wird Nidali bewusst, dass sie ihre Familie nicht einfach verlassen kann. Stattdessen gilt es sich zu emanzipieren, um Selbstbestimmung – und ‚Heimat' – zu erlangen:

> I always thought that when I got those earth-shoes, I'd be able to stop running and settle down somewhere I'd never have to run away from again. In the morning, I'd be going home. I had to stick up for myself so that when I went away to school I wouldn't be running. Just going. I raised my leg then and looked at the bottom of my foot. It was dark and thick with dirt. (*MH*, 284)

Somit erhält Nidali zum Ende des Romans die Erdschuhe, von denen sie als Kind träumte, und mit ihnen eine mobile Auffassung von ‚Heimat', welche ihr an verschiedenen Orten Handlungssicherheit ermöglicht. Bis sie eine solch positive Sichtweise entwickelt, durchläuft Nidali allerdings einen langen und schmerzhaften Prozess.

Dieses mobile, Identität und Handlungsmöglichkeiten garantierende Heimatkonzept ist wie zuvor bereits erwähnt auch mit Erzähl- und Schreibprozessen verbunden. Im letzten Absatz des Romans wird das nochmals deutlich. In ihm wird Nidali zur Schriftstellerin, was das Ende ihres Bildungsprozesses markiert. Des Weiteren wird suggeriert, dass Nidali selbst die Autorin des vorliegenden Buchs ist (vgl. Friedman 2015, 111). Nidali erinnert sich, wie ihre Mutter bei der Ankunft in Amerika davon überzeugt war, dass Waheed einen verwanzten Stift geschenkt bekam, der alle Gespräche der Familie aufzeichnete. Zuerst sind die anderen Familienmitglieder amüsiert, doch tatsächlich kann keiner den Stift aufschrauben oder zerstören.

> That's when we knew Mama was right and we all piled into the old car, drove out to the back roads, and took the pen with us. Baba recited from *Luqman*, „If all the trees of the earth were pens, and the sea, replenished by seven more seas, were ink, the words of God could not be finished still." Mama reached over and threw the pen out the window. I catch the pen now and listen to all our stories. (*MH*, 290; Herv. im Original)

Die rezitierte Koransure beschreibt eine Welt, die von Gott mit dem Stift geschaffen wurde und deren Kreation nie abgeschlossen sein wird (vgl. Friedman 2015, 118). Sie ist somit im stetig währenden Prozess begriffen, dem laut der Erzählerin auch die eigene Identität und die Konstruktion von ‚Heimat' unterliegen. Indem Nidali bildlich den Stift auffängt, der ihre Familiengeschichte aufgezeichnet hat, ernennt sie sich zur Chronistin dieser. Gleichzeitig erhält sie ein Schreibwerkzeug und somit die Möglichkeit zur kreativen Gestaltung. Dadurch emanzipiert sie sich von ihrem Vater. Sie ist nicht länger Schreiberin seines diktierten Texts, sondern Autorin ihres eigenen. In ihrer Erzählung berichtet Nidali von sich selbst, der Beziehung zu ihrer Familie und ihrer Verbindung zu bestimmten Orten: Sie entwirft in ihr einen eigenen, ganz persönlichen Handlungsraum und schreibt ihre Karte der ‚Heimat'.

‚Heimat' als *Third Space*

Letztendlich lässt sich Nidalis Heimatverständnis wohl am besten mit einem Konzept beschreiben, das sich topographischer Bildsprache bedient, ohne sich auf eine physische Geographie zu beziehen; nämlich mit Homi K. Bhabhas Theorie des *Third Space*. Als solchen bezeichnet Bhabha jenen Zwischenraum, in dem „cultural hybridity that entertains difference without an assumed or imposed hierarchy" (Bhabha 2004, 5) möglich wird und stattfindet. In ihm werden hybride Identitäten prozesshaft und performativ im Moment ihrer Artikulation ausgehandelt. Das Ergebnis ist eine Hybridität, deren einzelne Einflüsse sich nicht in einer Synthese auflösen und die somit etwas völlig Neues mitsamt inhärenten Differenzen hervorbringt. Eben dies ist in Nidalis Heimatkonzeption der Fall. Sie geht weder in den Polen ‚Kuwait', ‚Ägypten', ‚USA' und ‚Palästina' auf, noch lässt sie sich adäquat als eine simple Addition dieser Räume beschreiben. Stattdessen tut sich ein Zwischenraum, genauer noch ein Schreibraum, als dritter Raum der Artikulation auf, in welchem sich all diese Einflüsse zu einem genuin hybriden Verständnis von ‚Heimat' verbinden. In diesem Prozess erfahren auch die gängigen Topoi der Karte und der Wurzel, die häufig als Sinnbilder von ‚Heimat' genutzt werden, eine Hybridisierung. Die Karte verliert ihre grenzziehende, ordnende Funktion und kann so selbst zu einem metaphorischen „dritten Raum" werden, der geographisch auseinanderliegende Orte verbindet. Währenddessen wird die Wurzel beweglich, ohne dabei jedoch die ihr grundlegende Funktion des Halts zu verlieren. Im Bild des Schuhs ermöglicht sie dahingegen Stabilität und Mobilität zugleich. Nidalis hybrides Heimatverständnis verbindet somit stabile, fixierte Vorstellungen von ‚Heimat' mit mobilen und prozesshaften.

Diese Auffassung von Beheimatung deckt sich mit Erkenntnissen der Humangeographie. David Ralph und Lynn Staeheli haben in einer vergleichenden Besprechung verschiedener Studien gezeigt, „that mobility *and* stasis, displacement *and* placement, as well as roots *and* routes go into the making of home" (2011, 519; Herv. im Original). Auch die Soziologin Amalia Barboza stellt in ihrer Untersuchung zu brasilianischen Migrationserfahrungen in Frankfurt vermehrt das Aufkommen von „raumübergreifenden und überräumlichen" (2018, 176) Heimatgefühlen fest. Dementsprechend wird ‚Heimat' in der migrantischen Kunst- und Literaturszene häufig in solch hybriden Konstellationen repräsentiert. Beispiele aus dem deutschsprachigen Raum dafür sind etwa Mo Asumangs autobiographische Dokumentation *Roots Germania* (vgl. Brust 2013), Emine Sevgi Özdamars Roman *Das Leben ist eine Karawanserei* (vgl. Melchert 2007, 97) und die Installation *Work in Progress – Personal Map* der Performance-Künstlerin Nezaket Ekici (vgl. Dogramaci 2016, 119–120). Im letzteren Beispiel wird wie in *A Map of Home* der Topos der Karte aufgegriffen, um ‚Heimat' neu zu denken. Diese Entwicklungen haben dazu beigetragen, dass auch im wissenschaftlichen Diskurs ‚Heimat' vermehrt als ein hybrides oder doch zumindest dynamisches Konzept begriffen wird.[10] Im Zuge der Globalisierung

---

[10] Explizit hybrid wird ‚Heimat' in der Einleitung von *Heimat Goes Mobile* (Eichmanns 2013, 4) genannt. In diesem Band trägt auch die Sektion „Part III: Moving On: Heimat as Third Space"

führen Mobilität und zunehmende Transkulturalität dazu, dass nicht nur Menschen mit Migrationserfahrung ihr Verständnis von ‚Heimat' stärker transkulturell denken und mithin hybridisieren. In der Tat wurde eben dies schon als unumgängliche Herausforderung der Globalisierung bezeichnet (vgl. Römhild 2018, 37; Costadura et al. 2019, 34). So betrachtet könnten die lebensweltlichen Erfahrungen von Migrant*innen zu allgemeineren Modellen einer transnationalen und hybriden ‚Heimat' werden. Mit *A Map of Home* wurde hier eine der vielfältigen Möglichkeiten einer solchen Heimatkonzeption vorgestellt.

Literatur

Abufarha, Nasser. „Land of Symbols. Cactus, Poppies, Orange and Olive Trees in Palestine". *Identities: Global Studies in Culture and Power* 15 (2008): 343–368.

Alghaberi, Jameel Ahmed. „The Concept of ‚Home' in Palestinian Diaspora Fiction: A Critical Study of Randa Jarrar's Fiction". *Langkawi. Journal of the Association for Arabic and English* 4 (2018): 13–20.

Ball, Anna. *Palestinian Literature and Film in Postcolonial Feminist Perspective.* New York und London: Routledge, 2012.

Barboza, Amalia. „Bewegte Heimat. Topografien des Provisorischen und des Traumhaften in der Migration". *Das Eigene und das Fremde. Heimat in Zeiten der Mobilität.* Hg. Jürgen Hasse. Freiburg und München: Karl Alber, 2018. 156–179.

Bhabha, Homi K. „Introduction: Locations of culture". *The Location of Culture.* 2. Aufl. London und New York: Routledge, 2004. 1–27.

Binder, Beate. „Beheimatung statt Heimat: Translokale Perspektiven auf Räume der Zugehörigkeit". *Zwischen Emotion und Kalkül. ‚Heimat' als Argument im Prozess der Moderne.* Hg. Manfred Seifert. Leipzig: Leipziger Universitätsverlag, 2010. 189–204.

Blend, Benay. „‚Oh My Language, Help me to Learn / So That I May Embrace the Universe'. Transnational Feminist Communities in the Work of Palestinian Women Writers". *Gender Forum* (2017): 5–25.

Blend, Benay. „‚I Learnt All the Words and Broke Them Up / To Make a Single Word: Homeland'. An Eco-Postcolonial Perspective of Resistance in Palestinian Women's Literature". *Ecofeminism in Dialogue.* Hg. Douglas A. Vakoch und Sam Mickey. Lanham u. a.: Lexington Books, 2018. 31–44.

Bosch-Vilarrubias, Marta. „Transitory Masculinities in Post-9/11 Arab American Literature Written by Women". *Alternative Masculinities for a Changing World.* Hg. Àngels Carabí und Joseph M. Armengol. New York: Palgrave Macmillan, 2014. 205–217.

---

diesem Konzept Rechnung. Weitere Beispiele sind der Sammelband *Interkulturalität: Slawistische Fallstudien* (Engel und Lewicki 2005, 1–2) und das inzwischen abgeschlossene Forschungsprojekt „HEYMAT- Hybride europäisch-muslimische Identitätsmodelle" https://www.polsoz.fu-berlin.de/polwiss/forschung/international/vorderer-orient/forschung/abgeschlossen/Heymat/index.html (03. Februar 2020).

Brust, Imke. „Transnational and Gender Dimensions of *Heimat* in Mo Asumang's *Roots Germania*". *Heimat Goes Mobile: Hybrid Forms of Home in Literature and Film*. Hg. Gabriele Eichmanns und Yvonne Franke. Newcastle upon Tyne: Cambridge Scholars, 2013. 170–189.
Cariello, Marta. „Coming of Age in the Solitude of the Lost Land. Randa Jarrar's A Map of Home". *Journal of Women of the Middle East and the Islamic World* 12 (2014): 268–288.
Costadura, Edoardo, Klaus Ries, und Christiane Wiesenfeldt. „Heimat global: Einleitung". *Heimat global. Modelle, Praxen und Medien der Heimatkonstruktion*. Hg. Edoardo Costadura, Klaus Ries und Christiane Wiesenfeldt. Bielefeld: transcript, 2019. 11–42.
Dogramaci, Burcu. *Heimat. Eine künstlerische Spurensuche*. Köln: Böhlau, 2016.
Dünne, Jörg. *Die kartographische Imagination. Erinnern, Erzählen und Fingieren in der Frühen Neuzeit*. Paderborn: Fink, 2011.
Eichmanns, Gabriele. „Introduction. Heimat in the Age of Globalization". *Heimat Goes Mobile: Hybrid Forms of Home in Literature and Film*. Hg. Gabriele Eichmanns und Yvonne Franke. Newcastle upon Tyne: Cambridge Scholars, 2013. 1–12.
Eigler, Friederike. „Critical Approaches to Heimat and the ‚Spatial Turn'". *New German Critique* 39.1 (2012): 27–48.
Engel, Christine, und Roman Lewicki. „Vorwort. Konzepte von Interkulturalität". *Interkulturalität: Slawistische Fallstudien*. Hg. Christine Engel. Innsbruck: Institut für Sprachen und Literaturen der Universität Innsbruck, 2005. 9–20.
Friedman, Susan. „Religion, Intersectionality, and Queer/Feminist Narrative Theory. The Bildungsromane of Ahdaf Soueif, Leila Aboulela, and Randa Jarrar". *Narrative Theory Unbound. Queer and Feminist Interventions*. Hg. Robyn Warhol und Susan S. Lanser. Columbus: Ohio State University Press, 2015. 101–122.
Greverus, Ina-Maria. *Der territoriale Mensch. Ein literaturanthropologischer Versuch zum Heimatphänomen*. Frankfurt a. M.: Athenäum, 1972.
Jarrar, Randa. *A Map of Home. A Novel*. New York: Penguin Books, 2008.
Keupp, Heiner, Thomas Ahbe, Wolfgang Gmür, Renate Höfer, Beate Mitzscherlich, Wolfgang Kraus, und Florian Straus. *Identitätskonstruktionen. Das Patchwork der Identitäten in der Spätmoderne*. 5. Aufl. Reinbek bei Hamburg: Rowohlt-Taschenbuch-Verlag, 2013.
Melchert, Simon. „Sprachliche (Neu-)Landvermessungen – Emine Sevgi Özdamars ‚Das Leben ist eine Krawanserei'". *Imaginäre Topografien. Migration und Verortung*. Hg. Klaus Müller-Richter und Ramona Uritescu-Lombard. Bielefeld: transcript, 2007. 87–98.
Mitzscherlich, Beate. „Heimat als subjektive Konstruktion". *Heimat global. Modelle, Praxen und Medien der Heimatkonstruktion*. Hg. Edoardo Costadura, Klaus Ries und Christiane Wiesenfeldt. Bielefeld: transcript, 2019. 183–195.
Naguib, Assmaa Mohamed. *Representations of ‚Home' from the Setting of ‚Exile'. Novels by Arab Migrant Writers*. Dissertation. Exeter: University of Exeter, 2011.
Parmenter, Barbara MacKean. *Giving Voice to Stones. Place and Identity in Palestinian Literature*. Austin: University of Texas Press, 1994.
Ralph, David, und Lynn Staeheli. „Home and Migration: Mobilities, Belongings and Identities". *Geography Compass* 5.7 (2011): 517–530.
Römhild, Regina. „Global *Heimat*. (Post)Migrant Productions of Transnational Space". *Anthropological Journal of European Cultures* 27.1 (2018): 27–39.
Ronit, Vered. „How Za'tar became a victim of the Israeli-Palestinian conflict". *Haaretz* 07. Mai 2017. https://www.haaretz.com/israel-news/.premium.MAGAZINE-how-za-atar-became-a-victim-of-the-israeli-palestinian-conflict-1.5466747 (29. Dezember 2019).

Rushdie, Salman, und Edward Said. „On Palestinian Identity: A Conversation with Edward Said". *Imaginary Homelands. Essays and Criticism 1981–1991*. London: Granta, 1991. 166–186.

Salaita, Steven. *Modern Arab American Fiction. A Reader's Guide*. Syracuse, NY: Syracuse University Press, 2011.

Seifert, Manfred. „Heimat und Spätmoderne. Über Suchbewegungen nach Sicherheit angesichts von Mobilität, Migration und Globalisierung". *Rheinisches Jahrbuch für Volkskunde* 39 (2011/2012): 199–221.

Stockhammer, Robert. *Kartierung der Erde. Macht und Lust in Karten und Literatur*. München: Fink, 2007.

Wampole, Christy. *Rootedness. The Ramifications of a Metaphor*. Chicago und London: University of Chicago Press, 2016.

Wehr, Hans. *Arabisches Wörterbuch für die Schriftsprache der Gegenwart. Arabisch-Deutsch*. 5. Aufl. Wiesbaden: Harrassowitz, 1985.

Globale Heimaten?

Christoph Antweiler
Heimat als Ortsbezogenheit: Zwischen lokaler Verortung und planetarer Beheimatung

Dieser Aufsatz argumentiert dafür, „Heimat" auch im wissenschaftlichen Rahmen weiterhin zu benutzen, das Wort aber mit Bedacht zu verwenden und es begrifflich differenziert zu füllen. In öffentlichen Debatten, aber vielfach auch in wissenschaftlichen Texten werden drei raumbezogene Phänomene vermischt, die disparat sind bzw. entkoppelt sein können: (a) ein symbolischer Bezug seitens Akteuren auf Ortsnamen, (b) ein auf Primär- bzw. Kleingruppen bezogenes Gefühl und (c) eine emotionale Bezogenheit auf größere soziale Einheiten, i.d.R. Gemeinden oder Stadtteile. Innerhalb einer breiten kulturwissenschaftlichen Orientierung verwende ich vor allem ethnologische, geographische und psychologische, aber auch evolutionstheoretische Argumente und Befunde.

Dieser Beitrag beleuchtet zunächst (1) kurz die Problematik des Wortes und des Begriffs Heimat und argumentiert, dass es sich – neben allen sozialen und politischen Konstruktionen und Ideologien – um ein konkretes empirisches Phänomen handelt. Darauf baut (2) eine Systematisierung der genannten Ortsbezüge auf mit der Frage, inwieweit Heimat jenseits territorialer Bezüge verstanden werden kann. Dann erörtere ich (3) die Ausrichtung von Menschen auf mittlere Maßstäbe als universelle psychische Grundierung des Phänomens. Anschließend beleuchte ich (4) in Abgrenzung von traditionellen Heimatbegriffen die Frage, welche Formen von Beheimatung jenseits des Orts der Geburt oder des Aufwachsens empirisch bekannt sind. Darauf aufbauend frage ich (5), inwiefern Urbanität, verstanden als spezifische *ortsbezogene* Umgangsweise zwischen einander *dauerhaft* fremd bleibenden Menschen, ein Modell für Heimat im globalisierten Kontext abgeben kann. Schließlich erörtere ich Heimat als (6) Orientierung, welche lokale Lebensbezüge mit einer Perspektive auf die Menschheit als Ganze in Form eines lokalisierten Kosmopolitismus in realistischer Weise verbinden kann. Die Leitfrage dabei ist, ob wir im Zeitalter des Anthropozäns in der Einheit der Menschheit eine neue Form von planetarer Heimat finden könnten – jenseits von purem Wunschdenken.[1]

---

[1] In einigen Passagen lehnt sich der Text an Antweiler 2019a an.

Heimat als ein empirisches Phänomen

Heimat ist ein Reizwort und zunehmend ein politischer Kampfbegriff, aber auch ein Schlüsselwort, das sich nicht in Ideologien erschöpft (Scharnowski 2019, 9–17). Der Begriff ist historisch vielfach belastet und steht unter prinzipiellem Ideologieverdacht, was angesichts seiner derzeitigen Renaissance nicht vergessen werden sollte. Hinzu kommt, dass „Heimat" in öffentlichen Debatten fast standardmäßig in verengter Weise entweder mit dem Geburtsort assoziiert oder mit dem Land der „Herkunft" gleichgesetzt wird. Trotz dieser Problematik gibt es gute Gründe, den wegen nationalistischer Konnotationen und nationalsozialistischem Missbrauch berechtigterweise verpönten Begriff heute in vorsichtiger Weise zu rehabilitieren.

Ist die spezifisch deutsche Prägung ein Hauptproblem des vielfältig schillernden Heimat-Begriffs? Das spezifisch Deutsche am Heimat-Begriff ist die historische Basis, nämlich die Kontinuität einer Ortsgemeinde als kleinster politisch institutionalisierter Einheit (Korfkamp und Strasser 2017, 17–18; Thiemeyer 2018, 75). Damit verbunden sind örtliche „Heimatrechte", welche der wirtschaftlichen Sicherung der Gemeinden dienten und gleichzeitig einzelne Personen ökonomisch absicherten, etwa in Notlagen, wenn keine Verwandten da waren (Treinen 1965, 240). Die Voraussetzung, um diese Rechte zu haben, war die Geburt im Ort oder ein längerer dortiger Wohnsitz. Im Mittelpunkt steht hier also eine deutsche Tradition der Zugehörigkeit durch eine örtlich fixierte Kategorie der Rechte. Davon zu unterscheiden sind romantische und nostalgische Ideen der Lokalität, die im deutschsprachigen Raum in besonderer Ausformung seit dem 19. Jahrhundert entwickelt wurden, ohne dabei prinzipiell antimodern sein zu müssen (vgl. Applegate 1990; Blickle 2004).

Es ist nicht so, dass der gesamte Begriffsinhalt des gängigen Heimat-Konzepts per se auf Deutschland gemünzt ist. Heimat muss nicht auf ganze Länder bezogen sein; Heimat kann anders als nationalistisch bzw. patriotisch gedacht werden und auch historisch war Heimat oft nicht nationalistisch, anti-internationalistisch oder anti-globalistisch gemeint (Bsp. in Zöller 2015). Heimat muss nicht dörflich oder ländlich konnotiert sein, sie kann anders als traditionalistisch, bewahrend bzw. auf Beharrung fixiert oder gedacht werden. Heimat muss nicht nostalgisch gefärbt, dumpf oder spießig sein oder als heile Welt gesehen werden (Hülz et al. 2019; Scharnowski 2019; Costadura et al. 2019). Dieser Beitrag befasst sich mit Heimat als primär psychischer Ortsbezogenheit, die zumeist unterhalb der nationalen Ebene angesiedelt ist. Ein passender Terminus, der alle Konnotationen zu Familie, Verwandtschaft, Kleingruppe und auch das problematische Denken in Wurzeln bzw. „Verwurzelung" (Bettini

2018) sowie auch eine unbedacht positive Wertung vermeidet, dabei aber den örtlichen Bezug wahrt, ist „Ortsbezogenheit".

Auf Personen bezogen ist Heimat etwas Psychisches und vor allem affektiv-emotional charakterisiert. Heimat ist ein primär affektives Phänomen mit engem Bezug zu personaler Identität und zur Identifikation von Personen. Als psychische Orientierung ist Heimat aber zu dynamisch, um als rhetorisches Mittel der Ausgrenzung zu dienen (Ehmke 2015, 5). In erster Linie bedeutet Heimat ein Gefühl der räumlich bezogenen Zugehörigkeit, der Geborgenheit und der Sicherheit. Auch wenn Heimat als Generalnenner schillernd ist, verbirgt sich dahinter ein empirisch fassbares Phänomen, nämlich eine affektive Haltung, sich an einem Ort vertraut zu fühlen, sich zu diesem Ort hingezogen zu fühlen und sich in zumeist positiver und selektiver Weise an ihn zu erinnern (Zöller 2015). Dieser Ortsbezug ist von hoher Relevanz für Identität, denn das „ich bin" bedarf eines „dorthin gehöre ich". Dabei spielt neben Emotionen bzw. Affekten auch Kognition eine wichtige Rolle. Dies wird oft durch ein Erleben von Landschaft, von gewohnter gebauter Umwelt, von *wiederholten* sozialen Handlungen sowie Ritualen im Umgang mit anderen Menschen erzeugt. Hier fühlt man sich aufgehoben, hier ist man sicher, hier hinterfragt man nicht alles, hier wird nicht dauernd hinterfragt und hier kann ich sagen: „Hier bin ich unbeschwert".

Auf den Ort bezogen bildet Heimat den Landschaftsausschnitt, der mir bekannt ist, wo ich von anderen *ge*-kannt bin und wo ich mich deshalb sicher bewegen kann. Ort und Zeit passen hier zusammen. In der subjektiven Zeiterfahrung ist das Geborgenheitsgefühl oft mit einem Gefühl der Entschleunigung verbunden (Rosa 2007). Wenn diese Resonanzachse, die in der Gegenwart Halt gibt und im Zeitverlauf Stabilität verspricht, fehlt oder verloren gegangen ist, äußert sich Heimat als Sehnsucht nach dieser Geborgenheit: Heimweh. Als Gefühl hängt Heimat damit an Örtlichkeiten, am eigenen Körper und an anderen Personen.

Der genannte Raumbezug besteht in einer biographisch basierten und oft sehr persönlich gefärbten Heimatbezogenheit (Schmitt-Roschmann 2010, 9–14). Dabei geht es aber eben gerade *nicht* um die Zugehörigkeit eines Menschen zum Raum selbst, sondern vor allem um einen psychischen Bezug zu *verorteten sozialen Interaktionen und Sozialstrukturen*. Im Mittelpunkt steht die psychische Bezogenheit auf einen dauerhaften örtlich basierten sozialen Interaktionsraum von der Größe einer Kommune (Treinen 1965; Kronenberg 2018, 14–47). Wenn man Menschen sozialwissenschaftlich zu ihrer Haltung befragt, stehen ganze Nationen, Länder oder andere Großräume – ganz anders als im traditionellen nationalistisch aufgeladenen deutschen Heimatbegriff – eher nicht im Zentrum von Heimatorientierung.

Heimat als Trias psychischer Ortsbezogenheit – Versuch einer Systematisierung

Heimat ist in mancher Hinsicht mehr als nur ein Ortsbezug, sondern kann auch etwa Nostalgie nach bestimmten früheren Sozialformen oder etwa das Sehnen (*longing*) nach der sozialen Atmosphäre an einem Strand in Bali oder der Stimmung in einer Osteria in Venedig beinhalten (für Bsp. aus der Literatur Gebhard et al. 2007; Frühwald 2011). Ferner spielen die öffentliche Präsentation und Repräsentation vielfach eine starke Rolle. Heimat sollte nicht mit jeglicher Form lokaler Verbundenheit gleichgesetzt werden. Heimat ist nicht einfach etwa gleich ethnische Identität oder regionale Zugehörigkeit. Die oben beschriebene örtliche Bezogenheit beinhaltet mehrere Facetten:
– Menschen identifizieren sich mit einem Ort (bzw. einem Gebiet),
– Menschen sind anhänglich an einen Ort,
– Menschen leiten ihre Herkunft von einem Ort ab und
– Menschen werden von anderen Menschen mit einem Ort identifiziert bzw. diesem zugeordnet.

Dieser Heimatort, auf den sich bezogen wird, ist prototypisch – aber eben nur das – der Geburts-Ort, der Ort des Aufwachsens und ebenso prototypisch ist es *ein* kleiner Ort oder ein kleiner Ausschnitt der Natur- oder Kulturlandschaft. Einige dieser Merkmale treffen aber heute oft nicht mehr in ganzem Umfang zu. Heimat ist keine fest gegebene Größe (Kühne et al. 2017, 25). Sie muss gestaltet werden, sie wird „gemacht", aber nicht mal eben schnell gebastelt. Besonders leicht kann sie in einem Ort mit einer begrenzten Zahl von Menschen entstehen. Ein solcher Ort ist überschaubar und die Mitmenschen lassen sich *dauerhaft* persönlich erleben, sodass ein großer Teil der Interaktionen in un-befragter Weise abläuft. „Heimat ist das, wovon man ausgeht" (Ehmke 2015, 15). Heimaten sind selbst geschaffene „kleine Welten" (Bausinger 1991; Greverus 1979), aber eben oft nicht die ganz kleinen Welten der Familie, des Haushaltes oder der unmittelbaren Nachbarn, sondern die Lebenswelten von Gemeinden oder Stadtvierteln.

Heimatbezogenheit entsteht dann, wenn man bestimmte soziale Erlebnisse immer wieder an den gleichen Orten, zum Beispiel in einer Gemeinde, macht. Als soziale Konstruktion basiert Heimat vor allem auf sozialen Bezügen (Kühne et al. 2017, 23). Es ist nicht einfach eine verkehrsreiche Straßenecke, ein schöner Platz, ein kleiner Kiosk, eine alte Kirche oder ein romantisches Tal. Nein, es sind die dauerhaft *wiederholten Begegnungen in sozialen Situationen an bestimmten Orten*. Heimat finde ich am besten, wenn ich bei den täglichen Wegen immer wieder an bestimmten Orten auf bestimmte Menschen stoße und ähnliche soziale

Situationen erlebe. Das müssen nicht unbedingt mir persönlich bekannte Personen sein, aber es sind immer wieder dieselben Menschen und typische Situationen. Heimat wächst, indem ich intensiv mit anderen Menschen an bestimmten Orten gemeinsame Erlebnisse habe und dies häufig und über lange Zeit. Auch wenn der Begriff „Heimat" auf Ortsbezogenheit spezifiziert wird, erweist sich bei genauerem Hinsehen, dass er verschiedene und teilweise inkommensurable Phänomene der Orts-Zugehörigkeit (*place belonging, sense of place*; vgl. Hirsch 2018), beinhaltet. Diese Varianten von Ortsbezogenheit können zwar empirisch zusammen auftreten, müssen aber nicht miteinander verkoppelt sein und sollten deshalb analytisch unterschieden werden (Treinen 1965, 239, 242–243, 253).

Zum einen gibt es (a) eine vor allem kognitive und symbolische Ortsbezogenheit, in der ein Ortsname ein lokal gebundenes Sozialsystem symbolisiert. Dieser Ortsbezug braucht nicht mit Gefühlen auf Seiten der so charakterisierten Person verbunden zu sein. Es handelt sich um örtliche *Identifizierung*, die als formaler Referent die soziale Zugehörigkeit von Menschen regelt (klassifikatorische Ortsnamen-Bezogenheit).

Von der eher kognitiv charakterisierten Ortsnamen-Bezogenheit zu unterscheiden ist (b) ein Heimat-Gefühl. Hierbei handelt es sich um eine emotionale Bindung an örtlich gebundene Intim-Gruppen bzw. relativ geschlossene Systeme gemeinschaftlicher Interaktion, wie die Familie. Die Symbole für ein solches *At-home-feeling* sind lokale Phänomene *innerhalb* eines Ortes, etwa das Elternhaus oder ein Landschaftsausschnitt. Entgegen häufiger Annahmen kann sich das Gefühl der Heimat nicht an beliebige Orte, Objekte und Erinnerungen heften, weil es in konkreten Lebensbedingungen gründet, an die soziale Erlebnisse gebunden sind (Scharnowski 2019).

Ein drittes Phänomen ist (c) emotionale Ortsnamen-Bezogenheit (Treinen 1965, 242–247). Sie ist sozial großmaßstäblicher angelegt als das Heimatgefühl. Hier besteht eine affektive Bindung an größere Sozialsysteme, typischerweise an eine Gemeinde als Ganzes. Dies beinhaltet weniger gemeinschaftlich ausgebildete Interaktionen, sondern Interaktionen des Individuums in offeneren Systemen, die durch den Ortsnamen symbolisiert werden. Im Rahmen komplexer und dynamischer Gemeinden ist hier von zentraler Bedeutung, dass weder Herkunfts-Familie und Verwandtschaft noch Kindheits- und Jugend-Erlebnisse oder Freundschafts-Beziehungen im Mittelpunkt stehen, sondern der größere Verkehrskreis. Das sind die Personen, die selbst im Ort Gemeinde-bezogen interagieren und einander als zum Ort gehörig ansehen.

Ortsbezogenheit als psychische Relation besteht demnach in einem Bezug im Denken und Fühlen auf ein *räumlich gebundenes* Sozialgebilde, nicht auf den Raum selbst. Räumlich (in einer Gemeinde) konzentrierte dauerhafte Sozialbeziehungen werden dabei über den Orts-Namen symbolisiert. Entscheidend für emotionale Ortsbezogenheit ist die Wohndauer an einem Ort – und das damit meist gegebene Engagement für die Gemeinde, statt nur für eine Kleingruppe oder Familie. Nicht entscheidend ist dagegen, ob dies der Geburtsort bzw. der Ort der Jugendzeit oder ein späterer Langzeitwohnsitz ist. Gegenüber der derzeit verbreiteten Vorstellung von „Herkunft" als nationaler Herkunft, die durch die starke Baum-Metapher der „Wurzeln" (Bettini 2018, bes. 26–32) bestärkt wird, ist zu betonen, dass der Heimatort eines Menschen eben *nicht notwendigerweise* der Geburtsort ist.

Zur meso-kosmischen Orientierung des Menschen

Es ist nicht einfach der Raum, sondern es sind kleine und mittelgroße Räume, die bedeutsam für ortsbezogene Identität sind. Die Basis für die Relevanz des Räumlichen ist eine anthropologische: Menschen leben in und mit ihren Körpern in physischen Umwelten. Körperlich wichtige Dimensionen des Lebens sind verortet und deshalb sind Luft, Gerüche, Klima, Musik und lokale Sprache immer wieder von Akteuren benannte Aspekte von gefühlter oder erinnerter Heimat (Bsp. in Zöllner 2015). Erinnerungen an wiederholte, physisch erlebte Ereignisse werden oft durch Fotos und Gegenstände wachgehalten oder wieder geweckt (Egger 2014). Die Verortung als zentraler Aspekt von Heimat gilt nicht nur für aktuell erlebte oder für erinnerte Heimat. Sie charakterisiert auch Heimaten, die „nur" vorgestellt, imaginiert oder phantasiert werden: Auch Sehnsuchtsorte sind Orte, z. B. Shangri La in Tibet. Zu Sehnsuchtsorten werden diese vor allem durch verbreitete populäre Texte und Bilder, die subjektiv selbst erlebten sozialen Interaktionen nahekommen (für literarische Beispiele siehe Renz 2015).

Menschen leben nicht nur als Individuen. Entscheidend für einen großen Teil menschlichen Handelns, für Motive und Affekte im Alltag ist der soziale Nahraum. Dies beinhaltet das geographische Umfeld inklusive der Sozialpartner. Menschen aller Kulturen streben nach einer Einbindung in eine „Wir-Gruppe". Und solche Gefühle lassen sich offenbar besonders gut an Symbolen oder Räumen festmachen (Simmel 1992). Heimat in diesem Sinn ist auf den *sozialen Nahraum* beschränkt. Identität *erfordert* Beheimatung (Mitzscherlich 2010). Das „Ich bin" bedarf des „Dorthin gehöre ich". Sie hat deutlich weniger mit großen Gebilden wie Deutschland zu tun. Sehr große Einheiten, wie Staaten oder gar die Europäische Union, eignen sich offenbar weniger für Heimatgefühle als der soziale Nahraum (contra Thüne 1987).

Menschen lebten über den größten Teil der Evolution in kleinen Gruppen von bis zu einigen Hundert Personen. Aufgrund dieser evolutionären Genese sind

Menschen *durchschnittlich* sowohl emotional als auch in der sozialen Kognition auf „meso-kosmische" (Vollmer 2017, 360–361, 383–384) räumliche (und zeitliche) Maßstäbe gepolt. Menschen lebten relativ ortsstabil in überschaubaren territorial orientierten Kollektiven (Wuketits 1995, 11–12; Verbeek 2014; Dunbar 2016, Kap. 3). Dies heißt mitnichten, dass wir darin determiniert sind, sondern nur, dass dies unsere Verhaltensneigungen prägt. Kulturwissenschaftliche Ansätze allein können diese universal starke Tendenz zu kleinen Räumen und Gruppen nicht erklären. Ein Beispiel ist das weltweit „erfolgreiche" Familien-Idiom in nationalistischen Ideologien. Trotz großer anderweitiger Vielfalt wird die Nation in langfristig „erfolgreichen" Nationalismen als imaginierte *Gemeinschaft* und eben nicht als Gesellschaft präsentiert und repräsentiert (Anderson 2005). Ein weiteres Beispiel sind virtuelle Welten, die i.d.R. überschaubare Netzknoten und stark vertraute lokale Umgebungen spiegeln (Renn 2001, 103; Gamble et al. 2018, 39–60, 201–203).

Die räumliche Bezugseinheit von Heimat ist demzufolge *nicht* primär ein Land, ein Staat oder eine Nation. Dies sollte in der aktuellen Debatte um Migration und Geflüchtete beachtet werden. Wenn etwa in der Presse immer wieder verlautet wird, die „Heimat" eines aus Syrien geflohenen Menschen sei Syrien, so hat das fast keinen Informationswert darüber, um welch eine Person es geht. Wir wissen damit kaum etwas über *diesen* Menschen: wir wissen nicht, *wer* sie oder er ist und auch nicht *was* sie oder er ist. Viel entscheidender kann ihre oder seine konkret verortete kleine Lebenswelt am Stadtrand von Aleppo (die sich von anderen in derselben Stadt deutlich unterscheiden kann) oder etwa eine ländlich geprägte, aber in große Transportnetzwerke eingegliederte Gemeinde sein. Eben diese lokalisierte Einbettung unterscheidet Heimat von den – oft politisierten – großräumlichen Verortungen regionaler Zugehörigkeit und nationaler „Herkunft" (Pfaff-Czarnecka 2012, 34–46).

Heimat jenseits des Geburtsorts

Moderne Gesellschaften eröffnen für den einzelnen Menschen Freiheiten, gerade dadurch aber auch Unsicherheit. So ist es plausibel, dass sich „Heimat" als Begriff in europäischen Ländern seit dem 18. Jahrhundert und besonders stark im 19. Jahrhundert entwickelte. Die bis dato weitgehend feste soziale Position jeder Person wurde zunehmend veränderbar. Als Individuum konnte man jetzt auf- und absteigen; es gibt kulturelle Vielfalt. Gesellschaften wurden offener, die Individuen aber auch weniger geborgen. Das eigene Profil, die persönliche Identität musste jetzt immer wieder neu erarbeitet, re-formuliert oder gar neu erfunden werden. Wo jeder einen eigenen Platz haben kann, kann man sich auch örtlich verändern. Zunehmend kann Heimat verloren gehen. Hier fungiert Heimat als Anker im Sturm (Kühne et al. 2017, 25). Auch Nostalgie, eine Inszenierung der Vergangenheit, die oft mit der Betonung von Heimat und idyllischer Ländlichkeit einhergeht, kam mit dem Beginn der Moderne auf (Korfkamp 2006; Sielke 2017, 9–10; Baumann 2018, 69–119).

Heute ist Heimat im Rahmen globaler Vernetzung, Mobilität und erhöhter Flexibilitätsanforderungen im Unterschied zu früheren Zeiten zwar noch überwiegend, aber eben *nicht immer* und damit *nicht notwendigerweise* der Geburtsort (Schönhuth 2006; Foroutan und Schäfer 2009; Bartl 2015; Schmitz 2016; Kohl 2017; Jäger 2018; Kronenberg 2018). Heimatlich kann man sich auch an einen Ort gebunden fühlen, an dem man später im Leben *für längere Zeit* lebte (so schon Treinen 1965). Die zweite grundlegende Veränderung ist, dass sich heutzutage manche Menschen an *mehreren* Orten heimisch fühlen. Auch wenn das eher wenige Menschen sind (Petzold 2013, 139–141), können wir sagen: Heimat wird mobiler. Der alte „Geburtsorts-Container" der Heimat ist geöffnet. Ich selbst zum Beispiel fühle mich am Niederrhein, wo ich in Moers geboren wurde, wohl. Emotional liegt mir aber Bamberg, wo ich als Schüler lebte und vor allem Köln, wo ich die längste Phase meines Lebens lebte und auch jetzt wieder wohne, näher. Wenn man diesen veränderten Kontext erhöhter Mobilität berücksichtigt, gibt es gute Gründe, den vielfach kritisierten Begriff heute zu rehabilitieren (Türk 2006; Egger 2014; Antweiler 2017; Korfkamp und Strasser 2017).

Existieren heute viele Menschen, die für sich keine Heimat kennen? Darüber gibt es kaum verlässliche Informationen, aber die Frage stellt sich angesichts erhöhter Mobilität, Migration und zunehmender Normalität multi-lokalen Wohnens. Gibt es Menschen, die dauerhaft ortlos leben und Beheimatung ablehnen? Wir können als Beispiel an Geschäftsleute, Manager und Politiker denken, die regelmäßig längere Zeit in Konferenzzentren, Business-Hotels, Bahnhöfen und Flughäfen oder ähnlichen Zwischenräumen verbringen. Dies sind alles Räume, die weltweit gewisse Ähnlichkeiten aufweisen, weshalb sie als „Nicht-Orte" (*non-lieux*, Augé 1999; Hannerz 2001) bezeichnet wurden. Diese Ähnlichkeiten beruhen auf architektonischen Standards oder etwa auf weltweit ähnlichen Symbolen und Piktogrammen. Manche dieser modernen „Nomaden" beanspruchen für sich, keine oder mehrere Heimaten zu haben.

Viele Jobnomaden scheinen sich aber unter den vielen von ihnen regelmäßig besuchten „Nicht-Orten" an einigen besonders „zu Hause" fühlen. Im großen Netzwerk der Transiträume gibt es „Heimatanker", zum Beispiel besondere Flughafen-Lounges. Anders als der Begriff Nicht-Orte nahelegt, haben diese global standardisierten Orte bei genauerem Hinsehen nämlich doch auch lokale Besonderheiten. Diese liegen, so vermute ich, z. B. in den Personen oder

Interaktionssituationen, die man regelmäßig an ebendiesen Orten antrifft und deshalb erwarten kann. Mobilität, De-Territorialisierung und Multilokalität schließen einen psychischen Orts-Bezug nicht aus. Ortspolygamie stellt nach wie vor nicht die Normalität unserer Welt dar (Köstlin 2010, 38; Petzold 2013). Das Ausmaß internationaler Migration ist deutlich geringer als ihre öffentliche Wahrnehmung: derzeit leben nur etwa drei Prozent der Weltbevölkerung nicht im Land ihrer Geburt. Studien zu multi-lokalen Haushalten zeigen, dass trotz Migration und Internet die meisten Menschen nach wie vor in stark lokalisierten Gefügen leben (Hirsch 2018, 2). Aus der Sicht der Akteure stellt Heimat eine ganzheitliche Erfahrung dar und somit ist das Konzept nicht teilbar (Petzold 2013, 141). Wenn Rosa argumentiert, dass Nähe und Ferne heute keine räumlichen Begriffe mehr seien (Rosa 2007, 13, 17), ist das eine auf der Flexibilität globaler Eliten fußende, aber selbst für diese übertriebene Verallgemeinerung. Auch unter stark vernetzten *Transnationals*, die über lange Spannen des Lebens in vielen verschiedenen Ländern arbeiten, leben neun von zehn in dem Land, in dem sie geboren und aufgewachsen sind (Hartmann 2016). Die „Somewheres" überwiegen die „Anywheres" oder „Nowheres" auch heute noch bei Weitem. Auch wenn Heimat *als öffentliches Thema* ein Phänomen insbesondere der westlichen Moderne ist (Costadura und Ries 2016; Costadura et al. 2019), bildet Ortsbezogenheit ein Grundphänomen menschlicher Kulturen.

Public Realm – der öffentliche Stadtraum als Prototyp für Fremde-kompatible Heimat?

Heute begegnen die meisten Menschen dieser Welt an einem normalen Tag mehr Fremden als prähistorische Menschen in ihrem ganzen Leben. Kann Heimat als eine weltbürgerliche Orientierung gestaltet werden, welche lokale Lebensbezüge mit einer Perspektive auf die Menschheit als Ganze plausibel verbindet? Ich frage jetzt, ob städtisches Leben – bei all seiner Problematik – eine Folie für eine kosmopolitisch offene Heimat abgeben kann. Menschen in Städten sind einander mehrheitlich fremd, müssen aber miteinander koexistieren und dafür miteinander umgehen. Abgesehen von Freunden und ggf. direkten Nachbarn wollen sie in der Regel einander fremd bleiben und dies ist auch machbar. Die Vielzahl der verschiedenen Bewohner mit ihren unterschiedlichen Lebensstilen schafft ein Mosaik an Lebensformen und Bedürfnissen. Die hohe Anzahl der Bewohner schafft einen großen Markt, der selbst höchstspezialisierte Angebote gedeihen lässt. Typisch für Städte sind Subkulturen, spezielle „Szenen", Milieus, die einander oft fremd sind und entsprechend spezifische räumliche Settings und spezielle Märkte.

Wie lässt sich städtische Lebensweise charakterisieren? Das lässt sich auf einfache Weise durch einen hier bewusst kontrastverstärkten Vergleich mit dem Leben in ländlichen Siedlungen charakterisieren. Ab einer gewissen Einwohnerzahl und räumlichen Ausdehnung können sich nicht mehr alle am Stadtleben Beteiligten persönlich kennen. So treffen Stadtbewohner täglich auf Menschen, die ihnen fremd sind. Damit sind nicht Migranten oder Geflüchtete gemeint, sondern Menschen, die man vielleicht täglich sieht, ohne aber viel von ihnen zu wissen. Sie sind unvertraut und die allermeisten von ihnen bleiben einander für immer fremd. In dörflichen Siedlungen ist genau das Gegenteil der Fall: Idealtypisch gesagt kennen hier alle Bewohner einander. Im Dorf hat man anwesend zu sein, ein funktionierendes Miteinander kann sogar die dauerhafte Anwesenheit wichtiger Personen erfordern. Hier lebt man mit Vertrauten und nur gelegentlich begegnet man Fremden oder Feinden. Anders als im (herkömmlichen) Dorf sind fast alle Mitmenschen in der Stadt weder Vertraute noch Feinde.

Das Zusammenleben mit vielen Fremden in Städten erfordert, wenn es selbstverständlich sein soll, dass man den meisten Mitmenschen gegenüber gleichgültig bleibt. Neben wenigen persönlichen Beziehungen gibt es – anders als im Dorf – überwiegend nichtpersönliche Beziehungen. Aus dieser Anonymität treten Einzelne nur gelegentlich hervor und sie ermöglicht eine stärkere Individualität. In Städten kann man die Indifferenz suchen und gleichzeitig auch fürchten. Man kommt mit fremden Menschen nah in Kontakt und verliert sie auch wieder. Eine damit gegebene Pluralität der Lebensorientierungen auf engem Raum kann zu Konflikten führen. Auch wenn das heute nur noch eingeschränkt gilt, fordert das soziale System in einem Dorf eher Konformität und gewährleistet dies durch direkte soziale Kontrolle. Konflikte lassen sich in der Stadt aber auch deutlich besser aushalten, weil man die Sozialpartner leichter wechseln kann. Das schließt selbstverständlich nicht aus, dass es in manchen Städten dorfähnliche Sozialformen gibt, wie etwa im kölschen „Veedel".

Damit kann eine Stadt als eine Vergesellschaftung von füreinander Fremden gesehen werden. Stadtbewohner müssen sich damit arrangieren, dauerhaft vor allem mit Menschen, die sie nicht kennen, zusammenzuleben (Simmel 1903; Wirth 1938; Zukin et al. 2016). Räumlich zeigt sich das darin, dass es einen öffentlichen Raum gibt und dass dieser *public realm* permanent existiert (Lofland 2009). Im Gegensatz etwa zu Wochenmärkten in ländlichen Gebieten, wo ja auch einander Fremde aufeinandertreffen, ist er nicht passager bzw. ephemer. Das Verhalten im öffentlichen Raum ist oft dadurch charakterisiert, dass Menschen einander zeigen, dass sie sich nicht besonders beachten (*civil inattention*); hier kann man fremd unter Fremden bleiben, wenn man will.

Städtische Siedlungen bilden mit ihrer kulturellen Vielfalt und besonders der dauerhaften Anwesenheit Fremder eine besondere Form menschlicher Sozialität. Evolutionär und im historischen Längsschnitt gesehen ist diese Lebensform sehr jung (rund 10.000 Jahre). Sozial gesehen sind Städte also etwas deutlich Spezielleres als das Leben in der komplexen und technisierten Moderne. Städter können privat weitgehend isoliert leben, aber sie treffen täglich auf kulturell Fremdes. Unterschiede der Lebensführung und verschiedener Funktionssysteme treffen sich auf engstem Raum und werden sozial erfahrbar. Moderne Städte verknüpfen zunehmend Systeme, die selbst heterogen sind, was sie zu „Differenzmaschinen" (Stichweh 2013) macht. Neben den eher unauffälligen fremden Individuen – aus der Sicht eines jeden Einzelnen sind das fast alle anderen – gibt es sozial hergestellte Outgroups. Es sind Menschen, die kollektiv als fremd markiert, stereotypisiert, sozial ausgegrenzt werden. Wenn diese stärker als *outcasts* gesehen werden, werden sie auch i. e. S. marginalisiert: Obdachlose, Migranten, Asylsuchende und Geflüchtete werden oft sozialräumlich an den Rand gedrängt (Reuter und Warrach 2015). Außer der generalisierten Fremdheit, die für Stadtkultur konstitutiv ist, existieren in Städten damit weitere Formen und Dynamiken von Fremdheit.

Wenn Städte mit Stichweh als Differenzmaschine bezeichnet werden können, so heißt dies aber keineswegs, Dörfer seien Einebnungsmaschinen. Urbane Lebensformen sind jedoch *tendenziell* sozialstrukturell komplexer und kulturell vielfältiger als dörfliche Lebensweisen. Einen Umgang mit Fremden gab es schon immer auf ländlichen Märkten, aber diese waren und sind keine *permanenten* Sozialformen. Permanente Anwesenheit von Fremden und ein dauerhafter Umgang unter einander fremd *bleibenden* Menschen und Kollektiven sind streckenweise auch außerhalb von Städten zu finden. Ein Beispiel sind stadtländliche sog. *kotadesasa* (kota = Indon. „Stadt", desa = Indon. „Dorf") in Indonesien.

Für städtische Siedlungen stellen konstant Fremde neben der räumlichen Dichte das wohl entscheidende sozialstrukturelle Merkmal dar. Daher kann man fragen, ob urbaner Umgang als spezifische Sozialform ein Modell für ein Heimatkonzept im Sinne eines realistischen Kosmopolitismus sein könnte. In manchen Hafenstädten Südostasiens hat sich etwa auf der Basis der historisch gewachsenen Begegnung vieler Kulturen und dauerhaften Interaktion durch Handel eine kosmopolitische Orientierung entwickelt (Antweiler 2019b für ein Beispiel aus Indonesien). Als normative Leitlinie verstanden, würde eine so charakterisierte urbane Interaktion den humanen Umgang unter einander Fremden (und partiell fremd Bleibenden) anstreben, indem die Interaktion auf geteilte *Regeln* des Umgangs und gemeinsame *Ziele* konzentriert ist, statt sie auf kulturelle Grenzbildung zu verengen und auf fundamentale *Werte* fokussiert zu sein.

Planetare Beheimatung im Anthropozän – kosmopolitischer Provinzialismus?

Eine zentrale Frage unserer Zeit ist, wie die miteinander vernetzten Kulturen auf einem begrenzten Planeten koexistieren können, ohne alle gleich werden zu müssen. Thomas Thiemeyer schlägt vor, Heimat als *Moderationsbegriff* zu verstehen, der überkommene retrotopische Vorstellungen mit heutiger Dynamik und Vielfalt verbinden könnte (Thiemeyer 2018, 78). Kann der Begriff politisch eine sinnvolle Moderation zwischen der „kleinen Heimat" und der großen Menschenwelt eröffnen? Aufgrund eines Bewusstseins zunehmender Migration und Mobilität werden das Ausmaß von De-Territorialisierung wie auch von Multilokalität in den Kulturwissenschaften und in der Migrationsforschung systematisch über- und damit der Orts-Bezug unterschätzt. Die Welt ist kommunikativ globalisiert, aber dennoch sind Orte sowohl ökonomisch wie auch für die individuelle und kollektive Identität wichtig. Menschen leben vielfach in Wahlgemeinschaften, aber eben oft auch noch in ethnischen oder in Herkunftsgemeinschaften. Menschen neigen zu starkem „sense of place" (Hirsch 2018) und tendieren daher nicht gerade dazu, sich als Weltbürger zu fühlen: „No one lives in the world in general" (Geertz 1996, 259). Pragmatisch ist damit gefordert, lokalisierte Bedürfnisse mit kosmopolitischen Orientierungen in einem quasi *verorteten* Weltbürgertum zu verknüpfen (*local cosmopolitanism, vernacular cosmopolitanism, cosmopolitan patriotism*, Appiah 2007, zur aktuellen Diskussion vgl. Antweiler 2012, 2015; Weidner 2018, 127 ff., 142 ff.; Werbner 2018; Scharnowski 2019, 217–235).

In aktuellen Debatten werden „Kommunitarier" und „Kosmopoliten" als Gegner ins Feld geführt – und das bequemer-, aber fälschlicherweise gleich noch mit „rechts" und „links" gleichgesetzt (Kritiken dazu in Richardt 2018). Multikulturalismus-Politiken werden oft zu unkritisch affirmiert, trotz ihrem inhärenten Kulturalismus, auch von Kulturwissenschaftlerinnen und Kulturwissenschaftlern (dazu kritisch Collier 2017; Malik 2017, 17–22; Appiah 2019). Ich plädiere für Inklusion, für eine Anerkennung lokaler Lebensformen und für kulturelle Vielfalt (Multikulturalität), aber gegen einen auf Identitätspolitik reduzierten Multikulturalismus. Heimat sollte nicht den rechten *Identitären* überlassen werden, denn sie verstehen Heimat nationalistisch. Im Sinne einer „geschlossenen Gesellschaft" lehnen sie Diversität entweder ab oder wollen kulturelle Vielfalt exkludieren oder exportieren. Auf der anderen Seite sollte Heimat aber auch nicht für einen zumeist eher links motivierten institutionalisierten Multikulturalismus herhalten, der Kultur nur noch als Differenz sieht, worin er rechtsidentitären Positionen nahekommt.

Demzufolge ist es wichtig, nach Gemeinsamkeiten zwischen Angehörigen verschiedener Lokalkulturen zu suchen. Der an sich wichtige Relativismus muss selbst relativiert werden (Antweiler 2017). Hier kann man fragen, ob „Heimat" nicht nur für das Kleine, sondern auch für das ganz Große stehen könnte. Können wir uns als Menschen, die verschiedenen Kulturen angehören, in der Menschheit heimisch fühlen; kann es eine „Heimat" im Menschsein geben (Antweiler 2009)? Ist ein kosmopolitischer Provinzialismus (Scharnowski 2019, 237–238) denkbar? Um dies im Alltag realistisch werden zu lassen, müssen wir über die pure Metaphorik hinausgehen. Wir können nach Quellen universaler Orientierungen suchen, etwa in Religionen (nicht nur in den großen Buchreligionen), im Humanismus (auch in Humanismen nichtwestlicher Kulturen), und in kosmopolitischen Ansätzen. Eine Beheimatung verschiedener Kulturen in der einen Menschheit könnte aber auch auf empirisch nachweisbare Ähnlichkeiten der Kulturen bauen (Antweiler 2015, 2018, 97–156). Zum einen haben Menschen überall ähnliche Bedürfnisse und Potenziale (Bio-Universalien). Ein breiter Kulturvergleich kann aber auch Gemeinsamkeiten auf der Ebene von Kollektiven (Kulturen) empirisch nachweisen, die nicht für jedes Individuum gelten (Kultur-Universalien). Bekannte Beispiele sind die Inzestmeidung, der Ödipuskomplex und die politische Dominanz von Männern im öffentlichen Raum. Neben anderen Fächern können vor allem die Biologie, Psychologie und die kulturvergleichende Ethnologie empirisch gestützte Aussagen zum Thema machen. Gemeinnützliche Ziele sind nicht wissenschaftlich zu bestimmen, sondern politisch zu setzen. Für eine realistische Umsetzung könnte eine sozialwissenschaftliche Plausibilisierung aber an diesen empirisch nachweisbaren Gemeinsamkeiten ansetzen.

Es gibt universale Grundwerte, zum Beispiel körperliche Unversehrtheit, Gerechtigkeit, Fairness, Gastfreundschaft. Es finden sich fast-universale Konzepte zu Mensch, Person und sozialem Akteur. In manchen Kulturen fehlen aber Konzepte der Menschheit, besonders der Einheit der Menschheit. Auch im Westen sind sie historisch jung. Es gibt aber auch universale menschenrechtshemmende Neigungen, zum Beispiel Nepotismus und Ethnozentrismus. Das Bemühen um *Universalisierung* kann wichtiger sein als ein Fokus auf realisierter Universalität. Statt nach universal geteilten Fundamentalwerten zu suchen, können wir Basis-Regeln in interkulturellen Gesprächen langsam *universalisieren*. Deren Begründung kann den Kulturen offengelassen werden (verhandelte Regeln, *negotiated universals*; Kocka 2002).

Bislang können wir zu diesen Fragen einer möglichen transkulturellen Beheimatung im Menschsein und der Menschheit noch wenig Eindeutiges sagen. Wir können als Zwischenergebnis kulturvergleichender Universalienforschung aber Folgendes festhalten. Kulturen unterscheiden sich empirisch weniger durch spezifische Merkmale als durch die unterschiedliche Gewichtung von Charakteristika und Problemen, die allen Kulturen gemein sind (Antweiler 2018, 27–64). Menschen verschiedener Lokalkulturen leben nicht in verschiedenen Welten, sondern verschieden in der einen Welt. Menschen verschiedener Kulturen teilen durch faktische Vernetzung einen Planeten und sie leben entgegen radikal kulturrelativistischen Annahmen auch psychisch nicht in vollständig unterschiedlichen Lebenswelten.

Wenn man die spezifisch deutschen Aspekte vom Heimatbegriff subtrahiert, bleibt ein universales Phänomen übrig, das es zu verstehen und erklären gilt. Auch andere sozial- und kulturwissenschaftliche Begriffe haben einen lokalkulturspezifischen Ursprung, sind aber bei begrenzter begrifflicher Modifikation in die allgemeine wissenschaftliche Terminologie eingegangen. Beispiele sind *Amok* (aus dem malaiischen Raum) und *Tabu* (aus Polynesien). Ich halte es für entscheidend, mit Begriffen zu arbeiten, die einen empirischen Zugang erlauben, vergleichende Forschung möglich machen und auch außerhalb von Europa anwendbar sind. Falls wir das Wort „Heimat" entgegen meiner Argumente in wissenschaftlichen Arbeiten aufgeben, wäre mein Vorschlag „Ortsbezogenheit". Das Wort „Heimat" hat aber demgegenüber den Vorteil, dieses Phänomen begrifflich auch in nicht eng ortsbezogener Weise füllen zu können.

Die spezifisch deutsche Prägung und teils unheilvolle Nutzung des Begriffs durch bestimmte extreme Gruppierungen ist meines Erachtens kein triftiges Argument gegen die Verwendung des Wortes. Dies wäre erstens aller Erfahrung nach kaum wirksam und bedeutete zweitens das Einknicken vor politischen Gegnern.

Literatur

Anderson, Benedict Richard O'Gorman. *Die Erfindung der Nation. Zur Karriere eines folgenreichen Konzepts*. Frankfurt a. M.: Campus, 2005 (orig. *Imagined Communities. An Inquiry into the Origins and Spread of Nationalism*. London: Verso, 1983).

Antweiler, Christoph. *Heimat Mensch. Was uns alle verbindet*. Hamburg: Murmann, 2009.

Antweiler, Christoph. *Mensch und Weltkultur. Für einen realistischen Kosmopolitismus im Zeitalter der Globalisierung*. Bielefeld: transcript, 2011.

Antweiler, Christoph. *Inclusive Humanism. Anthropological Basics for a Realistic Cosmopolitanism*. Göttingen und Taipeh: V + R Unipress, 2012.

Antweiler, Christoph. „Cosmopolitanism and Pancultural Universals. Our Common Denominator and an Anthropologically Based Cosmopolitanism". *Journal for International and Global Studies* Fall (2015): 50–66. http://www.lindenwood.edu/jigs/docs/volume7Issue1/essays/50-66.pdf (25. Dezember 2018).

Antweiler, Christoph. „Relativismus relativiert. Für einen moderaten Kulturrelativismus". Blog: Kulturrelativismus und Aufklärung. Eine Debatte über den Umgang mit Fremdem, 2016. http://gssc.uni-koeln.de/node/1368 (16. Dezember 2018).

Antweiler, Christoph. „Heimat heute". *Heimat – Vergangenheit verstehen, Zukunft gestalten.* Red. Inge Gotzmann und Anne Segbers. Bonn: BHU, 2017. 28–34.

Antweiler, Christoph. *Our Common Denominator. Human Universals Revisited.* New York und Oxford: Berghahn, 2018 [2016].

Antweiler, Christoph. „Weltbürger – Die Menschheit als Heimat?" *Informationen zur Raumentwicklung* 45.2 (2019): 12–23. (Themenheft „Heimat und Stadtentwicklung").

Antweiler, Christoph. „Towards a Cosmopolitan Indonesia? Makassar as a Paradigm for Organizing Cultural Diversity?" *Asian Journal of Social Science* 47 (2019): 340–363.

Appiah, Kwame Anthony. *Der Kosmopolit. Philosophie des Weltbürgertums.* München: C. H. Beck, 2007. (orig. *Cosmopolitanism. Ethics in a World of Strangers.* New York und London: Norton, 2006).

Appiah, Kwame Anthony. *Identitäten. Die Fiktionen der Zugehörigkeit.* München: Hanser, 2019. (orig. *The Lies That Bind. Rethinking Identity: Creed, Country, Colour, Class, Culture.* London: Profile Books, BBC Reith Lectures, 2018).

Applegate, Celia. *Nation of Provincials. The German Idea of Heimat.* Berkeley u. a.: University of California Press, 1990.

Augé, Marc. *Nicht-Orte.* München: C. H. Beck, 2010 (orig. *Non-Lieux. Introduction à une anthropologie de la surmodernité.* Paris: Seuil, 1992).

Blickle, Peter. *Heimat. A Critical Theory of the German Idea of Homeland.* Rochester, NY: Camden House, 2004.

Bartl, Theresa. *Was ist Heimat? Verortung eines traditionellen Begriffs im Zeitalter der (Sub) Urbanisierung.* München: Technische Universität München (Masterarbeit), 2015.

Baumann, Christoph. *Idyllische Ländlichkeit. Eine Kulturgeographie der Landlust.* Bielefeld: transcript, 2018.

Bausinger, Hermann. „Heimat in der offenen Gesellschaft. Begriffsgeschichte als Problemgeschichte". *Heimat. Analysen, Themen, Perspektiven.* Hg. Will Cremer und Ansgar Klein. Bonn: Bundeszentrale für politische Bildung, 1990.

Bausinger, Hermann. *Heimat heute.* Stuttgart: Kohlhammer, 1991.

Bettini, Maurizio. „Wurzeln. Die trügerischen Mythen der Identität". München: Kunstmann, 2018 (orig. *Radici, Tradizione, identità, memoria.* Bologna: Il Mulino, 2016).

Collier, Paul. „Heimat ist das Fundament der linken Mitte". *IPG Internationale Politik und Gesellschaft.* 2017. https://www.ipg-journal.de/schwerpunkt-des-monats/krise-der-repraesentation/artikel/detail/heimat-ist-das-fundament-der-linken-mitte-2439/ (06. Januar 2020).

Costadura, Edoardo, und Klaus Ries. „Heimat – ein Problemaufriß". *Heimat gestern und heute. Interdisziplinäre Perspektiven.* Hg. Edoardo Costadura und Klaus Ries. Bielefeld: Transcript, 2016. 7–23.

Costadura, Edoardo, Klaus Ries, und Christiane Wiesenfeldt. „Heimat Global – Einleitung". *Heimat Global. Modelle, Praxen und Medien der Heimatkonstruktion.* Hg. Edoardo Costadura, Klaus Ries, und Christiane Wiesenfeldt Bielefeld: transcript, 2019. 12–41.

Dunbar, Robin. *Human Evolution. Our Brain and Behavior.* Oxford: Oxford University Press, 2016.

Egger, Simone. *Heimat. Wie wir unseren Sehnsuchtsort immer wieder neu erfinden.* München: Riemann Verlag, 2014.

Ehmke, Carolin. „Heimat". *Süddeutsche Zeitung* 206 (19.–20. September 2015): 5.

Foroutan, Naika, und Isabel Schäfer. *Hybride Identitäten – muslimische Migrantinnen und Migranten in Deutschland und Europa.* Bonn: Bundeszentrale für politische Bildung, 2009.

http://www.bpb.de/apuz/32223/hybride-identitaeten-muslimische-migrantinnen-und-migranten-in-deutschland-und-europa?p=all (18. September 2019).
Frühwald, Wolfgang. „Heimat ist mehr als ein Ort. ‚Heimat' und ‚Fremde' in Literatur, Geistesgeschichte und Gegenwart" (Interview). *Forschung & Lehre* 18.2 (2011): 96–98.
Gamble, Clive, John Gowlett, und Robin Dunbar. *Thinking Big. How the Evolution of Social Life Shaped the Human Mind*. London: Thames & Hudson, 2018 (orig. 2014).
Gebhard, Gunther, Oliver Geisler, und Steffen Schröter. „Heimatdenken. Konjunkturen und Konturen eines umstrittenen Konzepts. Statt einer Einleitung". *Heimat. Konjunkturen und Konturen eines umstrittenen Konzepts*. Hg. Gunther Gebhard, Oliver Geisler, und Steffen Schröter. Bielefeld: transcript, 2007. 9–56.
Geertz, Clifford. „Afterword". *Senses of Place*. Hg. Steven Feld und Kenneth Basso. Santa Fe, N.M: University of New Mexiko Press, 1996. 259–262.
Greverus, Ina-Maria. *Auf der Suche nach Heimat*. München: C. H. Beck, 1979.
Hartmann, Michael. „Harvard wird überschätzt". *Die Zeit* 37 (01. September 2016): 22.
Hirsch, Eric. „Sense of Place". *The International Encyclopedia of Anthropology*. Hg. Hilary Callan. London u. a.: Wiley-Blackwell, 2018. 1–10. DOI: 10.1002/9781118924396.wbiea1764 (06. November 2019).
Hülz, Martina, Olaf Kühne, und Florian Weber (Hg.): *Heimat. Ein vielfältiges Konstrukt*. Wiesbaden: Springer VS, 2019.
Jäger, Jens. „Heimat", 2018: Version: 1.0, *Docupedia-Zeitgeschichte* 09. November 2017. http://docupedia.de/zg/Jaeger_heimat_v1_de_2017?oldid=128264 (11. August 2019).
Köstlin, Konrad. „Heimat denken. Zeitschichten und Perspektiven". *Zwischen Emotion und Kalkül. ‚Heimat' als Argument im Prozess der Moderne*. Hg. Michael Seifert. Leipzig: Leipziger Universitätsverlag, 2010. 23–38.
Kohl, Karl-Heinz. „Alte Heimat, neue Heimat? Die Rückbesinnung auf das Eigene in einer globalisierten Welt". *Forschung & Lehre* 24.4 (2017): 304–305.
Kronenberg, Volker. *Heimat bilden. Herausforderungen, Erfahrungen, Perspektiven*. Sankt Augustin: Konrad-Adenauer-Stiftung, 2018.
Korfkamp, Jens. *Die Erfindung der Heimat. Zu Geschichte, Gegenwart und politischen Implikaten einer gesellschaftlichen Konstruktion*. Berlin: Logos Verlag, 2006.
Korfkamp, Jens, und Hermann Strasser. „Was ist Heimat: Ausschlussprinzip oder Zukunftserzählung?" *Soziologie heute* 54 (2017): 16–22.
Kühne, Olaf, Corinna Jenal, und Florian Weber. „Die soziale Definition von Heimat". *Heimat – Vergangenheit verstehen, Zukunft gestalten*. Red. Inge Gotzmann und Anne Segbers. Bonn: BHU, 2017. 21–27.
Lofland, Lyn H. *The Public Realm. Exploring the City's Quintessential Social Territory*. London: Taylor & Francis, 2017 [1998].
Malik, Kenan. *Das Unbehagen in den Kulturen. Eine Kritik des Multikulturalismus und seiner Gegner*. Frankfurt a. M.: Novo, 2017. (orig. *Multiculturalism and Its Discontents: Rethinking Diversity after 9/11*. London u. a.: Seagull Books, 2013).
Mitzscherlich, Beate. „Was ist Heimat heute? Eine psychologische Perspektive auf die Möglichkeit von Beheimatung in einer globalisierten Welt". *Heimat im 21. Jahrhundert – Moderne, Mobilität, Missbrauch und Utopie*. Hg. Gemeinschaftswerk der Evangelischen Publizistik (GEP), 2010. 7–12.
Petzold, Knut. *Multilokalität als Handlungssituation. Lokale Identifikation, Kosmopolitismus und ortsbezogenes Handeln unter Mobilitätsbedingungen*. Wiesbaden: Springer VS, 2013.

Pfaff-Czarnecka, Joanna. *Zugehörigkeit in der mobilen Welt. Politiken der Verortung*. Göttingen: Wallstein, 2012.
Renn, Ortwin. „Nicht alles darf gleichzeitig im Fluss sein. Über Heimat, virtuelle Orte und die Wut der Bürger". *Forschung & Lehre* 18.11 (2011): 103.
Renz, Peter. *Heimat. Ausflug in ein unbekanntes Land*. Essays. Tübingen: Klöpfer & Meyer, 2015.
Reuter, Julia, und Nora Warrach. „Die Fremdheit der Migrant_innen: Migrationssoziologische Perspektiven im Anschluss an Georg Simmels und Alfred Schütz' Analysen des Fremdseins". *Schlüsselwerke der Migrationsforschung. Pionierstudien und Referenztheorien*. Hg. Julia Reuter und Paul Mecheril. Wiesbaden: Springer VS, 2015. 169–190.
Richardt, Johannes (Hg.), *Die sortierte Gesellschaft. Zur Kritik der Identitätspolitik*. Frankfurt a. M.: Novo, 2018.
Rosa, Hartmut. „Heimat im Zeitalter der Globalisierung". *Der Blaue Reiter. Journal für Philosophie* 12.23 (2007): 13–17.
Scharnowski, Susanne. *Heimat. Geschichte eines Missverständnisses*. Darmstadt: Wissenschaftliche Buchgemeinschaft, 2019.
Schlink, Bernhard. *Heimat als Utopie*. Frankfurt a. M.: Suhrkamp, 2006.
Schmitt-Roschmann, Verena. *Heimat. Neuentdeckung eines verpönten Gefühls*. Gütersloh: Gütersloher Verlagshaus, 2010.
Schmitz, Lilo. „Beheimatung als Arbeitsprinzip in der Migrationsgesellschaft". *Theorie und Praxis der Sozialen Arbeit* 67.1 (2016): 19–29.
Schönhuth, Michael. „Heimat? Ethnische Identität und Beheimatungsstrategien einer entbetteten „Volksgruppe" im translokalen Raum". *Zuhause fremd. Russlanddeutsche zwischen Russland und Deutschland*. Hg. Sabine Ipsen-Peitzmeier und Markus Kaiser. Bielefeld: transcript, 2006. 365–380.
Sielke, Sabine. „Nostalgie – ‚die Theorie': eine Einleitung". *Nostalgie / Nostalgia. Imaginierte Zeit-Räume in globalen Medienkulturen / Imagined Time-Spaces in Global Media Cultures*. Hg. Sabine Sielke unter Mitarbeit von Björn Bosserhoff. Frankfurt a. M.: Peter Lang, 2017. 9–33.
Simmel, Georg. „Die Großstädte und das Geistesleben". *Die Großstadt. Vorträge und Aufsätze zur Städteausstellung 1903*. Dresden, 1903. 185–206.
Simmel, Georg. „Der Raum und die räumliche Ordnung der Gesellschaft". *Soziologie. Untersuchungen über die Formen der Vergesellschaftung. Georg Simmel Gesamtausgabe*. Hg. Otthein Rammstedt. Bd. 11. Frankfurt a. M., 1992. 687–790 [1908].
Stichweh, Rudolf. „Fremdheit in der Weltgesellschaft – Indifferenz und Minimalsympathie". 2007. http://www.unilu.ch/files/25stwfremdheitinderweltgesellschaft.pdf (21. Juli 2016).
Stichweh, Rudolf. „Städte zwischen Wissens- und Weltgesellschaft". *Internationale Bauausstellung Heidelberg. Dokumentation Auftaktveranstaltung am 4. und 5. Oktober 2012*. Stadt Heidelberg, 2013. 20–25. www.fiw.uni-bonn.de/demokratieforschung/ personen/stichweh/ pdfs/98_stw_staedte-zwischen-wissens-und-weltgesellschaft-iba-symposium-heidelberg-2012.pdf (11. September 2019).
Thiemeyer, Thomas. „Die Provinzialisierung der Heimat". *Blätter für deutsche und internationale Politik* 62.3 (2018): 69–78.
Thüne, Wolfgang. *Heimat als soziologische und geopolitische Kategorie*. Würzburg: Creator-Verlag, 1987.
Treinen, Heiner. „Symbolische Ortsbezogenheit. Eine soziologische Untersuchung zum Heimatproblem". *Kölner Zeitschrift für Soziologie und Sozialpsychologie* 17.1 (1965): 73–97 und 17.2 (1965): 254–297.

Türke, Christoph. *Heimat. Eine Rehabilitierung*. Springe: Zu Klampen, 2006.

Verbeek, Bernhard. „Heimat: naturwissenschaftliche Analyse eines (irrationalen) Gefühls". *Vom Sinn der Heimat: Bindung, Wandel, Verlust, Gestaltung – Hintergründe für die Bildungsarbeit*. Hg. Norbert Jung, Heike Molitor und Astrid Schilling. Opladen u. a.: Budrich University Press, 2014.

Vollmer, Gerhard. *Im Lichte der Evolution: Darwin in Wissenschaft und Philosophie*. Stuuttgart: S. Hirzel Verlag, 2017.

Weidner, Stefan. *Jenseits des Westens. Für ein neues kosmopolitisches Denken*. München: Hanser, 2018.

Werbner, Pnina. „Cosmopolitanism". *The International Encyclopedia of Anthropology*. Hg. Hilary Callan. London u. a.: Wiley-Blackwell, 2018. DOI: 10.1002/9781118924396.wbiea1755 (05. Januar 2020).

Wirth, Louis. „Urbanism as a Way of Life". *The American Journal of Sociology* 44.1 (1938): 1–24.

Wuketits, Franz M. „Entwurzelte Seelen. Biologische und anthropologische Aspekte des Heimatgedankens". *Universitas* 50.1 (1995): 11–24.

Zöller, Renate. *Was ist eigentlich Heimat? Annäherung an ein Gefühl*. Berlin: Ch. Links Verlag, 2015.

Zukin, Sharon, Philip Kasinitz, und Xiangming Chen. *Global Cities, Local Streets. Everyday Diversity from New York to Shanghai*. New York und Abingdon: Routledge, 2016.

Ines Stolpe
Nutag und Mobilität: Zur Dynamisierung mongolischer Heimatkonzepte

Wer sich wissenschaftlich mit der Mongolei beschäftigt, gewinnt den Eindruck, dass der konstitutive Schlüsselbegriff *nutag*,[1] der oft als ‚Heimat' übersetzt wird, noch präsenter ist als sein deutsches Äquivalent. Aus interkulturell-vergleichender Perspektive lässt sich als Grund hierfür – neben historischen Faktoren – eine größere Reichweite des Bedeutungsspektrums vermuten. Denn während in Abhandlungen zu ‚Heimat' von „Konjunkturen" (Gebhard et al. 2007), einem „Hype um Heimat" (Costadura und Ries 2016, 8) oder auch von „Heimat-Renaissance" (Costadura et al. 2019, 13) die Rede ist, hat das mongolische Pendant *nutag* nie an Relevanz verloren. Entsprechend vielfältig sind in der einschlägigen Fachliteratur Beiträge, die bestimmte Dimensionen, Facetten und Bezugspunkte von *nutag* in den Blick nehmen,[2] jedoch nur einige mit explizit diesem Fokus.[3] Bislang fehlt allerdings eine Dialogisierung über die mongoleibezogene Forschung hinaus. Daher soll dieser Beitrag mit außereuropäischen Perspektiven weniger eine Fallstudie à la „So ist Heimat in der Mongolei" einbringen, sondern durch komparative Betrachtungen Impulse geben für transkulturelle und interdisziplinäre Vergleiche gegenwärtiger Wandlungsprozesse von Heimatverhältnissen in Relation zu globalen Kontexten.

Für das Verständnis und die Einordnung mongolischer Heimatkonzepte sei vorausgeschickt, dass diese kultur- und politikgeschichtlich in Arealen entstanden, die sich über die drei heutigen Staaten Russland,[4] Mongolei[5] und Volksre-

---

[1] Die Umschrift des kyrillischen Mongolischen folgt, mit Ausnahme abweichender Schreibungen in Quellen, der wissenschaftlichen Transliteration nach Vietze 1988, die des klassischen Mongolischen der Transkription nach Poppe 1954. Übersetzungen aus dem Mongolischen stammen, so nicht anders angegeben, von der Autorin.
[2] Beispielsweise Bulag 1998; Barkmann 2000; Bold 2001; Weiler 2002; Oberfalzerová 2008; Sneath 2010, 2018; Dalaibuyan 2012; Stolpe 2015, 2017a; Ressel 2018b; Bum-Ochir 2019; Manalsuren 2020.
[3] Namsaraeva 2012; Stolpe 2014, 2019a; Ressel 2017, 2018a; Szczap 2020.
[4] Gegenwärtig lebt in Russland ein Großteil der mongolischen Bevölkerung in den Republiken Kalmückien und Burjatien.
[5] Amtliche Bezeichnung im Mongolischen: *Mongol Uls*. Von 1924–1992 war dies die Mongolische Volksrepublik.

publik China[6] erstrecken. Erfahrungen politischer Grenzen beeinflussen also bis in die Gegenwart bestimmte Facetten dieser Konzepte im mongolischsprachigen Raum – und darüber hinaus.

> Yet, throughout ‚greater Mongolia' one finds common threads that are the legacy of a long history of mobile pastoral steppe life, with roots stretching back for more than two millennia. While keeping step with the increasingly urban, industrialized world, Mongolia's peoples continue to find countless ways to express their unique history, culture, and way of life. (Sneath 2018, 18)

Hierzu gehören Konzepte und Repräsentationen von *nutag*. Obwohl (wie das deutsche Pendant ‚Heimat') seit jeher auch regional geprägt, weisen sie über Ländergrenzen hinweg spezifisch mongolische Charakteristika auf. Um solche nicht als statisch oder homogen zu essentialisieren und im Vergleich mit ‚Heimat'-Diskursen auch aktuelle sowie alltagspraktische Assoziationen zu eruieren, werden neben Beispielen zeitgenössischer Musik und Literatur eigene Fragebogenerhebungen herangezogen, zumal der Wandel von Heimatkonzepten in der mongoleibezogenen Forschung bislang noch kaum durch empirische Studien erfasst ist.[7]

Nutag- und ‚Heimat'-Diskurse im Dialog

> We need new sets of translations across different philosophical cultures
> so as to rearrange the present segregation of discourses.
> (Braidotti 2006, 33)

Edoardo Costadura und Klaus Ries (2016) greifen die in ‚Heimat'-Diskursen geläufige These, dass es sich um eine „anthropologische Konstante" handele, auf, um dann zu fragen, ob Heimat als „komplexes und multifunktionales Konstrukt" (ebd., 21) außerhalb des deutschen Sprachraumes gedacht und benannt werden könne und welche Lebenswelten ggf. dahinter stünden. Bevor dieser Beitrag Einblicke in zentrale Dimensionen mongolischer Perspektiven vermittelt, sei an dieser Stelle als Ausgangspunkt der Begriff *nutag* angesprochen. Obwohl so manche funktionale Äquivalenz eine pragmatische Übersetzung als ‚Heimat' durchaus rechtfertigt, verbinden sich mit beiden Begriffen kulturhistorisch und

---

6 Große mongolische Bevölkerungsgruppen leben in der VR China heute in der Autonomen Region Innere Mongolei, weitere in den Provinzen Xinjiang, Qinghai, Gansu, Heilongjiang, Liaoning, Jilin und Hebei.
7 Bis auf Namsaraeva 2012 (zu burjat-mongolischen Gruppen) und Szczap 2020 (mit Fokus auf Ulaanbaatar).

sozio-politisch ganz unterschiedlich entstandene, folglich auch verschieden konnotierte Konzepte. Nicht von ungefähr gilt ‚Heimat' als nicht adäquat übersetzbar,[8] und da *nutag* ebenfalls eigene Deutungstraditionen und mobile Relevanzvorstellungen aufweist, bevorzuge ich, um diese zu respektieren und ihnen zu mehr Sichtbarkeit auf Augenhöhe zu verhelfen, diesen Begriff. Obwohl es im Mongolischen kein grammatisches Geschlecht gibt, behandele ich *nutag* als Femininum, und zwar weniger als Zugeständnis an die deutsche Syntax oder analog zu ‚Heimat', sondern vor allem, weil dies, wie wir sehen werden, tradierten Vorstellungen am besten gerecht wird.

Das erklärende Wörterbuch der mongolischen Sprache beschreibt *nutag* (in klassisch-mongolischer Schrift *nutuy*) als Geburts- und/oder Aufenthaltsort, wobei zwischen beiden durch Attribute unterschieden wird. Schon hier taucht *nutag* als Paarwort[9] in der Kombination *ech nutag* auf, wobei das erste Wort ‚Mutter' sowie ‚Ursprung', ‚Anfang' und auch ‚Quelle' bedeuten kann. Die ebenfalls als gebräuchlich aufgeführte Zwillingsformel *nutag us* verweist mit dem zweiten Wort auf die Bedeutung von Wasserquellen, und daher werden die in einer Gegend lebenden Menschen als *nutag usnychan* bezeichnet, also als ‚Leute der *nutag* und des Wassers'. Weitere übliche Verknüpfungen sind *gazar nutag* und *nutag devsger*, die jeweils Landflächen hervorheben. Erst als zweite Bedeutung wird ‚Lagerplatz' angegeben, wobei in den Erläuterungen hierzu die entscheidende Verbindung zu den umgebenden Weideflächen durch die Kombination *nutag belčeer* Ausdruck findet (Mongol chelnij delgerengüj tailbar tol' 2008, 1405).

In solcherlei einsprachigen Nachschlagewerken nicht eigens erwähnt, da im mongolischen Kontext eine Selbstverständlichkeit, ist der Faktor räumliche Mobilität: Bis zur Mitte des 20. Jahrhunderts bildete für die Mehrheit der mongolischen Bevölkerung die extensive Weideviehwirtschaft, also der sogenannte Nomadismus,[10] die Grundlage ihrer Existenz. Daher war mit *nutag* ursprünglich das Umfeld des zyklischen Weidegangs gemeint (Bulag 1998, 173–174; Barkmann 2000, 9; Namsaraeva 2012, 141). Doch ist dieses Verständnis von *nutag* in der Gegenwart nur eines von vielen, denn der Begriff hat in den drei Staaten mit grö-

---

8 Dazu exemplarisch die Einleitungen in Gebhard et al. 2007 und Costadura und Ries 2016 sowie Cachola Schmal 2019, 313. Zweifel daran äußert Eckardt 2019, 198.
9 Hendadyoin, auch Zwillingsformel genannt. Meist bilden mongolische Paarwörter eine semantische Einheit.
10 Im Mongolischen wird zur Beschreibung der traditionellen Lebens- und Wirtschaftsweise das Wort ‚Nomadismus' nicht verwendet, und auch die Personen bezeichnen sich selbst nicht als ‚Nomaden'. Zur Geschichte mongoleibezogener Nomadismus-Diskurse aus vergleichender Perspektive: Stolpe 2008, 2015a.

ßeren mongolischen Bevölkerungsgruppen aus je unterschiedlichen Gründen an Reichweite gewonnen und, wie sein deutsches Pendant ‚Heimat', auch an Mehrdeutigkeit. Die auf *nutag* bezogene Frage, „was zu bestimmten Zeiten Heimat war bzw. was als Heimat vorgestellt wurde" (Gebhard et al. 2007, 12) haben mit theoriegeleiteten Ansätzen vor allem Angehörige der mongolischen Minderheiten in Russland und der VR China diskutiert. Hier zeigen sich Parallelen zu Befunden hiesiger Heimatdiskurse, denen zufolge „die Rede von Heimat überhaupt erst unter Bedingungen ihres – zumindest drohenden – Verlustes plausibel" (ebd., 11) würde. Uradyn Bulag beschreibt Verlusterfahrungen aus der Perspektive der heute zur VR China gehörenden Autonomen Region Innere Mongolei, die südlich und östlich des eigenständigen mongolischen Nationalstaates liegt, so:

> The concept of homeland in Inner Mongolia has increasingly transcended the smaller pastureland (*nutag*) assigned to individual herders [...] The loss of the entire Inner Mongolia to the Chinese administration in 1928 created a collective sense of crisis; the fight for one individual pastureland was thus enlarged to the entire Inner Mongolian land. [...] [T]heir Mecca is now to the north, in Mongolia. A de-localized Inner Mongol is thus little concerned with his or her immediate homeland (*nutag*), as it is thought to have already been lost. [...] This new notion of homeland [...] sets itself against the still new concept of a homeland based on a modern nation state ideology. (Bulag 1998, 173–174)

Der Autor erwähnt in seinem Kapitel „Inner Mongols as ‚Other' to Mongols", dass Personen im Nationalstaat Mongolei, die ihn fragten, wann er in die Innere Mongolei zurückkehre, die Bezeichnung ‚Mutterland' (*ech oron*) anstelle von *nutag* verwendeten (ebd., 179). Denn, so Bulag, bei den verschiedenen mongolischen Gruppen gelte der heutige Staat Mongolei als geographischer Ursprungsort, dem sie sich in mythischer Weise heimatlich verbunden fühlten (ebd., 176), weshalb jenseits der Staatsgrenzen Lebende ihre Sättel stets gen Mongolei ausgerichtet aufbewahrten (ebd., 177).

Sayana Namsaraeva ergründet „the notion of home" (2012, 137) aus der Perspektive der in Russland, der Mongolei und der VR China als Minorität lebenden Burjat-Mongolen.[11] Für ihre Untersuchungen der „trans-border dimension of Buriad social space" (ebd., 138) zieht sie anthropologische Diaspora-Theorien heran. Als in Russland geborene Burjatin wurde sie bei ihren Feldforschungen in der Mongolei den „*khoit nutgiin Buriaduud* (Buriads from northern homeland)" zugeordnet (ebd., 140). Auch hier scheint, wie in Bulags Darstellungen, ein, wie ich es nennen möchte, mongoleizentrisches *nutag*-Bild auf. Doch Namsaraeva diagnostiziert anhand – teils kosmopolitischer – Diaspora-Reflexionen etwas,

---

11 So die übliche Schreibung im Deutschen, Namsaraeva benutzt ‚Buriad', was dem Autonym in kyrillischer Schreibung entspricht.

das Parallelen aufweist zu dem, was Edoardo Costadura und Klaus Ries mit Blick auf die BRD als durch Globalisierung induzierte „Ambivalenzen des Heimatverständnisses" (2016, 16) bezeichnen, woraufhin, so die Autoren, sich im Heimatbegriff „sehr heterogene Bewältigungsstrategien artikulieren" (ebd., 17). Namsaraeva hat solche Strategien in ihrer Fallstudie untersucht und trotz vieler traumatischer Migrationsgeschichten nicht nur Entwurzelung, sondern auch neue kollektive und individuelle Zugehörigkeiten identifiziert:

> [...] there is confusion and ambivalence in defining what is ‚homeland' (*nutag*), not only from diasporic perspectives but also from the majority Buriad point of view [...] different notions of the Buriad homeland and what they might mean to people in diasporas, but also the idea of having several homelands in a much broader context – from the perspectives of different generations, and at different geographical and historical points.
>
> (Namsaraeva 2012, 138–139)

Die Autorin zeichnet „the changing discursive landscape of *nutag*" (ebd., 141) aus primär burjat-mongolischen Perspektiven, in denen sich der kollektive und individuelle Umgang mit der komplexen Politikgeschichte spiegelt. Auch die kalmückisch-mongolische[12] Vergangenheit ist stark von leidvollen Migrationserfahrungen geprägt, und entsprechend fließen Erlebnisse von Verlust und Entwurzelung von dort aus in den *nutag*-Diskurs ein. Exemplarisch genannt sei als künstlerische Auseinandersetzung das Film-Poem „Nutag-Homeland" der Malerin und Regisseurin Alisi Telengut (2016), welches die Deportation eines Großteils der kalmückischen Bevölkerung nach dem Überfall der deutschen Wehrmacht auf die Sowjetunion verarbeitet.[13]

Namsaraeva präsentiert in ihrem „homeland lexicon" (Namsaraeva 2012, 141–144) *nutag*-Konzepte und thematisiert die auch in hiesigen ‚Heimat'-Diskursen präsente Emotionalität von Mensch-Raum-Beziehungen:[14] „Strong attachment to *nutag* in general evokes deep emotional feelings and sentiments and becomes a source for constant inspiration" (ebd., 142). Emotionale Dimensionen tragen wesentlich dazu bei, dass *nutag* – wie auch ‚Heimat' – eine nie versiegende Quelle künstlerischer Interpretationen ist, und Musik entfaltet hierbei im mongolischsprachigen Umfeld den wohl größten Wirkungsradius. Ähnlich wie ‚Heimat' im deutschsprachigen Raum zu den zentralen Sujets volkstümlicher Musik gehört (Hindrichs 2019), ist dies bei *nutag* der Fall, jedoch deutlich stärker

---

12 Die kalmückische Bevölkerung (kalmückisch: *Chal'mgud*; mongolisch: *Chalimag*; russisch: *Kalmyki*) gehört zu den westmongolischen Oiraten, die ab dem 17. Jahrhundert v. a. im Gebiet der unteren Wolga siedelten.
13 Online: https://vimeo.com/141286954 (08. Januar 2020).
14 Beispielsweise Eckart 2019, insbes. 199–201, Bach 2019, insbes. 103.

genreübergreifend und somit in mehr Kontexten gegenwärtig. In vielen Liedern ist *nutag*, wie auch ‚Heimat', als räumliche und/oder zeitliche Sehnsucht präsent. Ein eher traditionellen Konzepten verbundenes Beispiel ist die 1995 erschienene CD „Tal Nutag" (*tal-a nutuy*) der aus der Inneren Mongolei stammenden Sängerin Urna Chahartugchi.[15] Der Albumtitel ist allerdings zweideutig, da *tal* (in klassischer Schreibung *tal-a*) sowohl ‚Steppe' als auch ‚Hälfte' bedeutet und hierdurch einen Subtext anbietet. Mit Blick auf die im doppelten Sinne des Wortes geteilte mongolische Geschichte verwundert es nicht, dass das Spektrum der aufgerufenen kulturellen und sozio-politischen Raumbezüge bei *nutag*-Interpretationen von pan-mongolischem über nationalen bis hin zu lokalem Patriotismus aller Couleur reicht. Ein besonders illustratives Beispiel ist die 2016 erschienene CD „*nutuy*-Homeland" der auch im Ausland sehr populären Band Anda Union (*anda qamtuliy*) aus Chöch Chot, der Hauptstadt der Inneren Mongolei: Der Song „Mini Mongol"[16] beschwört die große gemeinsame Geschichte mit dem Geist Čingis Chaans herauf, der Titel „Jangar" ist eine Hommage an das westmongolische Epos, der „Buriat Song" besingt u. a. den Baikal-See als Ursprung der mythischen mongolischen Muttergestalt Alun Gua, das Lied „Handgai Gol" preist die lebensspendende Kraft eines Flusses, im „Mother Song" wird einer fern der *nutag* lebenden Tochter gewünscht, sie möge in der Fremde eine klare Quelle finden, und der Titel „Hometown" handelt von Heimweh. Zeitlich reicht also das Spektrum von den mythischen Ursprüngen bis in die Gegenwart; räumlich sind lokale, regionale und transnationale Dimensionen von *nutag* angesprochen.

Indes akzentuiert im Staat Mongolei, der einstigen Mongolischen Volksrepublik, ein seit der sozialistischen Zeit propagiertes Heimatkonzept vor allem die nationale Unabhängigkeit. Angesichts der historischen Erfahrungen und der geographischen Lage zwischen zwei übermächtigen Nachbarstaaten, in denen mongolische Bevölkerungsgruppen Minderheiten sind, schwingen Szenarien eines bedrohten Heimatlandes mehr oder weniger implizit mit. Am bekanntesten ist das Anfang der 1930er Jahre verfasste Gedicht *Minij nutag* („Meine Heimat") von Dašdoržijn Nacagdorž, das in etliche Sprachen übersetzt wurde, immer wieder musikalisch interpretiert wird und vielerorts als Inschrift präsent ist. Ebenfalls populär ist das Lied *Chaluun elgen nutag* (etwa: „Heißgeliebte Heimat"),[17] dessen erster Strophe Text und Noten in ein steinernes Denkmal eingraviert sind, welches vor dem Außenministerium der Mongolei steht. Ereignisse des Zweiten Weltkrieges, welche die territoriale Integrität der Mongolischen Volksrepublik bedrohten,

---

[15] So die damalige Schreibung ihres Namens.
[16] Die zitierte Schreibung der Songtitel entspricht der auf dem CD-Cover: https://andaunion.com (08. Januar 2020).
[17] Text: Žamcyn Badraa, Musik: Cegmedijn Namsrajžav.

waren und sind bis heute eine Inspirationsquelle für Heimatlieder voller Patriotismus (da das ‚Vaterland' im Mongolischen ein ‚Mutterland' – *ech oron* – ist, müsste es eigentlich ‚Matriotismus' heißen).[18] Doch jenseits der Mobilisierung nationaler Geschichte als Identifikationsfaktor am weitesten verbreitet sind überall in der Mongolei (wie im gesamten mongolischsprachigen Raum) Gedichte, Lieder sowie bildliche und filmische Darstellungen, die als *nutag* jeweils heimische Landschaften mit Bergen und Gewässern, Pflanzen und Tieren, kulturhistorischen Besonderheiten, Kultstätten und nahestehenden oder berühmten Personen als einen Hort der Authentizität preisen.

Angesichts des zentralen Stellenwertes, der historischen Reichweite und der Präsenz des *nutag*-Begriffes erstaunt, dass zu dessen Etymologie im Vergleich zum deutschen Begriff ‚Heimat' nur spärliche Angaben existieren. Dem zuletzt erschienenen etymologischen Wörterbuch zufolge wurde das Wort in alten Quellen ursprünglich ‚*nuntuy*' geschrieben und meist als ‚encampment' übersetzt. Die aufgeführten Beispiele verweisen auf Orte der Herkunft und des Aufenthaltes (Tömörtogoo 2018, 185). – Wie die Übersetzung ‚encampment' impliziert, geht mit der Mobilität der extensiven Weideviehwirtschaft eine mobile Form der Behausung einher. Die Jurte (mongolisch *ger*)[19] gilt, zusammen mit den fünf mongolischen Weidetierarten,[20] als ein identitätsstiftendes kulturelles Symbol.

In der heutigen Mongolei[21] leben gemäß letztem Makrozensus ca. 45% aller Haushalte in Jurten (National Statistical Office of Mongolia, 2010),[22] von denen allerdings viele faktisch sesshaft sind und, wie wir noch sehen werden, hieraus neue urbane *nutag*-Konzepte entwickeln. Ethnographische Zugänge, so Sendenjavyn Dulam, gehen oft von der Behausung (*ger oron*)[23] als zentralem Ort familiären Lebens aus (2019, 157). Interessant und an dieser Stelle festzuhalten ist, dass die Jurte selbst zwar als Wohnstatt, Zuhause und ggf. als Geburtsstätte wichtig ist, aber nicht primär mit ‚Heimat' assoziiert wird. Im Gegensatz zum deutschen ‚Heim' ist sie keine Immobilie und kann potenziell überall stehen; entscheidend

---

18 Für zahlreiche Beispiele vor diesem Hintergrund entstandener mongolischer Heimatfront-Konzepte und deren literarische, musikalische und filmische Interpretationen siehe Stolpe 2019b.
19 Jurten bestehen äußerlich aus einem Holzgerüst mit Filzüberzug. Ihre Ausrichtung, Aufteilung und Einrichtung spiegelt neben alltagspraktischen Erfordernissen auch kosmologische Vorstellungen.
20 Pferde, Schafe, Rinder (inklusive Yaks), Ziegen und Kamele.
21 Ich beziehe mich hier auf den Staat Mongolei.
22 Online: http://tuv.nso.mn/uploads/users/4/files/XAOCT%20uls.pdf (08. Dezember 2019).
23 Hendadyoin, bestehend aus den Elementen „Jurte" (*ger*) und „Land/Gebiet/Platz/Stelle" (*oron*). In der verneinten Form (*ger orongüj*) bedeutet diese Kombination ‚obdachlos' oder auch ‚heimatlos'. Die häufige Kombination *oron nutag* bedeutet ‚regional' bzw. ‚lokal'.

für *nutag*-Zuschreibungen, inklusive von Geburtsorten, ist also die Umgebung. Folgender Auszug aus dem in der Mongolei als Klassiker geltenden Gedicht *Bi Mongol chün*²⁴ des Poeten Čojžilyn Čimid verdeutlicht dies in aller Kürze:

> Argalyn utaa borgilson
> Malčny gert törsön bi
> Atar cheer nutgaa
> Ölgij min' gež boddog.
> Geboren in einer Viehzüchter-Jurte, in der Rauch getrockneten Dungs emporstieg
> Sehe ich die wilde Steppen-*nutag* als meine Wiege an. (Čimid 1959, 53–54)

In der Mongolei werden hiermit allerdings keine romantischen Vorstellungen eines freien Umherschweifens in unberührter Natur evoziert, denn als *nutag* wurden einst bestimmte, von Autoritäten (früher Adlige und Angehörige des buddhistischen Klerus, später Leiter der Viehzüchterkollektive) zugewiesene Weidegründe angesehen. Die bis heute üblichen Assoziationen von *nutag* mit konkreten Verwaltungseinheiten gehen historisch zurück auf die Zeit der Mandschu/Qing-Dynastie, die von der Mitte des 17. Jahrhunderts bis 1911 über die mongolischen Gebiete herrschte und während der zwecks besserer politischer Kontrolle die räumliche Mobilität auf verbindlich begrenzte Territorien eingeschränkt worden ist.²⁵ Bulag charakterisiert das Ergebnis dieser Prozesse treffend als „localized idea of *nutag*" (1998, 176). Christian Ressel schildert, wie sich die mobile Landbevölkerung durch Beschränkung der räumlichen Bewegungsfreiheit zu sozio-politischen Gruppen mit besonders engen Verbindungen zu bestimmten administrativen Territorien wandelte. Folglich wurden, so Ressel weiter, in dieser Mensch-Raum-Beziehung Lokalitäten mit besonderer Bedeutung versehen, „based on an emotional and affective relationship" (2018a, 121). Heutzutage sind in der Mongolei als inländische territoriale Bezugsgrößen mit *nutag* meist Provinzen und/oder Landkreise gemeint. Byambajav Dalaibuyan (2012, 44–46) beschreibt, dass daraus Vorstellungen von Netzwerken resultieren, die über Verwandtschaft hinausreichen. Dies äußert sich in den Kollektivbezeichnungen ‚Leute unserer *nutag*' (*manaj nutgijnchan*) bzw. ‚Leute einer *nutag*' (*neg nutgijnchan*). Dass diese Bezeichnungen, die Raumbeziehungen mit sozialen Dimensionen verbinden, in der Alltagssprache ausgesprochen präsent sind, verdeutlicht, wie zentral *nutag* als Referenzpunkt kollektiver Identifikation ist.

Hier finden sich Parallelen zu ‚Heimat'-Diskursen, in denen häufig die „Gebundenheit an einen überschaubaren [...] Raum" (Gebhard et al. 2007, 10) als

---

24 Wörtlich: „Ich bin [ein] mongolischer Mensch". Übersetzung des Gedichtauszuges d. A.
25 Zu historischen Rahmenbedingungen der Landnutzung siehe z. B. Barkmann 2000 und Bold 2001.

förderlich für territorial orientierte Zugehörigkeitsgefühle identifizierbar ist.[26] Im Mongolischen wird die Herausbildung dieser Verbindung durch das von *nutag* abgeleitete de-nominale Verb *nutagla-* ausgedrückt. Alena Oberfalzerová unterstreicht mit ihrer Übersetzung den Prozess: „to develop a relation to a country, to a concrete place, to settle" (2008, 16) und, was noch wichtiger ist, betont, dass es sich um eine mehrseitige Wechselbeziehung („mutual relationship", ebd.) handelt. Derartige Betrachtungsweisen finden sich bislang in ‚Heimat'-Diskursen eher selten, und wenn, dann wie zum Beispiel in Hartmut Rosas resonanztheoretischem Versuch, unter Bezugnahme auf den *spatial turn* entweder als zwischenmenschliche Interaktion oder im Sinne von „Selbstfindung" (2019, 166) in der Natur. Im Mongolischen wird die naturräumliche Umgebung weniger als Resonanzkörper verstanden, sondern mehr als aktiver Teil einer Wechselbeziehung, welche bei der Relationierung, wie es auch in der Akteur-Netzwerk-Theorie üblich ist, nichtmenschliche Wesen, Entitäten und Phänomene einbezieht. Dies geht auf die traditionelle mongolische Vorstellung zurück, dass Menschen, selbst wenn ihnen von Autoritäten Land zur Nutzung zugewiesen wird, dieses nicht besitzen, sondern nur darüber verfügen (vgl. Barkmann 2000, 9). Beherrscht wird das Land von Ahnen- und Ortsgeistern, die an rituellen Plätzen verehrt werden. Namsaraeva beschreibt dies so:

> Usually the main inhabited area and the boundary of the *nutag* is marked by *oboos* (ritual cairns), which embody the local spirits and are places of communal worship. [...] Offerings, either during the large collective ceremonies (once a year) or during individual visits to homeland *oboos* (*nutagee oboo takhikh*), were aimed to obtain the protection of spirits and thus to legitimise people's rights to use the *nutag*. (Namsaraeva 2012, 141)

Hier zeigen sich Unterschiede zu einem an Besitz und/oder Geburt gekoppelten Zugang zu Ressourcen, den Beate Mitzscherlich (kritisch) als „Heimatrecht" bezeichnet (2019, 192). Doch derzeit wandeln sich, wie weiter unten gezeigt wird, mongolische Vorstellungen angesichts als unberechtigt eingestufter Zugriffe auf *nutag*-Ressourcen. Mitzscherlich betont im Kontext von Beheimatung die „Prozesshaftigkeit" des „Sich-Verbindens mit Orten, Menschen, kulturellen und geistigen Bezugssystemen" (ebd., 188). Mongolische Beheimatungspraktiken umfassen darüber hinaus eine rituelle Domestizierung der Fremde durch Gaben an Gewässer und Land bewohnende Ortsgeister (*gazryn ezed, lus savdag*) sowie Anpassungsleistungen nicht nur der Menschen, sondern auch des Viehbestandes. Dieser gilt

---

26 Ina-Maria Greverus, die in ihrer 1972 veröffentlichten Habilitationsschrift *Der territoriale Mensch* das Verhältnis von Heimat und Identität untersuchte, sah Mensch-Umwelt-Beziehungen als anthropologisch bedingt.

als „Schmuck der Heimat", wie ein überliefertes Gedicht der mündlichen Volksliteratur bezeugt.[27] Zahlreiche Erzählungen künden in der Mongolei von territorialen Bindungen der Weidetiere, unter denen Pferde als besonders „heimatliebend" gelten, weil sie sich oft aus dem Staub machen, nachdem sie in fremde Gegenden verbracht worden sind. Aus diesem Grund wird in der weiten zaunlosen Weidelandschaft[28] jedes Weidetier, das aus einer anderen Region stammt, im wahrsten Sinne des Wortes an einen eingeborenen Artgenossen gebunden, um das Heimischwerden (*nutagšil*) zu befördern.[29]

Für die institutionalisierte Vermittlung heimatkundlichen Wissens an die nachfolgende Generation gab und gibt es in der Mongolei, anders als in Deutschland, kein eigenes Unterrichtsfach „Heimatkunde".[30] Vergleichbare Inhalte werden eher als Querschnittsthemen behandelt, und ländliche Schulen lassen seit der sozialistischen Zeit als sog. Sommeraufgabe (*zuny daalgavar*)[31] unter anderem naturkundliche Sammlungen anlegen. Ebenfalls an der Herausbildung heimatlicher „Raumbezüglichkeit" (Eckart 2019, 197) beteiligt sind Museen. In der Mongolei präsentieren diese in den Landkreisen (*sum*) überwiegend naturkundliche, folkloristische und lokalgeschichtliche Exponate, während Museen in Provinzen (*ajmag*) über den regionalen Raumbezug hinaus mehr Verbindungen zur Nation herstellen. Was Jonathan Bach für das „klassische deutsche Heimatmuseum" (2019, 103) bemerkt, ist auch für deren Pendants in der Mongolei feststellbar: „Heimatliebe, eine tiefe emotionale Dingzuwendung und Sammelleidenschaft" (ebd.). Viele mongolische Museen haben die während der sozialistischen Zeit erarbeiteten Ausstellungen ergänzt, aber nicht ausgetauscht. Dennoch ist Nostalgie in Heimatmuseen der Mongolei ebenso abwesend wie die Verwendung dieses Wortes als Kampfbegriff,[32] da hier Geschichte nicht von Außenstehenden präsentiert wird, welche die Erfahrungswelten der jeweiligen *nutag* nicht geteilt haben. Zwar wird die sozialistische Zeit rückblickend kontrovers diskutiert, jedoch war und ist die Anerkennung von Leistungen und Errungenschaften der Lokalbevölkerung nicht umstritten. Kowalczuk (2019, 86) verweist für Ostdeutschland auf die Bedeutung ähnlicher Erfahrungsräume und eine gewisse Wertehomogenität, die weniger aus Propaganda als aus dem „Stellenwert von

---

27 Mongolisch: „*Nutgijn čimeg manaj mal*" (Šinžlech Uchaany Chüreelen 1956, 88).
28 In der Mongolei laufen, im Gegensatz zu Deutschland, die Weidetiere frei umher, weshalb nötigenfalls Ackerbaugebiete eingezäunt werden.
29 Gespräch mit D. Ulambajar (August 2018).
30 Dazu z. B. Reimann et al. 2019.
31 Hierzu Stolpe 2008, insbes. Kapitel 5.2.3.
32 Zu jüngeren Kontroversen in Deutschland um Ostalgie-Westalgie siehe z. B. Ludewig 2007, Bach 2019, insbes. 21–109 und Kowalczuk 2019, 92.

Kollektivität und Arbeit" (ebd., 140) resultierte, der zu den prägenden Sozialisationsmustern gehörte. Hinzu kommt im Fall der Mongolei, dass Dinge aus heimischer Produktion, anders als im Osten Deutschlands, nach dem politischen Wandel nicht als minderwertig oder antiquiert galten und somit nicht wegen „kultureller Obsoleszenz" (Bach 2019, 11) aussortiert wurden.

Edoardo Costadura, Klaus Ries und Christiane Wiesenfeldt thematisieren „Zeit-Heimat" (2019, 20)[33] mit immanenter Vergänglichkeit und optieren dafür, den Begriff ohne Nostalgie zu denken, sondern eher programmatisch als „Art des Weltverhältnisses" (ebd., 21), wobei Heimaten letztlich durch Interagieren und/oder neue Auffassungen von Identität entstünden, weshalb mediale Wahlheimaten durch ihre „Praxen der Beheimatung" (ebd., 29) so wirksam seien. In der Mongolei finden z. B. in der Fernsehsendung *Altan Üjeijn Duunuud* (Songs der goldenen Zeit/der goldenen Generation)[34] jene eine musikalische Heimat, die in den mit wirtschaftlichem Aufschwung und weitreichender sozialer Mobilität assoziierten 1960er und 1970er Jahren aufgewachsen sind. – Generell wird in der Mongolei beim Umgang mit dem Sozialismus als einer zeitlichen Heimat mehrerer Generationen kein geschlossenes Geschichtsbild angestrebt. Abgesehen davon, dass en-bloc-Bewertungen einer sich über siebzig Jahre erstreckenden Ära unsinnig wären, findet die hierzulande von Thomas Krüger (2018) gestellte Frage „Wie lässt sich Vielfalt und Differenz in Repräsentation übersetzen?" in vielen *nutag*-Darstellungen interessante Antworten. Denn in der mongolischen Polyphonie der erfahrenen Geschichte ist Respekt für räumliche und zeitliche Besonderheiten (*nutgijn onclog*) und Diversität von jeher konstitutiv.

Die für lokale Identitäts- und Heimatkonzepte in der Mongolei aussagekräftigste schriftliche Quelle ist eine charakteristische Textgattung, die seit der sozialistischen Zeit untrennbar mit Konzepten von *nutag* und Entwicklung verbunden ist: Jede Provinz (*ajmag*) und jeder Landkreis (*sum*) veröffentlicht, quasi als Selbstporträt, turnusmäßig spezielle Fest- und Jubiläumsschriften, sog. *tanilcuulga* (etwa: Vorstellung, Präsentation). Diese haben sich seit der Mitte des 20. Jahrhunderts zu einem autochthonen *nutag*-Genre entwickelt. Im Gegensatz zu dem, was man hierzulande mit ‚Heimatliteratur' verbindet, handelt es sich nicht um Romane mit sentimentalem und/oder zivilisationskritischem Anstrich, im Gegenteil. Ressel, der einige *tanilcuulga* der sozialistischen Zeit untersucht hat,

---

[33] Zu „Zeit-Heimat" siehe auch den Beitrag des französischen Schriftstellers Bailly 2019 sowie, ebenfalls jenseits von Klischees, den Film „Heimat ist ein Raum aus Zeit" von Thomas Heise 2019.
[34] Das Wort *üje* hat im Mongolischen mehrere Bedeutungen. Diese Generation ist in der postsozialistischen Mongolei bekannt als ‚golden agers' (*altan üjeijnchen*).

charakterisiert diese als „eine lokale Perspektive auf Modernisierungsprozesse" (2018b, 1) sowie als wichtigen „Zugang zu Identität stiftenden Wissenskomplexen" (ebd., 206).

In den postsozialistischen Jahren erschienene *tanilcuulga*[35] weisen hinsichtlich vieler Rubriken Kontinuität auf. Zum etablierten Kanon gehören Darstellungen naturräumlicher Besonderheiten, der lokalen Ur- und Frühgeschichte mit Natur- und Kulturdenkmälern, der wirtschaftlichen Grundlagen (mit Statistiken zu Viehzahlen), der eng mit Personen und Berufsgruppen verbundenen Fortschrittsgeschichte (inklusive moderner Institutionen), der herausragenden Vertreterinnen und Vertreter aus Sport (v. a. Ringen, Reiten, Bogen- und Knöchelschießen),[36] Kunst, Wissenschaft, Medien und Politik. Weitere Standard-Rubriken sind lokale Legenden und Lyrik, und ebenfalls typisch für dieses *nutag*-Genre ist, dass außer Porträts von menschlichen Persönlichkeiten auch solche von charismatischen Tieren,[37] insbesondere berühmten Rennpferden, erscheinen. Im Postsozialismus hinzugekommen sind Darstellungen zuvor tabuisierter Geschichtsepochen sowie bestimmter Aspekte von Religion und Ethnizität. Außerdem enthalten neuere *tanilcuulga* oft besonders umfangreiche Abschnitte über kultisch verehrte Berge und Gewässer sowie Hinweise auf Kulturerbe-Stätten und viele persönliche Erinnerungen mit alten Fotos. Doch lässt sich auch hier weder Nostalgie noch das Bedürfnis nach einer rückwärtsgewandten Auszeit vom Fortschritt ausmachen, wie es andernorts im Umfeld von Heimatliebe oft der Fall ist.[38] Vielmehr strahlen die in kollektiver Autorschaft entstandenen *nutag*-Publikationen überwiegend einen ostentativen Zukunftsoptimismus aus, und in den meisten werden Alleinstellungsmerkmale emphatisch hervorgehoben, um sie als Markenzeichen, quasi als Corporate-*nutag*-Branding (*nutgijn brend*), zu präsentieren. Da ‚Heimat' im Vergleich zu *nutag* häufiger als romantische Idylle verklärt wurde, finden wir seit langem Gegendiskurse nebst erfrischender Selbstironie, wenn Orte und Regionen mit ihrem Negativ-Image kokettieren.[39] Oft kommt darin eine zwar nicht ungetrübte, doch unerschütterliche Heimatliebe zum Ausdruck. Insofern ist

---

35 Ausführlich mit Beispielen zu zeitgenössischen Formen dieser *nutag*-Publikationen: Stolpe 2019a.
36 Fersenbeinknöchelchen, *šagaj*, meist von Schafen, verwendet für viele Arten von Spielen und Wettkämpfen.
37 Oft sind dies dort heimische geschützte Tierarten, wie Schneeleoparden, Wildkamele, Gobi-Bären etc., die als Mit-Wesen des jeweiligen *nutag*-Habitats vorgestellt werden.
38 So im Heimatbuch-Genre, das aus historischen Verlusterfahrungen entstanden ist. Einige Beispiele dazu in Haus Schlesien 2016, das allerdings eher moderne Ansätze der Verflechtungsgeschichte fokussiert.
39 Z.B. das Quartett mit dem Titel „Die hässlichsten Städte Deutschlands" (Riva Verlag 2018) oder Reinhard Krauses *Woanders is auch scheiße!* (Emons Verlag 2017).

anzunehmen, dass sich auch zu den bislang durchweg affirmativen *nutag*-Images Gegenentwürfe gesellen werden, vermutlich aber nicht in diesem Genre. Moderne *tanilcuulga* erscheinen mit zahlreichen Fotos in zunehmend innovativen Formaten und sind auch im Buchhandel der Hauptstadt Ulaanbaatar zu finden, wo mittlerweile ein beträchtlicher Teil der (einstigen) Landbevölkerung mehr oder minder permanent lebt.

Einige Personen kehren im Alter in ihre ländliche *nutag* zurück. Doch anders als es der im Deutschen gebräuchliche Terminus ‚Ruhesitzmigration' evoziert, ist hiermit in der Mongolei oft der Wunsch nach einer Rückkehr zum mobilen Lebensstil der extensiven Weideviehwirtschaft verbunden, sofern jemand damit aufgewachsen ist. Hierbei kommen, ganz im Sinne von „Home is where we start from",[40] biographisch-individuelle Raum-Zeit Dimensionen von *nutag* zusammen. Im Deutschen weist ‚Heimkehr' sprachlich auf eine Rückkehr in ein Heim und/oder eine Heimat hin. Im Mongolischen existiert eine solche sprachliche Verknüpfung im Kontext von Bestattung, die traditionsgemäß am Geburtsort erfolgen sollte (Bulag 1998, 175; Namsaraeva 2012, 142–143). Interessant ist, dass *nutagluulach*, eine Kausativ-Form des oben erwähnten Verbs, welche bis in die jüngere Vergangenheit vorranging als ‚jemanden ansiedeln' und weniger im Sinne von ‚bestatten/beisetzen/zu Grabe tragen' gebraucht wurde, nach 1992 eine Verschiebung hin zur letzteren Bedeutung erfuhr. In jenem Jahr wurde die Mongolische VR nach einer friedlichen Revolution in Mongolei (*Mongol Uls*) umbenannt, und die neue Verfassung gewährte allen Staatsangehörigen Freizügigkeit. Seither erfolgt die Zuweisung von Weidegründen nicht mehr durch Autoritäten, und keine Instanz gibt vor, wo sich jemand ansiedelt. In der Folge hat das Wort *nutagluulach* in der Mongolei vorrangig die Bedeutung von ‚bestatten/beisetzen/zu Grabe tragen' angenommen.[41] Denn durch die zeitgleich rapide wachsende Urbanisierung wurden Bestattungsvorgaben immer weiter verschärft, sodass nun nicht mehr die Weidegründe, wohl aber die Bestattungsplätze von Autoritäten zugewiesen werden.[42] Vielerorts war es nämlich bis in die jüngere Vergangenheit üblich gewesen, Leichname abseits von Ansiedlungen der Natur zu überlassen (*chödöölüülech*). Doch nicht nur die Urbanisierung hat den Wandel von Bestattungspraxen beeinflusst. Namsaraeva erwähnt für Diaspora-Konstellationen, dass, wenn eine Beisetzung am Herkunftsort nicht möglich war, Verbrennung bevorzugt wurde, in der

---

40 So der Titel einer posthum herausgegebenen Essaysammlung von D. W. Winnicott, erste Auflage 1986.
41 Gespräch mit Tümen-Očiryn Erdene-Očir, dem ich für die stets weiterführende Beantwortung meiner Fragen besonders danken möchte (Dezember 2019).
42 Zum Wandel mongolischer Bestattungsrituale als Folge von Urbanisierung: Jigmeddorj 2020.

Hoffnung, dass der Rauch den Seelen der Verstorbenen zur Heimkehr in ihre *nutag* verhelfen möge (2012, 143).

Nutag-Assoziationen als postsozialistisches Prisma

Die Einführung in ihren Heimat-Band beginnen Gebhard, Geisler und Schröter nicht umsonst mit dem Alfred Schütz-Zitat „Heimat bedeutet für verschiedene Leute Verschiedenes" (2007, 9). Dies trifft auch auf *nutag* zu. Im Rahmen meines seit 2012 laufenden Forschungsprojektes zu zivilgesellschaftlichen Land-Stadt-Netzwerken in der Mongolei, den sog. *Nutag*-Councils (*nutgijn zövlöl*),[43] stellte ich von Anbeginn immer zuerst die offene Frage, was Menschen aus ihrem jeweiligen Alltagsverständnis heraus mit *nutag* verbinden. Hierbei geht es darum, das Spektrum von Konzepten in verschiedenen lebensweltlichen Kontexten zu erkunden, herauszufinden, wie sich dieses zu akademischen Darstellungen verhält und welche Wandlungsprozesse sich abzeichnen. Während meiner Feldforschungen in der Mongolei[44] erwiesen sich neben der Sammlung der erwähnten *nutag*-Publikationen sowie Interviews und teilnehmender Beobachtung vor allem Fragebögen als hilfreich, um eine größere Palette an Daten zu generieren und auch möglichst spontane individuelle Assoziationen zu sammeln.

Ein Großteil der (in zwei Pretests erprobten) Fragebögen wurde im Rahmen von regionalen Workshops des Projektes *Mongolisation of Civil Society Development in Rural Mongolia*[45] von Teilnehmerinnen und Teilnehmern ausgefüllt, ein geringerer Teil im Umfeld von Tagungen und Konferenzen sowie während einer Exkursion der Bonner Mongolistik.[46] An der laufenden Fragebogenerhebung nahmen bisher 107 Personen aus 26 Landkreisen (*sum*), die zu 13 Provinzen (*ajmag*)[47] gehören, sowie aus 5 Stadtbezirken (*düüreg*) der Hauptstadt Ulaanbaa-

---

43 Dazu Stolpe 2014, 2015b, 2017a.
44 Mit diesem Fokus bislang vier mehrwöchige Feldforschungsaufenthalte in den Jahren 2012, 2014, 2016, 2018.
45 Dieses Projekt wurde im Zeitraum 2014–2018 von der *Mongolian Association for Primary and Secondary School Development* in Kooperation mit der dänischen Nichtregierungsorganisation CICED (*Community for International Cooperation in Education and Development*) implementiert.
46 Eine Kurzdarstellung hierzu: https://www.ioa.uni-bonn.de/de/inst/mongtib/datei/mongolei-exkursion-2018 (8. Januar 2020).
47 Archangaj, Bajanchongor, Bulgan, Chövsgöl, Dornod, Dornogov', Dundgov', Gov'-Altaj, Övörchangaj, Selenge, Süchbaatar, Töv, Uvs.

tar teil.⁴⁸ Die 79 Frauen und 28 Männer waren zum Zeitpunkt der Teilnahme zwischen 25 und 71 Jahren; das Durchschnittsalter lag bei 39 Jahren. Mit Blick auf den Fokus dieses Beitrages sollen hier nur Antworten auf die folgende offene Frage betrachtet werden:

Was verstehen Sie unter *nutag*?

Der Fragebogen bot Platz für kürzere oder längere Antworten, denn mich interessierte, ob und ggf. wie sich mongolische Assoziationen von solchen abheben, die typischerweise beim Stichwort ‚Heimat' aufgerufen werden⁴⁹ und wie gegenwärtige Wandlungsprozesse ältere *nutag*-Auffassungen dynamisieren. Viele Antworten fielen ähnlich aus, sodass sich bestimmte Topoi und Themenbereiche zusammenfassend betrachten und kontextualisieren lassen.

Als Antwort besonders häufig genannt wurde die typisch mongolische Formel *unasan gazar, ugaasan us*, die sich sinngemäß übersetzen lässt mit ‚Ort an dem (ich) fiel, Wasser das (mich) wusch'. Das Verb ‚fallen', hier in der Vergangenheitsform *unasan*, umschreibt die Geburt, da es früher Brauch war, dass eine Gebärende in der Jurte ihr Kind hockend zur Welt brachte. Das Baby fiel dann auf eine mit Filz bedeckte Schicht getrockneten Viehdungs (Taube und Taube 1983, 117; Szynkiewicz 1989, 196). Der zweite Teil verweist auf Wasser, dessen Bedeutungsspektrum sich in der mongolischen Kultur von hiesigen Assoziationen in vieler Hinsicht unterscheidet.⁵⁰ Personen, die sich irgendwo nicht heimisch fühlen, umschreiben dies oft mit der Wendung *usand dasaagüj*, also ‚noch nicht an das Wasser gewöhnt'. Wasser ist mithin, wie auch der oben erwähnte Auszug aus dem erklärenden Wörterbuch zeigt, eng mit *nutag*-Konzepten verbunden. So existiert analog zur erläuterten Kollektiv-Bezeichnung *nutgijnchan* auch *usnychan*, also ‚Leute eines Wassers'. Da Gewässer oft über administrative Grenzen hinausreichen, wird hier ggf. ein anderer Bezug betont. In jüngster Zeit wird dieses Konzept z. B. mobilisiert, wenn Gewässer durch unregulierte Bergbauaktivitäten bedroht sind und sich ‚Leute eines Wassers' (*neg usnychan*) politisch organisieren. Das alte mongolische Sprichwort *Usyg n' uuval, josyg n' dagana* (etwa: Wes' Wasser ich trink, des' Sitten ich folg') verweist auf den stark ausgeprägten Respekt gegenüber lokalen Besonderheiten. Die Kombination mit dem Verb ‚waschen' (in der Vergangenheitsform *ugaasan*) verweist auf die Zeremonie der rituellen Waschung von Kindern etwa 7–16 Tage nach der Geburt. Traditionell ist diese mit der Namensverleihung verbunden, wenn man davon ausgeht, dass das

---

48 Die Mongolei gliedert sich in insgesamt 21 Provinzen (*ajmag*) und 331 Landkreise (*sum*). Die Hauptstadt umfasst 9 Verwaltungsbezirke (*düüreg*).
49 Exemplarisch: Gebhard et al. 2007; Costadura und Ries 2016; Costadura et al. 2019.
50 Zur sozialen und kulturellen Bedeutung von Wasser in der Mongolei siehe Stolpe 2017b.

Baby überleben und also Mitglied der menschlichen Gesellschaft wird. – Diese Antwort wies in den Fragebögen bei einem Drittel der Nennungen eine interessante Variante des Verbs ‚fallen' auf, und zwar *unagan*, was dem Wort für ‚Fohlen' (*unaga*) nahe steht, denn auch Fohlen kommen in natürlicher Umgebung meist fallend zur Welt. Parallelen des Heranwachsens von Mensch und Tier sind ein integraler Bestandteil der mongolischen Bildungsphilosophie, weshalb Assoziationen von Kindheit und Fohlenalter üblich sind.[51] Bei einer Variante dieser Antwort wurde für ‚Ort' das Paarwort *gazar šoroo* verwendet, dessen zweiter Bestandteil ‚Erdreich/Staub' bedeutet. Interessanterweise wählten diese Formulierung tatsächlich überwiegend Personen, die aus den Wüstensteppen der Gobi-Regionen kamen.[52]

In der mongolischen Literatur gibt es zahllose Beispiele für die enge symbolische Verbindung von Wasser und *nutag* bzw. Erdreich und *nutag*. Exemplarisch seien hier zwei erwähnt, die solche Beziehungen in aller Kürze thematisieren. Sie entstammen dem 2013 erschienenen Bändchen „Tautropfen" mit Gedichten, Essays, Anekdoten, Aphorismen und Kurzgeschichten von Süchbaataryn Gantömör. Eine Geschichte, deren Titel *Nutgijnchan min'* sich in etwa mit „Meine *nutag*-Leute" übersetzen lässt, beginnt der Autor sehr emotional damit, dass er das Schicksalsgeschenk, „Wasser zu trinken" (was im Mongolischen für ‚am Leben sein' steht) ihnen allen zusammen verdankt und daher gegenüber seinen *nutag*-Leuten stets verpflichtet sein wird (Gantömör 2013, 100–101).[53] Die Anekdote mit dem Titel *Unasan Gazar* (s. o.) beschreibt einen Familienausflug, bei dem jemandem die Gegend der Geburt gezeigt wird. Auf die Frage, wo genau die Jurte damals im Herbstlager gestanden habe, antworten die Familienmitglieder unterschiedlich und geraten ein wenig in Streit. Schließlich beendet der ältere Bruder diesen, indem er sagt:

> „Du bist eben hier geboren. Und du hattest wirklich Glück. Bist ein Mensch, der Wasser zum Kosten und Erdreich zum Wälzen[54] hatte. Aber was soll aus unseren nachfolgenden Generationen ohne einen solchen Ort werden! Sie werden sich wohl auf dem Zementboden ihrer Geburtsstätte wälzen und Wasser aus der Leitung trinken." (Gantömör 2013, 73)[55]

---

51 Ausführlicher zu mongolischen Bildungskonzepten und Spezifika informaler Erziehung: Stolpe 2008.
52 Dies erinnert an eine Frage in einem Roman von Edith Forbes: „Do you think we are imprinted with a habitat in early childhood, a landscape that will still be like home when we're eighty?" (2001, 184).
53 Übersetzung d. A.
54 Mit demselben Verb *chörvööch* wird auch das Wälzen von Tieren beschrieben.
55 Übersetzung d. A.

Diese Anekdote illustriert, wie schon das weiter oben zitierte Gedicht von Čimid, dass letztlich nicht die Jurte, sondern die Umgebung als entscheidender Geburtsort angesehen wird. Während meiner Feldforschungen konnte ich mehrfach beobachten, wie Personen, die nach längerer Abwesenheit in ihre *nutag* (d. h. ihren Landkreis) zurückkehrten, zuerst an heimatlichen Gewässern haltmachten, um davon zu trinken, sich das Gesicht zu benetzen und sich am Ufer zu wälzen. – Wie anderswo werden seit Mitte des 20. Jahrhunderts auch in der Mongolei die meisten Menschen in Krankenhäusern geboren. Da aber das Sich-Wälzen an der Geburtsstätte als wichtiger Teil der Tradition angesehen wird, hat das Krankenhaus des Landkreises Bajanbulag in der Provinz Bajanchongor vor einigen Jahren extra den einstigen Vorgarten in einen großen Sandkasten verwandelt, damit alle dort Geborenen einen Ort zum Wälzen haben.[56] Dies ist in gewisser Weise eine Variante des älteren Konzeptes *chüj darsan čuluu* (etwa: Stein auf der Nabelschnur): Früher wurde an einer für geeignet befundenen Stelle der *nutag* die Nabelschnur vergraben, damit ein Mensch auch über das Leben der Mutter hinaus stets mit dem eigenen Geburtsort verbunden bleiben kann.[57]

Eine ebenfalls häufige Antwort auf die Frage nach dem *nutag*-Verständnis war „Ort der Geburt und des Aufwachsens" (*törž össön nutag*), auch in der Variante „Wo Eltern und Vorfahren herstammen". Auf vielen Fragebögen waren hierbei die jeweiligen Provinzen und Landkreise bzw. Stadtbezirke ergänzt, was den oben dargelegten Befund bestätigt, dass administrative Einheiten als entscheidende territoriale Bezugsgrößen gedacht werden. Während hierzulande bei Heimat-Assoziationen häufig „Geborgenheit" (z. B. Costadura et al. 2019, 19, 26) auftaucht,[58] wurde ein gleichermaßen selbstbezogenes Gefühl in den Fragebögen nicht artikuliert. Gleichwohl zahlreich waren Antworten, die soziale und emotionale Dimensionen von *nutag* betonten, wie „Leute, die zum jeweiligen Land gehören",[59] „Wo man zusammen lebt und arbeitet", „Leute, die Sitten und Bräuche/Gepflogenheiten teilen", „Wo Leute einen Sinnes sind", „Wo Traditionspflege stattfindet". Auch individuelle Bezüge waren häufig, wie „Wo ich zum

---

56 Gespräch mit S. Dulam im Januar 2017.
57 Gespräch mit T.-O. Erdene-Očir im Dezember 2019. Namsaraeva zufolge ist es ein burjat-mongolisches Ritual, die Plazenta am Geburtsort zu vergraben, wo sie als „*toonto nutag* ‚placenta homeland'" (2012, 142) die lebenslange Verbundenheit befördert. Varianten des Rituals bei anderen mongolischen Gruppen erwähnen Caroline Humphrey und Hürelbaatar Üjeed 2012 sowie Dulam Bum-Ochir 2019, inbes. 167–168.
58 Siehe auch Steinwede 2019.
59 Im Mongolischen hat das Wort *uls* (klassisch *ulus*) die Doppelbedeutung von einerseits ‚Staat, Land, Dynastie, Reich' und andererseits ‚Leute', was darauf hindeutet, dass Territorien und/oder Reiche bzw. Staaten seit jeher von der dort lebenden Bevölkerung aus gedacht wurden.

Menschen wurde",⁶⁰ „Etwas mir Teures", „Herzliche Atmosphäre", „Wohin in Gedanken und Herz die Verbindung besteht" (*setgel zürchend n' ujaataj*). Lokale Spezialitäten wurden erst bei der Folgefrage nach Besonderheiten der jeweiligen *nutag* erwähnt, aber dann häufig als „Markenzeichen der *nutag*" (*nutgijn brend*) gekennzeichnet. Als Antwort auf die Frage nach dem *nutag*-Verständnis nur dreimal genannt wurde „Wo Leute einer Ethnie zusammenleben", und zwar von Personen aus dem ostmongolischen Landkreis Chölönbujr (Dornod *ajmag*), in den 1945 aus der Inneren Mongolei mehr als 250 barga-mongolische Haushalte (ca. 1.000 Personen) mit ihren 89.000 Weidetieren eingewandert waren. Wie im Falle des transnationalen burjat-mongolischen Raumes schwingt hier eine Diaspora-Perspektive mit, durch die ethnische Zugehörigkeit als eine Form der kollektiven Identität wichtiger wird. Doch ist meiner Erfahrung und meinen bisherigen Befunden nach *nutag* ein tragendes – und ethnische Zuordnungen ggf. transzendierendes – Konzept des Zusammenlebens verschiedener Gruppen, und das schließt auch die kasachische Minderheit in der Mongolei ein.

Überraschend häufig fand sich als Antwort auf die Frage, was unter *nutag* verstanden wird, diese Aussage: „Jeder Mensch sollte auf die *nutag* stolz sein und zu ihrer Entwicklung beitragen." In solchen Äußerungen klingt, wie schon in der oben erwähnten Kurzgeschichte, das zentrale Motiv einer Verpflichtung gegenüber der *nutag* an. Diese erlischt auch nicht durch Wegzug. Personen, die aus dem ländlichen Raum in die Hauptstadt oder ins Ausland migriert sind, bleiben, v. a. im Erfolgsfalle, dort weiterhin erstaunlich präsent, so wie umgekehrt *nutag*-Bindungen dank ihrer Reziprozität die Weggezogenen weiterhin begleiten.⁶¹ Wie im Deutschen wird auch im Mongolischen die Herkunft oft symbolisch mit ‚Wurzel' (*ündes*) assoziiert. Jedoch nicht gemäß statisch-haltsuchender „Verwurzelung" (Schreiber 2018), was in einer von räumlicher Mobilität geprägten Kultur kaum sinnvoll wäre, sondern als Grundlage oder Basis des Emporwachsens bzw. Darüber-Hinauswachsens. Diese Vorstellung wird heutzutage in urbane *nutag*-Kontexte übertragen. Ein illustratives Beispiel hierfür ist der Song *Mod* (Baum)⁶² des mongolischen Rappers GEE (2016), der in einem als marginalisiert geltenden Jurten-Viertel der Hauptstadt aufgewachsen ist. Darin beschreibt er sich selbst als einen „aus dem *ger*-Viertel emporgewachsenen Baum" (*G-choroolloos urgasan mod*) mit Bodenhaftung (*öndör urgasan č ündes min' gazart bajgaa*). Im letzten Drittel des Songs heißt es:

---

60 Im Mongolischen übliche Wendung für Prozesse der Sozialisation.
61 Für Beispiele des *nutag*-Denkens in mongolischen Management-Kreisen siehe Manalsuren 2020.
62 Online: https://www.youtube.com/watch?v=D1nV2iPSXs0 (08. Januar 2020).

> *Zövchön amia bodoch biš busdyg bas daguulž javaa*
> (*deešee char*)
> *Odod tengert ergeldene*
> *Charin modod čamd am'dral ögnö derged čin'*
> (*tijmees*)
> *Algand bagtachgüj alsyn od bolon nisech biš*
> *Am'sgalach agaar ögöch mod bajchyg chüsne bi [...]*
>
> Not just thinking of myself I also lead others
> (look upwards!)
> Stars revolve in the sky
> But it's the trees by your side that give you life
> (that is why)
> I do not want to fly like a distant star, an ungraspable dream
> I wish to be the tree giving [you] air to breath [...][63]

Hier artikuliert GEE, dass er sich in einem post-nomadischen Umfeld gegenüber seiner urbanen *nutag*, vor allem den Leuten dort, erkenntlich zeigen möchte. Solche dynamischen Assoziationen sind moderne Formen von Herkunfts-Verortung im Sinne dessen, was Pfaff-Czarnecka als prospektive Möglichkeiten des Werdens im Sinne von „becoming" parallel zu „belonging" beschrieben hat (2012, 37). In Ulaanbaatar wird, so Paweł Szczap (2020), die urbane *nutag* von GEE, wie den meisten mongolischen Rappern, als *doš* bezeichnet, was eigentlich ‚Murmeltierhügel' bedeutet und als funktionales Äquivalent zu ‚hood/neighbourhood' dient. Über die Nachbarschaft hinaus entwickeln, wie Szczap in seiner Analyse „Localizing ideas of *chot nutag* by mapping Ulaanbaatar Hip-Hop" darlegt, junge Leute neue Sichtweisen auf die mongolische Hauptstadt. Zu ihren innovativen Repräsentationen zählt die Übertragung traditioneller Landschaftskonzepte (jedoch nicht als Idylle) in das urbane Umfeld sowie eine diskursive Aufwertung der sich rund um den Stadtkern mit Steinbauten erstreckenden Jurten-Viertel.

Auf aktuelle Varianten der Horizonte von *nutag* verwiesen auch Antworten jener, deren Leben sich zwischen städtischer und ländlicher Mongolei bewegt. Einige betonen die Relationalität des *nutag*-Konzeptes in Abhängigkeit vom Aufenthaltsort, typischerweise mit Konditional-Formen ausgedrückt: „Wenn ich in Ulaanbaatar bin, meine Geburts-*nutag*, wenn ich im Ausland bin, meine Mongolei (*Mongoloo*)." Viele nahmen direkt Bezug auf die erwähnten Land-Stadt-Netzwerke (*nutgijn zövlöl*) und betonten wechselseitige Potentiale. Zur Illustration hier erwähnt seien beispielhaft die Aktivitäten des „Torgon Nutag Club" der westmongolischen Torguud-Mongolen, die Tomasz Rakowski (2016) untersucht hat: Sie unterhalten im von ihrer ländlichen *nutag* 1.600 km entfernten Ulaanbaatar ein

---

[63] Zitierter Ausschnitt: 2:25–2:41. Übersetzung: Paweł Szczap.

eigenes Quartier, das neben Apartments u. a. verschiedene Unternehmen, Offices, Geschäfte, Restaurants und Studentenunterkünfte umfasst. Die Herkunftsregion liegt an der Grenze zu China, woraus sich seit den 1990er Jahren ein enormes Potential zur Entwicklung von Handelsaktivitäten ergab. Für eine generationenübergreifende Nachhaltigkeit sorgt die Unterstützung junger Leute bei ihren Studien in der Hauptstadt, die dort in die Business-Aktivitäten einbezogen werden. Auf dem Land wiederum wurden die während der sozialistischen Zeit etablierten Obstgärten wiederbelebt und neue Netzwerke für den Grenzhandel aufgebaut, wobei der Landkreis von seinen Abkömmlingen in Ulaanbaatar unterstützt wird. Auch Rakowski stellte bei seinen Forschungen fest, dass es nicht um rückwärtsgewandte Heimat-Tümelei geht, sondern vor allem um „local notions of modernization [...] combining globalization, relocation and the contemporary mobility of social actors" (2016, 120).

Einige der Antworten auf die Frage, was unter *nutag* verstanden wird, gehen in Richtung eines verinnerlichten Habitats und/oder eines global-ökologischen Denkens, wie z. B. „Raum des Lebens", „*nutag*-Weideflächen", „Natur und Umgebung", „Berge, Wasser, Pflanzen, Tiere und Luft", und etliche schlossen sogar die gesamte Erde (*delchij*) mit ein, wobei sich Personen als Teil derselben beschrieben. Wenig überraschend bewegten sich viele Antworten auch auf der nationalstaatlichen Ebene. Konkret wurde recht häufig das Mutterland (*ech oron*) genannt, oft mit dem Attribut ,schön', oder es wurde, noch emphatischer, geschrieben, dass die *nutag* „wie eines Menschen verehrte, edle/kostbare Mama" sei (*chünij erchem nandin eež šig*). Solche und ähnliche Darstellungen beziehen sich auf alte zentralasiatische Konzepte einer als Mutter vorgestellten Erde (*etügen ech*).[64]

Schließlich verweist ein ganzer Komplex von Antworten auf Szenarien von *nutag*-Bedrohung. Während nur eine Person direkt „Nationalismus" (*ündscherceg üzel*) assoziierte, wurden mehrere Male explizit die Staatsgrenzen als für *nutag* konstitutiv erwähnt. Aufschlussreich sind auch Antworten, die ein Konzept von *nutag* als politischen Kampfbegriff erkennen lassen: Mehrfach fand sich der Ausrufesatz: „Gib' nichts von meiner *nutag*-Erde, selbst wenn Gott darum bäte!" (*Minij nutgijn gazar šoroonoos Burchan gujsan č büü ög!*). Dieser Satz ist in jüngerer Zeit ein besonders eindringlicher Teil von Mobilisierungs-Diskursen, die sich vor allem gegen Land-Grabbing und Umweltzerstörung durch Bergbauunternehmen wenden. Ebenfalls zum Einsatz kam er bei einer Kampagne gegen die geplante Veräußerung von Land in der Ostmongolei an Südkorea, die

---

[64] Dies erinnert an das Konzept der in Aymara und Quechua als *Pacha Mama* bezeichneten ,Welt-Mutter'.

mit zahlreichen Demonstrationen einherging.⁶⁵ Zugeschrieben wird der Satz verschiedenen historischen Persönlichkeiten: seltener Čingis Chaan, häufiger dem Xiongnu-Herrscher Mao-tun (*Modun Šan'juj*), der weite Teile der heute mongolisch besiedelten Gebiete beherrschte und gesagt haben soll, dass das Land die Basis des Staates und somit nicht veräußerlich sei. Überwiegend wird als Urheber, und zwar meist mit dem o. g. Wortlaut, der westmongolische Herrscher Galdan Bošigt Chaan, der im 17. Jahrhundert lebte, genannt. Diese Warnung ist in den letzten Jahren zum wohl wirkmächtigsten Slogan auf Demonstrationen (in der Mongolei und der Inneren Mongolei) geworden, auf denen *nutag* gegen Eingriffe durch Außenstehende verteidigt wird.

Vor dem Hintergrund entwickelte sich in letzter Zeit ein *nutag*-Konzept, bei dem die naturräumliche Umwelt als „commodity" (Byambabaatar 2017) betrachtet wird. G. Munkherdene und David Sneath sehen die Ursache in der „scavenger economy" (2018, 814) der 1990er Jahre, als nach dem Kollaps des Staatssozialismus allenthalben öffentliche Räume und Institutionen ausgeschlachtet wurden und im Volksmund als *ninja* bezeichnete Personen damit begannen, mit einfachsten Mitteln Rohstoffe abzubauen.⁶⁶ Die damit einhergehende Zerstörung von Landschaften führte vielerorts dazu, dass sich Teile der Bevölkerung der jeweiligen *nutag* am Rohstoffabbau beteiligten, damit die Ausbeute wenigstens teilweise bei ihnen blieb. Dulam Bumochir (2019) erwähnt, dass manche Personen erleichtert sind, wenn in ihrer *nutag* keine Bodenschätze gefunden werden. Der sog. Goldrausch erreichte seinen Höhepunkt im Zeitraum 2006–2007 und hat dazu beigetragen, dass *nutag* nun verstärkt unter dem Aspekt potentieller Ausbeutbarkeit gesehen wird. Hierbei handelt es sich nicht nur um harmlose heimat-orientierte Werbestrategien beim Verkauf lokaler Spezialitäten oder um Versuche, mongolische oder mongolisch anmutende Produkte global zu vermarkten.⁶⁷ Vielmehr sind, v. a. bei urbanen Eliten, oftmals egoistische Motive im Spiel, die sich mit lokalen Ethiken sozialen Handelns selten vereinbaren lassen. Ichinkhorloo Byambabaatar (2017) beschreibt, dass *nutag*-Assoziationen im Zuge von Wahlkampagnen ausgenutzt werden, wenn Abgeordnete zwei oder drei Zugehörigkeiten für sich reklamieren, indem sie z. B. die Herkunftsorte der Eltern einbeziehen, um sich politische Unterstützung und Zugang zu Ressourcen zu sichern. Munkherdene und Sneath charakterisieren dies als „*nutagism*: a transposable nationalist-style

---

65 Zum Kontext: Stolpe 2019b.
66 Offiziell werden die Aktivitäten als Mikro-Bergbau (*bičil uurchaj*) bezeichnet.
67 Als schillerndes Beispiel genannt sei eine Crowdsourcing-Plattform, wo Personen aus Bulgarien, Indonesien, Polen, Indien, Pakistan und den Philippinen ihre Verpackungsdesign-Ideen für mongolischen Instant-Milchtee der Marke „*NUTAG – My Homeland's Tea*" offerieren: https://packaging.designcrowd.com/contest/613789 (8. Januar 2020).

logic of attachment that can be used discursively to root persons in places and to make claims as to who is entitled to what" (2018, 822).

Anhand der hier skizzierten Beispiele für die Dynamisierung mongolischer *nutag*-Konzepte zeigt sich, dass das Spektrum der Narrative zu vielen Dimensionen von ‚Heimat'-Diskursen Parallelen aufweist, inklusive der Potentiale für identitätspolitische Vereinnahmungen. Bei *nutag* handelt es sich, wie bei ‚Heimat', um einen Begriff, der ursprünglich nicht im Plural existierte. Offensichtlich hat sich dies im Deutschen bedarfsgerecht gewandelt, weshalb inzwischen auch der Duden „Heimaten" aufführt.[68] Im Mongolischen ist, trotz der Polyphonie der Konzepte und zahlreicher neuer Formen von Multilokalität, einstweilen keine Pluralisierung des Begriffes abzusehen; bislang werden nur Amphibien als Wesen mit zwei Heimaten, als *chojor nutagtan*, bezeichnet.[69] Doch zeichnet sich gegenwärtig ab, dass dieser Gattungsname zunehmend auch für Personen Verwendung findet, die aus den oben genannten Gründen im Wahlkampf ihre Heimaten verdoppeln.

Literatur und Quellen

Bach, Jonathan. *Die Spuren der DDR. Von Ostprodukten bis zu den Resten der Berliner Mauer.* Stuttgart und Ditzingen: Reclam, 2019.

Bailly, Jean-Christophe. „Das Gegenteil des Exils". *Heimat global. Modelle, Praxen und Medien der Heimatkonstruktion.* Hg. Edoardo Costadura, Klaus Ries und Christiane Wiesenfeldt. Bielefeld: transcript, 2019. 173–195.

Barkmann, Udo B. *Landnutzung und historische Rahmenbedingungen in der Äußeren Mongolei/Mongolischen Volksrepublik (1691–1940). Versuch der Annäherung an ein Thema.* Osaka: National Museum of Ethnology, 2000.

Bold, Bat-Ochir. *Mongolian Nomadic Society: A Reconstruction of the ‚Medieval' History of Mongolia.* New York: St. Martin's Press, 2001.

Braidotti, Rosi. *Transpositions: On Nomadic Ethics.* Malden, MA und Cambridge: Polity Press, 2006.

Bulag, Uradyn. *Nationalism and Hybridity in Mongolia.* Oxford: Clarendon Press, 1988.

Bumochir, Dulam. „Nationalist Sentiments Obscured by ‚Pejorative Labels'. Birthplace, Homeland and Mobilisation against Mining in Mongolia". *Inner Asia* 21 (2019): 162–179.

Byambabaatar, Ichinkhorloo. „Environment as Commodity and Shield: Reshaping Herder's Collective Identity in Mongolia". *Pastoralist Livelihoods in Asian Drylands. Environment, Governance and Risk.* Hg. Ariell Ahearn und Troy Sternberg. Cambridgeshire: The White Horse Press, 2017. 41–70.

---

68 Online: https://www.duden.de/rechtschreibung/Heimat (8. Januar 2020).
69 Mongol chelnij delgerengüj tailbar tol' 2008, 1406.

Cachola Schmal, Peter. „Making Heimat. Neue Heimaten für Einwanderer in Deutschland". *Heimat global. Modelle, Praxen und Medien der Heimatkonstruktion.* Hg. Edoardo Costadura, Klaus Ries und Christiane Wiesenfeldt. Bielefeld: transcript, 2019. 313–330.
National Statistical Office of Mongolia. *Chün Am Oron Suucny 2010 ony Ulsyn toollogyn ür dün.* http://www.tuv.nso.mn/uploads/users/4/files/XAOCT%20uls.pdf, 2010 (08. Dezember 2019).
Čimid, Čojžilyn. *Bi Mongol chün.* Ulaanbaatar: Ulsyn chevlelijn gazar, 1959. 53–54.
Costadura, Edoardo, und Klaus Ries. „Heimat – ein Problemaufriss". *Heimat gestern und heute. Interdisziplinäre Perspektiven.* Hg. Edoardo Costadura und Klaus Ries. Bielefeld: transcript, 2016. 7–23.
Costadura, Edoardo, Klaus Ries, und Christiane Wiesenfeldt. „Heimat global: Einleitung". *Heimat global. Modelle, Praxen und Medien der Heimatkonstruktion.* Hg. Edoardo Costadura, Klaus Ries und Christiane Wiesenfeldt. Bielefeld: transcript, 2019. 11–42.
Dalaibuyan, Byambajav. „Formal and Informal Networks in Post-Socialist Mongolia: Access, Uses, and Inequalities". *Change in Democratic Mongolia: social relations, health, mobile pastoralism, and mining.* Hg. Julian Dierkes. Leiden: Brill Press, 2012. 31–54.
Dulam, Sendenjavyn. „Über die Veränderungen in der modernen mongolischen Familie". *Familie und gesellschaftlicher Transformationsprozess in der Mongolei.* Hg. Udo B. Barkmann und Ganchimeg Altangerel. Berlin: Lit, 2019. 157–167.
Eckart, Frank. „Heimat ohne Tamtam. Ortsgebundenheit und Fernweh in der Kleinstadt". *Heimat global. Modelle, Praxen und Medien der Heimatkonstruktion.* Hg. Edoardo Costadura, Klaus Ries und Christiane Wiesenfeldt. Bielefeld: transcript, 2019. 197–218.
Forbes, Edith. *Navigating the Darwin Straits.* Seattle: Seal Press, 2011.
Gantömör, Süchbaataryn. *Süüdrijn dusal.* Ulaanbaatar: Bembi San, 2013.
Gebhard, Gunther, Oliver Geisler und Steffen Schröter (Hg.). *Heimat. Konturen und Konjunkturen eines umstrittenen Konzepts.* Bielefeld: transcript, 2007.
Greverus, Ina-Maria. *Der territoriale Mensch: ein literaturanthropologischer Versuch zum Heimatphänomen.* Frankfurt a. M.: Athenaeum, 1972.
Haus Schlesien, Dokumentations- und Informationszentrum für schlesische Landeskunde (Hg.). *Zu Hause und doch fremd. Vom Umgang mit Entwurzelung und Heimatverlust am Beispiel Schlesien. Begleitband zur Ausstellung /Obcyw swoim domu. O wykorzenieniu i utracie ojzyny – na przykładzie Śląska. Katalog wystawy.* Königswinter: Haus Schlesien, 2016.
Hindrichs, Thorsten. „Auf ewig keine Heimat. Überlegungen zu ‚Utopie' und ‚Heimat' bei Helene Fischer und Frei.Wild". *Heimat global. Modelle, Praxen und Medien der Heimatkonstruktion.* Hg. Edoardo Costadura, Klaus Ries und Christiane Wiesenfeldt. Bielefeld: transcript, 2019. 379–397.
Humphrey, Caroline, und Hürelbaatar Ujeed. „Fortune in the wind: an impersonal subjectivity". *Social Analysis* 56.2 (2012): 152–167.
Jigmeddorj, Erdenebayaryn. „Contemporary Funeral Rituals in Mongolia. Cases from Ulaanbaatar". *Horizons of Futures in Post-Utopian Mongolia.* Hg. Ines Stolpe und Judith Nordby. Berlin: EB-Verlag, 2020 (i. Dr.).
Kowalczuk, Ilko-Sascha. *Die Übernahme. Wie Ostdeutschland Teil der Bundesrepublik wurde.* München: C.H. Beck, 2019.
Krüger, Thomas. „RE:PRÄSENTATION". Gastbeitrag in der Konferenz *Formate des Politischen 2018.* https://www.deutschlandfunk.de/gastbeitrag-re-praesentation.3507.de.html?dram:article_id=427794. (08. Januar 2020).

Ludewig, Alexandra. „‚Ostalgie' und ‚Westalgie' als Ausdruck von Heimatsehnsüchten. Eine Reise in die Traumfabriken deutscher Filme". *Heimat: Konturen und Konjunkturen eines umstrittenen Konzepts*. Hg. Gunther Gebhard, Oliver Geisler und Steffen Schröter. Bielefeld: transcript, 2007. 141–160.

Manalsuren, Saranzaya. „Counting on Informal Networks: The Meaning, Influence and Role of the ‚*Nutag*'-Network in Mongolian Managers' Thinking". *Horizons of Futures in Post-Utopian Mongolia*. Hg. Ines Stolpe und Judith Nordby. Berlin: EB-Verlag, 2020 (i. Dr.).

Mitzscherlich, Beate. „Heimat als subjektive Konstruktion. Beheimatung als kollektiver Prozess". *Heimat global. Modelle, Praxen und Medien der Heimatkonstruktion*. Hg. Edoardo Costadura, Klaus Ries und Christiane Wiesenfeldt. Bielefeld: transcript, 2019. 183–195.

Mongol chelnij delgerengüj tailbar tol' [Erklärendes Wörterbuch der mongolischen Sprache. 5 Bände] Tavan bot'. Ulaanbaatar: Mongol Ulsyn Šinžlech Uchaany Akadjemi, 2008.

Munkherdene, G., und David Sneath. „Enclosing the Gold-Mining Commons of Mongolia. The Vanishing Ninja and the Development Project as Resource". *Current Anthropology* 59.6 (2018): 814–838.

Namsaraeva, Sayana. „Ritual, Memory and the Buriad Diaspora Notion of Home". *Frontier encounters: knowledge and practice at the Russian, Chinese and Mongolian border*. Hg. Franck Billé, Grégory Delaplace und Caroline Humphrey. Cambridge: OpenBook Publishers, 2012. 137–163.

Rakowski, Tomasz. „Creating Bottom-up Development. A Study of Self-Organization and the Building of Fortune-Prosperity by the Torghuts from the Bulgan Sum in Mongolia". *Český lid* 103.1 (2016): 119–134.

Oberfalzerová, Alena. „Fear and contentment as experienced by the Mongolian nomads. Nutag". *Mongolo-Tibetica Pragensia* 1 (2008): 9–43.

Pfaff-Czarnecka, Joanna. *Zugehörigkeit in der mobilen Welt. Politiken der Verortung*. Göttingen: Wallstein, 2012.

Poppe, Nicholas. *Grammar of Written Mongolian*. Wiesbaden: Harrassowitz, 1954.

Reimann, Gregor, Sophie Seher, und Michael Wermke. „Die Schule ‚pflegt die Verbundenheit mit der Heimat in Thüringen und Deutschland'. Der Heimatbegriff im Bildungsauftrag des modernen Schulwesens". *Heimat global. Modelle, Praxen und Medien der Heimatkonstruktion*. Hg. Edoardo Costadura, Klaus Ries und Christiane Wiesenfeldt. Bielefeld: transcript, 2019. 237–280.

Ressel, Christian. „Zum sozialistischen Einfluss auf das mongolische Konzept von *nutag*". *Mongolische Notizen* 25 (2017): 50–58.

Ressel, Christian. „Some remarks on a changing concept of *nutag* in 20th century Mongolia". In: *Mongolica* 52 (2018): 120–129.

Ressel, Christian. *Zugehörigkeit und lokale Erinnerungspolitik. Eine Analyse zu Fragen des Wandels von Raum- und Zeitkonzepten in der modernen Mongolei*. Dissertation der Humboldt-Universität. Berlin: Pro BUSINESS, 2018.

Rosa, Hartmut. „Heimat als anverwandelter Weltausschnitt. Ein resonanztheoretischer Versuch". *Heimat global. Modelle, Praxen und Medien der Heimatkonstruktion*. Hg. Edoardo Costadura, Klaus Ries und Christiane Wiesenfeldt. Bielefeld: transcript, 2019. 153–172.

Schmoll, Friedemann. „Heimat-Ambivalenzen. Bewahren und Vernichten, Fürsorge und Verbrechen". *Heimat global. Modelle, Praxen und Medien der Heimatkonstruktion*. Hg. Edoardo Costadura, Klaus Ries und Christiane Wiesenfeldt. Bielefeld: transcript, 2019. 81–103.

Schreiber, Daniel. „Deutschland soll werden, wie es nie war". *ZEIT ONLINE* 10. Februar 2018. https://www.zeit.de/kultur/2018-02/heimatministerium-heimat-rechtspopulismus-begriff-kulturgeschichte (08. Januar 2020).

Sneath, David. „Political Mobilization and the Construction of Collective Identity in Mongolia". *Central Asian Survey* 29.3 (2010): 251–267.

Sneath, David. *Mongolia Remade. Post-socialist National Culture, Political Economy, and Cosmopolitics*. Amsterdam: Amsterdam University Press, 2018.

Steinwede, Jacob. „Verbindend, nicht trennend. Was die Deutschen unter Heimat verstehen". *Die Zeit* 21 (2019). https://www.zeit.de/2019/21/heimat-begriff-bedeutung-geborgenheit-identitaet-leitkultur (08. Januar 2020).

Stolpe, Ines. *Schule versus Nomadismus? Interdependenzen von Bildung und Migration in der modernen Mongolei*. Frankfurt a. M.: Peter Lang, 2008.

Stolpe, Ines. „Postsozialistische ‚Perestroika' in der ländlichen Mongolei". *Mongolische Notizen* 22 (2014): 111–128.

Stolpe, Ines. „Truly Nomadic? Die Mongolei im Wandel". *Aus Politik und Zeitgeschichte* 65.26–27 (2015): 25–31. http://www.bpb.de/apuz/208255/truly-nomadic-die-mongolei-im-wandel?p=all (08. Januar 2020).

Stolpe, Ines. „Transcending Religion? Intersections between Spatial, Social and Mental Mobility in Contemporary Mongolia". *Mobilizing Religion. Networks and Mobility*. Hg. Stephan Conermann und Elena Smolarz. Berlin: EB-Verlag, 2015. 231–264.

Stolpe, Ines. „Mongolizing Ideas of Development: Potentials of Rural-Urban Relations in Contemporary Mongolia". *Mongol Sudlal ba Togtvortoj Chögžil. Olon Ulsyn Mongolč Erdemtnij XI. ich churlyn „Mongolyn gadaad charilcaa sudlal" IV salbar churaldaany iltgelüüd*. Ulaanbaatar: 2017. 391–397.

Stolpe, Ines. „Social and Cultural Significances of Waters in Mongolia". *Social Water. Voices from Around the World* 3 (2017). http://voices.uni-koeln.de/2017-3/socialandculturalsignificancesofwaters (08. Januar 2020).

Stolpe, Ines. „Nachhaltigkeit, lokales Wissen und Markenzeichen von *Nutag*". *Mongolische Notizen* 26 (2018–19): 46–65.

Stolpe, Ines. „Transnationale Erinnerungskulturen: Chalchgol/Nomonhan als Arena des Postsozialismus?" *Nordostasien in Medien, Politik und Wissenschaft. Geschichte und Geschichtsbild einer umstrittenen Region*. Hg. Günther Distelrath, Hans Dieter Ölschleger und Shiro Yukawa. Berlin: EB-Verlag, 2019. 151–197.

Szczap, Paweł. „Localizing ideas of chot nutag by mapping Ulaanbaatar Hip-Hop". *Horizons of Futures in Post-Utopian Mongolia*. Hg. Ines Stolpe und Judith Nordby. Berlin: EB-Verlag, 2020 (i. Dr.).

Szynkiewicz, Slawoj. „Geburt, Hochzeit, Tod – Der menschliche Lebenszyklus im Brauchtum der Mongolen". *Die Mongolen*. Bd. 2. Hg. Walther Heissig und Claudius C. Müller. Insbruck: Pinguin und Frankfurt a. M.: Umschau, 1989. 196–204.

Šinžlech Uchaany Chüreelen. *Mal až achujn cholbogdoltoj ardyn aman zochiol*. Ulaanbaatar: Ulsyn Chevlel, 1956.

Taube, Erika, und Manfred: *Schamanen und Rhapsoden. Die geistige Kultur der alten Mongolei*. Leipzig: Koehler & Amelang, 1983.

Tömörtogoo, Domijn. *Mongol chelnij ügijn garalyn tajlbar tol'*. Ulaanbaatar: Mongol Uls Šinžlech Uchaany Akademi, Chel Zochiolyn Chüreelen, 2018.

Vietze, Hans-Peter. *Wörterbuch Mongolisch-Deutsch*. Leipzig: Enzyklopädie, 1988.

Mark Münzel
Heimat? Was mögen Bewohner der Regenwälder Südamerikas dazu sagen?

Abb. 1: „Oberschlesische Abwanderer verlassen ihr an Polen gefallenes Heimatland". (Thalheim 1936, 311)

„*Heimat*" ist so ein recht (manchmal rechter) deutscher Begriff, und schon ins Portugiesische wird seine Übersetzung schwierig, erst recht in eine indianische[1] Sprache Südamerikas. Aber gerade das ist eine Gelegenheit für eine sehr ethnologische Operation. Wir gehen ja öfter so vor, dass wir einen Begriff, der uns aus unserer Sprache und Kultur vertraut ist, scheinbar naiv in eine andere Sprache übertragen, um dann bald festzustellen, dass die Vokabel dort nicht greift. Und dieses Nicht-Greifen ist Anstoß, darüber nachzudenken, warum nicht, also: was

---

[1] Die Ureinwohner Südamerikas werden heute in Deutschland oft „Indigene" genannt. Ihre Sprachfamilien jedoch werden weiterhin meist als indianische bezeichnet. In diesem Aufsatz spreche ich von Kulturen, deren Sprachen der Tupí-Guaraní-Familie angehören.

https://doi.org/10.1515/9783110650624-012

da anders ist. So will ich nun fragen, was in einer anderen Gesellschaft die Entsprechung zu unserem Begriff „*Heimat*" sein könnte.

In einer „Erklärung österreichischer Volkskunde-Institute, Museen, Vereine und Verbände zu Menschen in Bewegung – ‚Kultur' und ‚Heimat' als politische Instrumente" von 2015 wird „Heimat", nur noch in Anführungszeichen, mit spitzen Fingern angefasst:

> Das heutige Alltagsverständnis von „Heimat" entstand seit dem Ende des 18. Jahrhunderts in Zusammenhang mit der bürgerlichen Gesellschaft. „Heimat" wurde als ein Wunsch-Ort stilisiert, der Sehnsüchte enthält und Verlustängste kompensiert. Aufgeladen mit Ideologien der Ausgrenzung und Wir-Behauptung war und ist die Vorstellung von „Heimat" leicht auch ein Ausgangspunkt für Vertreibung und sogar Vernichtung.[2]

Doch schon, wenn wir in andere Teile Europas gehen, finden wir in anderen Sprachen weitere Kontexte der (oft nur ungefähren) Entsprechungen unseres Begriffs „Heimat". Wie schwer die Rede davon zu übersetzen ist, soll der folgende Schlenker nach Portugal verdeutlichen.

Portugal: „A minha terra"

In Portugal zur Zeit der Salazar-Diktatur konnte ich nicht übersehen, dass „Heimat" hier andere Assoziationen hervorrief als in Deutschland: Es gab da offenbar nicht nur kulturelle, sondern auch politische Unterschiede. Heimatliebe wurde viel größer geschrieben als in Deutschland. Natürlich lag der Kurzschluss nahe, die in den portugiesischen Medien gepflegte Heimatliebe mit der nationalsozialistischen Heimattümelei zu verwechseln. Doch hören wir in Portugal ein bisschen hinein. Ich arbeite im Folgenden mit Liedbeispielen, die aber eben nur Beispiele sind. Ein einzelnes Lied besagt für sich genommen nicht viel, als Exempel für viele Lieder und andere Ausdrucksformen mag es dienen. Ich wähle Beispiele aus, die meines Wissens repräsentativ für eine jeweilige Medienproduktion und -rezeption sind.[3]

Das Lied *Regresso* (hier: „Heimkehr") von António Calvário (geboren 1938) war in den 1960er Jahren recht bekannt. 1960 wurde es auf dem *Festival da Canção Portuguesa* bejubelt und 1964 hatte der Sänger damit einen Auftritt in dem Film *Uma hora*

---

[2] https://static.uni-graz.at/fileadmin/gewi-institute/Volkskunde/Volkskunde_und_Kulturanthropologie/Positionspapier_Volkskunde_30112015.pdf (15. September 2019).
[3] Im Folgenden verweise ich auf die jeweiligen öffentlichen Weblinks, wo die Liedbeispiele zu hören sind.

de amor. Der Schlüsselbegriff dieses und vieler anderer portugiesischer Lieder ist *A minha terra* („mein Land", oder besser übersetzt: „Meine Heimatregion", „Meine Heimat"; in Deutschland würde es weniger Deutschland meinen als beispielsweise Hessen oder den Hunsrück). Die Filmpassage, in der das Lied gesungen wird,[4] hat den cinematographischen Witz, dass sie nicht nur das Lied in Szene setzt, sondern auch, wie es wirkt: Eine junge Frau muss weinen, als sie es hört. Diese Doppelung – das rührende Lied rührt eine Zuschauerin im Film und mit ihr den Zuschauer vor der Szene – war in der gleichen Zeit beispielsweise auch in Deutschland 1963 in dem Film „Heimweh nach Sankt Pauli" bei dem Lied von Freddy Quinn „Junge komm bald wieder" zu sehen.[5] Auch da geht es ja um Rückkehr in die Heimat. Ein Unterschied ist, dass das portugiesische Lied noch trauriger ist, und natürlich wiederholt der Sänger immer wieder das Wort *saudade*, das spezifisch portugiesische Wort für eine spezifische Art der Traurigkeit. Das ist nicht einfach ein spontaner Ausdruck des portugiesischen Volkscharakters, sondern eine kalkulierte Beschwörung des vermeintlich typisch Portugiesischen, das mit dem Begriff *A minha terra* („meine Heimat") bewusst verknüpft wird. Das Lied wurde später auch unter dem Titel „Ó minha terra onde eu nasci" („Ach, meine Heimat, wo ich geboren bin") verkauft.[6]

Ich bleibe noch eine kurze Weile bei der portugiesischen Zelebrierung des Begriffs „*minha terra*". Der in Portugal geborene brasilianische Sänger Roberto Leal (1951–2019) ist in Brasilien sehr bekannt. Bei einer Umfrage in Rio de Janeiro im Jahre 2006, welche berühmten Portugiesen man nennen könne, war er der relativ Bekannteste (nach „Niemand" und vor dem Entdecker Brasiliens, Cabral).[7] Er war Besitzer eines Restaurants mit portugiesischem Stockfisch, *bacalhau*, und Sänger des Liedes „Dez Portugueses sem jeito e um bacalhau na sacola" („Zehn unglückliche Portugiesen und ein Stockfisch im Reisesack"), das von der Auswanderung armer Portugiesen berichtet, die kaum mehr als ihren getrockneten Lieblingsfisch mitnehmen konnten.[8] Während aber dieses Lied Anklänge an eine Art Rap-Stil und neben Trauer auch eine gewisse Ironie zeigt, sind andere Lieder von Roberto Real, die sich an portugiesische Auswanderer in Brasilien richten, im Musikstil konventioneller und sentimentaler. Darunter ist „Deixei a minha terra"

---

4 https://www.youtube.com/watch?v=eoe4-PkwNLE (17. September 2019). Auszug aus dem Film *Uma hora de amor* (Lissabon: Cinedex; Regisseur Augusto Fraga).
5 *Heimweh nach Sankt Pauli*. Reg. Werner Jacobs. Rapid Film, 1963. Darin „Junge, komm bald wieder", komponiert von Lotar Olias, Text von Walter Rothenburg, gesungen von Freddy Quinn.
6 https://www.youtube.com/watch?v=gclOCA78KKc (17. September 2019). Liedvertrieb Polydor.
7 https://www1.folha.uol.com.br/fol/brasil500/500_15.htm (17. September 2019).
8 Erstveröffentlichung 1975. Company: RGE. Musik: https://www.youtube.com/watch?v=5NFrh-Vn9doo. Text: https://www.letras.com.br/roberto-leal/dez-portugueses-sem-jeito-e-um-bacalhau-na-sacola (17. September 2019).

(„Ich habe meine Heimat verlassen"). Das erstmals 1998 veröffentlichte Lied war 2003 in Leals Album *Canto a Portugal* („Ich besinge Portugal") enthalten. Das Cover dieses Albums zeigt hinter dem Gesicht des Sängers eine Karavelle, wie portugiesische Seefahrer sie im 16. Jahrhundert verwendeten, ein Symbol der großen Vergangenheit des kleinen Landes.

Abb. 2: Cover des Albums *Canto a Portugal* von Roberto Leal.[9]

Das Lied ist rezenter als das oben besprochene aus einem portugiesischen Film von 1964, aber im Gesangsstil so, dass es ältere portugiesische Einwanderer an ihre Jugendzeit erinnern kann. Die Klage des Sängers, *Deixei a minha terra* („Ich habe meine Heimat verlassen"), kommt zweifellos bei den Portugiesen an, die Portugal verlassen haben. Doch zuerst singt er nicht von *A minha terra* („meine Heimat"), sondern von *O meu país* („mein Land"): das ist nicht die eine kleine Heimatprovinz, mit der er nur jeweils eine provinziell begrenzte Gruppe unter den Zuhörern ansprechen würde, sondern *ganz* Portugal. Erst wenn geklärt ist, dass

---

9 2003. https://www.discogs.com/Roberto-Leal-Canto-A-Portugal/release/13667349 (17. September 2019). Copyright des Albums: Som Livre, Som e Imagens, Lda. Distributed by: Sony Music Entertainment (Portugal) S. A.

es um ganz Portugal geht, singt er weiter von *A minha terra* („meiner Heimat"), ohne aber zu spezifizieren, welche kleinere Heimatregion er meint – Einwanderer aus allen Teilen Portugals können sich angesprochen fühlen, obwohl der Begriff eigentlich eine regionale Eingrenzung meint. Dazwischen singt er auch von *O meu lugar*, was sich in dem Fall am ehesten mit „mein Dorf" übersetzen lässt und (ähnlich wie der westdeutsche Heimatfilm der 1950er Jahre) die „Heimat" zu etwas Ländlichem macht.

Das Heimweh von Portugiesen in der Fremde ist keineswegs untypisch für portugiesische Heimatromantik, denn Portugal ist ja ein Auswandererland, und die traurige Erinnerung des Auswanderers an seine verlorene Heimat gehört zur portugiesischen Folklore. In anderem politischen Zusammenhang transportierten in der Bundesrepublik der 1950er Jahre Lieder der Heimatvertriebenen Heimat-Erinnerung.

Zum Abschluss des portugiesischen Teils noch ein drittes, auf andere Weise typisches portugiesisches Lied: „A minha terra é Viana" („Meine Heimat ist Viana") von einer lokalen Musikgruppe.[10] Regionale Folklore wird in Portugal von unzähligen solchen Musikgruppen gepflegt, dieses Lied zeigt den regionalen Musikstil der Minho-Gegend, in der die Kleinstadt Viana liegt. Diese Art Musikausübung wurde in der Salazar-Diktaturzeit stark gepflegt und gefördert, ist aber natürlich älter und hat das Ende der Diktatur ziemlich unbeschadet überstanden.

Auch in diesem und vielen weiteren Volksliedern geht es um *a minha terra*. Seit solche Aufnahmen in Kassetten wandern konnten, wurden sie zum festen Bestandteil der Heimaterinnerung von Auswanderern. Es wäre einmal interessant, das mit Liedern von deutschen Vertriebenen aus den ehemaligen deutschen Ostgebieten zu vergleichen. In Portugal war die Musik von der Art des hier genannten Liedes auch in der Zeit der Salazar-Diktatur keineswegs nur eine nostalgisch-unpolitische Ablenkung, sondern gerade bis in die 1970er Jahre war sie für viele neu vom Land in die Stadt Gezogene eine Art der Bindung an den Herkunftsort. Die Entsprechung in der Trachtenforschung – die Kreierung von Trachtenstilen in Zeiten der Industrialisierung – hat die deutsche Volkskunde für das späte 18. und das 19. Jahrhundert gezeigt: Es waren vor allem Vereine zugewanderter Arbeiter in Industriestädten, die Trachtenvereine gründeten.[11]

Womit ich beim nächsten Heimatlied bin.

---

[10] https://www.facebook.com/lagrimasdeportugal/videos/1039994456175565/ (17. September 2019). Video: Associação Musical Vila Nova de Anha.
[11] Hierzu etwa Brückner 2003. Wolfgang Brückner hat hierauf schon in den 1960er Jahren in damals von mir besuchten Volkskunde-Seminaren in Frankfurt am Main hingewiesen.

Abb. 3: Marcelo de Morais: Zeichnung eines portugiesischen Volkstanzpaars in einem für den Unterricht gedachten Buch (Ribas 1961: Vorderes Umschlagbild). Symbole Portugals: Dorfkirche und Sonne (ein Slogan der damaligen Tourismuswerbung lautete: „Die Sonne überwintert in Portugal").

Brasilien: *opy* im Großraum einer Millionenstadt

Die Völkergruppe der Guaraní lebt zerstreut über die Staaten Paraguay, Bolivien, Argentinien und Brasilien. Insgesamt dürften sie ungefähr (die Zahlen sind aus verschiedenen, großenteils unsicheren Zählungen zusammengesetzt) 248.000–250.000 Menschen zählen. Die Mbyá, eine der Guaraní-Ethnien, leben in Paraguay, Süd-Brasilien und Nordost-Argentinien, in Brasilien schätzen einige ihre Zahl auf 11.000.[12]

---

[12] Gesamtzahlen der Guaraní-sprachigen Indigenen nach Chamorro und Combès zwischen 246.024 und 248.81. Davon sind nach Schätzung dieser Autorinnen insgesamt (einschließlich einem nach Uruguay versprengten Grüppchen von 50 Menschen) 39.819 Mbyá, davon in Brasilien 11.000. Melià (2016, 212, 217) gibt für die Zeit um die Jahrtausendwende die Gesamtzahl

In der Dorfgemeinde Tenondé Porã (ungefähr: „Schönes Vorwärts!"; Abb. 4 zeigt das *opy* genannte Haus, von dem noch die Rede sein wird) im Einzugsgebiet der Millionenstadt São Paulo leben rund 1.000 Mbyá. Sie sind im Laufe des 20. Jahrhunderts dort zugewandert. Wie in anderen Guaraní-Siedlungen in Brasilien auch, ist hier bei jungen Leuten die Rap-Musik populär. Es gibt in Brasilien eine Reihe von guaranitischen Rap-Gruppen mit Protest-Musik. Letztlich geht das natürlich vom nordamerikanischen Protest-Rap aus (wie deutlich wird, wenn man den guaranitischen Rap in seiner Ähnlichkeit mit dem nordamerikanischen hört), der aber nun mit Problemen der Guaraní regionalisiert wird.

Abb. 4: Opy im Dorf Tenonde Porã, einem von Mbyá bewohnten Vorort von São Paulo (Foto Mona Suhrbier 1999).

In dem folgenden Rap singen Karai Negão und Pedro Droca Tupã Mirĩ von ihrem Dorf Tenondé Porã und von ihrem Kampf um die Landrechte dieses Dorfes, von dem aus sie dann aber bald auf den Kampf von Indigenen und Schwarzen überall in Brasilien kommen. Die Liedaufführung steht im Netz.[13]

---

von 98.196 Guaraní an, davon insgesamt 27.869 Mbyá, von denen 7.000 in Brasilien lebten. Die großen Differenzen zwischen den Angaben erklären sich zum Teil daraus, dass Chamorro und Combès jüngere Zahlen haben, zum Teil aus Unterschieden zwischen offiziellen und privaten Zählungen.

13 https://www.youtube.com/watch?v=uUvS8Gnbkwk (15. September 2019).

Tenonde porã, so heißt mein Dorf
Ich kämpfe um das Land, für ganz yvyrupa [das Land der Guaraní]
Parelheiros,[14] Südbezirk São Paulo
Das gesamte Volk der Guaraní grüße ich,
Mbya, Guaraní, Kaiowá und Nhandéva.[15]
Vor dem Juruá [nicht-Indigener, Weißer] kamen wir in diese Berge
Ich grüße und umarme alle schwarzen Brüder
Heute fließt sie schon im Blut, schlägt mächtig im Herzen
Die Gabe des Rhythmus, der Poesie, die ich in mir trage
Ich und alle an den Rand gedrängten Menschen
Um zusammen ans Ziel zu kommen
Rappen wollte ich schon immer
Sogar im Leid können wir noch glücklich sein
Angst vor den Prüfungen des Alltags, das ist der Test, den wir bestehen müssen.[16]

An alle Völker im Kampf: Aguyjevete [Dank]!
An alle Völker im Kampf: Aguyjevete!
Demarkierung [Prozess der Vermessung, Registrierung und rechtlichen Sicherung indigener Territorien] jetzt! Heißt: Das Land wird geschützt.
Demarkierung jetzt! Heißt: Der Wald wird bewahrt.
Unser größter Kampf geht um Autonomie.
Xondaros und Xondarias [Kämpfer und Kämpferinnen] jeden Tag.
Demarkierung jetzt! Heißt: Das Land wird geschützt.
Demarkierung jetzt! Heißt: Der Wald wird bewahrt.
Unser größter Kampf geht um Autonomie.
Demarkierung jetzt! Xondaros und Xondarias jeden Tag.[17]

Der Musik-Clip beginnt im Inneren einer alten Hütte mit traditionellen Musikinstrumenten der Mbyá, wie der Rassel und der (in der Kolonialzeit übernommenen) Geige, und mit einem traditionellen Federschmuck. Dann geht es zu Straßentanz in der Stadtmitte, dann zu tänzerischem Straßenkampf über, und das wird dann auf Bilder aus ganz Lateinamerika ausgeweitet. Der erste Satz, „Tenonde porã, so heißt mein Dorf", lautet im Portugiesischen wörtlich und ganz heimatbezogen *é aqui o meu lugar*: „hier ist mein Ort", „hier gehöre ich hin". Das Wort *lugar* (sprachhistorisch mit unserem „lokal" verwandt), wird auch in Heimatliedern aus Portugal gerne für die Betonung des lokalpatriotischen Heimatgefühls eingesetzt. Auch in Brasilien findet es sich in Liedern sentimentaler Erinnerungen

---

14 Distrikt des Stadtgebietes von São Paulo, in dem das Dorf Tenondé Porã liegt.
15 Ethnien der Guaraní-Sprachfamilie.
16 Wortspiel: „Test" ist im brasilianischen Prüfungswesen ein Teil der „Prüfung".
17 Deutsche Übersetzung aus Suhrbier 2017, 172. Portugiesische Version: Suhrbier Hg. 2017, 249. Die in Klammern gesetzten Erklärungen sind Fußnoten der deutschen Version. Allgemein wurde ich durch Mona Suhrbier auf die Guaraní-Raps aufmerksam.

portugiesischer Emigranten an ihre portugiesische Heimat und an das Dorf, das sie dort zurückgelassen haben, wie ja auch in dem oben besprochenen Lied von Roberto Leal. In dem Rap-Song ist nun aber keine Spur von süßlicher Sentimentalität. In dem zu dem Lied (das ich hier nur als ein Beispiel unter vielen herausgreife) gehörenden Clip tanzen die Sänger eine Mischung aus nordamerikanischem Rap-Tanz und dem *xondaro*, einem Kriegstanz der Mbyá-Männer.

Einschub: Das Gender-a

Interessant ist, wie das Gender-Verhältnis zwischen Mbyá-Traditionen, nordamerikanischem Macho-Rap und Einfluss der Gender-Debatte oszilliert. Die Guaraní-Sprachen kennen das grammatische Geschlecht indoeuropäischer Sprachen nicht, weder Gender-Artikel noch Gender-Endungen – wobei auch in den Guaraní-Sprachen Mann und Frau natürlich sehr wohl sprachlich unterschieden werden können, etwa durch den Zusatz *kunha* („Frau") oder *kuimba'e* („Mann") bei dem Frauen und Männer gleichermaßen bezeichnenden Wort *ava* („Mensch"). Das Wort *xondaro* nun bedeutet auch „Krieger, Kämpfer" und Menschen, speziell Krieger, die ihr Wesen und Verhalten so weit vervollkommnet haben, dass ihr Inneres unzerstörbar geworden ist und sie der Unsterblichkeit ihrer Seele nahegekommen sind (Suhrbier und Ferreira 2000, 219). In Zeichnungen eines 14-jährigen Mbyá aus dem Dorf Teko Wy'a Pyau („Neue Hoffnung"), einem Dorf etwas südlich des Großraums São Paulo, werden *xondaro*, idealisierte Krieger, als männliche Superhelden nach Art westlicher Comics dargestellt (s. Abb. 5).

In dem hier als Beispiel besprochenen Rap treten Männer als *xondaros* („Krieger" mit dem Plural-„s" des Portugiesischen) und Tänzer auf. Neben sie aber treten auch „*xondarias*", „Kämpferinnen". Das zeigt eine philologisch interessante Interferenz. *xondaro* kann sowohl männlich als auch weiblich sein; in seiner Bedeutung „Krieger" wird es allerdings mehr auf Männer angewandt. Offenbar unter dem Einfluss des Portugiesischen wird nun aber das End-„o" als männliche Endung verstanden, und entsprechend wird die weibliche Endung „a" aus dem Portugiesischen übernommen und auf ein Guaraní-Wort übertragen.

Weniger die Show des Macho-Raps als die Tradition der Mbyá zeigt sich im Auftreten von Frauen in dem Song-Clip: Sie tanzen nicht den Rap wie die Männer, sondern einen traditionellen Frauentanz der Mbyá. Zur Rolle der Frau wird im Hintergrund kurz eine berühmte Szene aus dem Jahre 1989 eingeblendet, in der eine Frau vom Volk der Kayapó (das sind andere Indigene in einer anderen Region von Brasilien) einem hohen brasilianischem Beamten mit

Abb. 5: Célio de Souza: „Mythische Essenz der Xondaro-Krieger" (Sammlung Weltkulturen Museum Frankfurt am Main, erworben von Mona Suhrbier 1999, Farbstifte auf Papier. Foto: Stephan Beckers. Suhrbier Hg. 2017, 169, Abb. 9).

einem Buschmesser ins Gesicht schlägt. Aber hier im Lied tanzen die Frauen den Kriegstanz nicht. Sie treten auch bei einer Demonstration auf, aber in den Händen tragen sie keine Waffen, sondern die eine den traditionellen Tragekorb, die andere ein Kind – Frauenrollen. Auf ihre Weise kämpfen sie so freilich auch.

Die Tradition

In dem Rap-Clip werden Tanz und Straßenkampf kurz von einem älteren Mann unterbrochen, der vor einer barocken Kirche auf der traditionellen Geige spielt, wie sie schon am Anfang des Liedes kurz gezeigt wurde – neben die Geschlechterdifferenz (Männer, die zu Rap oder den traditionellen Kampftanz tanzen und kämpfen; Frauen, die auch demonstrieren, aber dabei auch Kind und Korb tragen) tritt hier, vor der Barockkirche, eine Erinnerung an den historischen Ursprung, an den die Alten erinnern, die Kolonialzeit, als die Guaraní in barocken Kirchen friedlich auf ihren Geigen musizierten.

Die angedeutete Herkunft der heutigen Guaraní von São Paulo aus der kolonialen Mission in der gleichen Region ist allerdings unwahrscheinlich, eine Konstruktion. Sie könnte aus dem paraguayischen Nationalismus übernommen sein, wo die Guaraní eine historische Rolle spielen und dabei mit den brasilianischen Tupí zusammengeworfen werden – das macht Paraguay historisch viel größer, indem es auch weite Teile Brasiliens umfasst. Auch die Guaraní, die den Rap verfasst haben, folgen dieser Konstruktion. Nicht feststellen, allenfalls vermuten lässt sich, dass sie auch die Erzählung von der friedlichen Missionierung der Guaraní durch den Klang der christlichen Musik kennen: „Von Anfang an nutzten die Jesuiten die evangelisierende Kraft der Musik und des Liedes und machten daraus Säulen der christlichen Erziehung und Bildung der Indianer" (Szarán 2011, Übersetzung M.M.). Dabei wurden gerade auch die Geigen als Instrument der friedlichen Mission hervorgehoben. Dies wurde zu einer gleichsam mythischen Erzählung überhöht.[18] In dem Film *The Mission* (1986),[19] der auch in Brasilien viel gesehen wurde, und der das Scheitern der jesuitischen Mission darstellt, wird am Ende das Dorf der bekehrten Guaraní von spanischen und portugiesischen Soldaten zerstört. In der Schlussszene fischt ein kleines Guaraní-Mädchen eine Geige aus dem Wasser und rudert mit anderen dem Massaker entkommenen Guaraní-Kindern davon.

Die Konstruktion

Dies ist kein urtümlich-spontanes Lied, sondern sorgfältig durchkonstruiert. Es impliziert Aussagen zu den Geschlechterrollen (auch die Frau kämpft, aber sie soll ebenso ihre traditionelle Rolle weiter ausfüllen) und zum geschichtlichen Hintergrund. Von deutschen Heimatliedern und Heimatfilmen wissen wir, dass sie eine konstruierte heile Welt zeigen, aber konstruiert ist auch die Welt der Guaraní-Rapper, wenngleich keineswegs heil (allerdings ist bei genauerer Betrachtung auch Ganghofers Welt keineswegs heil, sondern bedroht).

Bei den Guaraní dürfte die Konstruktion einer heilen Welt, die verloren zu gehen droht, keine ganz neue Entwicklung sein. Auch in der traditionellen Musik der Prä-Rap-Phase waren Lieder und Gesangsaufführungen durchaus geplant, konstruiert, folgten sie einem Drehbuch, das neuen Verhältnissen angepasst werden konnte. Dabei sind zumindest einige mythische Äußerungen von Guaraní-Schamanen, die wir in der ethnologischen Literatur wiedergegeben finden,[20] durchtränkt vom Ausdruck einer permanenten Bedrohung: von der Vorhersage des Weltunterganges, dem man allenfalls durch Singen und Tanzen entkommt. In dem Zusammenhang erscheinen die Guaraní-Raps gar nicht so neu.

---

[18] Den historischen Kern der Erzählung zeigt kritisch Roland Labarre 1982.
[19] Regie: Roland Joffié. Hauptrolle: Robert de Niro. Production Company: Warner Bros.
[20] S. z. B. Schaden 1962, 161–178.

Solche Lieder haben oft einen Subtext. Sie evozieren etwas, was sie nicht direkt sagen. Die Sänger haben Kontakt mit evangelischer und pfingstkirchlicher Mission. Wenn sie singen: „Heißt: Das Land wird geschützt" – portugiesisch: *É a terra protegida* –, dann dürfte das für Zuhörer, die guaranitische Traditionen kennen, ganz ähnlich klingen wie *A terra prometida*, „das versprochene Land", das Paradies. Die Sänger stammen aus Schamanen-Familien und haben Kontakt zu Ethnologen, und wer auch nur ein wenig von der Ethnologie der Guaraní weiß, hört auch die Anspielung auf das Paradies der Guaraní, die *terra sem mal*, das „Land ohne Übel", die eigentliche, wahre Heimat, wohin die Schamanen zurückkehren möchten.[21]

Das *opy*

Der hier als Beispiel genommene Clip geht vom dunklen Raum mit den traditionellen Musikinstrumenten hinaus auf die Straße. Das ist zunächst eine Straße in Brasilien mit ihren Straßendemonstrationen, dann folgen Demonstrationen weiter weg, bis hin nach Mexiko. Am Ende kehrt der Clip in den dunklen Raum zurück. Dieser Raum ist das Innere einer Hütte, die *opy* heißt – ein zentraler Ort in Siedlungen der Guaraní-Untergruppe der Mbyá. Es ist der Versammlungsort; der Ort, wo die wichtigsten religiösen Zeremonien durchgeführt werden; der Ort, wo der Schamane auftritt. Eine Ortsgemeinde ohne ein *opy* ist keine wirkliche Gemeinde. Ihre gemeinsamen Beschlüsse wären von begrenzter Bedeutung, solange sie nicht im *opy* gefasst wurden. Wenn eine Gruppe wandert, dann wird sie andernorts erst wieder wirklich heimisch, wenn sie dort ein *opy* errichtet. In dem Rap-Clip geht die Forderung nach Sicherung der Landrechte von dem *opy* aus. Daraus wird eine internationale Bewegung für indigene Rechte, aber am Ende kehren die Rapper ins *opy* zurück. Ich würde sagen, *opy* ist das, was unserem Begriff „Heimat" am nächsten kommt.

---

[21] In den traditionellen improvisierten Sprechgesängen der Aché, einer den Guaraní nahverwandten Ethnie, spielte das undeutliche Singen eine wichtige Rolle: Hörfehler waren gewollt und sollten Assoziationen evozieren. Ob dieses Stilmittel sich auch in Liedern von Guaraní findet, weiß ich nicht.

Abb. 6: Ein unter Denkmalschutz stehendes *opy* in Argentinien.[22]

Im Alto Xingu

Kurzer Schlenker in den Alto Xingu, eine Region am Südostrand des Amazonasgebietes. Dort leben mehrere kleine Ethnien, ich war vor Jahrzehnten bei den Kamayurá. Diese sind sprachlich-kulturell den Guaraní verwandt (beide gehören zur Tupí-Guaraní-Sprachfamilie, die Kamayurá zum Tupí-Zweig). Anders als viele Guaraní sind die Kamayurá seit dem 18. oder 19. Jahrhundert nicht weit gewandert. Das Dorf wird immer mal wieder um (etwa) 100 Meter verlegt, dann nach ein paar Jahren wieder zurückverlegt. Archäologische Grabungen haben eine gewisse Kontinuität bis zurück ins 13. Jahrhundert gezeigt, wobei sich die Größe

---

22 Comunidad Fortín Mbororé, Puerto Iguazú, Misiones. Foto: Veronica Romero Jachuka 2018. https://commons.wikimedia.org/wiki/File:Opy_mbya_guarani.jpg (17. September 2019).

der Dörfer und Dorfplätze geändert hat, etwa durch Aufspaltungen von Dörfern, weniger aber hat sich die Grundstruktur verändert (Becquelin 1993; Heckenberger 2005, 236–248). Allerdings waren die Ethnien nicht immer die gleichen. Die Kamayurá etwa sind erst im 18. oder frühen 19. Jahrhundert in die Alto Xingu-Region eingewandert und haben offenbar gleichsam die Heimat der Vorbewohner übernommen.

In ihrem Dorf ist das Haus des Häuptlings ein Ort für Tänze, nicht genau so, aber ähnlich wie das *opy*. Die Dörfer der Region Alto Xingú haben jedes eine andere Hütte für weitere Zeremonien, und dort werden auch bestimmte religiöse Indumentarien aufbewahrt, insbesondere die Heiligen Flöten. Diese werden allerdings im Haus des Häuptlings hergestellt, dann aber in die andere Hütte verbracht und dort noch bearbeitet. Diese andere Hütte ist nur für Männer; Frauen dürfen dort nicht hinein, während das Häuptlings-Haus, ebenso wie das *opy* der Guaraní, beiden Geschlechtern zugänglich ist. Zu einem Häuptlingshaus im Alto Xingú gehört ein Vogelkäfig, der in der Nähe steht.

Abb. 7: Im Dorf der Kamayurá 1968: Der Harpyienkäfig zeigt zum Himmel. Im Vordergrund schütteln Männer ihre Rasseln und Rhythmusstäbe vor dem Grab der Häuptlinge (Foto Christine Münzel 1968).

Der arme Vogel, der darin gefangen ist, eine Harpyie, also ein großer, kräftiger Greifvogel, kann in dem konischen, nach oben verjüngten Käfig nach oben und unten flattern, aber nicht weit zur Seite, und nicht ins Freie – nicht schön. Aber in der Vorstellung, die ich im Alto Xingu kennengelernt habe, stellt dieser Vogel, indem er nach oben flattert und wieder nach unten, die Verbindung zwischen Erde und Himmel her. Und nur dort, wo diese Verbindung besteht, lohnt sich für die Menschen das Leben. Dort geht es ihnen gut, dort ist, können wir sagen, ihre Heimat. Denn zu dieser gehört die Verbindung zum Jenseits. Im Jenseits leben die Vorfahren, dort regiert der Herr des Himmels, ein doppelköpfiger Vogel, und nur dort, wo die Menschen eine Verbindung zu diesem Himmelsherren haben, ist wirkliches, menschenwürdiges Leben möglich.

Anders als oft in deutschen Reden von Heimat wird diese nicht durch eine Landschaft erinnert, sondern durch eine bestimmte Baukonstruktion. Das Besondere an dieser ist, dass dort wichtige religiöse Zeremonien durchgeführt werden, oder dass (wie im Fall des Vogelkäfigs der Kamayurá) eine Verbindung zum Himmel möglich ist. Bei den Guaraní ist eine Gruppe, eine Dorfgemeinschaft, dort zuhause, wo ihr *opy* steht, von dem aus sie Kontakt zum Jenseits aufnehmen können.

Schluss: Kultur statt Natur

Am Anfang dieses Beitrages habe ich gesagt, dass es eine typisch ethnologische Übung ist, einen Begriff aus unserer Kultur zu nehmen und zu schauen, welche Übersetzung in eine andere Sprache (und damit in eine andere Kultur) passend wäre. Dabei bin ich im Fall der Guaraní zu einem Wort gelangt. Bei der Guaraní-Untergruppe der Mbyá ist es *opy*, in anderen Untergruppen ein anderes Wort, jedenfalls eines, das nicht eine Landschaft bezeichnet, sondern ein Bauwerk. Dieses ist von Menschen gebaut. In diesem Bauwerk (oder am Harpyienkäfig) führen die Menschen religiöse Rituale durch.

Allerdings ist jetzt eine kleine Hinterfragung oder Einschränkung geboten: Beim Lesen der ethnologischen Literatur über die Guaraní kann man sich die Frage stellen: Wer ist denn da so religiös? Die Guaraní oder die Ethnologen? Es ist ganz auffällig, wie sehr immer wieder vor allem auf die Religion der Guaraní abgehoben wird – auf die Wanderungen auf der Suche nach dem Jenseits; auf die stundenlangen Gebete und religiösen Tänze. Gewiss ist das eine guaranitische Tradition, aber ist die Beachtung gerade dieses Aspekts nicht auch eine spezifisch guaranitologische Tradition der Forschung? Diese Forschung begann im 17. Jahrhundert mit den Jesuiten, und ihr bedeutendster Forscher im 20. Jahrhundert war der Paraguayer León Cadogan, der aus einer religiösen Gemeinschaft mit chiliastischen Endzeit-Vorstellungen stammte. Aber es kann ja sein, dass diese Forscher, die eine Antenne für religiöse Mystik hatten, sich in glücklicher Weise mit den Guaraní getroffen haben, die ebenfalls eine solche Antenne besaßen. Vermutlich hat die mächtige Position von Schamanen in vielen Gemeinschaften der Guaraní dazu beigetragen, dass die Ethnologen ein Bild von der Guaraní-Kultur zeichnen, in dem die Religion eine zentrale Rolle spielt. Und so ist es vielleicht auch der Macht der Forschungstradition geschuldet, dass ich zu dem Schluss komme, dass die eigentliche „Heimat" der Guaraní ihre Zeremonialhütte (oder bei den Kamayurá der Harpyienkäfig) ist. Ohne Zeremonialhütte keine Gemeinschaft und kein Zuhause.

Das *opy* ist aber nicht nur ein Ort sakralen Lebens, sondern auch ganz allgemein ein Treffpunkt, wo Handel möglich ist. Das mag etwas an Kathedralen im Mittelalter erinnern, wo ja keineswegs nur gesungen und gebetet wurde. Das *opy* ist im Unterschied zur Kathedrale nur eine Hütte. Aber das ändert nichts daran, dass es der wichtigste Ort in einer Dorfgemeinschaft ist. Könnte man für unsere mittelalterlichen Städte sagen, dass die Heimat dort die Kathedrale war? Vielleicht. Heute jedenfalls sind Kathedralen nicht mehr das, was wir „Heimat" nennen, sie gehören allenfalls noch als ein wichtiger Teil dazu. Bei den Guaraní hingegen ist die Zeremonialhütte das, was wir am ehesten als „Heimat" bezeichnen könnten. Es ist nicht der Mittelpunkt des Alltags, aber es ist der Ort, an den ein Guaraní am ehesten denkt, wenn er an sein Dorf denkt.

In Deutschland wäre eine „Heimat" ohne eine bestimmte Landschaft ein Un-Sinn. Gebäude mögen dazu gehören, die Straßen, in denen wir uns zuhause fühlen, aber nie ganz ohne die Landschaft. Der Frankfurter Industrievorort Fechenheim, in dem ich aufgewachsen bin, ist in meiner Erinnerung zwar vor allem mit Fabrikgebäuden und Industrieabgasen verknüpft, aber ein nahegelegenes Wäldchen und die Mainschleife, über die der Blick in noch nicht urbanisiertes Ufergelände ging, gehören immer dazu. Bei den Guaraní hingegen scheint, soweit ich erkennen kann, die Landschaft kaum eine Rolle zu spielen. Die „Heimat" der Guaraní ist urbaner als die meist irgendwie doch ländliche (oder von ländlicher Landschaft umgebene, oder mit der Sehnsucht nach unberührter Ländlichkeit verbundene) deutsche „Heimat". Und das ist sicher kein Zufall. Es führt uns zu weiteren Eigenarten der indigenen Kulturen des extra-andinen Südamerika. Das *opy* ist menschengemacht, während die deutsche „Heimat" zumindest teilweise naturgemacht ist (für fromme Menschen: von Gott gemacht).

Bei uns nennt man Indigene wie die Guaraní manchmal Naturvölker. Der Ausdruck wird oft so verstanden, dass diese Menschen besonders naturverbunden seien und natürlich lebten, in einer Lebensweise, die eine Alternative zu unserer umweltzerstörenden, naturfeindlichen Entartung darstellen soll. Das mag so sein, in manchen Fällen und durch eine ausreichend rosarote Brille gesehen. Aber wenn

Abb. 8: Musizierende Jugendliche im Dorf Teko W'ya Pyau (Foto Mona Suhrbier 1999).

wir die Weltsicht von extra-andinen Indigenen wie den Guaraní genauer betrachten, dann sehen wir, dass dort die Natur keineswegs als Modell, Vorbild, oder besonders positiv gesehen wird. Im Mittelpunkt der Weltsicht der Guaraní steht nicht die Natur, sondern: der Mensch. Er muss sich mit den Geistern und mit einer höchsten Gottheit und weiteren göttlichen Figuren arrangieren, aber er ist letztlich wichtiger als die Geister und Götter und erst recht wichtiger als die Natur. Er mag den Göttern oftmals unterlegen sein, doch letztlich kommt es auf ihn, den Menschen an. Und deshalb ist das, was bei Guaraní und Kamayurá unserer „Heimat" entspricht, auch keine Landschaft, sondern eine menschengemachte Konstruktion.

Literatur

Becquelin, Pierre. „Arqueologia Xinguana". *Karl von den Steinen: Um Século de Antropologia no Xingu*. Hg. Vera Penteado Coelho. São Paulo: Edusp Editora da Universidade de São Paulo, 1993. 223–232.

Brückner, Wolfgang. „Moderne Trachtenforschung einer konstruktivistischen Volkskunde". *Österreichische Zeitschrift für Volkskunde* LVII/106 (2003): 263–302.

Chamorro, Graciela, und Isabelle Combès. „Teko katu: Das gute Leben. Versuch über die Religion der Kaiowá, Mbyá, Ñandéva(-Guaranî) und Paĩ-Tavyterã". *Autochthone Religionen in Südamerika*. Hg. Mark Münzel. Stuttgart: W. Kohlhammer, im Druck (voraussichtlich 2020).

Heckenberger, Michael J. *The Ecology of Power: Culture, Place and Personhood in the Southern Amazon, A. D. 1000–2000*. New York und London: Routledge, 2005.

Labarre, Roland. „L'orphée du Paraguay". *Études sur l'impact culturel du Nouveau Monde (Séminaire interuniversitaire sur l'Amérique espagnole coloniale)*. Bd. 2. Hg. Jean-Pierre Clément u. a. Paris: L'Harmattan, 1982. 45–58.

Ribas, Tomas. *Danças do Povo Portugês*. Lisboa: Direcção-Geral do Ensino Primário, 1961.

Schaden, Egon. *Aspectos Fundamentais da Cultura Guaraní*. São Paulo: Difusão Européia do Livro, 1962.

Suhrbier, Mona. „Der Grenzstein, das Land und die Welt der Guaraní-Indianer: Eine Reise durch Raum und Zeit". *Entre Terra e Mar – Zwischen Erde und Meer – Transatlantische Kunst*. Hg. Mona Suhrbier. Bielefeld: Kerber Verlag, 2017. 142–179.

Suhrbier, Mona (Hg). *Entre Terra e Mar – Zwischen Erde und Meer – Transatlantische Kunst*. Bielefeld: Kerber Verlag, 2017.

Suhrbier, Mona, und Mariana Leal Ferreira. „A poética da fome na arte guarani". *Revista do Museu de Arqueologia e Etnologia* 10 (2000): 211–229.

Szarán, Luis. „Música de las Reducciones jesuitas, en la JMJ. Conferencia multimedia de Luis Szarán, uno de los mayores expertos". *Zenit: El Mundo Visto Desde Roma, Jornada Mundial de la Juventud* 14. Juli 2011. https://es.zenit.org/articles/la-musica-de-las-reducciones-jesuitas-en-la-jmj/ (20. Oktober 2019).

Thalheim, Karl E. „Deutsches Vorfeld im Osten". *Der Deutsche Osten*. Hg. Karl E. Thalheim und A. Hillen Ziegfeld. Berlin: Propyläen Verlag, 1936. 305–334.

Sabine Sielke
From "Homeland Security" to "Heimat shoppen": How an Old Longing Has Gained New Cultural Capital, Globally (as Homelessness is on the Rise)

Abstract: In ihrem Beitrag „From ‚Homeland Security' to ‚Heimat shoppen'" beleuchtet Sabine Sielke die aktuelle Konjunktur der kulturell spezifischen Begriffe „Heimat", „home" und „homeland" im Kontext neoliberaler Ökonomien, extremer wirtschaftlicher Ungleichheit und globaler Migration, die einhergehen mit einer nostalgischen Sehnsucht nach einer Raum-Zeit, die nie war. Für das grundlegend paradoxe Selbstverständnis der US-amerikanischen Kultur, so ihr Argument, war die Trope „home" jedoch immer schon zentral. Als Nation von Migrant(inn)en und sklavenhaltende Siedlerkolonie haben sich die USA als multikulturelle, höchst mobile Gesellschaft vermeintlicher „homeowners" multipler „homelands" etabliert, für die „home" als Figur von In- wie Exklusion fungiert. Der Beitrag zeigt, wie an diesen „Heimatfronten" stets aufs Neue Ängste vor einer ‚Invasion' des Fremden geschürt und somit nicht zuletzt politische Maßnahmen – wie der „Homeland Security Act" oder das Projekt einer „big, big beautiful wall" – legitimiert werden.

I would like to open my argument by picking up three points that Beate Binder makes in her illuminating contribution to this book, her essay "Politiken der Heimat, Praktiken der Beheimatung" – points relevant for my own case which explores both the common ground and the distance between two territories, marked by the German term "Heimat" and the English word "homeland" or, broader still, "home."

First, discourses on "Heimat" and "homeland" are never harmless. They suggest "attachment to a material or virtual space" and resonate with the longing for a "locality" (Arjun Appadurai qtd. in Eigler and Kugele 2002, 1); as they raise questions of belonging, they also drive processes of inclusion and exclusion. Evidently, the term "Heimat" engages modes of "Gemeinschaft" (or community) rather than "Gesellschaft" (or society; I am calling on the established distinction Ferdinand Tönnies made). Like "Heimat," however, the concepts "Gemeinschaft" and "community" are quite contested, too – and that goes for common US-American notions of a "black community," evolving from the pressures of racism

---

Note: I thank Dr. Björn Bosserhoff for excellent research assistance and much care and expertise during final work on the manuscript.

https://doi.org/10.1515/9783110650624-013

and racial violence, as much as for the return of terms like "Volksgemeinschaft" in the vernacular of the political right in Germany. Likewise, if not more significant is that the "illusory qualities attributed to 'community'" are evoked with increasing frequency while at the same time "the ill, the inadequate and the defective [...] receive little in the way of constructive social intervention" (Stanley Cohen qtd. in Bauman 2017, 42) and sociality turns increasingly "tribal" (see Bauman 2017, ch. 2).

Second, the term "Heimat," as it currently proliferates, projects imaginary or imagined rather than lived communities. Our discussion of "Heimat" thus calls upon the work of Benedict Anderson who redefined nations as such "imagined communities." Interestingly enough, while "Heimat" and nation are quite distinct entities, current political uses of the terms tend to conflate them. My own take on the revitalization of the term "Heimat" derives from the collaborative interdisciplinary project on nostalgia as the longing for a time-space that never was, undertaken at the Zentrum für Kulturwissenschaft/Cultural Studies of the Universität Bonn from 2010 onwards (see Sielke 2017a; http://www.nostalgie-uni-bonn.de/). "Heimat," I hold, is a paradigmatic example of such imagined or invented – and serially re-imagined and re-invented – time-spaces, and as Eigler and Kugele acknowledge, "representations of *Heimat* frequently involve narratives of loss and nostalgia" (2012, 3). Like "homeland" or "home," "Heimat" as a trope of nostalgic longing not only drives discourses on communities and what Robert Putnam, in his study *Bowling Alone: The Collapse and Revival of American Community*, called "social capital" (Putnam 1995, 18 ff.); it successfully harvests cultural capital and, more recently, considerable revenue by inviting us to go "Heimat shoppen" (see Fig. 1 below).

Consequently – and this is my third point –, I am less interested in how we define or what we mean by "Heimat," but in who talks about it in what way at what time in cultural history. Gunther Gebhard, Oliver Geisler, and Steffen Schröter poignantly speak of "contours and conjunctures of a contested concept," this being the subtitle of their 2007 book *Heimat*. Accordingly, my essay interrogates the extensive scope, global reach, and economic revenue currently tied to our desire to somehow "belong," transported by the contours and the veritable boom of this contested term and its kins. It is certainly no coincidence, I'd like to suggest, that "Heimat" and "homeland" multiply at a time when over 70 million "forcibly displaced" people[1] are roaming this planet and homelessness comes ever closer to home as rents keep rising (see Bauman 2017, 79), along with nationalist tempers in the United States as much as in parts of Europe. Even though "[i]n the modern

---

[1] See https://www.unhcr.org/figures-at-a-glance.html (17 December 2019). The anthropologist Michael Agier projects 1 billion displaced persons in the next forty years (Bauman 2017, 79).

era, massive migration is not a novelty" (77), the ongoing "Heimat" boom, I argue, is inextricably tied to (the populist rhetoric on) the rise in 'nomadism' and social insecurity, an accelerated redistribution of wealth resulting in hitherto unknown economic inequalities, and the return of the nation after a temporary, fleeting flirt with transnational dynamics.

My following argument evolves in four steps. In step one, I show how matters of definition remain relevant for an investigation of the cultural work discourses on "Heimat" and "homeland" achieve, especially when taking transcultural perspectives on a global dynamic. My second move delineates the explanatory power of reassessing "the emotional warmth of belonging" (Bauman 2017, 55) tied to the terms "Heimat" and "homeland" as a mode of nostalgia. This is of particular relevance for step three which turns to the centrality of the trope of home in US-American culture – a culture whose fundamentally nostalgic self-conception is closely tied to the status of homeownership. With its particular history as both a nation of refugees and migrants and a slave-holding settler colony that brought forth a multicultural and, out of sheer economic necessity, a highly mobile society, accommodating multiple homelands, US America employs "home" as a figure that drives exclusion as much as inclusion. In my fourth and last step I show how the trend to securitize both domestic and foreign policy, driven by US politics long before the events of 11 September 2001, and the re-erection of homefronts during the global "war against terrorism" interrelate with the dynamics of a neoliberal economy that thrives on selling sentiments of "home" – or "Heimat" – to cultures encouraged to fear foreign 'invasion.'

Step One. Mapping Cultural Territories: *Heimat*, Homeland, Homes

A special issue of *Die Zeit*, published in December 2018 as a review of the year, featured an article by Wim Wenders, entitled "Einmal Heimat, bitte," whose extended headline raised the following questions: "Is home where you come from or simply the spot on earth you are inhabiting? Is there just one home or can we think of home in the plural? Is it a place or a feeling?"[2] Encircling a definition, this series of questions suggests that "Heimat" is not either/or but both and more; after all, the term has accumulated multiple meanings since it emerged in

---

2 "Ist sie [Heimat] da wo man herkommt, oder einfach der Flecken Erde, den man bewohnt? Ist sie einzigartig oder auch im Plural denkbar? Ein Ort oder ein Gefühl?" (Wenders 2018)

the late eighteenth century. Once understood as a person's birthplace, "Heimat" now covers much additional ground. Negotiating matters of inequality and identity – a highly problematic term, controversial long before the "identitarians" claimed it –, "Heimat" has not only turned into a battleground of (cultural) politics. Once associated with sedentariness and close ties between people, places, and lived lives, "Heimat" has meanwhile refigured as "Heimat 2.0" and extends into McLuhan's idiomatic "global village." It even seems to make for new utopias: "The home of the future," Johannes Schneider claims in 2017, "is a patchwork instead of a privilege. It is available to anyone searching for it, to all those who [...] emotionally rely on being at home somewhere, somehow."[3] However, the very terms Schneider employs reek of the kind of "retrotopia" that Zygmunt Bauman, in his last, posthumously published book of that title, has so convincingly, if darkly, mapped; accordingly, my argument is pertly indebted to Bauman's perspective. Due to this ongoing discursive expansion and an increasing cultural validity that drives consumption, I mean to suggest, "Heimat," "homeland," and "home" have overcome their distance and share increasing common ground, despite their cultural specificity.

Now, first on to "Heimat" whose recent revitalization – "Hilfe, es heimatet sehr," Schneider calls out – has come as a surprise on our home turf. One need not be my age or older to remember that after World War II the term demarcated a no-go area for decades on German territory, for obvious reasons. Effectively stained by the "Blut und Boden" mentality of national socialism, "Heimat" traveled with a heavy baggage that not too many were eager to lift. Not heavy enough, however, to make "Heimat" disappear completely from our radar. By the 1960s, the production of "Heimatfilme" was a common enterprise and so was the field of "Heimatkunde" in primary schools. Growing up in what was then called "West Berlin," I learned about the Märkische Heide and end moraines. Apart from that, I always felt that home is where the heart is and wherever I unpacked my suitcase. In fact, "Heimat" seemed of little relevance for me personally – until I left "our island" to live in North Carolina and Boston temporarily and for the Rhineland for good. Or as Bernhard Schlink writes in *Heimat als Utopie* (2000): "Home is utopia: you experience it most intensely when you are elsewhere and long for it; the actual feeling of home is home-sickness. [...] It is memories and longings that make places homes."[4] Interestingly enough, Schlink recalls the original

---

3 "Die Heimat der Zukunft [...] ist Patchwork statt Privileg. Sie ist anschlussfähig für alle, die nach ihr suchen und die [...] für ihr psychisches Wohl darauf angewiesen sind, irgendwo oder irgendwie heimisch zu werden." (Schneider 2017)
4 "Heimat ist Utopie: Am intensivsten wird sie erlebt, wenn man weg ist und sie einem fehlt; das eigentliche Heimatgefühl ist Heimweh. [...] [D]ie Erinnerungen und Sehnsüchte machen die Orte

usage of the term "nostalgia" here: in his 1688 medical dissertation physician Johannes Hofer defined nostalgia – from Greek *nóstos* or return (to one's homeland) and *álgos*, pain – as a pathological "homesickness" that befell Swiss soldiers in foreign lands.[5] Yet even if "[n]ostalgia is oriented toward a beginning," as Michael Rutschky argues in 2005, "a point of origin at which it was unknown how the story was going to go on; when the mere act of wishing was useful – when we could still imagine the future as an ideal state" (1057), the term „retrotopia" seems more fitting to grasp the complex dynamics of current cultural longings. Emerging from a "double negation of a More-style utopia" – the first of which untied "prospects of human happiness" from any particular *topos*, the second negated what these prospects negated, including the reign of unwise rulers – are "visions," as Bauman argues, "located in the lost/stolen/abandoned but undead past, instead of being tied to the not-yet unborn and so inexistent future" (2017, 4–5). While the future "is transformed," Bauman continues, "from a natural habitat of hopes and rightful expectations into the sight of nightmares," projecting job and housing losses and effects of declining social mobility (6), visions of a retrotopian "Heimat" retain a utopian spirit nevertheless, "the hope of reconciling, at long last, *security* with *freedom*" (8). Evidently, these visions morph and return in multiple modalities, most visibly perhaps as trendy labels for marketing almost anything from regional foods to furniture to safe futures.

Now "homeland" and "home" (from Old English *hām* and related to German *Heim*[6]) are located at some distance from what we call "Heimat;" and yet, like "Heimat," they are mind-spaces, imaginary locations whose shapes are open, variable, and frequently redrawn. Home is a much larger terrain, of course, covering a culturally diverse global landscape, taking different shapes in different regions of this planet, and often shaping up as local resistance to trends of globalization. In the context of the far field of cultural studies, "home" saw a seemingly unspectacular return as a key term of postcolonial critique – a 'restauration' that became somewhat suspicious only later, as in recent debates on nostalgia. "The danger of nostalgia is," Svetlana Boym noted, "that it tends to confuse the actual home and the imaginary one." This danger is most prominent, Bauman reminds us, in what Boym distinguished as "restorative nostalgia" (from its reflective kind), a longing which characterizes "national and nationalistic revivals all over the world" (qtd. in Bauman 2017, 3). This global political and economic dynamics – Boym spoke of

---

zur Heimat" (Schlink 2000, 32). In *Heimat ist die schönste Utopie* (2014), Robert Menasse echoes Schlink's title.

5 For homesickness, see, e.g., Matt 2011; Bunke 2009; Kittler 1986; Pott 1986; Greverus 1965; Ernst 1949; Jaspers 1996 [1909]; Kluge 1901.

6 See https://www.etymonline.com/word/home (17 December 2019).

a "global epidemic of nostalgia" that, as Bauman diagnoses, "took over the baton from the (gradually yet unstoppably globalizing) 'epidemic of progress frenzy'" – has fundamentally transformed our sense of how we inhabit our respective space and time (Bauman 2017, 3, 4). For Bauman, it brought forth what he considers our current "age of nostalgia" (1–12).

Put in this perspective, there is much less of a stretch between "Homeland Security" – an institution that evolved in the context of the global "war on terror" the US has been waging in the aftermath of 9/11 – and "Heimat shoppen," an ad campaign that, in a cultural climate resisting globalization, successfully markets and sells regional products in North Rhine-Westphalia with the label "Heimat" and its shiny retro appeal (Fig. 1).

Fig. 1: Logo of the IHK Mittlerer Niederrhein's "Heimat shoppen" campaign.

For meanwhile, the regional flavor we fall for need not even taste like home: come October, for instance, we all get invited, by globally operating supermarket chains as much as by high fashion designer brands, to dress up in a Dirndl or "Lederhose" and get ready to flush down Pretzels with quantities of beer at our regional Octoberfest, no matter whether we live in Bavaria, Berlin, Boston, or Beijing. Accordingly, the US-driven global "war on terror," the nationalist agenda of "making America great again," and the growing cultural significance of imaginary "homelands" in many parts of this world do in fact interdepend, while all along neoliberal economies thrive on a politics of fear and violence.

Step Two. Marketing Nostalgia, or: Cultural Transformations of an Imaginary Time-Space

One way to understand the current revitalization of concepts of home, homeland, and "Heimat," I hold, is to frame this trend within a larger tendency of global cultures of fear, operating in times of seeming temporal acceleration, to market and successfully sell old longings, a revenue that is gained by way of retro aesthetics and goes by the name of nostalgia.[7] Indeed, nostalgia and retro are phenomena of modernization that are currently booming. This goes for popular culture, where retro aesthetics is the dominant mode of design and media formats, as much as for political decision-making processes which, like Brexit or Trump's style of politics, are driven by a 'longing for a time that never was.' Even our taste buds are sent off to time travel. With serial repetition McDonald's, for instance, serves its customers around the globe a 'limited edition' of the "1955 Burger," sometimes accompanied by a Coke in a retro glass, and thus delivers a nostalgically retrospective view of the fast food company's own history which took off in 1955. Similarly, in Germany, the politically incorrect "Sarotti Mohr" – the logo of a more or less average chocolate company – returned from the undead a few years ago, calling for new attention with a design that showcases the 'good old days' of colonialism, while the globally operating discount supermarket Aldi holds in store a "Nostalgie-Tüte," a nostalgia bag with sweets in old-fashioned candy store style, thus recalling a long-gone economy. It seems safe to say that there is no nostalgia without retro, yet plenty of retro without nostalgia; for retro works and, more importantly: it sells without nostalgia (even if "nostalgia" is what is being offered).

This boom of retro products and nostalgic longings is not limited to consumer culture; nostalgia also booms in recent scholarship in the humanities, social sciences, and social psychology. However, nostalgia has remained a vague and undertheorized concept seemingly identical with retro. What is needed is a conceptual framework that accounts for what nostalgia and retro manage to accomplish in times of (supposed) acceleration and multiply motivated cultural anxieties, an understanding of when time-spaces we label 'nostalgic' emerge, how retro aesthetics shapes affects, what role media of reproduction and simulation play for the close affinity between nostalgia and consumption, and how

---

7 In this part of the article I draw on earlier work on nostalgia and retro which evolved from the aforementioned collaborative research project; see Sielke 2015, 2017a, 2017b, 2019.

nostalgia can be distinguished from other modes of memory – with which it shares, however, a dynamic that moves forward, not backward.

From the publication of Hofer's treatise up until the end of the eighteenth century nostalgia was deemed a deadly illness. In many ways common notions of nostalgia have retained this taint of the pathological, in part because psychology up to the 1950s and 60s took nostalgia as a – negatively connoted – spatial term associated with a longing to be home. However, the transformation of nostalgia from a spatial into a temporal term set off much earlier, in the middle of the eighteenth century – at the very time the term "Heimat" evolved, along with the founding of nations. This shift from a spatial to a temporal register is partly driven by the rise of media of technical reproduction, like print. It is moreover aligned with an overall tendency toward an acceleration of life forms and a subsequent temporalization of concepts that scholars, including Reinhart Koselleck (1979) and Niklas Luhmann (1980), have identified as characteristic of the so-called "Sattelzeit" (or saddle time) between 1750 and 1850. During the industrialization of the eighteenth and nineteenth centuries, an era perceived of as increasingly dynamic just like our own age of digitalization, phenomena of nostalgia emerge that seem to 'arrest' time; they counterbalance a speedy present with aesthetic recursions to an idealized time-space, such as a pre-industrial economy or an 'original' state of nature untouched by culture, both of which became privileged reference points for Romanticism, for instance. Emerging in the mid-eighteenth century and impacting on European culture(s) as well as on colonial contexts of the Americas and Asia, these phenomena range from the invention of childhood to the soundscape of current online games that rings bells of late 1980s and 90s computer cultures.

However, the term nostalgia has recently gotten re-associated with spatial dislocation, exile, and diaspora. Bemoaning "the erosion of the central role that geography once had for our understanding of nostalgia," Alastair Bonnett, in his 2016 study *The Geography of Nostalgia: Global and Local Perspectives on Modernity and Loss*, holds that "mobility, landscape, environment and the hunger for the *place* called home still provide the most characteristic tropes for the nostalgic imagination" (2). This claim itself is part of a revival of the term "home" both in the critical debates on post-colonialism and as part of a more widespread resistance to globalization that makes the local, the proximate, the supposedly familiar matter in new ways. The imaginary time-space "home" gets mapped by cultural practices ranging from literary texts, like Toni Morrison's *Home* (2012) and Yaa Gyasi's *Homegoing* (2016), to attempts at recreating long-lost spaces and milieus, such as pre-colonial villages, be it in ethnographic museums or in tourist destinations (cf. Gunsenheimer and Melzer 2017). Such practices employ styles, aesthetics, and materials as traces of time and stage imagined homelands to which we are invited to 'return' (granted we can afford the entrance fee). All the while – and at the very time when social insecurity ranks as a "permanent human condition" (Bauman 2017, 23) for many and homelessness is on the rise, globally – those others who are privileged to inhabit comfortable homes reassure themselves of being safe and secure with decor and day-to-day objects in retro design. Yet others engage in "homely" – and often costly – do-it-yourself activities from brewing their own "local" beer to harvesting their urban garden.

Challenging the work of social psychology that rehabilitates nostalgia as "a psychological resource," a "desired state" (Routledge 2016, 7), and an anodyne, if not cure-all and universal remedy (see Rettig 2013), I suggest that nostalgia is neither a kind of attitude nor a characteristic of certain objects, but a cultural phenomenon of modernization characterized by a convergence of complex processes of temporalization and spatialization and their aesthetic configuration. Nostalgia – and this includes affects produced by projections of imaginary time-spaces called "Heimat" or "home" – evolves with, indeed is an effect of modern technologies of reproduction from print to digital modes which have enabled us to experience time and space in entirely new ways. The invention of photography, for instance, allowed to 'freeze,' reproduce, and manipulate what the human eye perceives as a fleeting moment in time, turning an instance into a fixed representation of and highly selective romance with 'the past.' Photography thus became the paradigmatic medium of a nostalgic remembrance of a lost world of objects and subjects that remains visible and thus memorable for us solely by means of technology. Digitization has affected our sense of time and space in even more radical ways, as it diminishes our sense of linear temporality by what we experience as synchronicity. What is more, digital technologies foreground that nostalgia is, to a large extent, a response to media aesthetics. And this becomes perfectly evident, for instance, as we color recent photographs in the sepia tones of yesteryears. Operating with aesthetic techniques and media that guide perception and shape affects, nostalgia closely interacts with processes of commodification and shapes time-spaces that reaffirm global capitalism even as they defy the collateral damages of globalization, which include the increase of migration and homelessness.

Step Three. (Im-)Migration and/as Homegoing? On the Paradoxical Self-Conception of US-American Culture

Evidently, neither is "Heimat" – a concept "central to a critical understanding of German history and culture" (Eigler and Kugele 2012, 2) – a key term in US-American culture nor do approximations such as "home," "homeland," or "hometown" resonate with the same "emotional depths" that garners the German word "Heimat" (Keane 1997, 81). As a homeowner society, however, US America is deeply invested in the affective modes embedding the trope of "home, sweet home." Moreover, nostalgia is, as I have argued elsewhere, fundamental to US-American culture's sense of itself, a self-conception that builds on a paradox: having existed as an imaginary space even before it was 'discovered,' America remains a work-in-progress, a project that keeps emerging and promises to be completed in a not too far future. Accordingly, American political institutions – be it the office of the president or the Supreme Court – continuously reiterate foundational texts, including the Declaration of Independence and the American Constitution.

Born from a longing for a home away from home, the distance between "Heimat" and an American "homeland" is due to a history of migration and mobility; and we might want to recall, in this context, that it was both religious dissenters such as the Puritans and "redundant people" (Bauman 2017, 77–78) that settled as refugees in the "New World" or what some deemed the "New Canaan." Never mind that settlers collided with native Indian tribes and that the Puritans had a limited tolerance for those who dissented from their own dissent. For most migrants that followed, of course, their move to America was motivated, first and foremost, economically, as projected impressively by Edgar Reitz's 2013 addition to his film series *Heimat* (1984–2004), entitled *Die andere Heimat*. While his series traces the fate of a Hunsrück family from the 1840s to the year 2000, *Die andere Heimat* zooms in on those who, in the nineteenth century, leave the old "Heimat" in search of a new one in Brazil. While Reitz's black and white Hunsrück is harsh and unrelenting, the "other" imaginary "Heimat" far away, by contrast, drives the most persistent nostalgic longings. Reitz even recently opened a cinema in his hometown Morbach, the smallest of its kind in Rheinland-Pfalz, which he called "Heimat Kino." "Das ist der Ort meiner Kindheit," Reitz commented the event, "der begleitet mich mein ganzes Leben" (qtd. in Heinrich 2019).

Still, even though "nostalgia," as Bonnett holds, "is a persistent facet of the migrant experience" (3), when migrating to America, homesickness was not an option; the cultural imperative was to forget your European "home," find a new one, and reinvent yourself as American. By the end of the eighteenth century, in his *Letters from an American Farmer* (1782), the French-American writer J. Hector St. John de Crevecoeur famously envisioned the American as a "new man." "*He* is an American," Crevecoeur wrote,

> who, leaving behind him all his ancient prejudices and manners, receives new ones from the new mode of life he has embraced, the new government he obeys, and the new rank he holds. He becomes an American by being received in the broad lap of our great *Alma Mater*.

> Here individuals of all nations are melted into a new race of men, whose labours and posterity will one day cause great changes in the world. [...] The American is a new man, who acts upon new principles; he must therefore entertain new ideas, and form new opinions.
>
> (de Crevecoeur 2008 [1782])

The programmatic incentive to "make it new" by "making yourself over" is a plea at the heart of modernization, playing out in the deeply nostalgic self-conception of US-American culture as a recurrent "nostalgia for the new" (cf. Sielke 2015). It inspired as much as it haunted immigrant narratives, as we can read, for instance, in the texts of Anzia Yezierska who hailed from Poland and in the 1910s and 20s wrote about Jewish immigration to New York City's Lower East Side. Yet while trying to adapt and fit in, migrants to the US also maintain their cultural traditions and often recreated an imaginary version of their respective "Heimat" or homeland on American soil. To some degree – and not unlike the Amish in parts of Pennsylvania – German communities in the Midwest or Texas, for instance, have clung to and frozen in time cultural customs unknown and forgotten in a German culture that, like any other, has kept transforming over time. Indeed, due to the vast geographical expanse of US territory, immigrant communities were able to establish what in German debates has been denounced, repeatedly, as "parallel societies" ("Parallelgesellschaften" – mind you, not "Parallelgemeinschaften"). At the same time, many, if not most, large North American cities feature remainders of a "Little Italy" or "Chinatown," "homes away from home" that more often than not turned into kinds of museum spaces, selling simulations of communities that never were, and catering mainly to tourists' longing for 'authentic' experiences.

In this context, Philip Roth's provocative 2004 novel *The Plot Against America* comes to mind. The novel literalizes the claim, put forth by Peter Novick in his study *The Holocaust in American Life* (1999), that the Holocaust has become an American memory by envisioning an alternate history: the US turns fascist after Theodore Roosevelt, in the presidential race of 1940, is defeated by right-winging aviator Charles Lindbergh who in real life served as the spokesman of the America First Committee. While the novel's protagonist holds that only in America have Jews been able to establish and live in Jewish communities, the new government considers these communities "ghettos" and, "[i]n compliance with a request from Homestead 42, Office of American Absorption," enforces 'cultural integration' by relocating Jewish citizens to a "challenging environment steeped in our country's oldest traditions where parents and children can enrich their Americanness over the generations" (Roth 2004, 204–205). This, of course, is a bitterly ironic take on the practice of desegregation busing in the 1960s and 70s – a politics back on the agenda during the debates of democrats competing for the presidential nomination in 2020.

This also reminds us that not all 'migrants' came to America and formed their communities voluntarily; indeed, the term "black community" has served as a trope of resistance against the systemic violence and ongoing discrimination against African-Americans in the US more than as a reference to forms of lived sociality. Therefore, African-American cultures have, at different moments in time, projected Africa as the true home of black Americans who descended from former slaves, as for instance Marcus Garvey's "Back to Africa" movement or Black Power activism did. At the same time, though, this longing for a 'home-going' to Africa was highly controversial. In his poem "Heritage" (1925), African-American poet Countee Cullen, for instance, raises and attempts to answer the question "What is Africa to me?", foregrounding that Africa amounts to foreign territory for most African-Americans, too: – "Copper sun or scarlet sea," "A book one thumbs / Listlessly, till slumber comes" (Cullen 1969 [1925], 36–37). This context also fits Morrison's aforementioned novel *Home* which follows Frank Money, a 24-year-old African-American veteran of the Korean War, on his journey "home" a year after he was "discharged from an integrated Army into a segregated homeland." Wandering from Seattle back South toward Lotus, Georgia, the text works as an allegory on the black experience just as much as a general take on "home" and "homelessness" in the United States. All of this underlines the fundamental paradox that drives the self-conception of US-American culture – a culture which can be inclusive only because it also excludes: its imaginary time-space allows for dissent and diversity at the local level, thus accommodating the foreign and the other, while commonly affirming the consensus called America: *e pluribus unum*.

Now just like nostalgia, as American writer Peter de Vries once put it, "isn't what it used to be" (qtd. in Guffey 2006, 20), the discourse on migration, immigration, and the significance of the local has certainly transformed over time. Just as his recent plea "to send [congresswoman Ilhan Omar] back" ("home," we may easily add), Trump's long-standing proposal to keep out "bad hombres," "criminals," and "rapists" from south of the border by erecting a "big, big" unsurmountable wall – a populist vision that employs a well-traveled figure of speech which, if ever materializing, amounts to an uneconomical as much as ineffective barrier –, this promise is part of what is conceived of as a "politics of nostalgia." Whereas Ronald Reagan's 1987 plea, "Mr. Gorbachev tear down this wall," inaugurated what for some time seemed a borderless, open-minded new century, the building of walls has once again turned into a trendy and thriving global business, in Hungary, Spain, and Australia as much as in the United States. This may be even more surprising as borders have become increasingly exterritorialized, with control measures dislocated from state territory, thereby shifting the relation between territoriality and state control considerably (see

Mau et al. 2008; Laube 2013). Yet more than as concrete barriers walls serve as tropes, performing the task of "hypocritical agents which solve all our problems," as Torsten Körner puts it in 2019. "They promise order, national sovereignty, stop illegal migration, drugs, and work as brooms do, sweeping away the scum of the world piling on our doorstep."[8]

Likewise surprising is that Trump's politics reverses the logic of the Bush administration's immigration politics which acknowledged the Hispanization of the US as an ongoing and irreversible development. Not unlike Obama, George W. Bush, Jr., had been well aware of how important legal or illegal immigrants are as potential future voters. In July 2004, "call[ing] for a major overhaul of America's immigration system," Bush proposed to "grant legal status to millions of undocumented workers in the United States," a proposal that, according to critics, amounted to nothing less than "an amnesty for illegal immigrants" and accordingly did not pass Congress (NBC 2004).[9] His plans for the Department of Homeland Security did, in 2002. Since then, immigration to the US – which prides itself on being "a nation of immigrants" – has been subjected to severe restrictions, ranging from practices of ethnic profiling to a series of "muslim bans," and to much doublespeak. While supporting the (Kurdish) opposition in the Syrian Civil War, for instance, the US has granted only a tiny portion of Syrian refugees asylum and a "new home" in the United States.[10]

Step Four: Homeland Security, Cultures of Fear, Neoliberal Economies

Securitization has been a trend in US-American politics for more than three decades and the dominant view of 9/11 as a historical turning point has long been challenged. Instead, the 2001 "attack on America" and its aftermaths allowed

---

[8] "Weltweit kehren jetzt Grenzzäune und Mauern zurück. Sie treten auf als scheinheilige Akteure, die uns die Probleme vom Hals schaffen. Sie versprechen Ordnung, nationale Souveränität, sie stoppen illegale Migration, Drogen, sie sind wie Besen, die den Unrat dieser Welt vor unserer Haustür beseitigen." (Körner 2019)

[9] His successor Obama, by contrast, expressed support for the so-called Dream Act (acronym for Development, Relief and Education for Alien Minors) and for "fixing" the immigration system, yet continued to enhance return immigration by deportation.

[10] See https://www.pewresearch.org/fact-tank/2018/01/29/where-displaced-syrians-have-resettled/ (17 December 2019).

to consolidate slowly emerging "climate changes" in foreign and security policy and international law; it has transformed the political infrastructure of the US-American "homeland" and, along with it the re-erection of home-fronts during the global "war against terrorism" (cf. Kloeckner et al. 2013), interrelated closely with the dynamics of a neoliberal economy. After all, fear drives consumption while the heightened level of risk perception, so Ulrich Beck warns, also plays the values of freedom and security off against each other (Beck 2009).

But what is "Homeland Security" to begin with? Established by the Bush administration as a result of the Homeland Security Act of 2002, the "most important mission" of the "U.S. Department of Homeland Security" (DHS) – as we can read on its official website – "is to protect the American people."[11] Unlike a wall structure lining the Southern border, though, Homeland Security oversees an unbounded territory (even though the Trump administration's policies very much seem to capitalize on border enforcement, neglecting other areas of "Homeland Security"; see Ordoñez 2019). By way of the DHS's huge institutional apparatus – its website lists more than ten "operational components, including ICE (Immigration and Customs Enforcement) and the U.S. Secret Service – the American "homeland" has turned into a vast territory with multidimensional horizons. Accordingly, the scope of homeland security reaches from strengthening "preparedness and resilience" in the U.S. population to preventing "a potential 'cyber 9/11.'"[12]

However, the home mapped and guarded by "Homeland Security" seems to be a foreign country for many living in the US-American heartland. In her 2007 account of "Homeland Security Behind the Redwood Curtain," Judith Boyd, then Deputy Assistant General Counsel for Intelligence and Analysis at the DHS, reported that in places as remote as Humboldt County, California, "all homeland security is [considered] local." Documenting her sojourn in a place where visiting a Wal-Mart affords a 100-mile roundtrip, where people bond locally, count on social capital, "do not expect much from their government," and feel that "the biggest threat to their lives is drugs and not terrorists" (2007, 8), Boyd sketched a homeland that became part of Trumpland ten years later, a (staunchly Democratic) region by no means separate from a larger US-American territory where homelessness is rampant and a profit-driven "opioid epidemic" has taken some 400,000 lives since 1999.[13]

---

11 See https://www.dhs.gov/cisa/hometown-security (17 December 2019).
12 See https://www.dhs.gov/mission (17 December 2019).
13 See https://www.cdc.gov/drugoverdose/epidemic/index.html (17 December 2019).

For many others, by contrast, the ongoing extension of danger zones, accomplished in part by DHS, has nurtured the desire to be safe and secure; it thus drives a self-perpetuating process that informs politics and policies, in Europe as well as in the United States. Our discourses on, if not our longings for "homes" and "Heimat" are tightly woven into that fabric which itself is embedded by frames of commodification, selling modes of resistance against seemingly inscrutable processes of modernization. Feeling at home and "beheimated," though, comes at the cost of income as much as of civil liberties, which are deemed a prerequisite for a prosperous economic development in capitalist market economies (such as the United States and Germany). Zygmunt Bauman takes this a step further and sees a clear conjunction between the warding off of terrorism – which criminalizes everything, as Henry Giroux claims (qtd. in Bauman 2017, 19) – and the workings of our neoliberal economies. In *Retrotopia*, Bauman calls on Giroux, author of *America's Addiction to Terrorism*: "Neoliberalism," Giroux holds, "injects violence into our lives, and fear into our politics" – to which Bauman adds: "and vice versa: violence into our politics, and fear into our lives" (19). Thus we should not be surprised that the terrorist war against America recently emerges from the American heart- and homeland itself. Indeed, to many observers the United States seems threatened less by attacks launched from afar than by acts of domestic terrorism, such as the August 2019 shooting in a Walmart in the border town of El Paso which killed 22 people, many of whom had a Latino background.

"Einmal Heimat, bitte" is currently, next to various forms of drugs perhaps, one of our favorite remedies, and Wenders jokingly, yet poignantly suggests that homeyness can be ordered and consumed à la carte. Campaigns such as "Heimat shoppen" not only encourage consumers to buy regional products rather than feeding on global markets; they implicitly cater to a politics that utilizes the term "Heimat" in order to boost a national agenda. After all, as Beate Binder notes, the main instrument of the newly founded "Bundesministerium des Inneren, für Bau und Heimat" is the commission "Gleichwertige Lebensverhältnisse" (equal living conditions) which aims not at celebrating regional diversity and thus hiding economic inequality, but at leveling regional (economic) differences. Similarly, the lip service Trump pays to rural and urban regions "left behind" is meant to boost US-America's national scope: "America first." His imperative "Make America Great Again" – a slogan that adopts Ronald Reagan's invitation "Let's make America Great Again" of 1980 without its communal spirit ("let *us*") – envisions to make America white again; it projects the retrotopic phantasma of a thriving modern economic wonderland of 'unalienated' work and full employment where even the coal-miner was a truly happy fellow (and homeowner) – a time-space that certainly never was. Evidently, nostalgia and retro as affective modes of remembering forward have taken on the task of consoling and soothing us as late-capitalist economies mutate yet again, leaving many homeless and *heimatlos* along the way. Thus while our "widespread nostalgia" may indeed suggest, as Rutger Bregman writes in *Utopia for Realists* (2016), "that we still have ideals, even if we have buried them alive" (22), we should resist being duped into taking real options as mere ideals. One such supposed "ideal" that discourses on "Heimat" seem to mourn is the loss of direct, analogue, and sustainable social interaction, of a "social capital" that evaporated into the digital modes and networks of social mediation. For starters, we could easily make such mode of "Heimat" and "home" happen, every day – and reduce and resist shopping for "homeland security."

Works Cited

Bauman, Zygmunt. *Retrotopia*. Cambridge: Polity, 2017.
Beck, Ulrich. *World at Risk*. Trans. Ciaran Cronin. Cambridge: Polity, 2009.
Bonnett, Alastair. *The Geography of Nostalgia: Global and Local Perspectives on Modernity and Loss*. London: Routledge, 2016.
Boyd, Judith. "Homeland Security Behind the Redwood Curtain." *Homeland Security Affairs* 3, Art. 2 (Sep. 2007). https://www.hsaj.org/articles/141 (17 December 2019).
Boym, Svetlana. *The Future of Nostalgia*. New York: Basic, 2001.
Bregman, Rutger. *Utopia for Realists: The Case for a Universal Basic Income, Open Borders, and a 15-Hour Workweek*. Trans. Elizabeth Manton. Amsterdam: The Correspondent, 2016.
Bunke, Simon. *Heimweh: Studien zur Kultur- und Literaturgeschichte einer tödlichen Krankheit*. Freiburg: Rombach, 2009.
de Crevecoeur, J. Hector St. John. "Letter III: What Is an American?" *Letters from an American Farmer*. London: Davies & Davis, 1782. *The Avalon Project*. Yale Law School, 2008. https://avalon.law.yale.edu/subject_menus/letters.asp (17 December 2019).
Cullen, Countee. *Color*. New York: Arno Press, 1969 [1925].
Die Heimat. Dir. Edgar Reitz. 1984, 1992, 2004.
Die andere Heimat – Chronik einer Sehnsucht. Dir. Edgar Reitz. 2013.
Eigler, Friederike, and Jens Kugele. *Heimat: At the Intersection of Memory and Space*. Berlin: De Gruyter, 2012.
Ernst, Fritz. *Vom Heimweh*. Zürich: Fretz & Wasmuth, 1949.
Gebhard, Gunther, Oliver Geisler, and Steffen Schröter, eds. *Heimat: Konturen und Konjunkturen eines umstrittenen Konzepts*. Bielefeld: transcript, 2007.
Giroux, Henry A. *America's Addiction to Terrorism*. New York: Monthly Review Press, 2015.
Greverus, Ina-Maria. "Heimweh und Tradition." *Schweizerisches Archiv für Volkskunde* 61.1–2 (1965): 1–31.
Guffey, Elizabeth E. *Retro: The Culture of Revival*. London: Reaktion, 2006.
Gunsenheimer, Antje, and Markus Melzer. "Mexikos 'Magische Dörfer': Ein staatliches Programm für Nostalgiephänomene im öffentlichen Raum." *Nostalgie: Imaginierte Zeit-Räume in globalen Medienkulturen / Nostalgia: Imagined Time-Spaces in Global Media Cultures*. Ed. Sabine Sielke. Frankfurt a. M.: Lang, 2017. 177–209.

Gyasi, Yaa. *Homegoing*. New York: Knopf, 2016.
Heinrich, Claus. "Edgar Reitz eröffnet 'Kino Heimat' im Hunsrück." *SWR2* 13 Jan. 2019. https://www.swr.de/swr2/film-und-serie/Filmregisseur-Edgar-Reitz-Kino-Heimat-Morbach-Hunsrueck-Interview,article-swr-10896.html (17 December 2019).
Hofer, Johannes Jakob. *Dissertatio Medica De Nostalgia, Oder Heimwehe*. Basel: Bertsch, 1688.
Jaspers, Karl. *Heimweh und Verbrechen*. Ed. Elisabeth Bronfen und Christine Pozsár. München: Belleville, 1996 [1909].
Keane, Stephen. "Imaginary Homelands: Notes on *Heimat* and *heimlich*." *Angelaki: Journal of the Theoretical Humanities* 2.1 (1997): 81–89.
Kittler, Friedrich. "De Nostalgia." *Literatur und Provinz: Das Konzept „Heimat" in der neueren Literatur*. Ed. Hans-Georg Pott. Paderborn: Schöningh, 1986. 153–168.
Kloeckner, Christian, Simone Knewitz, and Sabine Sielke. "Introduction." *Beyond 9/11: Transdisciplinary Perspectives on Twenty-First Century U.S. American Culture*. Ed. Christian Kloeckner, Simone Knewitz, and Sabine Sielke. Transcription 6. Frankfurt a. M.: Lang, 2013. 13–25.
Kluge, Friedrich. *Heimweh: ein wortgeschichtlicher Versuch*. Freiburg: Lehmann, 1901.
Körner, Torsten. "Von Mauern und Menschen." *Deutschlandfunk* 13 January 2019. https://www.deutschlandfunk.de/grenzziehungen-von-mauern-und-menschen.1184.de.html?dram:article_id=436341 (17 December 2019).
Koselleck, Reinhart. *Vergangene Zukunft: Zur Semantik geschichtlicher Zeiten*. Frankfurt a. M.: Suhrkamp, 1979.
Laube, Lena. *Grenzkontrollen jenseits nationaler Territorien: Die Steuerung globaler Mobilität durch liberale Staaten*. Frankfurt a. M.: Campus, 2013.
Luhmann, Niklas. "Temporalisierung von Komplexität: Zur Semantik neuzeitlicher Zeitbegriffe." *Gesellschaftsstruktur und Semantik: Studien zur Wissenssoziologie der modernen Gesellschaft*. Vol. 1. Frankfurt a. M.: Suhrkamp, 1980. 235–300.
Matt, Susan J. *Homesickness: An American History*. New York: Oxford University Press, 2011.
Mau, Steffen, Lena Laube, Christof Roos, and Sonja Wrobel. "Grenzen der Globalisierung: Selektivität, Internationalisierung, Exterritorialisierung." *Leviathan* 36.1 (2008): 123–148.
Menasse, Robert. *Heimat ist die schönste Utopie: Reden (wir) über Europa*. Berlin: Suhrkamp, 2014.
Morrison, Toni. *Home*. New York: Knopf, 2012.
NBC. "Bush Seeks Legal Status for Illegal Immigrants". *NBC NEWS.com* 7 January 2004. http://www.nbcnews.com/id/3887721/ns/politics/t/bush-seeks-legal-status-illegal-immigrants/#.XVrS-HtCRPY (17 December 2019).
Novick, Peter. *The Holocaust in American Life*. Boston: Houghton Mifflin, 1999.
Ordoñez, Franco. "With Hurricane on Its Way, Trump's Move to Shift Funds Puts Priorities in Question." *NPR.org* 31 August 2019. https://www.npr.org/2019/08/31/756031244/with-hurricane-on-its-way-trump-move-to-shift-funds-puts-priorities-in-question (17 December 2019).
Pott, Hans-Georg, ed. *Literatur und Provinz: Das Konzept ‚Heimat' in der neueren Literatur*. Paderborn: Schöningh, 1986.
Putnam, Robert D. *Bowling Alone: The Collapse and Revival of American Community*. New York: Simon & Schuster, 2000.
Rettig, Daniel. *Die guten alten Zeiten: Warum Nostalgie uns glücklich macht*. München: DTV, 2013.
Roth, Philip. *The Plot against America*. Boston: Houghton Mifflin, 2004.

Routledge, Clay. *Nostalgia: A Psychological Resource*. New York: Routledge, 2016.
Rutschky, Michael. "Die Himmelsmacht der Nostalgie." *Merkur* 679 (2005): 1050–1059.
Schlink, Bernhard. *Heimat als Utopie*. Frankfurt a. M.: Suhrkamp, 2000.
Schneider, Johannes. "Hilfe, es heimatet sehr." *ZEIT ONLINE* 9 October 2017. https://www.zeit.de/gesellschaft/zeitgeschehen/2017-10/heimat-katrin-goering-eckardt-frank-walter-steinmeier/komplettansicht (17 December 2019).
Sielke, Sabine. "Nostalgisch nach New York." *Interkulturelle Schauplätze in der Großstadt: Kulturelle Zwischenräume in amerikanischen, asiatischen und europäischen Metropolen*. Ed. Kikuko Kashiwagi-Wetzel and Michael Wetzel. Paderborn: Fink, 2015. 59–72.
Sielke, Sabine, ed. *Nostalgie: Imaginierte Zeit-Räume in globalen Medienkulturen / Nostalgia: Imagined Time-Spaces in Global Media Cultures*. Transcription 9. Frankfurt a. M.: Lang, 2017a.
Sielke, Sabine. "Nostalgie – 'die Theorie': eine Einleitung." *Nostalgie: Imaginierte Zeit-Räume in globalen Medienkulturen / Nostalgia: Imagined Time-Spaces in Global Media Cultures*. Ed. Sabine Sielke. Frankfurt a. M.: Lang, 2017b. 9–31.
Sielke, Sabine. "Retro Aesthetics, Affect, and Nostalgia Effects in Recent US-American Cinema: The Cases of *La Land Land* (2017) and *The Shape of Water* (2018)." *Memory, Affect, and Cinema*. Ed. Russell J. A. Kilbourn. Spec. issue of *Arts* (2019). https://www.mdpi.com/2076-0752/8/3/87 (17 December 2019).
Tönnies, Ferdinand. *Gemeinschaft und Gesellschaft: Abhandlung des Communismus und des Socialismus als empirischer Culturformen*. Leipzig: Fues, 1987.
Wenders, Wim. "Einmal Heimat, bitte." *ZEIT ONLINE* 3 December 2018. https://www.zeit.de/2018/50/heimat-ort-gefuehl-landschaft-heimweh-fotografie (17 December 2019).

Ausblick

Bruno Latour
Heimat: Der Planet rebelliert. Der Boden unter unseren Füßen schwindet

Im Französischen gibt es keine Entsprechung zum Wort „Heimat", das in Deutschland immer wieder für Diskussionen sorgt. Mich erinnert dieser Ausdruck unweigerlich an Edgar Reitz' Filmchronik *Heimat*, die mich überwältigt hat. Während ich als guter kleiner Nachkriegsfranzose nur eine abstrakte und ziemlich polemische Vorstellung von Deutschland mit mir herumtrug, brachte diese Filmreihe mir das Land nahe und erfüllte es mit Leben.

In „Heimat" steckt für mich daher eine Medizin, die so stark ist, dass sie einem Fremden durch ein Kunstwerk das Gefühl vermitteln kann, einem bis dahin fernen Land anzugehören, ihm fest verbunden zu sein, seinen Nachbarn und seinen Nächsten in ihm zu erkennen. In meiner Fantasie saß ich immer wieder irgendwo in Deutschland in einem Zug und unterhielt mich mit Maria über unser Leben in Schabbach oder tauschte mit Paul oder Eduard Kindheitserinnerungen an den Hunsrück aus. „Heimat" hat für mich nichts, was zur Identität verpflichtet oder Blutsbande erfordert: Sie ist vielmehr ein Vermittler, der es erlaubt, von Neuem, existenziell, für einen selbst oder für die anderen zu erfassen, was es heißt, einem konkreten Ort anzugehören.

Wenn die Frage nach der Heimat überall, nicht nur in Deutschland, wieder zurückkehrt, dann offensichtlich deshalb, weil wir alle, aus welchem Land wir auch stammen, eine allgemeine Krise des Verlusts unseres Selbst und unseres Grund und Bodens erleben. Es ist dieses Gefühl der Verlassenheit, das der Psychiater Glenn Albrecht auf den Namen *Solastalgie* getauft hat. Die Nostalgie ist ein universelles und altersloses Gefühl, das uns angesichts der Erinnerung an eine entschwundene Vergangenheit zum Lachen oder zum Weinen bringt. Um es aber mit dem witzigen Titel von Simone Signorets Autobiografie zu sagen: *Die Nostalgie ist auch nicht mehr das, was sie mal war.* Es ist nicht mehr eine für immer verlorene Vergangenheit, die uns vor Elend zum Weinen bringt, sondern der Erdboden, der vor unseren Augen verschwindet, was uns nach und nach unserer Existenzgrundlagen beraubt. *Solastalgie* heißt, Heimweh zu haben, ohne ausgewandert zu sein, also Heimweh daheim. Dies ist der radikalste Effekt der neuen klimatischen Verhältnisse: Die Klimakrise, das allgemeine Artensterben, das Sterilwerden der Landschaften machen uns verrückt.

Man versteht meines Erachtens die Bedeutung nicht, die der Migrationsthematik beigemessen wird, wenn man außer Acht lässt, dass dieses Gefühl eines Bodenverlusts zu einem allgemeinen geworden ist. Menschen, die sicheren Boden

https://doi.org/10.1515/9783110650624-014

unter den Füßen haben, waren immer dazu fähig, andere, die durch Kriege, Hungersnöte oder Umweltkatastrophen von ihrem Land vertrieben wurden, bei sich aufzunehmen. Die gesamte europäische Migrationsgeschichte zeigt dies deutlich genug. Heute aber versuchen sich Völker, die ihres Erdbodens beraubt sind, bei Menschen niederzulassen, die sich selbst ihrer Erde beraubt fühlen, ohne dass sie sich von zu Hause wegbewegt hätten. Als sei die Migrationskrise universell geworden und brächte die Migranten von außerhalb mit den Migranten im Inneren in Konflikt: jene, die ihr Land verlassen müssen, mit jenen, die ihr Land, wenn man so will, verlassen hat.

Tragisch wird diese universelle Krise dadurch, dass die beiden traditionellen Lösungen, wie alle Beobachter einräumen, nichts mehr lösen.

Die erste, die man „globalistisch" nennen könnte, besteht darin, die Bürger davon zu überzeugen, dass sie unverdrossen nach vorn schauen und den Blick fest auf den mehr oder weniger strahlenden Horizont gerichtet halten sollen, der es ihnen ermöglicht, ihre alten Bindungen zu vergessen, mit ihrem provinziellen Geist zu brechen und am großen Mahlstrom der Globalisierung teilzuhaben. Damit man aber „Weltbürger" sein kann, muss es eine funktionierende Welt geben, die den Wohlstand derjenigen sicherstellt, die sich ihr widmen. Die planetarische Krise macht es jedoch unmöglich, noch an die Existenz einer Welt zu glauben, die als eine solche Ressource dienen und den Massen auf dem Marsch in Richtung Globalisierung ein Einkommen garantieren könnte. Die Welt, sprich der Planet, rebelliert. Er stellt die Existenzbedingungen dieser „Weltbürger" infrage, die sich unvermittelt „ohne Welt" wiederfinden und einen akuten Anfall von *Solastalgie* erleiden.

Die zweite Lösung ist uns wohlbekannt, weil sie gerade überall umgesetzt wird – von Brasilien bis Ungarn, den USA bis Polen, vom Großbritannien des Brexits bis zum heutigen Deutschland. Auch die „Neonationalisten" suchen einen Boden, der ihnen Schutz, Identität und Wohlstand garantiert. Aber es genügt nicht, sich nach und nach der Zwänge der Globalisierung zu entledigen, um sich wieder eines dauerhaften, unverbrüchlichen, glaubwürdigen und lebensfähigen Territoriums versichert zu sehen.

Die Vorstellungswelt der neonationalen Staaten, in die wir emigrieren sollen, jetzt, wo der Traum der Globalisierung seinen Glanz verloren hat, ist immer noch ärmer, weniger dicht besiedelt, unrealistischer als diejenige der solidarischen und integrierten Nationalstaaten, an deren Stelle sie sich setzen will. Das erklärt im Übrigen auch die Wut, mit der dieses Projekt der Einkapselung überall verteidigt wird. Sein einziger Inhalt ist die Identität – und deren einziger Inhalt wiederum die Feindseligkeit gegenüber den anderen, jenen Migranten nämlich, die die Blase der Illusionen, mit denen diese Identitäten sich erfunden haben, zum Platzen zu bringen drohen.

Wir müssen uns klarmachen: Es gibt kein politisches Angebot mehr, das uns einen Ausweg aus diesem Scheitern der Globalisten und der Neonationalisten wiese, ihrer Unfähigkeit, den Völkern, die sich verraten und verloren fühlen, einen Boden anzubieten. Die alten Formen des Liberalismus – im französischen oder englischen Sinn des Begriffs – sind wie die alten Formen der Sozialdemokratie zusammen mit den Parteien, die sie verkörperten, völlig entkräftet. Wo diese Parteien noch existieren, scheinen sie nicht in der Lage zu sein, in einer Sprache und mit einem existenziellen Ernst zu sprechen, die ausreichend wären, um die Fragen des Volkes und des Bodens von Neuem zu verbinden. Der Hauptgrund dafür ist, dass sie den „reaktionären" Charakter der Verknüpfung beider Begriffe fürchten.

Das erklärt auch die Unsicherheit, was ein guter oder schlechter Gebrauch des Wortes „Heimat" wäre, eines Ausdrucks, der viel zu lokal ist, als dass die „Globalisten" ihn mögen könnten. Zugleich ist er aber auch viel zu weltzugehörig, konkret, materiell, vielfältig, universell, als dass die Neonationalisten ihn verstehen könnten; sie wollen ihn vielmehr auf die alte Formel von „Blut und Boden" herunterbrechen. Noch immer begreifen die Politologen nicht, dass heute alle politischen Fragen von der allgemeinen ökologischen Krise abhängen.

Die ökologische Krise zwingt uns mit einer Gewalt und unter einem Zeitdruck, die immer noch weitgehend unterschätzt werden, dazu, die Begriffe des Volks und des Bodens wieder aufzugreifen und ihnen endlich einen konkreten Sinn zu geben. Statt über den „Aufstieg des Populismus" zu klagen und auf irgendeinen „Ruck" der Liberalen zu warten, täten diese besser daran, buchstäblich *unter ihren Füßen* danach zu schauen, auf welchem Boden die Völker, an die sie sich angeblich wenden, ihren Lebensunterhalt suchen und von welcher Welt sie sich ihren Wohlstand erhoffen.

Im ersten Teil von Edgar Reitz' *Heimat* wird der Schwarz-Weiß-Film von farbigen Momenten unterbrochen. Dies geschieht nicht unbedingt in den dramatischsten Augenblicken, sondern, soweit ich das beurteilen kann, eher in jenen, wo sich eine Übereinstimmung zwischen all den Schichten einstellt, die Heimat im Sinne der Lebenswelt bilden. Ein Gefühl der Fülle, das auf gar nichts Außergewöhnlichem oder Geheimnisvollem beruht, sondern darauf, dass sich der Vollzug des alltäglichen Lebens und die symbolische Repräsentation dieses Vollzugs entsprechen und überlagern. So erklärt sich die Überzeugungskraft des Wortes Heimat. Im Französischen könnte dieser Ausdruck mit *monde vécu* wiedergegeben werden: der *gelebten Welt*, der *Lebenswelt*, verstanden als die *Welt, von der man lebt*.

Tatsächlich hängen die mit dem Boden verbundenen Gefühle der Freiheit und des Glücks von der Möglichkeit ab, das, wovon man lebt, was es einem erlaubt, seinen Lebensunterhalt zu bestreiten, mit dem, was man sich vergegenwärtigen kann, zur Deckung zu bringen. Dies ist eine der Bedeutungen des Wortes Territorium im Französischen, wenn man es erst einmal seiner rein rechtlichen oder geografischen Dimension entkleidet hat: „Mein Territorium, das ist die Gesamtheit aller Wesen, der menschlichen wie der nichtmenschlichen, so entlegen und heterogen sie auch seien, die es mir erlauben, dauerhaft meinen Lebensunterhalt zu sichern." Umgekehrt bin ich ohne Territorium, ohne Boden, ohne Heimat, wenn ich diese Lebensgrundlagen verliere oder wenn ich noch über sie verfüge, sie mir aber nicht mehr vergegenwärtigen kann.

Nun ist ja klar, dass ein Bürger, dem man sagt, dass es keine Insekten und keine Vögel mehr gibt, kein Wasser und keine Luft, genauso den Boden unter den Füßen verliert, wie wenn man ihm ankündigt, dass die Fabrik, in der er arbeitet, nach Vietnam verlegt wird oder dass die Zeche in der Nachbarschaft den Körper seiner Tochter mit Schadstoffen belastet hat, die die Gesundheit ihrer Kinder gefährden. Alle Krisen unserer Lebensgrundlagen, ob sie, vereinfacht gesagt, sogenannte wirtschaftliche Ursachen haben oder, ebenso vereinfacht, ökologische, laufen inzwischen auf ein und dieselbe Beschreibung des Territoriums hinaus.

Genau das kann der Begriff Heimat so gut erfassen: Heimat ist nicht das Land der Kindheit, in das uns die Nostalgie zurückversetzt; auch nicht der alte provinzielle und bäuerliche Boden, aus dem man sich immer herausreißen musste, um endlich Anschluss an die hektische und universelle Welt der Modernisierung zu finden; und noch weniger ist sie die Rückkehr in das Dorf der Globalisierungsenttäuschten, die wieder Lederhose tragen und altväterlich patriotische Hymnen anstimmen. Das Wort Heimat bedeutet vielmehr die Möglichkeit, dass wir das, was uns leben lässt, mit dem, was uns bewusst ist, zusammenbringen. Dann erscheinen die Passagen aus dem alltäglichen Leben in Farbe und nicht in Schwarz-Weiß.

Umwelt- wie Wirtschaftshistoriker machen uns natürlich wenig Hoffnung, dass wir diesen „farbigen" Zustand jemals wiedererlangen können. Es ist ja auch nicht zu leugnen: Spätestens seit dem 17. Jahrhundert leben erst die europäischen Völker und dann alle Völker oder vielmehr die reichen Teile aller Völker – und das in einem Missverhältnis, das unaufhörlich gewachsen ist, bis es die gigantischen Ausmaße von heute erreicht hat – von einem Boden, der nicht der ihre ist. Es ist eine müßige Hoffnung, das Glück der Heimat wiederzufinden, wenn der eigene Reichtum nicht mehr von dem Land abhängt, dem man angehört und in dem man seine Bürgerrechte ausübt, sondern von fremden, fernen Erden, aus denen man seine Ressourcen bezieht, denen gegenüber man aber nicht die geringste Verbundenheit oder Verantwortung verspürt.

Wenn alle Fragen des Bodens und der Zugehörigkeit zum Boden zum Quell von so viel Verwirrung und so viel Gewalt geworden sind, liegt dies offensichtlich an dieser grundlegenden, ursprünglichen Unechtheit: Man lebt von einem Land, das nicht das eigene ist, oder umgekehrt, man fühlt sich frei in einem Land, dem eigenen, das nur deshalb reich ist, weil andere, Menschen oder Nichtmenschen, ihre Freiheiten verloren haben.

Wenn das „Neue Klimaregime", wie ich es nenne, wirklich ein neues Regime ist, so deshalb, weil sich alle Fragen, die mit der Freiheit, dem Eigentum, der Besetzung von Territorien anderer verbunden sind, kurz gesagt alle geopolitischen wie rechtlichen Fragen von Neuem aufwerfen. Verständlich, dass politische Ideale wie der Liberalismus, die Sozialdemokratie oder der Nationalismus gar nicht auf die Herausforderungen dieses neuen Regimes antworten können, weil diese Ideale im Westen zu einer Zeit erfunden wurden, als das Missverhältnis zwischen dem Wachstum der modernen demokratischen Rechtsstaaten, in denen die Westler lebten, und jenen anderen Ländern, aus denen dieselben Westler ihren Nutzen zogen und weiterhin ziehen, immer größer wurde.

Die Wirtschafts- und Umweltgeschichte der vergangenen drei Jahrhunderte zeigt unmissverständlich, dass die Rückkehr der Heimat – des *buen vivir* oder „guten Lebens" der südamerikanischen Tradition – heute nichts anderes sein könnte als ein Betrug. Wir müssen heute von einem alten zu einem Neuen Klimaregime übergehen.

Wenn ich mich für die *cahiers de doléance,* die Beschwerdehefte interessiere, die Louis XVI im Januar 1789 anforderte, als die Regierung bankrott war, dann deshalb, weil man damit ein Beispiel für einen Regimewechsel vor Augen hat, der von der gänzlich originellen Neubeschreibung der Lebenswelt ausgeht. In nur wenigen Monaten gelang es dem französischen Volk, das als seiner selbst bewusstes „Volk" noch gar nicht wirklich existierte, fast 60.000 Hefte mit Aufträgen an die Abgeordneten zu füllen.

Mit großer Genauigkeit beschreiben diese *cahiers* gleichermaßen ein „Land", eine „Gemeinde" und ein „Gebiet", das die Lebensgrundlage einer Gruppe bildet, halten aber auch die Ungerechtigkeiten fest, die andere begehen – der Adel, der Klerus – und die diese Lebensgrundlage mehr oder weniger zunichtemachen. Eine Landschaft, die materiellen Voraussetzungen des Daseins und die Ungerechtigkeiten in ein und demselben Dokument zu beschreiben erscheint mir wichtig, um heute die Frage nach der Verbindung zwischen einem Volk und seinem Boden erneut aufzuwerfen.

Die Neonationalisten bilden sich ein, sie wüssten, wer das Volk ist, für das sie angeblich stehen, bemühen sich aber nicht einmal darum, mit einer Beschreibung des Bodens auch nur zu beginnen, auf dem dauerhaft ansässig zu sein sie Anspruch erheben. Die Episode der Beschwerdehefte zeigt, dass die Entwicklung genau umgekehrt verläuft: Ein Volk geht aus dem Verständnis des Bodens, auf dem es ansässig ist, und der Ungerechtigkeiten hervor, die dort begangen werden.

Man kann die Hypothese aufstellen, dass sich die nationale Identität mit den realen Bindungen, aus denen die Bürger ihren Lebensunterhalt beziehen, in keiner Weise deckt oder auch nur in einem realistischen Verhältnis zu ihnen steht. Heißt es nicht, dass die englischen Bezirke, die am meisten von den Bemühungen der europäischen Solidarität profitierten, am bereitwilligsten für den Brexit gestimmt haben? Wie sollen Menschen, die nicht wissen, „wo sie sind", politische Positionen vertreten, die sie artikulieren können? Um politische Meinungen zu entwickeln, braucht man eine konkrete Welt, die man beschreiben und in der man Freunde und Feinde ausmachen kann, um seine Interessen und auch seine Beschwerden zu formulieren.

Es führt zu nichts, von den Globalisten eine auch nur vage Beschreibung der Lebenswelt zu erwarten, weil der Globus, auf dem sie uns landen lassen wollen, in keiner Weise Platz auf der Erde hat, die wir bewohnen müssen. Wie groß die Kluft zwischen beiden ist, können wir etwa daran ermessen, dass der Kalendertag, an dem die globale ökonomische Maschine beginnt, ihr jährliches Kapital aufzuzehren, ohne es wieder auffüllen zu können, für Deutschland auf den 2. Mai und für die Vereinigten Staaten auf den 15. März datiert werden muss. Ein größeres Missverhältnis zwischen dem kosmischen Realismus und der rechtlichen Form der Nationalstaaten ist kaum vorzustellen.

Welch Ironie, ein Wirtschaftssystem, das sein kostbares Kapital derart unbekümmert und zügellos aufzehrt, „kapitalistisch" zu nennen! Das Missverhältnis zwischen dem realen und dem fantasierten Boden ist so kolossal, dass die Globalisten den Populisten, die in Scharen Schutz bei neuen identitären Nationalismen suchen, niemals werden Lektionen in Realismus und Mut erteilen können.\
Wie man beim Vergleich der Teile von Reitz' *Heimat*-Trilogie sieht, ließ sich die Lebenswelt – im Sinne der Welt, von der man lebt – seit Ende des 19. Jahrhunderts bis in die 2000er-Jahre allmählich immer schwerer beschreiben. Das heißt nicht, dass man zur Heimat als Region oder Territorium zurückkehren wird; es heißt vielmehr, dass wir im Begriff der Heimat ein gewaltiges Beschreibungspotenzial entdecken können, mit dem wir – in den Künsten wie in den Wissenschaften – arbeiten müssen, um diese beiden heute voneinander getrennten Ensembles wieder aufeinander beziehen zu können: das, was unseren Lebensunterhalt ermöglicht, und das, was wir unseren legitimen Besitz nennen. Wohl wahr: Im Moment ist die Kluft zwischen ihnen total. Es liegt aber nur an uns, sie zu verringern.

Aus dem Französischen von Michael Adrian,
abgedruckt mit freundlicher Genehmigung der *ZEIT*.
DIE ZEIT 12/2019, 14. März 2019

Zu den Autorinnen und Autoren

CHRISTOPH ANTWEILER, Ethnologe, ist Professor für Südostasienwissenschaft am Institut für Orient- und Asienwissenschaften der Universität Bonn. Er forscht zu Kognition, Stadtkultur, Ethnizität, Popularisierung von Wissenschaft, lokalem Wissen und Universalien. Seine Hauptforschungsregion ist Südostasien und besonders Indonesien. Zu seinen Veröffentlichungen gehören *Inclusive Humanism. Anthropological Basics for a Realistic Cosmopolitanism* (2012) und *Our Common Denominator. Human Universals Revisited* (2016, 2018). Antweiler ist Mitglied der Academia Europaea (London) und Mitglied des International Advisory Board, Humboldt-Forum (Berlin).

BEATE BINDER ist Professorin für Europäische Ethnologie und Geschlechterstudien an der Humboldt-Universität zu Berlin. Ihre Forschungsschwerpunkte liegen in der Kulturanthropologie des Politischen, der Rechts- und Stadtanthropologie, in Praktiken und Politiken des Erinnerns sowie der feministischen Kulturanthropologie. In ihrer Habilitation *Streitfall Stadtmitte: Der Berliner Schlossplatz* hat sie Geschichtspolitiken in Berliner Stadtplanungsprozessen untersucht. Daraus entstand ihr Interesse an Fragen der Beheimatung und des Heimat-Machens.

DANA BÖNISCH ist wissenschaftliche Mitarbeiterin/Postdoc in der Abteilung für Komparatistik am Institut für Germanistik, Vergleichende Literatur- und Kulturwissenschaft, Universität Bonn. Ihre Forschungsbereiche sind Raum- und Visualitätstheorie im Kontext der Literatur des 20. und 21. Jahrhunderts, kulturelle Verhandlungen von Terrorismus und Krieg sowie Wissenspoetologie mit einem Schwerpunkt auf den Wechselbeziehungen von Literatur und Physik.

SIMONE EGGER ist Kulturwissenschaftlerin und als Postdoc-Assistentin an der Universität Klagenfurt tätig. Zu ihren Schwerpunkten gehören Stadtforschung und Wissensvermittlung sowie die Beschäftigung mit materieller Kultur. Ihr Habilitationsprojekt befasst sich mit einer transnationalen Liebe während des Ersten Weltkriegs. 2014 hat sie die Monographie *Heimat. Wie wir unseren Sehnsuchtsort immer wieder neu erfinden* veröffentlicht.

FRIEDERIKE EIGLER hat an der Washington University in St. Louis (USA) promoviert und ist Professorin für deutsche Literatur am German Department der Georgetown University in Washington DC. Ihre Forschungsschwerpunkte sind die Literatur des 20. und 21. Jahrhunderts im Kontext von Gedächtnis- und Raumdiskursen, Gender Studies und Autobiographik. Sie ist ab dem Herbst 2020 Herausgeberin von *Gegenwartsliteratur. Ein germanistisches Jahrbuch*. Zu ihren Veröffentlichungen gehören *Heimat, Space, Narrative. Toward a Transnational Approach to Flight and Expulsion* (2014) sowie der mit Jens Kugele herausgegebene Band *Heimat. At the Intersection of Memory and Space* (2012).

DAGMAR HÄNEL ist Leiterin des LVR-Instituts für Landeskunde und Regionalgeschichte in Bonn. Von 1991 bis 2001 studierte sie Volkskunde/Europäische Ethnologie, Germanistik und Archäologie an der Westfälischen Wilhelms-Universität Münster, wo sie 2001 promovierte. Sie war unter anderem als freie Journalistin, wissenschaftliche Mitarbeiterin an der Universität Bonn und Leiterin der Abteilung Volkskunde im LVR-Institut für Landeskunde und Regionalgeschichte Bonn tätig. Ihre Forschungsschwerpunkte sind: Immaterielles Kulturerbe,

Ritual und Brauch, visuelle Anthropologie/volkskundlicher Film, populare Religiosität und regionale Alltagskulturen.

CORNELIA KÜHN ist wissenschaftliche Mitarbeiterin/Postdoc am Institut für Europäische Ethnologie an der Humboldt-Universität zu Berlin. Ihre Forschungsschwerpunkte sind Wissens- und Wissenschaftsgeschichte der Volkskunde, Stadt- und Festkultur, Populärkultur und Kulturpolitik sowie sozial-ökologische Transformationsforschung und Postwachstumsgesellschaft. 2015 hat sie die Monographie *Die Kunst gehört dem Volke? Volkskunst in der frühen DDR zwischen politischer Lenkung und ästhetischer Praxis* veröffentlicht.

BRUNO LATOUR ist Soziologe, Anthropologe und Philosoph. Er war Professor an der Sciences Po Paris (2006–2017), wo er das Sciences Po Medialab leitete, und Centennial Professor an der London School of Economics. Zu seinen einflussreichsten Veröffentlichungen zählen *Nous n'avons jamais été modernes* (1991), dt. *Wir sind nie modern gewesen* (1995), und *Politiques de la nature* (1999), dt. *Das Parlament der Dinge* (2001). Bekannt wurde Latour u. a. für seine Arbeiten im Bereich der Science and Technology Studies und als Mitbegründer der Akteur-Netzwerk-Theorie (ANT).

MARK MÜNZEL, geb. 1943 in Potsdam, ist Ethnologe. Er war von 1973 bis 1989 Kustos am Völkerkunde-Museum (heute Weltkulturen Museum) Frankfurt am Main und ist seit 1989 Professor für Völkerkunde an der Philipps-Universität Marburg. Seit 2008 befindet er sich im Ruhestand. Er betrieb Feldforschungen in Brasilien, Paraguay, Ecuador und Peru.

WERNER NELL, geb. 1951, studierte Literatur- und Sozialwissenschaften in Mainz, Frankfurt a. M. und Dijon; Habilitation 1995. Er war als Soziologe, Journalist, Lehrer und in der Erwachsenenbildung tätig. Von 1998 bis 2019 war er Professor für Komparatistik an der Martin-Luther-Universität Halle-Wittenberg; seit 1993 ist er im Vorstand des Instituts für Sozialforschung Mainz e. V. Derzeit ist Nell Professor an der Queen's University in Kingston Ontario, Kanada. Seine Arbeitsschwerpunkte sind Vergleichende Literatur- und Gesellschaftsstudien, Ungleichzeitige Moderne: Stadt/Land, Migration sowie Literatur als Aushandlungs- und Gestaltungsform historischer und sozialer Erfahrungen.

ROLF PARR ist Professor für Germanistik (Literatur- und Medienwissenschaft) an der Universität Duisburg-Essen. Seine Arbeitsschwerpunkte sind Literatur-, Medien- und Kulturtheorie/-geschichte des 18. bis 21. Jahrhunderts, (Inter-)Diskurstheorie und Normalismusforschung, Kollektivsymbolik, Mythisierung historischer Figuren und Literatur/Medien-Beziehungen. Zu seinen Veröffentlichungen gehören *Interdiskursive As-Sociation. Studien zu literarisch-kulturellen Gruppierungen* (2000) und *Die Fremde als Heimat. Heimatkunst, Kolonialismus, Expeditionen* (2014).

JIL RUNIA studierte Komparatistik und Islamwissenschaften in Bonn. Seit 2019 ist sie wissenschaftliche Mitarbeiterin in der Abteilung für Vergleichende Literaturwissenschaft an der Universität Bonn und forscht für ihre Doktorarbeit zu metaautobiographischen Formen in arabischer (Diaspora-)Literatur. Zu ihren weiteren Forschungsinteressen gehören Raumtheorie, arabische Gegenwartsliteratur und postkoloniale Literaturtheorie.

SABINE SIELKE ist Professorin für Literatur- und Kulturwissenschaft Nordamerikas und Leiterin des North American Studies Program und des German-Canadian Centre der Universität Bonn. Zu ihren Veröffentlichungen gehören *Reading Rape* (Princeton 2002), *Fashioning the Female Subject* (Ann Arbor 1997), die Reihe Transcription und 20 (ko-)editierte Bücher, darunter *Nostalgia: Imagined Time-Spaces in Global Media Cultures* (2017), sowie über 130 Essays zu Lyrik und Poetik, Literatur und Kultur der Moderne und Postmoderne, Literatur- und Kulturtheorie, Gender Studies, African American Studies, Cultural Studies, Kunst und Populärkultur und zu Schnittstellen von Kultur- und Naturwissenschaft.

INES STOLPE studierte Mongolistik und Erziehungswissenschaften in Berlin und Ulaanbaatar und promovierte zu Interdependenzen von Bildung und Migration in der modernen Mongolei. Sie war als Lehrbeauftragte, wissenschaftliche Mitarbeiterin und Lektorin tätig und ist seit 2013 Professorin für Mongolistik an der Universität Bonn. In Forschung und Lehre beschäftigt sie sich u. a. mit Sprache, Kultur- und Politikgeschichte der Mongolei, Beziehungen von räumlicher und sozialer Mobilität, Diskursanalyse, Erinnerungs- und Alltagskulturen im Postsozialismus und Bildungsphilosophie.

HANNA ZEHSCHNETZLER ist wissenschaftliche Mitarbeiterin bei der Juniorprofessur Komparatistik an der Universität Köln und freiberufliche Kulturvermittlerin. Sie studierte Amerikanistik, Neuere deutsche Literatur und Strafrecht/Kriminologie in Bonn und promovierte zu *Dimensionen der Heimat bei Herta Müller*. Zu ihren Forschungsschwerpunkten gehören Verflechtungen von Kriminalität und Literatur, transkulturelle Literaturen und Poetologien sowie postkoloniale Literaturtheorie.

Personenregister

Améry, Jean 87, 96, 103, 112–123, 147
Anderson, Benedict 87, 197, 254
Appadurai, Arjun 102, 110, 122, 253
Appiah, Kwame Anthony 202
Arendt, Hannah 110, 111, 114, 117
Asumang, Mo 184
Augé, Marc 198

Balibar, Étienne 26, 27, 37, 103
Barthes, Roland 9
Baudelaire, Charles 153
Bauman, Zygmunt 9, 26–27, 34, 37, 101, 151, 162, 254–258, 261–262, 267
Bausinger, Hermann 3, 37, 42, 71–72, 74, 85–86, 94, 194
Bellen, Alexander van der 109
Bhabha, Homi K. 15, 102, 130, 183–184
Bienek, Horst 110, 159
Bobrowski, Johannes 147
Böll, Heinrich 147, 159–161
Boym, Svetlana 8–9, 257
Brah, Avtar 99–100
Braidotti, Rosi 13, 210
Brandt, Willy 5
Broder, Henryk M. 94

Cadogan, León 250
Calvário, António 236
Canetti, Elias 161
Chahartugchi, Urna 214
Čimid, Čojžilyn 216, 225
Čingis Chaan 214, 229
Crevecoeur, Hector St. John de 262–263
Cullen, Countee 264

Deleuze, Gilles 13, 101

Eichendorff, Joseph von 93
Ekici, Nezaket 184

Foucault, Michel 96, 150
Frenssen, Gustav 130–136
Freud, Sigmund 114
Frisch, Max 7, 28, 74

Gantömör, Süchbaataryn 224
Garvey, Marcus 264
GEE 226–227
Geertz, Clifford 202
Giddens, Anthony 153
Goethe, Johann Wolfgang von 147
Grass, Günter 74
Greverus, Ina-Maria 5, 28, 70, 167, 169, 177, 217
Grimm, Hans 130, 135–139
Grimm, Jakob und Wilhelm 71, 149–150, 158
Grütters, Monika 91
Guttenberg, Philipp zu 93–94
Gyasi, Yaa 260

Handke, Peter 145–146, 156
Hebel, Johann Peter 149
Heine, Heinrich 109, 147, 159
Hofer, Johannes 3–4, 257, 260

Jameson, Fredric 12
Jarrar, Randa 168–185

Keller, Gottfried 159
Klüger, Ruth 110, 112–115, 118–124
Koselleck, Reinhart 260
Kraze, Friederike Henriette 131–132

Latour, Bruno 11–13
Leal, Roberto 237–238, 243
Lefebvre, Henri 11
Lenz, Siegfried 74, 147
Luhmann, Niklas 260
Lukács, Georg 157
Lynch, Kevin 12

Mann, Thomas 115
Marsili, Lorenzo 9–11
Massey, Doreen 98
May, Karl 118, 131
May, Theresa 9
McLuhan, Marshall 256
Milanese, Niccolò 9–10, 11

Mirĩ, Pedro Droca Tupã 241
Mora, Terézia 110
Morrison, Toni 260, 264
Müller, Herta 110

Nacagdorž, Daždoržijn 214
Nassehi, Armin 85, 109
Negão, Karai 241

Oran, Ceran 28–29, 30
Özdamar, Emine Sevgi 184

Paul, Jean 159
Petzold, Christian 124
Plüschow, Günther 141–142
Prantl, Heribert 37, 38, 123

Quinn, Freddy 237

Reitz, Edgar 5, 74, 262, 273, 275, 278
Rosa, Hartmut 100, 193, 199
Roth, Philip 263
Rudorff, Ernst 78

Schlink, Bernhard 1, 256–257
Seehofer, Horst 91, 96–97
Seghers, Anna 124, 160
Simmel, Georg 149, 196, 200
Spivak, Gayatri Chakravorty 10–11
Stanišić, Saša 12, 145
Steinmeier, Frank-Walter 6, 89, 94

Telengut, Alisi 213
Tönnies, Ferdinand 253
Trojanow, Ilija 159
Trump, Donald 2, 259, 264, 265, 266, 267

Walser, Martin 5, 74, 112–113, 116–122
Wenders, Wim 255, 267
Wolf, Christa 110

Vries, Peter de 264

Yezierska, Anzia 263

Zhuangzi 161

Sachregister

9/11 258, 265–266

Akteur-Netzwerk-Theorie 217
Alltag, Alltagspraktiken, Alltagskultur 23, 28, 30, 44, 52, 55, 64, 69, 70, 77, 81, 89, 103, 111, 115, 146, 159, 169, 216, 275
Anthropozän 10–11, 191, 202

Beheimatung 1, 77, 80–81, 97–103, 110, 161, 167–168, 171, 175, 184, 191, 196, 198, 203, 217, 219
Bundesrepublik Deutschland 4, 44, 47, 63, 119, 239

Deutsche Demokratische Republik 5, 34, 41–51, 63
Diaspora 98, 102, 172, 212–213, 221, 226, 260
Digitalisierung, digitaler Raum, *digital natives* 1, 6, 260–261, 268
Dorf, Dörflichkeit 24, 28, 54–55, 74, 79, 146, 154, 158, 200–201, 248–250

Ethnozentrismus 152, 203
Europa, Europäische Union, Europapolitik 9–10, 37, 74–75, 89, 124, 129, 150, 196–197, 274, 276, 278
Exil 87, 96, 103, 111, 115, 117, 124, 170–171, 173, 260
Exklusion 10, 34, 37–38, 81, 86, 146, 149, 155, 158, 253
Exotismus 136, 139

Festkultur 56, 63, 64, 66
Flucht, Geflüchtete 1–2, 4, 10–11, 33, 37, 73, 109, 111–115, 123–124, 175, 178, 197, 201

Gemeinschaft 8, 42, 54, 76–77, 79, 81, 86, 109, 115, 168, 172, 195, 202, 250
– vs. Gesellschaft 95, 197, 253
– *imagined community* 87, 197
Gentrifizierung 64
Globalisierung 1, 8–11, 27, 64, 88, 95, 110, 168, 184–185, 213, 274

Grenze 28, 30, 89, 103, 123, 156–158, 178–180, 210, 212, 223

Heimat
– -bewegung 4, 72
– -film 4, 34, 73, 142, 239, 245, 256
– -kunde 5, 72, 218, 256
– -kunst 128–135, 139
– -literatur, -roman 3, 120, 152, 219
– -ministerium 6–7, 75, 90, 267
– -museum 4, 44, 69, 80, 218
– -recht 3, 150, 153, 192, 217
– -schutz 4, 44, 72–73, 78
– -verein 4, 44, 51, 54, 56, 69, 78–80
– -vertriebene 5, 73, 115, 239
Heimweh 3, 4, 103, 137, 139, 141–142, 176, 193, 214, 239, 256–257, 262, 273
home 175, 195, 221, 253–268
– -land 7, 253–260, 262–263, 266–267
– Homeland Security 258, 265–266, 268
– -lessness 254, 261, 264, 266, 268
– -town 214, 262
Hybridität 169–170, 179, 184–185

Identität 4, 9, 28, 50, 57, 63, 65, 72–73, 75, 77, 81, 115, 119, 148, 167–168, 170, 175–177, 179–184, 193, 196–197, 202, 215, 217, 219–220, 226, 256, 273–274, 278
– -spolitik 42, 109, 202, 230
Ideologie 4, 5, 9, 11, 25, 45–46, 69, 73, 78–79, 81, 110, 116, 128, 130, 132–133, 135–136, 145, 147–148, 150–154, 158, 161, 192, 197
– ‚Blut und Boden' 4, 89, 256, 275
Idylle 3, 27, 63, 74, 79, 198, 220, 227
Inklusion 3, 10, 36, 38, 86, 202, 253, 255
Integration 7, 39, 77, 87, 91–92, 95, 146, 158, 168, 181, 263

Kapitalismus 12, 85, 261, 267–268, 278
Karte, Kartographie 10, 140, 173, 177–180, 183, 184
Klimawandel, Klimakrise 1–2, 11, 273

Kolonialismus 85, 127–133, 135–142, 242, 244, 259–260
Kosmopolitismus 9, 51, 63, 65, 101, 191, 199, 201, 202–203

Migration 1, 6, 10, 11, 29–30, 71, 73, 88, 95, 96, 98–99, 102, 110, 113, 115, 123, 150, 168–169, 170, 171, 175, 184–185, 197–199, 202, 213, 221, 255, 261–265, 273–274
Mobilität 8, 28, 29, 30, 95, 150, 171, 184–185, 198–199, 202, 211, 215–216, 219, 226, 228, 262

Nationalsozialismus 4, 5, 52, 57, 60, 72, 87, 110–113, 114, 116, 118, 123, 124, 192, 236
Neoliberalismus 9, 255, 258, 265–268
Nomadismus 12–13, 136, 150, 198, 211, 227, 255
Nostalgie 4, 6, 8–9, 27, 34, 79, 103, 175, 192, 194, 198, 218, 219, 220, 229, 254, 255, 257–258, 259–261, 262–263, 264, 267–268, 273, 276

Ökologie 2, 10, 11, 228, 275–276

Planetarität 1, 10–11, 191, 202, 204, 274
Postkolonialismus 2, 12, 257, 260

Raum 2, 3, 5, 6, 8, 11, 28, 65, 70, 71, 73, 77, 79, 81, 88, 93–95, 98–99, 101, 124, 140, 148–149, 151, 153, 177, 179, 182, 183–184, 193, 195, 196–199, 200, 213–214, 216, 218, 221, 260–261
– -entwicklungspolitik 91
– -theorie 12, 129, 167
– Handlungs- 23, 90, 97, 150, 176, 182, 183
– Nah- 24, 76, 156, 196
– *spatial turn* 8, 167, 217
Region, Regionalität 5, 6, 24, 35, 37, 38, 43–45, 49–51, 52, 55–57, 69, 71, 72, 74, 76, 78–80, 90–91, 93, 95, 109, 111, 116, 132, 133, 155, 159, 194, 197, 210, 215, 218, 237, 239, 241, 257–258, 267, 278
Retro 258, 259, 261, 267
– -topie 9, 26, 34, 202, 256, 257, 267

Solastalgie 273, 274
Sozialismus, Postsozialismus 5, 41, 43–44, 47, 49–51, 52, 78, 214, 218–219, 220, 222, 229
Spätmoderne, Postmoderne 12, 25–27, 29, 34, 35, 168
Stadtraum, Stadtplanung 11, 54, 199–201

Übersetzung, Übersetzbarkeit, Unübersetzbarkeit 2, 7–8, 11, 102–103, 151, 167, 209, 210–211, 215, 217, 235–237, 239, 249
unheimlich, das Unheimliche 113–114, 117, 121, 157
Utopie 6, 9, 10, 72, 93, 130, 256–257

Wurzel, Verwurzelung, Entwurzelung 1, 4, 72, 87, 93, 96, 97, 103, 110, 113, 116, 119–120, 128–129, 131, 137, 139, 157, 172, 173, 181, 182, 184, 192, 196, 213, 226

Zugehörigkeit, *belonging* 3, 6, 12–13, 25, 26–27, 36, 43, 55, 85, 86–87, 90, 92, 95–96, 98, 99–103, 109–110, 111, 113, 116, 149–150, 153, 157, 159, 162, 168, 171, 192–193, 194–195, 197, 213, 217, 226, 227, 229, 253, 255, 273, 275, 276

www.ingramcontent.com/pod-product-compliance
Lightning Source LLC
Chambersburg PA
CBHW070936180426
43192CB00039B/2223